親密關係下被隱藏的傷痕

以愛為名的暴力

What We Don't Know About Domestic Violence Can Kill Us

NO VISIBLE BRUISES

Rachel Louise Snyder
瑞秋・路易斯・斯奈德——著
張馨方——譯

獻給芭芭拉・斯奈德（Barbara J. Snyder）

各界讚譽

我們沒有辦法選擇自己的家庭，遭遇暴力與傷害也是，本書呈現了家庭失衡時的樣貌，字裡行間卻是滿滿的哀傷與同理，試圖去釐清、覺察整個家庭系統，進而有能力面對真正的問題。

——李訓維，點亮心燈諮商中心所長

家不一定是溫暖的避風港，也可能是最驚心動魄的戰場。家庭暴力不只是私領域的祕密，更是眾人都該關注的社會議題。

——洪培芸，臨床心理師／作家

家中的親密關係暴力如同「房間裡的大象」，明顯、巨大、但大家只敢領受，卻沉默！家，為何變成我們最不敢回去的地方？

——黃之盈，諮商心理師

不忍直視，但必須直視的「愛」與暴力。

——蔡宜文，作家

字字句句令人心如刀割，必讀之作。

——《君子》雜誌（Esquire）

瑞秋．路易斯．斯奈德透過出色的見解與打破流言的研究、絲絲入扣的敘事及挖掘真相的熱情，將家暴議題置於其應處的位置，切中每件事的核心。此書無疑是一大力作。

——伊芙．恩斯勒（Eve Ensler），《陰道獨白》（*The Vagina Monologues*）作者

《以愛為名的暴力》讓我大開眼界，瞭解到父權與對女性的暴力行為之間的直接連結。從拆解「家庭暴力」一詞，到對應恐怖行為與家暴行為，斯奈德撰寫的這本書是不可或缺的重要著作。

——卡莉娜．喬卡諾（Carina Chocano），《玩美女人》（*You Play the Girl*）作者

我無法想像瑞秋・路易斯・斯奈德如何用盡全力來寫作此書——這讀來就像是戰爭通訊記者的日記。《以愛為名的暴力》替受害的人們慟哭，為迷失的人們嘶吼，發人深省，讀完之後將能成為更好的人。

——泰德・康諾佛（Ted Conover），《新傑克》（*Newjack*）作者與紐約大學（New York University）亞瑟・卡特新聞學院（Aarthur L. Carter Journalism Institute）院長

來自我們內在戰區撼動人心且勇敢的實地報導，以公正與平衡的角度述說美國家庭生活中不公平與失衡的危機。斯奈德的文字清楚易懂，富有同理心，以扎實的敘事技巧講述急需大眾關注的故事。

——安德魯・索羅門（Andrew Solomon），美國國家圖書獎（National Book Award）得主與暢銷書《正午惡魔》（*The Noonday Demon*）及《背離親緣》（*Far From the Tree and Far and Away*）作者

斯奈德的不凡成就在於，她點亮了家暴的黑暗角落，幫助我們去理解、進而根絕這樣的問題。

——安東尼・盧卡斯獎助計畫（J. Anthony Lukas Award），引述自評審的評論

推薦序

台灣家庭暴力防治工作的撥雲見日讀秒

（姚淑文／臺北市政府社會局局長）

又看到學校心理師帶著雅憶在操場邊走邊聊，我知道這是每週都會有的諮商模式，而不是健身運動。因為雅憶無法停留在小空間（會談室）中，對她而言，那是創傷回憶，一段不願再想起的父親虐待，而雅憶的母親也是一位家暴的受虐婦女。尋求學校諮商輔導中心諮商的學生，有越來越多是因為家庭困擾而來，最令這些學生痛苦的就是家庭暴力問題；那是避之唯恐不及，想躲又割捨不下的關係，一場家庭內的風暴，全家都波及，壓力足以令人窒息的恐懼。

一度因為想喘息的心情，我從現代婦女基金會轉職到學校諮商中心工作，我以為服務對象改變，得以讓我暫時療癒許久的替代性創傷，卻發現原來轉換跑道，不過是讓我繼續照顧曾在家庭暴力中受創的小孩。進入大學工作，我很感謝現代婦女基金會所有努力的倡議，因為我看到台灣家暴防治法律和制度的改變，至少讓台灣家暴防治工作能夠跟先進國家並駕齊驅。

一九九〇年台北市政府設有康乃馨專線，至少讓受暴婦女有一通可以訴苦的專線窗口。一九九七年，現代婦女基金會提出家庭暴力防治法的草案，隔年立法通過，一九九九年屬於家暴被害人的保護令終於得以聲請。接下來的日子，我們看到受暴婦女安全計畫的重要性，集結社政、警政、衛生醫療、司法、勞政及相關網絡單位辦理圓桌會議，大家共同討論如何讓受暴婦女找回安全的家。我們知道不容易更欠缺危險評估量表及會議平台，只是台灣那段尋求問題解決的日子中，我們也看到亞洲其他地區的家庭暴力旋風。

同樣地，二〇〇四年轟動香港的天水圍事件，一家四口因為家暴而慘死！事件後，也激起香港相關當局重新檢討家庭暴力的危機處理工作。從後續拍攝的香港院線片中，可以看到許多遺憾存在，不論勸和勸離的人都遺憾了！大家都不忍這樣的結果，但如果這段故事重新寫起，我們能夠做些什麼？不讓家庭風暴繼續纏繞，能夠為這些充滿暴力的家庭撥雲見日嗎？

當年香港天水圍事件的黑，是想辦法要從大陸內地移民，但最後卻成為受暴婦女的天牢，如同當年台灣新住民婦女來到台灣卻受暴的痛一樣，她們以為女人能夠找到愛她的男人、以為從內地到繁華的香港或台灣，可以走出家鄉貧困的黑；想不到男人的愛太深、太激烈、太權控，她活在風暴中的家，日日夜夜沒有自由、無法喘息，生活就像黑夜一般籠罩著！

當年台灣對家庭暴力事件的迷思，也如同電影中香港天水圍事件的霧一般，是場社會結構與迷思下的霧，不論香港或台灣都是繁榮消費天堂，但居住在文明的社會中，仍有失業、貧窮、新住民環繞的福利問題。現金福利解決不了貧窮的根本問題，更解決不了新住民女性的無助，也解決不了家庭暴力的痛，更解決不了社會大眾對家庭暴力只是家務事的看法。

家暴問題不論在繁榮都會、農業社會或原住民及新住民的家庭中都不斷出現，我們不能只是在黑暗中害怕或遺憾，或在迷霧裡尋求自由亮點，而是如何能夠在所有網絡系統中合作，找到問題解決的方式，讓暴力得以有終止的時候。

台灣自一九九八年通過家庭暴力防治法，是亞洲國家第一個有家暴防治法、有保護令的國家，但我們也歷經徒法不足以自行的時代，我們也看盡許多在家暴事件中慘遭殺害的兒童及婦女。二〇一〇年，台灣訂定「家庭暴力安全防護網計畫」，並在二〇一一年全面推動「台灣親密關係暴力危險評估表」（TIPVDA），讓警察、社工和醫事人員在一線接觸疑似家暴被害婦女時，都能透過危險評估工具覺察潛在高危機家庭，並透過家庭暴力安全防護網計畫辦理跨機構整合會議，讓防治網絡成員共同以強力服務介入的方式，關懷被害人的生活、約制加害人的行為！除此目睹兒童也能在會議中獲得教育及社區等資源的支持承諾。

在《以愛為名的暴力：親密關係下被隱藏的傷痕》（*No Visible Bruises: What We Don't Know About Domestic Violence Can Kill Us*）一書中，作者透過訪談家暴致命的

被害人家屬，以了解受害人的受暴歷程，文中也分享美國家暴防治政策與方案，只是在許多政策保護傘下，仍然不斷發生更為重大的家庭暴力致死案件，似乎不再想面對每個致死案件的遺憾下，只能讓更多人一起關注家庭暴力的危害性。

台灣自二〇一八年二月二十六日核定「強化社會安全網計畫」，結合政府各部門的力量，建構一張綿密的安全防護網，扶持社會中的每一個個體，在生活或所處環境出現危機時，仍能保有生存所需的基本能力，進而抵抗並面對各種問題。其中家庭暴力案件就歸屬於危機家庭一環，在此重大政策下，社安網投入大量社工人力，期待能在綿密安全網中真正看到服務成效。目前社安網推行後，家庭暴力通報案件數也出現激增現象，二〇一九年相較於二〇一八年多了兩萬兩千三百零七件的通報案件，來到十六萬零九百四十四件，增加一六%的案件數。家暴案件大量增加下，我們期待是有更多家暴犯罪黑數，透過人民對政府信任下，願意報案、聲請保護令或求助於各縣市家庭暴力防治中心。只是社工面對高案量、高風險及高壓力與替代性創傷的大環境，社工人力依舊呈現不足情況，更多的社工紛紛打退堂鼓，也形成職場高流動率的狀況，如此惡性循環下，家庭暴力問題如何能真正獲得有效之處遇服務，可能也是台灣政府要面對的困境。

家庭暴力防治工作，需要政府勇於面對現實，而非遮掩事實，也需要社會大眾解構迷思，勇於協助這些受暴的家庭，才讓被害人與目睹孩童能夠突破家暴的黑與霧！或許越多人關心，我們也才得以為受暴家庭的撥雲見日來讀秒！

目次

各界讚譽　4
推薦序　台灣家庭暴力防治工作的撥雲見日讀秒　姚淑文　7
序言　15

第一部　終點　41

小瘋子　42
形影不離的姐妹　50
他藏在心中的想法　54
爸爸每次都能活下來　63
一隻熊正朝你撲來　78
你愛的人將置你於死地　97
然後，他們祈禱　120

我再也無法在這裡生活 126
體制、意外與事件 134
下一步是什麼 155

第二部 起點 165

贖罪 166
目睹魚缸裡的暴力 182
致命危險俱樂部 200
處於社會頂端的家暴者 228
陰魂不散的心魔 245
超級英雄的膝蓋 269
大徹大悟的季節 295
暴戾之徒 305

第三部　過程　319

填補縫隙　320
居家庇護　335
防患未然　348
令人窒息的家庭暴力　364
子彈上膛　377
真正的自由　390
幽影　402

作者的話　423
後記　425
鳴謝　437
注釋　441
附錄　台灣家庭暴力防治資源　467

序言

我開著租來的車子從市區比靈斯（Billings）前往郊區山丘上一間四層樓的房子。屋子裡的男人憑著居高臨下的地勢，有任何東西逼近都可以看得一清二楚。他透過望遠鏡觀察外面的世界，山脈、平原、還有蒙大拿（Montana）及其他地方的逃逸路徑。我要見的那個男人躲了我很長一段時間。他消極地閃避我。我從華盛頓特區來到比靈斯，訪問他的女兒們、前妻與社工。這不是第一次。這個小鎮我很熟了，包括一些警察、檢察官、律師、旅館員工，甚至是妻子經營了一間專為女性開設的地下室博物館的印刷工人。這應該是我第三度來訪，而他終於同意與我見面了。

我跟許多不願意與我談話的人談話。他們當中有些人謀殺了家人，有些差一點就遭到謀殺，有些人逮捕了殺人兇手，有些則是從小與最後差點殺了他們的人一起生活。像保羅．孟森（Paul Monson）這樣的人總是不願多談，不願說出自己失去的東西有多重要，因為他們的失去超出了他們所能想像的極限。

我抵達門口時聽到屋內有腳步移動的聲音，有那麼一刻我擔心保羅不會開門，擔心他臨時改變了心意。我在比靈斯已經待了幾天；他知道我會來。他的前妻莎莉．

賈斯塔德（Sally Sjaastad）跟我談了好幾個小時，但她第一次開口問他的時候，沒能說服他同意與我見面。第二、第三次也是同樣的情況。坦白說，我很訝異他居然同意了。他家的灰白色前門沒有窗戶，上頭布滿了大大小小的坑洞。

終於，門開了。保羅沒有直視我。他有點駝背，白髮略禿，沉著一張臉。外表看來與六十出頭的年齡相符。他把門又打開了一些，示意我進去，眼神仍然沒有與我交會。他穿著一件藍色襯衫，扣子扣到最上面，下身是牛仔褲。感覺他正咬緊牙根，顯得有點緊張。

***

這間他親手蓋的房子有一種剛搬來不久的感覺。沒有太多裝飾品，角落裡堆有幾個開封的箱子。望遠鏡朝向地毯，像是放棄了觀測任務一樣。綿延不絕的山脈占據了窗外的景色。保羅沉默不語，一副小心翼翼的樣子。我們坐在餐桌前，他的幾根手指來回摸著平滑的桌緣，眼睛直盯著自己的手。桌上堆了幾疊文件。我隨口跟他聊起租車的事情，而氣氛緩和了下來。

父親教過我怎麼換汽車的機油與輪胎、檢查水箱水位、更換空氣過濾器，還有活塞的機械原理，都是一些基本的知識，但夠用了。保羅是電器設計技師，屬於工程師的一種，所以汽車對他來說是自在的話題，可以展現他對機器的熟悉度。談話開始變得熱絡，他解釋說，火星塞的電線會點火，發動引擎。這些裝置很好預測，即使故障了也修得好。如果有地方出錯，一定可以找到原因。我讓他暢所欲言。他告訴我，他給女兒們都買了人生第一台車。艾莉莎（Alyssa）是本田思域（Honda Civic），蜜雪兒（Michelle）是白色的速霸陸（Subaru）。他說梅蘭妮（Melanie）是「汽車殺手」，因此他買了好幾台給她。他知道我們還沒談到正事，我可以感覺到，緊張的氛圍有如濕氣般瀰漫整個房間。

洛基（Rocky）也是車迷。保羅記得洛基的第一台車是小型的綠色歐寶（Opel）。洛基是他的女婿，他娶了他的二女兒蜜雪兒。保羅說：「我對他的第一印象是，他把車停在我家門前來找蜜雪兒。」他先看車子，然後才看人。過了一段時間，他注意到洛基有大半時間都花在野馬（Mustang）跑車身上。「那時他正在組裝一台，另一台是零件車。」保羅說，「那是他的興趣，在我看來，他花很多時間獨自一人窩在車庫弄這些東西。」

保羅透露，他與洛基的關係其實一直都不像典型的丈人與女婿。蜜雪兒與洛基結婚快十年，但保羅記得他與洛基只聊過一次天，話題是那台野馬。洛基曾問保羅建議替車子上什麼顏色的烤漆。「如果沒有頭緒，就選白色。」保羅對我說。白色是最安全的顏色，再糟也難看不到哪裡去。「白色本身就是一種顏色。」他說。

＊＊＊

二〇〇一年十一月，洛基．莫澤（Rocky Mosure）從《一鎳不拔》（*Thrifty Nickel*）買了一把槍，這些分類廣告賣的東西五花八門，雪貂、牽引機或鋼琴都有。他回到家，蜜雪兒剛餵孩子吃過晚餐。一位鄰居目擊洛基透過窗戶窺看屋內。過了一會兒，他拿槍將妻小一個個斃了。先是蜜雪兒、克莉絲蒂（Kristy）、凱爾（Kyle），然後是自己。

這起案件震驚全國。蜜雪兒才二十三歲，兩個孩子個是六歲與七歲，分別上小學一、二年級，是正在學習識字與畫簡單人像和棒棒糖樹的年紀。保羅發現凱爾倒在階梯上，洛基躺在底部，臉部扭曲，手臂上留有像是用麥克筆草草寫下的字跡。蜜雪兒的車子還在，有那麼幾分鐘，保羅在想她說不定還活著。他跑到後院查看，接著又去車庫，結果只找到洛基那台野馬，還有一袋家庭影片。之後，警察到場搜查，找到了蜜雪兒。

＊＊＊

我來到保羅．孟森的住家時，大多數記者正在報導最關鍵的故事，他們分析了一連串錯綜複雜的人際與地緣關係，並且進行了多年的研究。二〇一〇年夏天的某日，我站在朋友安德烈・杜布斯（Andre Dubus）位於新英格蘭（New England）住家的車道上，她姐姐蘇珊（Suzanne）正把車開過來。她與家人要去度假。結果證明，接下來的數小時預示了我往後十年的生活。

不到一年前，我結束旅居海外的生活，告別住了六年的柬埔寨並回到美國。調適生活並不容易。我以新進副教授的身分參加大學教職員會議，假裝瞭解行政體制與教學方法，但其實那些對我而言就像外語一樣陌生。在柬埔寨的期間，我曾報導輪姦與後屠殺時期社會、貧窮與勞工權益的議題，那些故事讓我對生存有一種真切的體會，這是我回到美國後完全感受不到的。在金邊（Phnom Penh）舉行的駐外記者晚宴上，大家的談話圍繞著戰爭犯罪法庭、[1]非法性交易、持續的暴力現象與政治貪腐的議題。有一次，我在當地一座公園遛狗，一個跟我住在同個社區、彼此熟識的摩托計程車司機加速衝到我旁邊，把我拉上後座並安置好狗之後，便飛快離開洪森公園（Hun Sen Park）。幾秒鐘前，一名男性在距離我遛狗處僅十五呎的地方遭人槍殺，而索帕（Sophal）——也就是那位摩拖車司機——覺得有責任帶我到安全的地方。另一次（同樣也是遛狗的時候），在同一座公園裡，一個男人點火自焚，我嚇得呆在原地，眼睜睜看他全身著火。我的朋友米雅（Mia）也住在金邊，她曾說，有時候她覺得我們彷彿生活在人性的前線。

美國不是沒有問題，一樣也會出現貧窮、疾病與天災，但我已經忘了，在這裡生活是多麼地簡單，只要你想、只要你有錢，很容易就能遠離許多這些問題。新生活以一種出乎意料的方式將我隔絕於之前報導了數十年的那些問題與故事之外。我並非不快樂，只是得不到滿足。我念研究所時攻讀虛構文學，但很快就轉換到紀實文學的跑道，因為我意識到紀實文學是一種更直接的改變來源。我想探索世界上不為人知的角落、想瞭解那些失去了公民權利的人們，因為我有點能夠體會，遭人不聞不問，還有面對身體承受不了的悲傷，是什麼感覺。

二〇一〇年的那天，我和蘇珊在她弟弟的車道上閒聊。她們全家還在為一年一度到緬因州（Maine）偏遠山區的露營假期做準備和打包行李，而她弟弟安德烈拿出寫了滿滿一張的購物清單給她。她告訴我，她在城裡一所家暴防治機構工作，最近推出一項名為「家暴高風險小組」（Domestic Violence High Risk Team）的新計畫。他們的主要目標很簡單，她說：「我們試圖預測家庭暴力引起的殺人案，這樣就可以預防它們的發生。」

我一聽到簡直難以置信，甚至以為自己聽錯了某一個關鍵字。

「預測？」我記得當時自己是這麼問的，「你說**預測**家暴殺人案？」

我在當記者的那些年裡接觸過家暴案件，不只柬埔寨，在阿富汗、尼日與宏都拉斯等地都遇過。但是，這從來都不是我關注的主題，而是往往與我報導的故事有所牽連，常見到不足為奇。喀布爾（Kabul）的少女因為愛情的罪名被關進牢裡；印度的童養媳接受採訪時，必須有控制她們的男性在場監看；泰北的女性遭到中國政府強制絕育；尼日的少女新娘懷孕後因為廔管疾病被趕出了村子；羅馬尼亞的婦女被迫替獨裁者希奧塞古（Ceau escu）生下多名子女，而她們如今才三十出頭已經當祖母或外婆了，注定一輩子貧窮度日；柬埔寨的清道女工遭到高棉富家子弟閒來無事就毒打與輪姦。在每個國家中，這些女性遭到男人虐待與控制已成了家常便飯。男人制定了規矩，而且大多是透過肢體暴力來達成。這種情形潛藏於我到世界各地報導的每一篇故事裡，背後陰暗的成因明顯到很多時候我連問都不必問。發生的機率就跟下雨一樣稀鬆平常。直到與蘇珊・杜布斯在車道上交談的那一刻，如果我有想到美國的家暴案件，我發覺，這是那些不幸的少數受害者的悲慘命運，是一連串錯誤的選擇與殘酷的環境所造成的結果。女人注定是受害者，而男人注定是加害者。但是，我從來沒有想過這是一種社會病態，一種我們其實可以**做**些什麼來遏止的流行病。現在，蘇珊・杜布斯提到家暴的預防措施，而我第一次認知到，這種暴力會隨著時間緩慢變化。印度的少女當童養媳、泰北的女性遭到絕育、阿富汗的女人被囚禁，麻州的家庭主婦遭丈夫痛毆，這些案件都有一個特點，那就是世界各地家暴受害者都欠缺的一樣東西：生活的動力。迫使柬埔寨娼妓瀕臨死亡邊緣的力量，跟每年在美國及全球各地害上萬名女性、兒童與男性（但大多還是女性與孩童）喪命的是同一股力量。事實上，全球每天平均有一百三十七名女性死於親密伴侶或家人施加的暴力之下。[2]這個數字並不包含男性或兒童。

我體內的所有細胞在那天瞬間活了過來。二十多年來在世界各地採訪過的女性的臉孔一一浮現腦海，我這才明白，我幾乎從未深入檢視自己的國家，瞭解我們誤解了什麼，以及家暴代表什麼意義，瞭解這與多年來接觸過的那些故事與臉孔有怎樣的關聯，瞭解家暴的無所不在，以及它不分地區、文化和語言的性質。或許那些故事都在為了我與保羅．孟森見面，還有從他家客廳遠眺山景的這天而鋪路。

最後我跟著蘇珊去了農夫市集、雜貨店，她採買露營用品時，我去逛酒品專賣店。我幫她拿冰塊、桃子與漢堡肉。她開車時，我拋出一個又一個的問題，而她的母親佩特（Pat）在後座搭腔附和。**家暴防治機構怎麼運作？你們成功防範了多少案件？你們還能預測哪些事情？**我的問題無邊無際，而且沒完沒了。我的想法跟許多只看問題表面的人一樣：情況嚴重的話，受害者就會離開。我們以為禁制令解決了問題（也以為如果受害者沒有出面要求延長禁制期，家暴的問題就消失了）；以為受害者與其子女應該尋求庇護；以為家庭暴力是私事，與其他暴力行為無關（其中最引人注意的也許是大規模槍擊）；以為沒有明顯的傷害，就代表事態不嚴重。我們最大的誤解或許是，除非自己是遭到痛打的人，否則家庭暴力與我們一點關係也沒有。

接下來的幾年裡，蘇珊．杜布斯與同事凱莉．鄧恩（Kelly Dunne）耐心指導我至今依然經常隱匿不明的家暴問題的範圍與源由。我瞭解到舊有的方式為什麼行不通，還有如今哪些方法比較有效。在二〇〇〇年至二〇〇六年間，美國損失了三千兩百名士兵；同期，美國的家庭殺人案件奪走了一萬零六百條人命。（實際人數可能更多，因為這項數據出自聯邦調查局〔Federal Bureau of Investigation，FBI〕補充性殺人報告〔Supplementary Homicide Reports〕，該報告所蒐集的資料由地方警察機關提供，採自願參與形式進行。）美國**每分鐘**有二十人遭到伴侶攻擊。前聯合國（United Nations）祕書長科菲．安南（Kofi Annan）表示，對女性施暴是「最可恥的人權侵犯行為」，[3]而世界衛生組織稱之為「流行病規模的全球健康問題」。聯合國毒品和犯罪問題辦公室（United Nations Office on Drugs and Crime，UNODC）公布的一項研究指出，光是二〇一七年，世界各地就有五萬名女性死在伴侶或家人手裡。[4]**五萬名女性**。UNODC的報告將家庭稱為「對女性而言最危險的地方」。[5]儘管有越來越多人意識到男性也有可能遭受家暴，但今日絕大多數（約八五％）的受害者依然是成年女性與女童。[6]而在美國的家庭暴力案件中，每有一名女性喪命，就有近九名女性差點遭到殺害。[7]我在二〇一三年刊於《紐約客》（*The New Yorker*）雜誌的第一篇文章描述了蘇珊．杜布斯與凱莉．鄧恩建立家暴殺人案預測計畫的過程。

當我發覺還有好多事要說的同時，這個故事也為本書埋下了種子。從事記者多年，我發現家庭暴力逐漸變得像是我們只要開始留意就能解決的某種問題。往後八年裡，我繼續學習更多東西，包含家暴與社會努力解決的許多其他問題有什麼樣的密切關聯，例如教育、經濟、心理與生理健康、犯罪、性別與種族平等。監獄改革的倡議人士一再對抗家庭暴力，因為加害者在牢裡待上一段時間、得到微乎其微的治療後，又回到文明社會，然後重複同樣的循環。私密暴力對社會大眾造成極為深遠的影響。我在佛羅里達、加州、馬里蘭、俄亥俄、紐約、麻州及奧勒岡等地都遇過努力熬過家暴的人們，在他們身上，我見識到這種問題讓我們在個人與群體生活上付出了多大的代價，導致團體、家庭與心靈的破碎，造成生活的中斷與機會的喪失，也使受害者、納稅義務人與刑事司法系統面臨龐大的財務負擔。家庭暴力讓納稅義務人每年承擔超過八十億美元的健康與醫療成本，使受害者每年一共損失超過八百萬個工作天。[8]這直接導致了家暴受害者占女性遊民一半以上的比例，而且是美國遊民無家可歸的第三大原因。今日遭到監禁的男性絕大多數在小時候曾目睹或經歷家庭暴力，而在暴力家庭中長大的孩子，患有發展障礙的機率也遠高於一般兒童。[9]除此之外，大規模槍擊案的情節似乎一年比一年嚴重？

那些案件也大多是家庭暴力。

二〇一七年四月，社運團體「城鎮槍械安全」（Everytown for Gun Safety）發布報告指出，今日美國有五四％的大規模槍擊案都與家暴有關。[10]這項數據受到媒體廣泛報導。大規模槍擊與家暴之間的關聯出現在全國各地的報章雜誌上，其中有一點稍微不同。媒體不使用「關聯」這個詞，而是改稱「預示」，譬如「家暴有五成以上的機會預示了大規模槍擊案的發生」。美國查核組織網站《政治事實》（*Politifact*）的一名記者質疑「城鎮槍械安全」提出的數據，並引述東北大學（Northeastern University）教授詹姆斯・艾倫・福克斯（James Alan Fox）的研究表示其得出的比例要低上許多，[11]而其中最重要的一點隱含在福克斯接受他採訪時所說的話之中，「毫無疑問，約有一半的大規模槍擊案是家暴的極端事件」。

換句話說，家暴並沒有**預示**大規模槍擊案，而是大規模槍擊案有一半以上**屬於**家暴案件。

例如，康乃迪克州新鎮（Newtown）的亞當・蘭薩（Adam Lanza）在家中殘暴殺害親生母親後，前往桑迪胡克小學（Sandy Hook Elementary School）；戴文・派翠克・凱利（Devin Patrick Kelley）先將妻子用手銬和繩索栓在床上，然後開車到位於德州薩瑟蘭泉（Sutherland Springs）的第一浸信會教堂（First Baptist Church）開槍掃射民眾。[12]我們還可以再往前追溯到美國第一起槍擊案，也就是一九六六年八月查爾斯・惠特曼（Charles Whitman）在德州大學奧斯汀分校（University of Texas at Austin）對學生開槍並殺了十六人的案件。很多人都忘了，他的暴行在槍擊案前一晚殺害妻子與母親時便已展開。

然而，家暴也潛伏於另外四六%的大規模槍擊案，暗藏在許多槍擊犯的背景中。二〇一六年六月在奧蘭多脈動（Orlando Pulse）酒吧射殺了四十九人的奧馬爾・馬丁（Omar Mateen）勒死了第一任妻子，這在他居住的佛羅里達州是重罪，根據聯邦法規他應該要入獄服刑，但從未遭到起訴。二〇〇二年十月，名為約翰·艾倫·穆罕默德（John Allen Muhammad）的狙擊手在維吉尼亞州、馬里蘭州與華盛頓特區境內瘋狂掃射民眾，讓這些地區長達三週都處於風聲鶴唳的狀態。這段期間，當地小學規定學童下課時間只能待在教室裡；加油站掛起防水布以掩護顧客安全。事實上，穆罕默德之前虐待感情不睦的妻子蜜爾德莉（Mildred）已久。這些掃射行動只是個幌子。他告訴警方，他以為隨意殺害陌生人可以掩護自己最終的計畫——殺死蜜爾德莉。至於另一起案件，假使我們幫助並支持了目睹父親凌虐繼母多年的迪倫·魯夫（Dylann Roof），會發生什麼事？[13]是否可以讓二〇一五年六月在南卡羅萊那州查爾斯頓（Charleston）的以馬內利非裔衛理聖公會教堂（Emanuel African Methodist Episcopal Church）遇害的九個人逃過一死？

遺憾的是，這些僅僅是大眾心中揮之不去的事件而已，現實生活還有許許多多其他的慘案。在美國，大規模槍擊案一般定義為受害者達四人以上，這使絕大多數的案件即使登上了媒體版面，也只出現在地方或區域性的新聞而已。這些報導過一、兩天就會消失，而每年都有數千名女性、男性與孩童遭到殺害。這類不勝枚舉的案件清楚顯示了，家庭暴力不是私人問題，而是急需解決的公共健康問題。

＊＊＊

這一切終究讓我在二〇一五年春天來到了保羅・孟森滿是坑洞的家門前。那時，我認識他大多數的家人好幾年了，也從蜜雪兒的母親及姐妹口中聽說了蜜雪兒與洛基的故事。保羅一談到這起謀殺案就忍不住哽咽。在我看來，他承受不住這樣的痛苦，有時更因為對女兒懷有的愧疚感而說不出話。家暴讓人難以啟齒。我在這項研究中瞭解到，這也是最難報導的主題。其中牽涉到的層面廣泛而複雜，但同時也完全不為人知。身為記者，你可以站在戰場的中心描述所見所聞；你可以到飢荒或瘟疫的現場即時連線報導；你可以走訪愛滋病診所、癌症中心、難民營或孤兒院，將人們的痛苦掙扎寫成文字；你可以撰文透徹分析當前發生的社會、環境、公共衛生與地緣政治等問題。即便是戰後議題，如同我在柬埔寨經常報導的，只要戰爭、天災或任何動亂結束了，你便可以確定受訪者在一定程度上是安全的。

報導家暴案件最困難的一面是，所描述的是一種極其不穩定的狀況，這可能會讓已經處於一觸即發且危險的情況下的受害者遭遇更大的傷害。然而，基於新聞工作的職業道德，又應該讓每個人都有機會表達自己的觀點，不論是受害者或加害者。這表示，有好幾次我花了數個月甚至數年採訪受害者，最後只能放棄那些耗費無數時間的訪問，因為即便只是請加害者露面，也會危及受害者的安全，因此我只能放棄那些耗費無數時間的採訪。例如，我花了一年採訪的一名女性，為了自身安全不得不取消我們的面談。她遭受家暴數年，伴侶會扒光她的衣服、把她的身體壓在公寓裡熱得冒煙的暖氣管上，或是拿毛毯蓋住她的頭部讓她窒息，並用膠帶勒纏她的脖子。她熬過虐待、最後獲得自由的經歷，是我聽過最令人膽顫心驚的故事。即使是現在，寫到她的遭遇時，我也可以鉅細靡遺地描述那些過程，因為我沒有透露她的名字，而且暖氣管和毛毯等細節在家暴案件中屢見不鮮。

家暴受害者的苦難通常沒有盡頭。那些成功擺脫加害者的女性如果與對方共同擁有子女的監護權，依然得不斷與對方談判協商。即便沒有子女的問題，許多受害者在遠離虐待很長一段時間後，仍舊過著提心吊膽的生活，尤其是施虐者入獄服刑的案件。如果受害者有了新的伴侶，那麼他／她和伴侶都會有危險。我採訪過的一名女性說，這種困境讓她感覺「天旋地轉」，至少一直到孩子們長大前都是如此。眾所周知，即便是試圖擺脫暴力伴侶的受害者，探視孩子與送孩子到對方家裡時也有可能遭遇危險。我認識一位女性與前夫共同監護子女，她開車載孩子們回到對方家後，被他狠狠抓去撞石牆，臉部受到重傷，而孩子們在後座目睹了一切。當時她已經離婚好幾年了。其實在我寫作的昨天、也就是二〇一八年九月十二日，加州貝克斯菲爾德（Bakersfield）就有六個人遇害（上網搜尋「分居丈夫」與「被殺」等關鍵字，會得出一千五百多萬筆結果）。擺脫虐待的伴侶關係，並不代表之後就不會有危險。因此，我總是盡可能在新聞職業道德與勇氣可嘉的受訪者的人身安危之間取得平衡。雖然我往往會盡量就特定的事件或關係採訪多名相關人士，但有時請求受害者允許我去找加害者當面談話，實在太過危險。有數起案件的當事人或目擊者已不在人世。本書提及的一些受訪者姓名已經過修改，詳細身分也並未揭露，以維護他們的安全與隱私。我一向的處理方式是編修資訊，而不是更改資訊，名字除外。文中也為所有案例加上了注解。

家庭暴力跟其他犯罪行為不同。這並非憑空發生，而是因為某個人在錯誤的時間出現在錯誤的地點。房屋與家庭應該是神聖的領域，是我們在「無情世界中的避風港」，就如我念大學時社會學教授所灌輸的觀念（我第一次聽到這個說法就是在她的課堂上）。這正是家暴如此站不住腳的原因。施暴者是你認識的人，是聲稱真心愛你的人。受害者往往連最親近的好友也不願透露，而在許多情況下，肢體暴力造成的傷害遠遠不及情緒和言語的暴力。我聽過太多施暴者感嘆，自己依然愛著當初狠心傷害的那個女人，只是他們行為殘暴，以致被關進了監獄。這或許是強力的催情劑，一個人愛到痴狂，因此無力抵抗愛情。不過，要讓一個男人相信他的愛與暴力源自內心的同一個地方，肯定必須從一體的兩面來智取他。我逐漸發現，施虐者大多是自戀狂。其他因素的高發生率可能會讓男人為了生存而表裡不一，例如藥物成癮、窮困與其他走投無路的狀況，假使他有病態的男子氣概，那麼採取的暴力手段可能會特別致命。

我們的文化所灌輸給女人的觀念是，孩子必須要有爸爸，交往關係是最終的目標，家庭是社會的基石，還有私人的「問題」最好私下解決，而不是離婚然後獨自扶養小孩。蜜雪兒．孟森．莫澤（Michelle Monson Mosure）對母親堅稱不想讓孩子在「破碎的家庭」長大時，嘴上不斷說著這些觀念。這種說法彷彿意味著，伴侶會施暴的家庭並不是破碎的，彷彿破碎還有程度之分。這些訊息會在不知不覺中造成傷害，而且始終存在。當政治人物為了重新通過《防止婦女受暴法案》（Violence Against Women Act）一事吵得不可開交，之後從聯邦預算中撥出極其微薄的補助而使法案窒礙難行時，這些訊息便會出現。目前，《防止婦女受暴法案》的全部預算接近四億八千九百萬美金。[14]監督防止婦女受暴處（Office of Violence Against Women）的司法部一整年的預算現為兩百八十億美金，由此可知，《防止婦女受暴法案》有多麼缺乏資金。[15]我們也可以從另一種角度來對比：若以《防止婦女受暴法案》目前的預算來看，世界首富傑夫．貝佐斯（Jeff Bezos）據估達一千五百億美金的身家財產，足以資助《防止婦女受暴法案》達**三百年**之久，之後還剩數百萬元可供他將就度日。[16]

但是，我們也以其他方式傳達給受害者留下來的訊息。司法制度讓他們成為辯護的一方，去面對一個曾經試圖殺害他們的人，一個他們再熟悉不過、下次可能就真的殺了他們的人。法院的判決只是輕微地懲罰暴力加害者，也許只是處以罰金，或是讓他們在犯下殘暴的攻擊行為後在牢裡待個幾天而已。當執法單位將家暴視為輕微的妨害行為、「家庭紛爭」，而不是一種罪行，便會傳達出這樣的訊息。我不得不相信，如果局勢轉變，如果妻子毆打與殺害丈夫的情況為數眾多（如美國一個月就有五十名女性遭到親密伴侶槍殺），家暴案件就會登上全國各大報紙的頭版，也會有大量資金湧現，供學者研究現代女性到底出了什麼問題。

經過了這一切，我們竟然還有臉問受害者為什麼不離開伴侶。

現實是，許多像蜜雪兒・孟森・莫澤這樣的受害者及其子女積極且暗中嘗試離開，在現有體制中不斷努力，戒慎恐懼地一步步盡可能逃走。在許多這樣的案件中（包含蜜雪兒在內），我們誤以為是她們選擇留在施虐者身邊，但事實上是我們沒能看出，受害者正在緩慢且小心翼翼地離開伴侶。

***

有鑑於在人類的大部分歷史中，人們並不認為家暴是錯誤的行為，因此這些情況絲毫不令人意外。猶太教、伊斯蘭教、基督教與天主教在傳統上全都認為，丈夫有權管教妻子，就跟他管控其他財物一樣，包括僕人、奴隸與牲畜；當然，由宗教文本——《古蘭經》、《聖經》與《塔木德》——衍生的這類信仰，只不過是當代男性（當然是男性）的解讀罷了。[17]部分的解讀甚至教導男性如何毆打妻子，例如不要直接打臉，或是不要留下永久性傷痕。西元九世紀，猶太教的律法長老（Gaon of Sura）認為，丈夫的施暴所造成的創傷，不比陌生人的攻擊來得嚴重，因為根據法律，為人妻者必須服從丈夫的權威。[18]在美國，雖然清教立法禁止丈夫毆打妻子，但這些教規主要是象徵意義，很少實際執行。相反地，妻子會受到虐待，一定是因為激怒了丈夫——這樣的看法貫穿了數百年來有關家暴的文獻，以及六〇與七〇年代之前所有論述配偶虐待的文章。在極少數家暴鬧上法庭的案件中，只要妻子受到的傷害不是永久性的，司法判決也大多有利於男性。[19]

直到上個世紀，美國才正式立法禁止丈夫毆打妻子，而即使是在十九世紀晚期便已立法禁止配偶虐待的那些州（阿拉巴馬州、馬里蘭州、奧勒岡州、德拉瓦州與麻州），也很少確實將施暴者繩之以法。[20]美國反虐待動物協會（American Society Against the Cruelty of Animals）制定法規的時間還比家暴防治早了好幾十年，我想這表示，人們把寵物看得比配偶還重要（九〇年代寵物收容所的數量比家暴庇護所還多，比例接近三比一）。[21]二〇一八年秋天我寫作本書之際，家暴在十幾個國家依然合法，也就是說，這些地方完全沒有針對家暴制定法規，包括埃及、海地、拉脫維亞、烏茲別克與剛果等國家都是。[22]另外，俄羅斯在二〇一七年將所有不構成身體傷害的家暴行為合法化。[23]其中當然也包括美國。川普（Trump）政府任命的第一任首席檢察官認為，家暴不是尋求庇護的理由，這些受害的「異類」只是慘遭「不幸」而已。[24]換言之，在這段時期，如果你有幸在家門外遭到政府軍隊的恐嚇，便可以申請庇護，但要是在家門後受到虐待呢？你只能自認倒楣。

在今日的美國，大部分關於家暴的法律判例都是非常近期才出現的。國會直到一九八四年才終於通過立法，幫助遭受家暴的婦女與兒童；該項法案名為《家庭暴力防治與服務法》（Family Violence Prevention and Services Act），協助設置收容所及為受害者提供其他資源。[25]政府直到九〇年代初期才將跟蹤明定為犯罪行為，而直到如今，一般仍不認為跟蹤具有真正的威脅性，不只執法單位、施暴者是如此，就連受害者也經常忽略其中的危險，然而在美國，有四分之三遇害的女性事發前曾遭到伴侶或前任伴侶跟蹤。[26]近九成的家暴殺人案受害者在遇害的前一年有過被跟蹤與毆打的情況。[27]美國直到一九九六年才設立全國家暴防治專線。[28]

蘇珊・杜布斯表示，今日美國實際上有三項運動正在徹底改變家暴的防治。其中一個是她在二〇〇三年開始推動的計畫，家暴防治機構成立了高風險小組，試圖測度任何已知的家暴情況的危險性，再據此為受害者建立防護措施。另一項運動是二〇〇二年成立的全國第一所家庭司法中心；這類機構由前市檢察官凱西・格溫（Casey Gwinn）在聖地牙哥首度設立，匯集了提供給受害者的各種服務，包含警察、檢察官、受害補償、諮詢與教育等。（聖地牙哥的家庭司法中心催生了三十五家不同的相關機構。其他地區也有數量不一的合作伙伴。）第三項運動是前任警官戴夫・薩金特（Dave Sargent）在二〇〇五年開始推行的家暴致死評估計畫（Lethality Assessment

Program），關注的重點是執法單位如何處理家暴現場的狀況。[29]

這三項計畫在同一時間開始，絕對不是巧合。七、八〇年代的女性主義運動，使這個剛開始接受平等觀念的國家逐漸關注受虐婦女的處境。當時的焦點落在收容所，政府積極設立、提供資金，幫助受虐女性遠離施暴者。但是到九〇年代，情勢有了變化。我在美國各地接觸過的倡議人士、檢察官、警方與法官都表示，有兩起關鍵事件造成了這個現象。第一個是辛普森（OJ Simpson）殺妻案的判決。

對許多人而言，妮可・布朗・辛普森（Nicole Brown Simpson）成為了新的受害者代表。她擁有美貌、財富與知名度。如果連她都遭到家暴，那麼這種事也可能發生在任何人身上。執法單位知悉OJ對老婆動粗的歷史。他曾經遭到逮捕，之後假釋出獄，經加州一名法官判處「電話諮商」（後來這起案件遭到撤銷）。從妮可報警的錄音存檔可以想像一個罕見的情景：一個女人被一個聲稱愛她的男人挾持。威脅、強迫與恐懼，全都可以從她的字字句句感受得到。她不幸遇害的事件讓倡議人士多年來一直討論的議題浮上了檯面——任何人都有可能在任何地方發生這種事情。如何幫助那些未尋求協助的受害者，是這些計畫在當時遇到的最大困難之一。但是，當地報紙刊登妮可・布朗・辛普森與朗・高德曼（Ron Goldman）慘死的消息時，全都破天荒在側邊版面列出了援助資源。前所未見的大量家暴受害者開始尋求協助。這起案件的審判出爐後，家暴防治專線湧入大量來電，收容所的數量與地方配置的警力也隨之飆升。[30]

家暴逐漸成為全國民眾關心的議題。

辛普森案也成為有色人種受害者的抗爭口號，他們理直氣壯地問，為什麼要等到一個美麗有錢的白人女性死了，家暴殺人案才會曝光在世人面前。畢竟，黑人女性遭受家暴的比例跟白人女性不相上下、甚至更高，而且還得承受種族歧視的眼光。如今，美國的原住民、移民與弱勢族群正緩慢展開關於辛普森後續議題的對話，影響的範圍比之前更加廣泛，而這都有賴第二個改變了大眾對於家暴的觀點的主要事件：《防止婦女受暴法案》。

過去，立法者將家暴視為家庭私事，認為這是女性的問題而非刑事司法體制的問題，而《防止婦女受暴法案》讓他們開始正視這個現象。時任參議員約瑟夫・拜登（Joseph Biden）於一九九〇年首度在國會提案，但這項法案直到一九九四年秋天才通過，幾個星期後，辛普森案也做出了判決。終於，美國各地的城鎮有史以來第一次獲得聯邦補助可專門解決社區裡的家暴問題。這些資金用於為第一批響應者提供專門訓練、建立倡導的工作機會、設置收容所與過渡住所、開設制暴課程及提供法律訓練；《防止婦女受暴法案》給予的資助讓受害者再也不必負擔驗傷的費用，而如果受虐者遭到伴侶趕出家門，也可以獲得賠償與協助；患有殘疾或需要法律援助的受害者也有管道可以尋求支持。這些資源與今日許多其他家暴防治的系統和服務之所以出現，都是受到了《防止婦女受暴法案》的直接影響。當時，參議員拜登向美聯社（Associated

Press）表示：「〔家庭暴力〕是令人憎恨的罪行。我的目標是讓女性在法律規範下有機會去尋求賠償，不只是在刑事上，在民事上也是一樣。我希望讓全國民眾更加意識到，女性的公民權——包含獨處的權利——正逐漸受到危害。」[31]

《防止婦女受暴法案》每五年需要經過重新審議。二〇一三年的重新審議程序受到了阻礙，因為共和黨不希望法案將同性伴侶、保護區原住民、遭到虐待並試圖申請臨時簽證的非法移民也列為保護對象。經過眾議院與參議員的激烈爭辯後，這項法案終於通過了重新審議。在我寫作的同時，下一次的重新審議即將到來。在當前的政治環境下，全國各地曾接受我採訪的倡議人士，強烈感覺自己的立場與相關的資助岌岌可危，因為現任總統毫不掩飾對女性的不友善與性別歧視，而且被控涉及多起性騷擾與攻擊女性的事件，還遭第一任妻子指控性侵害（之後她表示並非控訴對方犯罪，而是表達自己遭到侵犯的感覺）。[32]白宮祕書羅伯．波特（Rob Porter）是眾所周知的暴力傾向者，而川普一直到抵擋不了來自媒體與外界的人事壓力（而不是基於道德考量），才拔掉他的職位。事實上，在我們所處的社會，擁有槍枝的權力似乎凌駕於生存權之上。「〔川普〕的言行舉止對女性造成了極為深遠的後果。」家暴倖存者與運動人士潔．谷艾爾（Kit Gruelle）如此說道，「我們在性別平權的議題上正以可怕的速度倒退。」

***

不久前，我與一位名為琳恩・蘿森塔（Lynn Rosenthal）的女性共進午餐。蘿森塔是白宮第一位防止婦女受暴處的聯絡人，這個職位在歐巴馬任內設立，川普上任兩年後依然空缺。我問她，如果不考慮資金，如果她可以推動任何想做的計畫，她會怎麼處理家暴問題？她說，她會針對一個特定社區研究怎樣的方式可行，然後**在各地**投入資金。「你不能只看體制的一小塊就說，『噢，那就是癥結點。』那正是……大家會做的事情。如果我們可以投資一件事，那會是什麼事？我會說，答案不是一件事而已。而這就是重點：私密暴力以某種方式影響著現代生活幾乎每一個面向，但我們無法開誠布公地探討這個問題，顯示出大眾對於這個氾濫的現象極度無知。」

因此，本書旨在揭露那些暗藏於角落的故事，幫助大家認知家庭暴力的真實本質。本書分為三個部分，每一個部分探討一個主要問題。第一部分解答最棘手的問題：受害者為什麼不離開伴侶。（潔・谷艾爾曾對我說：「你不會在一間銀行被搶了之後對銀行經理說，『銀行必須搬家。』」）蜜雪兒・孟森・莫澤的人生與死亡讓我們看到了我們看不見的事情，那就是，關於離開與留下的爭論，忽略了虐待關係裡各種發揮作用的力量。

第二部分——可說是我寫作時最困難的一個部分——審視了施暴行為的核心。有太多時候，我們只聽受害者、倡議人士與警方的說法，而忽視了施暴者的觀點。在現今病態大男人主義盛行的環境下，我想一探這類男性的面貌，想知道他們如何看待在社會與家庭中的自己。在為了本書進行研究的這些年裡，我反覆思索著，一個有暴力傾向的男性是否能夠在教化之下改變本性，而答案幾乎都千篇一律：警察與倡議人士認為不行，受害者表示但願如此，而施暴者給了肯定的答覆。在我看來，後者的回應不像是陳述意見，倒像在表達意願。家暴的世界中最常見的格言是，「受傷的人會傷害別人」。因此，如果一個受傷的人勇於面對並處理自己的傷痛，而不是把痛苦施加在生命中的其他人，情況會變得如何？

在第三部分，我以隱蔽的方式講述改變促成者的故事，也就是那些站在家暴與家暴殺人案前線的勇者們，譬如蘇珊・杜布斯與凱莉・鄧恩等人。我探究相關的防治措施與計畫及其背後的推手。此外，我也深入調查反家暴運動、司法制度與執法行動，瞭解大眾對它們有哪些看法。

本書通篇將受害者稱為「她」、加害者稱為「他」。這不是因為我不知道男性也有可能是受害者、女性也有可能是加害者，或是我不瞭解同性伴侶相對缺乏可用的資源，甚或LGBTQ族群的交往關係與社群也存在多得驚人的家暴案例；而是基於兩個論點：第一，絕大多數的加害者依然是男性，不論以哪種標準來衡量，絕大多數的受害者依然是女性。考量寫作的一致性，我使用她／他／他們等代名詞。當我以「她」代稱受害者或「他」代稱加害者，請讀者瞭解，我明白不論性別，任何人都有可能屬於這兩個角色的其中之一。

同樣地，儘管目前有人提倡將家暴受害者稱為「倖存者」，或在某些情況下稱為「當事人」，但我通常避免這麼做，除非我明確知道他們的確逃離了家暴的苦難，也就是他們成功擺脫了虐待關係，並且為自己與家人打造全新的生活。除此之外，對於大多數提供資訊的人士，我都以全名或姓氏稱之，至於那些分享細節經歷的人們（以非小說散文文學的角度而言，他們成了「人物」），則以他們的名字稱呼。

最後，「家庭暴力」一詞一直是倖存的受害者與反家暴人士的論據。「馴服對方的暴力」聽來感覺情況沒那麼嚴重，暗指家人的施暴與陌生人的攻擊比起來算是小事。近年反家暴運動都使用「親密伴侶的暴力」或「親密伴侶的恐怖手段」的說法。這麼做一樣也有明顯的問題，最重要的是，這忽略了來自伴侶以外任何家人的暴力。「配偶虐待」一詞也具有類似的限制；「私密暴力」的說法則在過去十多年興起。然而，這些用詞說法委婉，並未顧及在這種關係中發揮作用的特定力量，包含生理、情緒與心理因素。我自己多年來也不斷嘗試尋找更適當的詞彙，但毫無斬獲，但我認為，「恐怖手段」一詞可謂有貼切傳達出當事人在這種關係中的感受。儘管如此，由於大眾有用詞上的共識，因此我在書中仍普遍使用「家庭暴力」或「私密暴力」，除非是引述某人的話，或者這些用詞以上下文來看過於冗長的情況，有時才會改用上述的其他詞彙。

現在回到保羅・孟森的屋子與時間逐漸消逝的那天下午。我們終究還是結束了車子的話題，談到他一直不願碰觸、心中最痛的那一塊：他曾經擁有的女兒與外孫。

第一部　終點

小瘋子

保羅．孟森的房子採開放式格局，客廳可通到飯廳，飯廳可通到廚房。他跟我說，以前孫子和孫女會在屋裡跑來跑去。他指的是克莉絲蒂與凱爾。他們來拜訪外公的時候，第一件事就是像兩個小瘋子一樣到處狂奔。克莉絲蒂與凱爾是洛基與蜜雪兒的孩子。

保羅來自北達科州（North Dakota）邁諾特（Minot），因為工作的關係來到了蒙大拿。他父親很久以前就過世了，繼父基爾（Gil）是巡迴馬戲團「倫德的兒童天地」（Lunder's Kiddyland）的老闆，在那之前是位農夫。保羅稱他是「只要有錢啥都好談的男人」。蜜雪兒深愛她的祖父母。

「很多時候人們都說女孩子會愛上跟自己的父親相像的男人，」保羅說，「但我在洛基身上看不到自己的影子。」

也許是洛基的活力吸引了蜜雪兒，保羅說。抑或是他們認識的時候，蜜雪兒還是少女，而看起來比實際年齡二十四歲年輕許多的洛基已經接觸過成人世界，讓她覺得很新鮮。他成天在家飲酒作樂，沒有人管。假使蜜雪兒沒有在十四歲懷孕、在十五歲生下克莉絲蒂，假使他年紀沒有大她這麼多，他們的戀情很有可能會像多數少男少女的羅曼史一樣，一開始愛得轟轟烈烈，最後無疾而終，然後各自遇到新的對象。「我覺得他那時候是年紀到了，想要安定下來，」保羅說，「成家立業之類的。」

保羅說，他與蜜雪兒幾乎每天都一起吃午餐。他工作的地點離她家很近，午休時間會過去找她，而他認為洛基應該從來都不知道。「我會帶午餐過去，蜜雪兒打開電視轉到傑瑞．斯布林格秀（The Jerry Springer Show），然後我們坐在沙發上一起看節目。」他說，「我跟她比其他女兒親近，不知道為什麼。她也跟我比較好。」

之後，保羅伸手拿起一疊用項膠帶捆起來的自錄DVD。他說這些是要給我的，是他在我來訪之前拷貝的家庭影片。以前洛基會用相機錄下任何活動，年復一年，尤其是全家幾乎每個週末都會一起露營的旅行。這些影片拍的不是特殊節日、假日和生日之類的內容，而大多是蜜雪兒、克莉絲蒂與凱爾的日常生活。保羅說他全都看過，而且不只一遍。他是為了尋找線索，尋找任何可能透露洛基有暴力傾向的蛛絲馬跡，但一無所獲。他們看起來就跟任何穩定、美滿的家庭一樣。影片中有三歲大的克莉絲蒂坐在沙發上看卡通的畫面，也錄下凱爾手拿兒童釣竿在溪邊釣魚的過程。好幾部影片中，蜜雪兒在床上熟睡時被鏡頭後的丈夫輕輕喚醒。保羅說，一點線索也沒有。我自己則是過了好幾年才忍心看這些影片。

＊＊＊

保羅的前妻莎莉・賈斯塔德跟保羅一樣對洛基知之甚少，即便是他還在世的那些年。他們兩個年紀較大的女兒艾莉莎與蜜雪兒在十五和十四歲時開始與保羅同住。莎莉與保羅幾年前離婚了，那時蜜雪兒八歲，大部分時間女兒們都跟莎莉一起生活。但進入青春期後，她們發現，在父親這裡可以擁有與母親同住所沒有的自由。

有時莎莉會致電保羅關心女兒的行蹤，但他完全不知道她們去了哪裡，有時就隨口編說「她們去誰誰誰家」，然後莎莉開車經過時會發現她們根本不在那裡。有次保羅給她一個住址，結果那裡是收容來自派恩山（Pine Hills）的男孩、幫助他們更生的中途之家。那些男孩有藥物上癮或行為的問題，年紀太輕無法坐牢，但待在家裡又太過危險——對自己與別人而言皆是。派恩山是專門收容不良少年的照護機構。莎莉很熟悉這個地方，因為她在蒙大拿州從事職業輔導，專門協助無行為能力的人們找工作。

那天晚上，她怒氣沖沖地把車子停在中途之家門口，焦急尋找當時才十三、四歲的蜜雪兒。應門的男人說蜜雪兒有來過，但之後又跟一個名叫科迪（Cody）的男孩離開了。莎莉氣炸了。她跟那個男人說，我不會讓女兒再來這裡，永遠不會。三個小時後，蜜雪兒出現了。

另一次，莎莉開車到保羅家門前，看到一台敞篷車停在前面，一台她沒看過的車。她敲門，無人應答，但她看見屋內有人影，於是又大力敲了幾下。還是無人回應。她離開了一會兒回來再試一次，還是一樣。她透過門縫大喊，如果不開門，她就報警。結果奏效了。蜜雪兒開了門。只見屋內有個年輕人頭髮蓬亂，身穿牛仔褲和T恤。他有著結實的下巴，彷彿無時無刻都在緊咬牙根。嘴唇豐厚，兩頰有一些痘疤。這是莎莉第一次見到洛基。他似乎很害羞，不敢直視她。她對他說，他不能在這裡，因為蜜雪兒的爸爸不在家。他支吾地說自己正要離開。

後來，莎莉告訴保羅，那個男生對蜜雪兒來說年紀太大了。她不知道他幾歲，但年紀大到有一台車的男生對十四歲的蜜雪兒來說太老了。她以為之後她與保羅可以解決這個問題，以為洛基會退出蜜雪兒的生活。她從沒想過蜜雪兒會不聽話；在莎莉心中，蜜雪兒依然是小女孩，依然是那個會自動做家事與從不翹課的乖女兒。蜜雪兒一直都不是叛逆的女孩。長大後（比保羅與莎莉想的快了許多），她變了。她直接變成了大人，錯過了一大半的青澀時期。

＊＊＊

洛基身材精瘦，約一百六十五公分高，很容易緊張，精力充沛。（他家人的描述與此有些不同，他們說他沉默寡言，有時會耍點心機，另外也有提到他害羞的個性。）舉槍自盡之前，他將過去拍的家庭影片裝在袋子裡並放到車庫。他想確保那些東西不會遺失。這個舉動彷彿是對一個快樂的美國家庭致敬。如果一切都照他的計畫走，那些影片便會是倖存下來的故事，有如《可歌可泣的美國悲劇》（*A Great American Tragedy*）。他在手臂上寫了一個訊息。他原本不打算讓任何人看到，也沒人記得那到底是什麼。他留下了類似「我罪該萬死」的文字。

保羅說，前門上的坑洞是有一次洛基來找蜜雪兒時用力敲出來的。但是，當時他並未意識到洛基有暴力傾向，至少沒有嚴重到那種程度。那種暴力行為當下似乎難以評估，但事後回想卻清晰可辨——也就是說，家庭暴力正是如此。保羅並不是唯一一個沒能察覺凶兆的人。但試想，假如在保羅家門口又打又踹、大喊要裡面的女人出來的不是洛基，而是一個陌生人，誰不會報警？誰不會試圖插手阻止他的暴力行為？然而，當對象是我們認識的人，是其他親人，例如父親、兒子、表親或母親等，我們就不太能夠辨別暴力。保羅說，早知道他就插手，做些什麼來阻止洛基，想辦法採取法律途徑。這是蒙大拿的文化，當地民風一向自由開放，崇尚個人主義。他不信任司法體制，他覺得警方或檢察官沒有盡力拯救他的女兒。「我跟你說一件事，這會讓你更瞭解蒙大拿。」保羅說道。他跟驗屍官要蜜雪兒一家的解剖報告時，對方表示只能提供跟他有血緣關係者的資料，也就是蜜雪兒、克莉絲蒂與凱爾，不包含洛基。但是，洛基的父親戈登・莫澤（Gordon Mosure）開口要求時，驗屍官把所有人的報告都給了他。「重點是那個人怎麼看這件事。」他跟我說。這個社會是父權制度做主。保羅搖搖頭。「越想越氣。」他抽出一個棕色檔案夾，給我看他好不容易拿到的三份解剖報告。我們從凱爾的報告開始，「這個小男孩……衣服全沾滿了……血漬」。驗屍官寫下死者不久前吃了橡皮糖。克莉絲蒂的報告則寫著，身上的彈痕「多如雪片般」，心臟重量為一百八十克。

＊＊＊

我指著客廳裡的一塊飾牌問那是什麼。它獨自懸掛在一大片白牆上，顯得有些突兀。那是蜜雪兒的高中畢業證書。比靈斯高中（Billings Senior High School）一九九七年畢業班。那時她已和洛基同居，育有兩個不到三歲的小孩，但依然如期畢業了。她生下克莉絲蒂一年後生了凱爾。她為了「她與洛基這兩個有小孩的小孩」——保羅是這麼說的——轉到一所距離原本學校六個街區的高中。她有一台摺疊式嬰兒車，那可以容納兩個小孩，蒙大拿的冬天寒冷凜冽，而她得頂著寒風推著嬰兒車走上山。「我看過她那麼做，打從心底佩服她。」這是保羅一直害怕的時刻。他低下頭，手上正拿著那塊飾牌。剛才他站起來從牆上取下了飾牌，現在正把它抱在懷裡。他舉起手輕輕拭去飾牌上的灰塵，然後鬆開手，流下了眼淚。他深吸一口氣，試著打起精神。這正是像他這樣的為人父母不願接受採訪的原因，尤其是男性。他們會盡一切努力避免這一刻。

莎莉．賈斯塔德就不同了。幾年來我花了很多時間跟她面談。她藉由談論與盡力回想蜜雪兒的事情來延續女兒的生命。她保存了蜜雪兒與兩個孩子的所有遺物，包含信件和孩子們親手做的節日禮物、蜜雪兒年輕時寫的筆記，還有當地媒體的相關報導。她載我去看克莉絲蒂與凱爾念的學校，那裡有一顆石頭和一張長椅刻著他們的名字作為悼念。莎莉說，謀殺案發生後，她突然間老了許多，在四個月內胖了快八公斤，看起來疲憊又蒼老。她給我看蜜雪兒生前一家人拍的合照，她指了自己是哪一個，但我還是認不出她。我發現，在難以承受的悲劇面前，女性通常會滔滔不絕，而男性會沉默不語。莎莉將一連串的記憶像鳥巢般圍繞在身邊；保羅則把那些回憶像石頭一樣沉在心裡。

在莎莉眼中，蜜雪兒總流露一股超齡的責任感。她會割草皮、洗碗盤、吸地毯，全都是自己主動。有一年，她與姐姐們在「倫德的兒童天地」玩棉花糖機和其他遊戲時，蜜雪兒將她贏得的二十塊放進信封裡，裡頭還塞了一張小卡，上頭寫著這些給媽媽採買家用品。莎莉打開信封時，忍不住哭了起來。

「她〔蜜雪兒〕大可以休學。」保羅對我說。他聲音很小，聽來有點沙啞。他用手背擦去眼淚。「她讓我覺得驕傲的不是懷孕，而是繼續讀書。她沒有放棄學業。」

像蜜雪兒．孟森．莫澤這樣的女性都有著這般堅定不移的性格。她們擁有強烈的決心與毅力，想盡辦法讓自己與子女活下來。她們絕不放棄。她們之所以繼續留在虐待的婚姻關係中，是因為認清了我們多數人都不明白的事情，那是一種由內而外、看似違反常理的體認：儘管在家裡有危險，但若離開會遭受更大的危險。很多女性都有計畫，跟蜜雪兒一樣。她們留下來，等待時間過去。她們保護孩子的安全，她們努力在前線維持局勢的平衡。她們保持警覺、耐心以對，不斷尋找可以順利脫身的時機。她們竭盡所能地維持這樣的狀態。

形影不離的姐妹

蜜雪兒與洛基第一次見面是在下課後的一個平日，地點是一群青少年聚在一起打發時間的一棟房子。當時艾莉莎有一位名為潔西卡（Jessica）的摯友，一開始潔西卡跟洛基在一起。他們只交往了幾個禮拜，也許有一個月。艾莉莎對這位頭髮濃密的陌生人完全沒有印象，是後來蜜雪兒坦承自己喜歡他，她才想起這個人。洛基體格健壯，臉上有幾個小痘疤，及肩的長髮層次分明。女孩們都說他長相英俊。她覺得很好笑。

艾莉莎說，蜜雪兒立刻就被洛基吸引住了。他給人一種隨和與可靠的感覺。他比她大了十歲，曾因吸毒在德州坐牢一年，但蜜雪兒一點也不介意，因為他有工作和住的地方。一個年紀稍長的男人對自己有興趣，讓她的內心蠢蠢欲動。如果跟他交往，就不用被父母管，就能擁有自由。

對自由的渴望無疑是她們當初搬去跟保羅同住的原因。保羅話不多，總是把想法和感受藏在心裡。他腦袋無時無刻都在盤算要怎麼做事才行得通。此外，好像也有點酗酒的傾向，但大多數的男人都這樣，尤其是在蒙大拿這種地方，「好漢」的稱呼像五月的暴風雪一樣無所不在，可用來形容任何會用槍和打領帶的男人，從牛仔到律師都有。洛基是一條好漢。艾莉莎、蜜雪兒與梅蘭妮當時認識的男生大多都是好漢。

洛基與蜜雪兒是在一對夫妻的家裡認識的，潔西卡在那裡幫忙顧小孩打工。在比靈斯，人際關係與友誼有如地層般錯綜交疊。每個人都認識或知道彼此。那間房子有一張撞球桌和一個車庫，青少年有時會在那兒聚會。洛基開車抵達時吸引了蜜雪兒的目光，那時她心裡一定在小鹿亂撞，因為他們一見鍾情。艾莉莎說，過了兩、三天他們就在一起了。那個禮拜還沒過完，洛基與蜜雪兒就陷入了愛河。

＊＊＊

蜜雪兒向莎莉坦承自己懷孕時，莎莉氣得想上法院控告洛基強姦未成年少女。她不敢相信一個年紀這麼大的男人竟然會愛上蜜雪兒這樣的少女。他有什麼毛病？但蜜雪兒發誓，如果莎莉真的去報警，她就要帶著肚子裡的寶寶跟洛基私奔。這話讓莎莉傷心欲絕。蜜雪兒真的會永遠離開嗎？如果蜜雪兒就這樣消失了，自己要怎麼保護她？如果她在某個地方生下了孩子，又還未成年而不能開車，那該怎麼辦才好？

最後，莎莉尋求諮商，而顧問建議她耐心等待、試著接受事實，並全力支持女兒。洛基終究會厭倦蜜雪兒的。莎莉還記得那位顧問說：「他不會喜歡一個不能帶出門、什麼事都做不了的女朋友。」蜜雪兒生前只去了酒吧一次。她從來沒有跟朋友在假日一起出去玩，從沒帶過朋友回家。她沒有參加過任何讀書會、瑜珈課或年輕媽媽互助會。她沒有任何社交生活。洛基就是她的全世界。

＊＊＊

艾莉莎在想，會不會是因為她在蜜雪兒與洛基認識時正與一個年紀比較大的男人交往，才導致蜜雪兒對洛基死心踏地。艾莉莎與蜜雪兒是最好的朋友，一直都是，從小時候還在學走路時就是如此。家庭影片中經常可見她們膩在一起的畫面。姐妹倆猶如藤壺般形影不離。她們在客廳條紋圖案的沙發前打成一團，嬉鬧地咯咯笑。艾莉莎學會不靠輔助輪騎腳踏車的那天，蜜雪兒在草地上看著她騎著前面有白色籃子的粉紅色單車，在人行道上搖搖晃晃地前進。艾莉莎消失在畫面中，然後又騎回來，看起來有穩了一點，臉上露出驕傲的笑容。她停了下來，但雙腳沒有及時著地，屁股重重撞到了一邊的踏板。她嚎啕大哭，莎莉衝過去一把抱起她軟言安撫。

下一個畫面輪到蜜雪兒，她坐在有著紅色細長椅座的銀色腳踏車上。在同一個人行道上，她飛快地騎著兩輪單車，回來時開心揮手。她高舉一隻手向鏡頭後面的父親揮舞，一隻手握著車把，嘴巴如一彎新月般燦爛而自信地笑著。

他們一家的所有姐妹感情都相當融洽。年紀最小的梅蘭妮患有注意力不足過動症（Attention deficit hyperactivity disorder，ADHD），離婚後經歷了人生中最艱難的日子。她會大叫、亂踢東西，失控暴怒。莎莉幾乎把心力都放在梅蘭妮身上，因此艾莉莎與蜜雪兒沒人照顧。她們梳高瀏海、塗上口紅和睫毛膏，聽史密斯飛船（Aerosmith）與AC/DC樂團的歌。蜜雪兒在青春期瘋狂迷戀史蒂芬・泰勒（Steven Tyler）。他們會到先驅公園（Pioneer Park）或北方公園（North Park）約會，有時一起爬上里姆斯（Rims）——比靈斯外圍有著八千萬年歷史的砂岩峭壁。里姆斯吸引許多登山者、背包客、養狗人士與逃家的青少年攀爬。日出與日落時分，它會散發熾熱的美麗光芒，讓人想起亞利桑那州聖多那鎮的紅色岩石。站在崖頂，可眺望整個比靈斯山谷及遠處的風景。那番景色數百萬年來經歷了平靜時間浪潮的洗鍊。

然而，里姆斯也引人聯想到另一件事。每年似乎都有人死在那裡，不是自殺，就是躲避警察追捕、最後受傷或遭到槍殺，從捨身崖（Sacrifice Cliff）墜落——那是黃石河（Yellowstone River）流域一塊突出的砂岩，最高峰與地面的落差有一百五十多公尺。這個地名的典故是兩名克羅族（Crow）戰士從沙場返鄉後發現整個村落的人都得了天花，絕望之下決定尋死而縱身跳下懸崖。[1]

里姆斯是比靈斯最知名的地標，也是土撥鼠、大耳黑尾鹿、隼、蝙蝠、老鷹與數個不同物種的蛇類的棲地，包含背部有鑽石花紋、具有毒性的西部響尾蛇。後來，洛基有了一條這樣的蛇，把牠帶到了他與蜜雪兒及兩個孩子一起生活的房子。

他藏在心中的想法

洛基跟蜜雪兒一樣很多時候都沉默不語，像是在人群中或剛認識的朋友面前。他麻煩不斷、叛逆成性，但熱愛戶外活動，譬如釣魚和露營。這一點他跟父親很像。事實上，他對戶外活動的喜好、沉默寡言的個性，甚至是本名戈登（Gordon），都跟父親一樣。洛基這個綽號是父親在他還是嬰兒時取的，以紀念拳擊手洛基・馬西安諾（Rocky Marciano）。

戈登與第一任妻子琳達（Linda）生了三個孩子，洛基排行老大。那時他們一家住在俄亥俄州哥倫布市（Columbus）。洛基的弟弟名叫麥克（Mike），妹妹叫凱莉（Kelly）。他們感情好，但不過度親暱。他們會打架、玩耍，會一起排擠另一個人，也會保護彼此。麥克與凱莉把哥哥洛基當作榜樣。

戈登說，如果換了一個時空、換了一個年紀，他可能就不會與琳達結婚了。他在空軍部隊服役四年，退伍時美國正如火如荼展開性革命。他告訴我：「我以為我會戰死，然後上天堂。」他說話時表情木然，沒有任何一絲喜悅或懷念。他遇到了一個女孩，她懷孕了，而他把性革命完全拋在腦後。他心中再度湧起了軍人的責任感與榮譽感，覺得把人家肚子搞大了，就應該娶人家。「她的爸媽說，『小孩要有父親。』現在大家會說，『小孩有父親又怎樣。』（但）不管怎樣，我還是娶了她。」他不是不想要孩子。他深愛自己的孩子，三個都愛。甚至在洛基變成麻煩人物後，他也依然愛他。

離婚時，琳達把三個孩子的監護權都交給他。他與琳達分開後，沒多久就在工作場合遇到了一個名叫莎拉（Sarah）的女人。（琳達不願意與我進行有紀錄的訪談，但她倒是有說，他們還沒離婚時，戈登就開始跟莎拉約會了。）之後，莎拉成為三個孩子的繼母。她扶養他們長大，對他們疼愛有加，也會管教他們。她記得全家還住在哥倫布的時候，有次洛基與麥克在客廳打架。她說，洛基一直找麥克麻煩，最後麥克崩潰了。「戈登很生氣，我對他說，不是麥克的錯，是洛基一直弄他。」莎拉這麼告訴我。麥克大哭大鬧，但洛基才是真正的搗蛋鬼。「他總是會陷害弟弟妹妹。」她說。

戈登與莎拉在俄亥俄結婚，兩天後，他們帶著三個孩子搬到蒙大拿，因為戈登在那裡有一份新工作。他們沒有事先跟孩子們預告，也沒有通知琳達。如今，他們覺得當初應該要先跟孩子們說，這樣應該會讓事情簡單一點。給他們一些時間接受事實，甚至應該全家先遊訪當地一次。「這可能不是最明智的做法。」莎拉說。琳達則透露，那時她還得雇用私家偵探才找得到他們。戈登表示，琳達幾乎馬上就知道他們落腳的地方，因為他的新上司與他之前的同事是朋友。不過，琳達很偶爾才會寫信與寄卡片過來，而直到搬家五年後，孩子們才又見到琳達。

「你心裡會冒出很多想法，因為婚姻有一部分就像《男女大不同》（*Men Are From Mars, Women Are from Venus*）書裡說的那樣，但我一直都覺得，我應該可以做些什麼來彌補這一切，讓我的孫子和孫女逃過一劫。」戈登說。「我不斷結婚又離婚，孩子不受到影響才怪。但是，每年都有好幾百萬個小孩的父母離婚呀！」

雖然孩子們在學校不斷惹麻煩，但戈登與莎拉發現，搬家後，孩子們的學業遠比他們想像得還差，而且即使請了家教也沒用。最後他們沒有一個人順利畢業。戈登說，這都是因為琳達讓小孩整天看電視，不然就是白天都帶他們出門逛街之類的。「我們完全沒有教孩子寫功課。」當然，我與琳達面談時，她有不同的說法。戈登承認自己是一向避免衝突的那種父親。莎拉也說，戈登從來都喜怒不形於色，除非「電視播了一些有關政治的內容，他才會氣到屋頂都要掀了。對於任何沒有直接影響到家裡的事情，他會回應；但如果是有關家庭和孩子的事，他完全沒有反應。」她說，「這有一部分是他成長年代的關係。」

「我有迴避的碩士學位。」戈登開玩笑說。

他們搬到蒙大拿後，洛基立刻就捅了簍子。十二歲的他飲酒過量，經常偷些小東西，像是他喜愛的樂團——史密斯飛船與黑色安息日（Black Sabbath）等——的卡帶。有一次，他偷了一台腳踏車。莎拉曾經在後院草叢裡發現酒精飲料瘋狗 20/20（Mad Dog 20/20）的空瓶，她知道那是洛基丟的。他會在惹怒麥克後裝無辜。等他上了七年級時，莎拉與戈登意識到洛基需要輔導。

他們把他送到派恩山，問題少年的收容所。

他們送他去心理輔導。

戈登說，每個人都認為洛基會這樣是父母離婚的關係。治療師或學校的老師都這麼認為。這彷彿解釋了洛基的所有問題，包含行為不檢、偏離常軌，還有酗酒，莎拉說，他會喝到翻白眼和吐舌。但戈登的想法是，怎麼會這樣？我們離婚後就不會吵架了，那樣不是很好嗎？在一次家庭諮商會面中，治療師問洛基會不會因為母親離開而覺得難過，他回答：「不會。這樣比較好。」莎拉轉身問他是否真的這麼想，而他說：「對啊，媽媽離開之後家裡變得比較好，因為我們更常〔跟爸爸〕在一起，也不會看到他們吵得那麼兇。」

即使原因在於離婚與突如其來的搬遷，即使知道洛基到底出了什麼問題，又該如何修補他破碎的內心？心理輔導，留宿治療。那不都是派恩山收容所的任務，他們不是應該讓他的兒子恢復正常嗎？這樣的話，又何必瞭解他的痛苦與憤怒從何而來？是什麼原因讓他十三、四歲就開始喝酒，以至於變得語無倫次？是什麼原因讓他去商店看到喜歡的東西就偷走？是什麼讓他跟父母約定好早點回家與不喝酒之後，又一再隨意打破規定，彷彿不受任何人約束一樣？有時莎拉在想，洛基天生就沒良心。他有時迷人、有時把人玩弄於股掌之間，有時詭計多端、有時惹人喜愛，有時愛開玩笑、有時又悶不吭聲。戈登記得戒酒輔導的一位顧問對他說：「不論他心裡藏了什麼想法，他都不會放棄。」

莎拉告訴我，洛基不太相信女人，不怎麼喜歡她們。「我想，琳達離開的時候，他們全家都沒有把事情說開，不管是戈登與孩子、或是琳達與孩子之間都是。我覺得這一定有影響到他，因為他是老大，在家裡是最受寵的孩子。」莎拉說。然後，她提到了他們突然從俄亥俄搬到蒙大拿的事情。「我們搬走時，怎麼會沒有聊這件事呢？」她現在想起覺得很荒謬。他們在害怕什麼？「荒謬」不夠貼切，事實上沒有合適的詞彙可以形容這種狀況。當初他們為何不討論這件事情？他們是一家人，卻都閉口不提？如今生活在恐懼中，他們才恍然大悟，當時怎麼會認為離婚、再婚或搬到新地方生活是一件糟糕的事情，不該大聲張揚，因此沒有與孩子們開誠布公地討論呢？這是否解釋了洛基莫名其妙出現的問題？這是否重置了他的痛苦？

＊＊＊

莎拉與戈登都說，洛基一直不怎麼懂事。蜜雪兒走進他的生命時，她是如此年輕，但後來當了母親，心智比他成熟。「他永遠都無法理解這件事。」戈登說，「她成長了許多，但他沒有。基本上，你瞭解得越多……」他停了下來。他在想，洛基是不是因為年輕時接觸毒品與酒精，情緒發展才受到阻礙。

這正是莎拉與戈登過生活的方式，把自己關在過去，不斷懊惱當初應該要做哪些事情。這是家暴殺人案所遺留的影響，烙印在全家人的心裡。他們不斷想著，我們遺漏了什麼？他們甚至無法悼念蜜雪兒、克莉絲蒂與凱爾，因為一想起亡者，他們就會自責，就會悔恨一切本不該發生。克莉絲蒂原本可以念完大學；凱爾也許可以選定主修科目，假日時可以與逐漸變老的父親一起去釣魚；蜜雪兒原本可以穿著護士服，在醫院嬰兒室裡悉心照顧新生兒。他們無法揮別洛基造成的事實。他最終的行為徹底掩蓋了本性，掩蓋了他所有的優點。

莎拉告訴我，大約一年前的一次露營旅行，有那麼一刻她突然有一種難以置信的慰藉與感激，慶幸他們一家人存活了下來。他們經歷了孩子們可怕混亂的青春期，洛基去了派恩山、被關進德州的監獄，而麥克總是不聽話，愛大吵大鬧。最後她以為，他們終於變成一個正常的家庭。但是，這樣的記憶不復存在。她每次回想過去，都不禁感到懊悔。她反覆想著他們遺漏了什麼，忽略了哪些徵兆。

錯不在他們。

他們在理智上清楚這件事。

但在情感上不是如此。

「你就是不想往前走，」戈登對我說，「但你沒有選擇。」

他們生活在停滯不前的悲傷狀態中。這是一種情緒的煉獄。他們知道自己不是唯一傷心、憤怒的人，但他們認為自己是唯一的罪人。蜜雪兒的家人也都懷抱這樣的心情。氣憤、傷痛，更多的是令人難以置信、無可抵擋的愧疚重擔。我們遺漏了什麼？

但是，你無法遺漏你不知道要注意的事情。

***

莎拉還記得洛基第一次帶蜜雪兒回家時，她跟洛基一樣安靜。「後來我發現她跟他完全不一樣。」她說。她的沉默與洛基截然不同。「她說了很多，她知道人們總是覺得安靜的人是笨蛋。她知道別人怎麼看她，但除非她覺得有必要講明，不然她都默默承受。」

那段日子，蜜雪兒不常到他們家來，因為洛基的拖車放在洛克伍德（Lockwood）。不過，莎拉與戈登馬上就發現，他對這個女孩是認真的。蜜雪兒懷孕時，他們得知她的真實年齡後氣得跳腳。莎拉曾對洛基說，如果蜜雪兒的父母提出控告，「我們不會把你交出去，但也不會保全你」。

一九九三年九月，蜜雪兒在十五歲生日時發現自己懷孕。克莉絲蒂將在四月出生。莎莉勃然大怒，她想責怪保羅沒有好好看顧她，想責怪洛基跟十四歲的少女交往，想怪洛基的父母沒有管好兒子，想怪自己沒有盡到母親的責任。但這些想法都於事無補。蜜雪兒對他們說，洛基是個好人，非常好的人。她說他們必須給他一個機會，必須像她那樣地瞭解他。

一九九三年十二月，莎莉帶著三個女兒到北達科他州邁諾特度假。到了之後，蜜雪兒感覺背部疼痛，而她們都以為是坐車八個小時的關係。但蜜雪兒食不下嚥、噁心想吐，體溫也偏高。莎拉嚇壞了。那時蜜雪兒懷孕才六個月。

她們從邁諾特回家後，莎莉帶蜜雪兒到醫院，告訴急診室的護士她的女兒要生了。「我有三個小孩，我知道那是什麼症狀，蜜雪兒要提前分娩了。」她對我說。但是，她們等了好久都沒有人來檢查蜜雪兒的狀況。莎莉覺得醫生沒有認真看待女兒的症狀，他們只把她當成又一個懷孕的少女。這令她怒火中燒。接下來的兩個星期，蜜雪兒進出急診室多次。

護理人員終於發現蜜雪兒真的臨盆時，已經來不及了。寶寶即將出生。沒有人知道胎兒生下來將是死是活。莎莉嚇得魂不附體，為女兒與她肚子裡的孩子焦急不已。結果，蜜雪兒生下了一個女嬰，她的肺部太小，發育不全，因此被送入新生兒加護病房，大家都不知道她能否熬過一個晚上，更別說是一個星期、一個月甚至一輩子了。他們替她取名為克莉絲蒂・琳恩（Kristy Lynn），姓氏跟洛基一樣是莫澤。長相跟她媽媽年輕時很像，有著線條分明的上唇和靈動的淡色眼睛。

克莉絲蒂的體型跟茶杯差不多大。蜜雪兒的目光無時無刻都在女兒身上，她看著護士照料瘦小的女兒，將氧氣打進她的肺裡，監看她的狀態、跟她說話。對蜜雪兒來說，幫助女兒維持生命的不是機器、不是醫生，也不是自己，而是護士。他們是創造奇蹟的天使。克莉絲蒂在醫院待了好幾個月。事實上，她一直待到蜜雪兒原本的預產期，出院時還掛著氧氣筒與監測儀，必須有蜜雪兒與莎莉兩人在旁照顧。蜜雪兒與剛出生的女兒搬進莎莉的房子，住在蜜雪兒小時候睡的二樓臥房。每天洛基都會過去看她們。莎莉不得不讓他這麼做，不然他會一直找上門，不斷打電話來。她不讓他在家過夜，但允許他每天過來並待上一整天。洛基全心全意地照顧她們母女倆，隨時都憂心忡忡，盡其所能地幫忙打理。莎莉雖然不喜歡他，但欣賞他的付出。而且，蜜雪兒與洛基似乎是真的陷入了愛河——不只相愛，也深愛他們剛來到世上的孩子。

爸爸每次都能活下來

一九九四年七月，克莉絲蒂六個月大，有天莎莉下班回家後發現蜜雪兒留了一張字條。她寫著，她跟洛基和克莉絲蒂必須嘗試有一個「真正的家庭」。她說，為了女兒，她必須給自己與洛基組成的年輕家庭一個機會。她會搬到洛基那台的狹小拖車。莎莉看了大為震驚，跟保羅說了這件事。他們當然不能強迫蜜雪兒回來，只能試著支持她的決定，讓她知道他們永遠為她守候。

保羅無法忍受他們一家住在那麼一丁點大的拖車裡。「我手臂伸直都能碰到兩邊的牆壁了。」他說。因此，他在比靈斯郊區買了一塊地，自己蓋一棟房子——也就是某一天我與他見面、前門上有坑洞的那一棟房子。他打算自己搬進新家後，將現在住的房子租給洛基與蜜雪兒，好讓他們擺脫那台糟到不行的拖車。

蜜雪兒信守承諾。她把克莉絲蒂交給年輕家庭早期啟蒙中心（Young Families Early Head Start，一所替還是高中生的父母照顧孩子的日間托育機構），重拾高中學業。出乎家人意料的是，她又懷了凱爾，就在克莉絲蒂出生的一年多後。雖然未滿十八歲就有了兩個不到兩歲的小孩，但蜜雪兒熬了過來。那段期間，保羅有時會目送她推著坐在嬰兒車裡的克莉絲蒂，用背帶把凱爾背在身上，在比靈斯的寒冬中走三公里遠的路到托育中心。她從來不向別人求助。最後，保羅買了一輛老爺車，以便她開車上學。她如期畢業了。

＊＊＊

他們生活吃緊。兩人認識之初，洛基在地震數據採集隊工作，跑遍西部各州。這份工作有時得去距離比靈斯極遠的地方，一週上工七天，一天值勤二十小時，於是洛基辭職了，因為他不想離家人太遠。他經常工作一段期間，然後因為某種理由而丟了工作。他做過建築工程，也當過屋頂工人，大多是重度勞動且薪水微薄的工作。蜜雪兒說她也想幫忙分擔家計；她打算到他們家後面的一間汽車旅館當清潔女工，那裡離家不到一公里。萬一孩子們有狀況，她可以就近照顧，甚至不用開車也走得到。但洛基要她打消念頭，他說他不會讓孩子的母親在汽車旅館和那些客人睡在一起。他也氣蜜雪兒叫艾莉莎來家裡幫忙，不滿她們母女倆一個鼻孔出氣。艾莉莎說，他完全失去理智，情緒激動，痛罵蜜雪兒竟然會有這種想法。據大家所知，之後蜜雪兒再也不敢提外出工作的事。

洛基是那種漸進式的控制狂，一開始先從小地方下手（不過，跟蹤——即洛基在後期的舉動——通常也是控制行為的一部分。跟蹤在美國五十個州都是犯罪行為，但若是累犯，有超過三分之二都會被判重罪）。[1]根據莎莉與艾莉莎的說法，頭幾年裡，可以明顯發現他控制的不只是蜜雪兒的工作。他不准她化妝出門，不讓她邀朋友來家裡作客，堅持週末只要天氣好全家一定得去露營。蜜雪兒出門時，他一定在旁邊。《高壓控制：男人如何讓女人落入日常圈套》（*Coercive Control: How Men Entrap Women in Personal Life*）一書的作者伊凡・史塔克（Evan Stark）提出了「高壓控制」（Coercive Control）一詞，形容虐待者可能會在無形中支配與控制受虐者生活的每一個面向。史塔克的研究顯示，有高達兩成的家暴關係完全沒有肢體上的虐待。二〇一六年艾比・艾琳（Abby Ellin）在《紐約時報》（*New York Times*）一篇文章中寫道：「高壓控制的受害者會將對方的威脅解讀成愛，尤其是在關係的初期，或是本身特別脆弱的時候。」[2]譬如青春期少女受到成熟男人的誘惑，或是年輕媽媽沒有謀生能力之類的情況。

二〇一二年，史塔克發表論文主張，法律應保護受害者遠離這類行為的傷害：「大多數高壓控制的手段都不受法律約束，很少被判定為虐待行為，而且幾乎從來都不是介入的目標。」[3]他特別提到，監視或控制日常生活都是手段之一，尤其是傳統上認為屬於女性義務的事情，譬如教養孩子、做家務與性事。現今的美國法律體系絲毫不關注這種處境對受害者造成的真正危害，一個人若沒了自由，最終必定會失去自我。北卡羅萊那州女性主義運動人士潔・谷艾爾將這些受害者稱為家中的「被動人質」。

史塔克主張不能將肢體傷害視為極端家庭暴力的唯一徵兆；在他看來，像蜜雪兒這樣的女性跟囚犯沒有兩樣。處於這種狀態的人們經常會提到，伴侶如何控制他們的外表、飲食、衣著與來往的對象。隨著時間的流逝，虐待者慢慢切斷了受害者擁有的一切出路，包含家庭、朋友與社會。最後，高壓控制竊取了受害者的所有自由。

有賴史塔克的研究，英國在二〇一五年通過了高壓控制防治法，犯下這類行為者最高可判處五年徒刑。[4]法國也跟進，制定了個別犯罪法令來處置所謂的「心理虐待」。然而，美國完全沒有這類法規。

＊＊＊

艾莉莎記得有天下午她與蜜雪兒一起開車外出。那是在克莉絲蒂出生之後，而蜜雪兒還沒懷上凱爾的期間，應該是她十六歲那年。艾莉莎開著開著，洛基突然從後方加速逼近然後一百八十度大轉彎，貼在艾莉莎的駕駛座旁，不顧對向有來車。他搖下車窗，對蜜雪兒大叫。

「那時候他怎麼沒有死？」艾莉莎現在回想，「他做了那麼多瘋狂的事，完全不怕死，但他毫髮無傷。」他曾經從懸崖上跳進一座天然湖泊，在距離六公尺的細長樹木之間攀爬，沉迷酒精，卻從來沒有染上疾病或撞斷骨頭，彷彿有外在力量保護他，彷彿他比任何造成威脅的事物都還要強大似的。他透過各種方式讓蜜雪兒知道，他寧願犧牲自己的生命，也不願失去對她的控制。

高壓控制的另一個要素是阻絕受害者與其家人的接觸。這種隔絕通常跟地理位置無關。克莉絲蒂過一歲生日時，戈登送給洛基一台攝影機，但在那之後，蜜雪兒的家人幾乎從未出現在鏡頭前。洛基會錄下孩子在後院玩耍、聖誕節全家在莎拉與戈登家一起拆禮物，或是一家四口露營的過程，有時也會拍麥克的女兒（克莉絲蒂與凱爾的堂姐）。但蜜雪兒的家人呢？如果別人看到那些影片，可能會以為蜜雪兒沒有家人。儘管兩家距離僅幾分鐘路程，但莎莉很少在節日見到蜜雪兒。莎莉跟我說，她去他們家的時候，洛基會生氣，而且經常不讓克莉絲蒂與凱爾在她家過夜（他們都叫她「煩人精」〔Bugga〕）。有次莎莉順路過去拜訪，蜜雪兒竟然對她說，「媽，你需要有自己的生活，不要再常常來找我們了。」

在那之後，有件事讓莎莉非常不舒服。當時，她因為蜜雪兒的話而備受打擊，想不通是什麼讓她如此不安。她明白蜜雪兒有自己的生活和家庭要顧，但她們母女一直以來感情都很好。即便是蜜雪兒懷第一胎、手忙腳亂的那一年，也是遇到任何問題都找她幫忙。那時莎莉從未想過，叫她不要去找他們的人，其實不是蜜雪兒——沒錯，那些話是蜜雪兒說的，但實際上呢？「那不是她。」莎莉說。總之，那不是她從小帶大的蜜雪兒。如今莎莉知道那代表了什麼：家暴受害者對外通常會與伴侶站在同一邊，不管對家人、警察或檢察官都是如此。因為在警察停止介入後，甚至在提出訴訟與判刑後，受害者仍然必須繼續對抗施暴的伴侶，以維護自己與孩子的生活。那些接受警方偵訊時幫施虐者說話的受害者，並非如許多執法人員研判的那樣是情緒不穩之故，而是因為審慎權衡未來的人身安全之後才決定這麼做。雖然莎莉當時不明白那是怎麼一回事，但最終瞭解了女兒為什麼那麼做。

***

今日人們提起蜜雪兒的案例，會說她處變不驚、面對壓力仍能保持冷靜，還有不顧一切地保護孩子。但對她的家人而言，她也頑強不屈，而且自傲。她不願回家找父母幫忙，承認他們是對的。她下定決心不讓孩子在她所謂「破碎的家庭」中長大。而這正是每個家長想盡辦法理出的無解方程式：讓孩子有一個不完美的父親（或母親）比較糟（就洛基的例子，是具有虐待傾向與酗酒），還是讓他們完全沒有父親（或母親）比較糟？在我們認為會毀了孩子一生的眾多方法之中，哪些帶來的傷害最小？

蜜雪兒深愛著洛基，至少起初是如此。他會逗她開心，充滿活力。他教孩子搭帳篷、釣魚、掛吊床和玩BB槍。他拿攝影機錄下孩子的成長過程，幫他們換尿布。他在後院幫孩子盪鞦韆，冬天時帶他們滑雪橇。他控制欲旺盛、有虐待傾向，酒精成癮；但他也害羞沉默、缺乏安全感與用情至深。有很長一段時間，她似乎在這樣的生活中找到了平衡。

＊＊＊

莎莉不知道蜜雪兒為何不跟她說實話；她覺得那跟女兒的自尊心有關係，應該是蜜雪兒不願承認自己看錯人，也可能是做女兒的不想讓母親傷心，不想讓她為了當初跟父親離婚的事感到愧疚。因此，她不跟親生母親說，而是偶爾找莎拉傾訴。她會提到洛基戒不掉毒癮，或是他們各過各的生活——洛基會整晚都待在車庫，弄車子，菸不離手，酒喝個不停，而蜜雪兒在屋裡照顧孩子。就連經常與蜜雪兒相處的人，例如與她一起看脫口秀吃午餐的保羅，也不知道她究竟過得如何，因為洛基在家時他永遠都不在場。梅蘭妮不曾與蜜雪兒深談；大多時候她都在車庫裡跟洛基一塊兒吸毒。莎拉也不清楚蜜雪兒的狀況，但即便是對她，蜜雪兒也三緘其口。「後來的幾年，她會聊到家庭的事情，也會說她認為自己是怎麼變成這樣的。」莎拉說，「在學校上了兒童發展課程後，她變得非常能夠瞭解人的心理運作、做事的動機與行為模式等等……我很佩服她的領悟力還有溫順的個性。」

她**確實**聰明，聰明到深知離開洛基不是一夕之間就能做到的事。這需要縝密的計畫與準備。離開從來都不是單一事件，而是一種過程。

＊＊＊

慘劇發生後，莎莉這才發現，蜜雪兒終其一生都在忍受洛基的折磨，但她對母親隻字不提，甚至到她遇害的幾週前，她仍舊將許許多多的事情藏在心裡。莎莉直到後來才知道那些真相。

謀殺案發生前的幾個月裡，莎拉曾暗中與公然試過一些方法救蜜雪兒出來。她拿了一本當地的家暴防治單位名冊給蜜雪兒，其中包含途徑之家（Gateway House），比靈斯當地的家暴受害者收容所。她試圖跟蜜雪兒討論這件事，但蜜雪兒聽不進去。她提議把孩子帶到住在亞利桑那州的阿姨那兒一陣子，但蜜雪兒拒絕了。莎拉出於擔憂而給了這些建議，但她也擔心自己管得太多、擅自干涉了蜜雪兒的生活。蜜雪兒一直給她這種感覺，即使是在微不足道的小事上。在其中一部家庭影片可以看到她和克莉絲蒂坐在蜜雪兒家的後院。凱爾正在盪鞦韆，而洛基正拿著攝影機錄影。那時凱爾還不滿兩歲，頭髮蓬亂。莎拉問凱爾有沒有剪頭髮，洛基說不用，他覺得沒必要。

「我可以幫他修一下後腦勺那裡。」她說。她的語氣充滿了惶恐。當時是夏天，兩個孩子吃點心吃得滿臉都是。「除非蜜雪兒要我幫他們擦臉，不然我不想多事。」

她問了洛基兩、三次。她大可以直接幫凱爾剪頭髮，但她不想讓蜜雪兒不好過，不想讓事情演變成蜜雪兒不希望見到的地步。那一刻說明了一切。作為洛基的繼母，莎拉應不應該自作主張，做這件對孫子有益又親密的事情？

「反正會再長出來，」洛基對她說，「只是頭髮而已。」

＊＊＊

時間來到二〇一七年，一個陽光明媚的春日，在比靈斯市郊，我坐在戈登與莎拉家後廊一張撐有遮陽傘的桌子前。莎拉端出冰茶、餅乾和起司款待。那天是母親節。他們兩人都沒有計畫。戈登跟保羅一樣，從未向別人提起兒子的謀殺案。

他們夫婦養的兩條狗在我們腳邊四處嗅聞掉落的起司。後院遼闊寬廣，草皮翠綠，看來保養得很好——至少以我這個都市人的標準而言。院子的遠處有一塊長方形的區域，那是一座花園，種有薰衣草與荷包牡丹。花園中央放著一塊大圓石，上頭鑲了一塊青銅飾牌。

戈登與兒子洛基一樣，身材不高，話也很少。他開口時，我常常得靠近一點才聽得見他在說什麼。他戴著一頂棒球帽，是在彩虹跑飛運動用品店（Rainbow Run Fly Shop）買的，身穿一件戶外休閒品牌艾迪・鮑爾（Eddie Bauer）的灰色襯衫。他腳穿高筒膠鞋、手拿飛蠅釣桿，看這一身打扮，他應該要在河邊才對。「我傻傻地信了他。」戈登對我說。他回想起自己拿走了洛基的槍（那是蜜雪兒祖父的遺物），以為事情這樣就結束了。在事情還沒發生之前，要相信你從小養到大的一個人會犯下謀殺案，需要非常豐富的想像力。事情發生後，戈登問自己，「要如何釋懷？一想到這件事，腦袋就停不下來，因為你心中充滿了疑問，你會不停問『為什麼，為什麼？』當然，你永遠不會知道原因。」

他跟我說，有天晚上蜜雪兒驚慌地打電話來。她說，洛基威脅要殺死她和孩子。那時洛基手裡正拿著蜜雪兒祖父留下來的獵槍。戈登衝去接蜜雪兒與孩子們的時候，洛基已經跑走了。過了一會兒，蜜雪兒說她想好要怎麼面對洛基了，最後說服了戈登，而他們四個人便開車回去了。「我把洛基叫到一個房間，」戈登說，「問他，『兒子，你在幹嘛？你不能這麼做。』」洛基說他知道、他知道。他當然知道。戈登清空了獵槍的彈匣，然後去車庫和其他地方把所有能找到的彈藥全部拿走。危機解除。

戈登對我說，他沒想過會這樣。「我指著他的臉告訴他，『你不能那麼做。』他說他絕對不會傷害他們。我傻傻地信了他。」**我傻傻地信了他**。

戈登默默流下了眼淚。莎拉過去安慰他，說這不是他的錯。我感覺到他心裡的某一塊徹底崩陷了，那是愧疚，是自責。「只是，」他吸了一口氣並開始說，「你以為你應該可以解決這件事，或是保護那兩個孩子，因為那是我們男人的責任，對吧？但我會想，『為什麼當初我蠢到看不出發生了什麼事？為什麼我沒能想透整件事？為什麼沒有發覺任何跡象？』」他跟我說，洛基很安靜，個性也很溫和。「你永遠想不到他會做出那種事。」戈登斷斷續續地低聲說道。我想起了保羅．孟森；這些男人竭力將如此巨大的痛苦藏在心裡。這個世界是多麼不公平啊！他們竟然認為，男人流淚是一件羞恥的事。

＊＊＊

莎拉說，一年一年過去，蜜雪兒長大了，在與洛基的生活中學到了許多事情。在他們一家的露營影片中，蜜雪兒看起來永遠都在忍耐。她會裝出不自然的笑容，很少微笑。她會瞥開目光，不看鏡頭，把頭埋在胳膊裡，整個人蜷縮地坐在石頭上。她看到鏡頭時不像洛基會擺出誇張的表情和動作。如果不開心，她不會裝出開心的樣子。她毫不掩飾自己對攝影機或照相的厭惡。在長達數小時的一部部影片中，她始終坐在大石頭上，看著孩子們在岸邊釣魚，有時伸腳碰碰冰冷的河水，背景可聽見森林沙沙作響：鳥兒啁啾，河水汩汩從石頭邊流過，一陣風吹過而樹枝啪擦一聲斷裂了——宛如一支龐大的管弦樂團。這段大自然的音樂像是隔絕於其他事物之外，有如一隻敲著樹幹的啄木鳥在悲鳴。

洛基在鏡頭後面。他將畫面慢慢帶過岩石與白樺樹，最後定格在他年輕的妻子身上。留有一頭如指甲銼刀般筆直的棕色長髮的她，抱著女兒克莉絲蒂從岩石下來。克莉絲蒂身穿粉紅色運動褲與寬大的連帽上衣，頭戴舊金山四九人（San Francisco 49ers）的針織帽。她看起來不開心，一句話也不說。以一個孩子而言，她看來心事重重，若有所思。可能是在煩惱要怎麼從石頭上下來。凱爾不在畫面裡，他在別的地方玩耍，總是像個傻瓜一樣咯咯笑。洛基從攝影機後面對妻子說「微笑」。蜜雪兒看著鏡頭，勉強露出笑容。另一部影片則拍到她坐在一塊大石頭上，兩個孩子分別坐在她旁邊。克莉絲蒂靠在媽媽身上，她們母女倆看起來一模一樣，四肢纖細，都露出了燦爛的笑容。接著鏡頭跳了好幾個畫面，從松樹拍到腳下的加拿大薊，突然間又到了露營車裡，畫面中的蜜雪兒與克莉絲蒂坐在鋪有油毯的桌子兩邊。克莉絲蒂背後的窗台上放了幾捲廁紙。她一隻手臂放在桌上，趴著咳嗽。「生病的女孩，」洛基說，「你看起來不快樂。」沒有人回話。比特犬班迪特（Bandit）趴在帳篷外的睡袋上。凱爾穿著米奇的襯衫坐在一塊木頭上。遠方可見瀑布奔流而下，春天的鳥兒在樹梢飛舞。在營地的靜謐景象之前，影片拍攝的場景是家裡；重金屬音樂永遠在背景砰砰作響，不論是孩子們看電視、在後院玩耍、坐在桌前或沙發上，吵雜的聲響無所不在，像牙痛般持續不斷。

下一個畫面是一塊大石頭的後方。洛基在一堆岩石的中間，周圍是涓流而下的瀑布。他叫班迪特過來，狗狗動也不動，他再叫一次，結果還是一樣。他伸手抓住班迪特的前爪，試圖拉牠過來，但狗狗頑強抵抗，一副害怕的模樣。洛基再試了一次，最後放棄了。班迪特不知道自己會游泳，怯懦地後退。「班迪特，不要過去，」蜜雪兒說，「太危險了。」影片結束。

有個人趴在狹小露營車的上鋪。「大媽媽在她的床上睡覺。」克莉絲蒂說。

蜜雪兒咕噥著：「大媽媽。」

克莉絲蒂拿著攝影機。洛基在露營車的櫥櫃裡翻找乾淨的襪子；凱爾問說可不可以「攝影機」。兩個孩子都把這個字當成了動詞。克莉絲蒂二話不說把攝影機拿給他時，畫面不停晃動。凱爾把鏡頭轉向爸爸，慢慢往上移。他穿牛仔褲、紅褐色T恤，頭戴黑邊的白色棒球帽。「大爸爸。」凱爾說。

「我叫什麼名字？」大爸爸問。

「洛基．莫澤。」

「洛基什麼？」大爸爸又問。

孩子們遲疑了。

「洛基．艾德華．莫澤。」

是戈登．艾德華．莫澤。

從凱爾的角度來看，爸爸的身影像路燈一樣，高到頭部彷彿碰到了雲端。

「為什麼他們從來不叫我蜜雪兒？」大媽媽對洛基說。「他們說我是媽媽。」**為什麼他們從來不叫我蜜雪兒？**

在二〇〇一年春天拍的一部影片中，蜜雪兒是攝影師。這是很少見的事情。克莉絲蒂穿著藍黃相間的背心，凱爾穿著釣魚背心。洛基在稍遠處深及大腿的河流裡，握著飛蠅釣桿前後晃動的釣魚線，而班迪特在一旁嗅聞泥沙。蜜雪兒橫移鏡頭錄下了全景，那兒有海灘松、杜松樹與樅樹。他們在小溪裡釣魚。那裡看來應該是莫里斯溪

（Morris Creek），也有可能是安蒂洛普溪（Antelope Creek）。如今再也沒有人可以確定了。洛基後方是一層層的火山岩構造。蜜雪兒問孩子們知不知道現在是幾月。

「不知道。」凱爾說。

「不知道？」

他們沉默了好長一會兒。之後克莉絲蒂說，「四月。」

「四月呀？現在是五月。」蜜雪兒說，「那是幾號呢？」

孩子們沒有回答。他們坐在沙地上。凱爾在釣魚，克莉絲蒂看著溪水。班迪特從鏡頭前跑了過去，只見牠全身淺棕色的毛髮，脖子前有一大塊白色斑點。鏡頭快速掠過眼前的景象、他們一家人，然後慢慢往下照到蜜雪兒左手的婚戒。鏡頭停了一會兒，讓人意識到她是刻意這麼做的。她的手指又細又長，婚戒是一顆方形切割的小鑽石，戒指本身跟鑽石很相配。鏡頭停在這裡，對焦在戒指上，然後移開、往上，影片結束。

下一個畫面是洛基踮著腳尖走過一棵傾倒的樹，這棵樹橫跨巨大的岩石與一連串的瀑布。他對著鏡頭露出得意的笑容，像學空手道的小孩一樣高舉雙手並抬起一隻腳。孩子們笑著說，**爸比發瘋了！**洛基走到盡頭，爬到一塊石頭上環顧四周，走回來的時候，一邊伸直兩隻手臂平衡身體。他走過枝葉繁茂的大戟樹，安然無恙抵達另一端時，凱爾說：「爸爸每次都能活下來！」

蜜雪兒正握著一把獵槍瞄準樹上的目標。她沒有打中，接著換洛基，然後是穿著綠色泳衣的克莉絲蒂，再來是凱爾；那把來福槍比孩子們還高。這次艾莉莎與男友伊凡．阿恩（Ivan Arne）也在。伊凡留有一頭長長的金髮，在背後綁了個散亂的馬尾。洛基自稱是全家的攝影師。

「艾莉莎，你可以做我的工作。」蜜雪兒說道，示意艾莉莎接手掌鏡。伊凡拿了一根短柄的小斧頭砍柴。

洛基將一隻蒼蠅綁在釣桿上，然後跟伊凡一起到岸邊釣魚。河流湍急，白色水花濺到了岸邊的石頭上。「親愛的，」洛基對蜜雪兒說，「你沒有工作。」

一隻熊正朝你撲來

有天晚上我與伊凡在他家碰面，他養了幾隻大型犬。他把剛煙燻好的肉放到紙盤上給我，狗兒們到處嗅聞香氣來源。那是我吃過最美味的肉。在蒙大拿，人們在自家庭院擺上一台煙燻機，就跟美國其他地區的住家後院有烤爐一樣普遍。對我而言，這是文化的奇特之處；在我實際去到當地之前，我甚至不知道家家戶戶都有一台煙燻機。艾莉莎跟女兒也在伊凡家。他們離婚已久，但依然是很好的朋友。有一些人來家裡跟他們閒聊幾句後又離開了。幾個一身皮夾克重機騎士裝扮的硬漢與我握手致意，吃了伊凡準備的烤肉後到外頭抽菸與喝啤酒。伊凡的頭髮比在洛基錄製的影片中來得短，臉也變得比較圓，但體格結實，看起來像維京人的後裔。

伊凡是洛基從小最要好的朋友。小時候他們會玩《乓》（PONG）和《雅達利》（Atari）遊戲機，一起在社區騎腳踏車。伊凡說，洛基常常惹麻煩，像是偷東西或喝酒，但他完全不跟家人說自己的事情。有一天洛基就這樣消失了，他後來才知道洛基去派恩山大半年了，出來後到佛羅里達州與親生母親同居一陣子，之後，伊凡就再也沒有他的消息了。

洛基是跟蜜雪兒在一起後才又和洛基恢復聯絡，後來生了小孩。那時伊凡與艾莉莎剛開始交往並同居，洛基有時會順路過來找伊凡，但蜜雪兒從未同行。「他從來沒有提到蜜雪兒的年紀，」伊凡告訴我，「我知道他有控制欲，但我不知道他有虐待傾向。」

早期，洛基與伊凡會一起開派對狂歡、吸古柯鹼，喝酒喝到不省人事。但過了一段時間，伊凡說他玩夠了。他漸漸不去派對，而是到學校上課，之後成為了一位設計師，在一間電力運輸諮詢公司上班。「他不想結束這一切。」伊凡說，「他完全沒有要結束的意思……我跟他說，『兄弟，再這樣下去你會害死自己。你在做什麼？夠了。』而他說，『沒事的。』」

他們曾有好幾個星期都沒聯絡，有時甚至間隔更久。談到個人生活（任何有關蜜雪兒與兩個孩子的事情）時，洛基不喜歡與別人起衝突。伊凡在二十出頭時開始與艾莉莎交往，隨著時間過去，他從女友那兒聽說蜜雪兒家發生的事情後，曾試圖向洛基提起這個話題。「他會說，『兄弟，這不關你的事。』他會處理；那是他的家庭，他要我不要擔心。」伊凡說。

伊凡知道他們家狀況不好，但他不知道究竟有多糟，也不知道該怎麼做。有幾次蜜雪兒好不容易離家到他們住的地方待了數小時，她會激動地大聲抱怨洛基的所作所為。她有隱約提到洛基怎麼威脅她或孩子。伊凡說自己當時沒有意識到她其實是在試探他，也不知道自己是她認識的唯一一個與洛基一起長大的朋友，她想知道、也需要知道，她的先生會不會真的殺了她、殺了孩子。伊凡沒有解讀出她說的密語，那是大多數家暴受害者會使用的語言——是她們權衡了羞辱、恐懼與經濟條件後所掙扎說出的話。伊凡對她說，「我不覺得他會傷害你，尤其是孩子。」他絕對不會傷害兩個孩子。

伊凡不知道、而蜜雪兒也沒有透露的是，洛基對她發脾氣時，會把孩子從她身邊帶走。他會帶著他們消失好幾個小時，去看電影、露營或從事其他活動，而蜜雪兒只能待在家裡，焦急擔心著這一次他會不會就不回來了、孩子們會不會變成他拿來威脅她乖乖聽話的人質，如此一來，他就能確保她不會離開他。等他回家時，蜜雪兒看到孩子們沒事才鬆了一口氣。洛基不必動手打她，他握有所有必要的控制權。

＊＊＊

那些年，艾莉莎與梅蘭妮在蜜雪兒家待的時間比任何人都久。當時梅蘭妮有嚴重的毒癮。她讀高中時，洛基給了她一些甲基安非他命，那是她第一次有集中精神的感覺。對她來說，那是一種自我藥療，可以讓她連續數天都保持清醒，這樣便可以在寫完作業、跟朋友出去之後，還有時間做自己想做的事情。她不喜歡洛基，不喜歡跟他相處，但看在毒品的分上只能勉強忍受他的瘋狂。他們會在車庫、在遠離房子的地方吸毒，洛基會把野馬跑車停在那裡，打開車篷、拆掉輪胎，一張嘴說個不停，跟假日全家一起吃飯時沉默寡言、眼神低垂的樣子判若兩人。梅蘭妮說，他有做一點生意，賺了一些外快。作為建築工人，他經常在冬天失業，而由於他不讓蜜雪兒出外工作，因此家裡的經濟一向拮据。

梅蘭妮說，有次洛基帶她越過州界到北達科塔州進行毒品交易。洛基告訴她，在別州交易如果被抓到的話，罰款會比較重，所以他帶她一起去，而她只要在警察抓到他們時說毒品是她的就好。他向她保證，她未成年，因此不會有任何問題。梅蘭妮當時年紀輕，頭腦不靈光，一心只想吸毒，於是便跟著去了。他們偶爾會跑個幾趟，在蜜雪兒睡著後出門，在她起床前到家。他會給梅蘭妮近三十克的大麻當作報酬。到了現在，那段回憶有時會在她腦海裡盤旋不去，尤其是她有了自己的小孩之後。她戒毒好幾年了，但毒品依然吸引著她，而當初自己遊走於法律邊緣的可怕事實，也是她始終無法擺脫的夢魘。

梅蘭妮說，隨著時光流逝，洛基的幻想症越來越嚴重，吸毒讓他喪失了邏輯與理性。有次他對她說，聯邦調查局在監視他，監視他們兩人。他們必須小心一點。他覺得政府在他家後面的巷子設了監視攝影機。梅蘭妮知道他會這樣是因為吸毒吸到神智不清的關係，但她一句話也沒說，任由他憤怒地大吼大叫。在他開始會大聲嚷嚷之後，梅蘭妮再也不去他家了。那時她十八、九歲，有天晚上，洛基跟她說，聯邦調查局的探員躲在巷子裡的垃圾桶，而梅蘭妮再也受不了了，她覺得他真是夠了。事實上，在謀殺案發生的前一年，洛基已經戒掉毒品了。不過梅蘭妮表示，一切都太遲了，他的心智早已被毒品蠶食殆盡。

艾莉莎透露，起初洛基也曾經引誘她吸毒，但她拒絕了。那次他不顧危險開車對蜜雪兒大喊之後，她就不信任他了。由此可知他具有瘋狂的傾向，他覺得自己遭人錯怪之後，會為了報復而不惜犧牲自己與別人的生命。好幾次他為了艾莉莎經常來家裡、她們姐妹倆太常膩在一起的事情而對蜜雪兒大吼，但他似乎無法強迫蜜雪兒不要與艾莉莎見面。

雖然如此，蜜雪兒並沒有對艾莉莎坦承，她忍受了洛基多少事情，還有他們的婚姻跟多數家庭一樣也面臨各種壓力：財務、年幼的孩子、來自家庭內外的期望與責任。

莎莉說，蜜雪兒一直想讀大學，但她覺得必須等到孩子上學後才能這麼做。凱爾上幼稚園後，她立刻注冊比靈斯的蒙大拿州立大學（Montana State University）並申請助學金。校方表示，學生必須持有雙親的報稅單才符合申請助學金的資格，她驚慌得不知如何是好。那時她已經自力更生多年；父母應該從她十五歲之後就沒有申報扶養了，她跟學校說她沒有這方面的資料，一定還有其他方式可以申請助學金。身為成人，她除了男友給的錢之外沒有任何收入，也沒有存款，她以為自己本來就符合補助的資格。

學校告訴她，結婚就符合資格。

那天下午，莎莉接到蜜雪兒打來的電話。她說她與洛基星期三下午將在治安法官的見證下結婚，問她能否參加。這個消息有如晴天霹靂。那時她與洛基交往已快八年。對蜜雪兒來說，這是她人生最大的諷刺，政府的制度迫使她嫁給了一個她想盡辦法離開的一個男人。

在結婚照中，蜜雪兒瘦得前胸貼後背，身穿一襲粉色連衣裙。她與洛基切蛋糕時，克莉絲蒂與凱爾在桌子底下的草皮爬來爬去。兩家人都在場，還有一些賓客，接待處設於婚禮舉行的公園的一處野餐棚下。那天豔陽高照，公園處處綠意盎然。但蜜雪兒臉上完全沒有笑容。

那年秋天，蜜雪兒開始在蒙大拿州立大學上必修的通識課程。她計畫畢業後當一位護士，因為她永遠忘不了克莉絲蒂在新生兒加護病房時，那些護士是怎麼悉心照顧她與救了她一命。校區離家很近，她可以走路上學。因此，她可以送完孩子們上學後再獨自走去學校，而每次洛基只要有空總會跟在她後面，確定她去了她說要去的地方、有做她說要做的事情。他毫不掩飾跟蹤她的事實，彷彿是想讓她知道，想讓她明白她在他的掌控之中、是他大發慈悲允許她進修，但只要她踏錯一步，他就會收回這一切。

她發現下午或晚上很難專心念書，因為需要餵孩子吃飯、陪他們玩和哄他們睡等等，洛基也經常打擾她，於是她跟他說，她需要到圖書館念書，否則拿不到學分。但洛基拒絕了。她跟他說，她與班上其他同學組了一個讀書會，大家都在圖書館聚會，但洛基還是不讓她去。他說，她可以在家念書，不然就不要念大學。因此，她撒了謊，跟洛基說自己選了另一門課，然後偷偷溜到圖書館，才能在安靜的環境下念書。她必須按照時間表出門，確保自己沒有錯過任何一次讀書會，否則洛基便會發現。她直到死都沒讓洛基知道這件事。

＊＊＊

二〇〇一年秋天，蜜雪兒懷疑洛基有外遇。她聲稱自己有證據，但洛基矢口否認。艾莉莎記得有跟她談過這件事，蜜雪兒說她受夠了洛基，這次不會再屈服了。莎莉看待這件事的角度有些不同：「蜜雪兒需要一個離開他的理由。她太自傲，以致無法一走了之，她也知道他會來找她。」外遇正好可作為蜜雪兒的藉口，合理化離婚的決定，這樣大家一定都能理解。蜜雪兒說，她怕自己染上性病，於是莎莉帶她去里佛斯通診所（Riverstone Clinic）就醫。她說她充滿了恐懼與憤怒，念不下書。莎莉向我表示，蜜雪兒一直有輕微的憂鬱症狀。蜜雪兒還說，她必須能夠靜下心來寫作業才行。醫生開了抗抑鬱藥物給她。後來，蜜雪兒跟莎莉說，洛基找到了那些藥，他說他不要一個依靠藥物的「神經病老婆」，於是把藥全丟了。

九月下旬的某天下午，蜜雪兒帶著兩個孩子到莎莉家，請她幫忙看顧他們。她說，她要回家跟洛基攤牌。莎莉記得蜜雪兒對她說，不論如何，絕對不要讓洛基帶走孩子。然後她就走了。

過了一個多小時，洛基出現在莎莉家門前。她看到他的白色速霸陸停在路邊，於是依照蜜雪兒的指示立刻衝去鎖上大門。莎莉說，他的眼神令人畏懼。莎莉記得洛基在餐桌上一向不怎麼說話，共乘一台車時也像個影子般默不作聲。現在看到他憤怒而扭曲的表情，簡直嚇壞了。洛基衝到她家後院，抵達後門時，她正好扣上插鎖。他用身體撞門，而莎莉聽到門裂開的聲音。她叫克莉絲蒂與凱爾去客廳。梅蘭妮也在那裡，頂著六個月大的肚子。洛基以瘦小的身軀不斷撞擊後門時，莎莉又聽到了爆裂聲。她大喊要梅蘭妮趕快報警。克莉絲蒂與凱爾坐在沙發上，她望過去，看到了至今想起依然會不寒而慄的一幕。孩子們並未表現出害怕或歇斯底里的樣子，沒有尖叫，也沒有大哭。他們靜止不動，露出緊張不安的眼神。莎莉心想，**我的天啊，他們之前經歷過這種情況。他們看過父親這個樣子**。

她聽見玻璃碎裂的聲音，洛基打破了後門的窗戶，砰砰的腳步聲穿過了廚房。她撲到孩子們身上，雙手緊抓沙發，試圖保護他們不受到洛基的傷害。洛基抓住莎莉的脖子與一隻手臂，一把推開她。他抓起克莉絲蒂，抱住她的腰。克莉絲蒂沒有大叫，只對莎莉說了一句：「煩人精，沒事的。我要走了。」這時，梅蘭妮已經報警了。莎莉的半邊身體依然擋住凱爾。洛基的手臂在流血，滴得屋子裡到處都是。他憤怒地衝過梅蘭妮身邊，她試著擋住他，不讓他從前門離開。他用單手粗暴地甩開她。過沒幾秒，他已經衝到車門前，他彷彿把克莉絲蒂當成在園遊會上玩遊戲贏得的大型填充玩偶，粗魯地丟進車內，然後一溜煙地離開了莎莉家。

這整個過程發生在短短幾分鐘內。

＊＊＊

莎莉說，警察到場時一副漠不關心的樣子。他們問她想用什麼罪名起訴洛基。她記得自己問道：「那不是你們的工作嗎？」謀殺案的一年後，當時的警長朗．塔辛（Ron Tussing）向當地一名記者坦承，當下他們應該展現更多的「同理心」，還說無論如何，「顯然我們比這些案件的受害者還常見到這種情況」。

最終，洛基因為闖入莎莉家中而被控輕度刑事毀損罪。在莎莉看來，警方的報告對那天的暴力景象輕描淡寫……像是玻璃碎裂、她們害怕地尖叫，還有洛基火冒三丈的樣子。報告只寫道，洛基「打破其岳母住家後門的窗戶，進到屋裡將九歲大的女兒帶走」。（克莉絲蒂當時是七歲才對。）不過，莎莉拍下了那天晚上家裡七零八落的樣子，包含碎掉的玻璃窗，牆上的血跡，梅蘭妮前臂的瘀傷以及與洛基拉扯造成的傷口與結痂。莎莉也忘不了孩子們那樣空洞與不知所措的眼神，還有洛基駭人的冷血表情。據她形容，那個樣子邪惡至極。

那天晚上，蜜雪兒與凱爾在莎莉家過夜。那是二〇〇一年的九月底，是蜜雪兒自從與洛基在一起後第一次對莎莉透露這些年的婚姻生活，訴說他如何控制她的行動與人際關係，如何阻止她與艾莉莎見面，如何把孩子當作籌碼，如何威脅他們，還有他是如何當著孩子的面毆打她。很多人跟我說，他們不覺得洛基有肢體暴力的傾向。戈登與莎拉夫婦、保羅、梅蘭妮，他們都說沒有親眼看過洛基施暴。莎拉向我表示，如果蜜雪兒被打，她一定會發現她身上有傷，但她從未看過。然而，莎莉與艾莉莎都說洛基會動手打人，蜜雪兒也在她之後收回的宣誓書中陳述洛基曾經毆打她。我跟莎莉一起坐在沙發上的時候，她說了這件事，而客廳的角落隱約可見一個大相框，那是蜜雪兒與兩個孩子的合照。莎莉家距離蜜雪兒與孩子們一起生活、最後共赴黃泉的地方僅一點六公里，位於比靈斯靠近機場與蜜雪兒就讀的蒙大拿州立大學一個僻靜的街角。蜜雪兒家的正後方是聖文森醫院（St. Vincent's Hospital）的急診室停車場，離命案現場只有幾步路而已。

那天晚上莎莉才知道，洛基不久前不知道從哪裡弄來一條響尾蛇，還把牠養在客廳的籠子裡。蜜雪兒嚇壞了。他跟她說，他會趁她熟睡時把蛇放到床上，或是在她洗澡時偷偷放進浴室。這樣就可以讓謀殺案看起來像是離奇的意外。莎莉一聽立刻便明白，女兒的處境遠遠比她一般認知的家暴還要嚴重與危險。她坐著靜靜聽蜜雪兒描述，內心焦急又徬徨。她打給保羅請他幫忙處理那條蛇。她求蜜雪兒去申請禁制令。蜜雪兒答應了，她說她一定會這麼做。

「我要她把所有過程都寫下來。」莎莉說。蜜雪兒也真的照做了。她在宣誓書中寫道：「他會在孩子面前毆打我。有次是星期二晚上，他在後廊當著兒子凱爾的面打我。他會在兩個孩子、我的姐妹與他父母面前威脅我。他威脅說，如果我離開他，他就會殺死我、他自己和我的孩子們。」[1]

在此同時，洛基與克莉絲蒂在車上過夜。之後，克莉絲蒂說他們去「露營」。隔天早上，他回家拿要放到露營車的東西時，遭到警方逮捕；據推測那個週末他原本打算帶克莉絲蒂去森林露營。結果，他進了監獄。

蜜雪兒申請了禁制令，控訴的罪名是攻擊伴侶與家人的不法行為（partner and family misdemeanor assault，PFMA），而檢察官也向法院提交了。那跟莎莉先前提出的控告列在同一份備審案件目錄中，之後，行政體制的瑕疵造成了影響深遠的後果。在蒙大拿，法律規定必須要提出三次PFMA控訴，才能以家暴不法攻擊行為的罪名對加害人求處重刑。[2]

那個週六晚上，洛基被關在當地監獄的拘留室，而艾莉莎帶蜜雪兒去酒吧慶生。那是蜜雪兒第一次到酒吧，也是這對姐妹第一次獨自外出而不必害怕會遭到洛基的攻擊。艾莉莎說，蜜雪兒怎樣都無法放鬆。她擔心兩個孩子，也不知道如此對待洛基是對是錯。她不想讓孩子們見不到父親；她只希望他們的父親能夠改變。

「她喝了一杯酒。」艾莉莎說。然後她就想回家陪孩子了。那時她二十三歲。

「洛基試圖讓蜜雪兒相信，外面的世界很危險。」梅蘭妮告訴我。「他的影響力很大。他不想讓她發現他就是危險的來源。他是個可怕的人。」

＊＊＊

週一，莎拉與戈登以五百美金保釋洛基出獄。莎拉說，這是他們保他出獄的唯一一次，她雖然反對，但最後決定不阻止戈登，她還打電話問蜜雪兒究竟是怎麼一回事。她說，那個週末洛基有打來家裡，他哭訴自己沒做錯任何事，他只是一個想讓孩子回到身邊的父親。之後，戈登打給一位保釋代理人，而那個人碰巧是女性，他記得對方說，很多「這種女人」會憑空捏造家暴的事情。他們打給蜜雪兒，跟她說他們會去保洛基出來。當時，莎拉與戈登認為禁制令很重要。

據莎莉描述，蜜雪兒「嚇到抓狂」。她對電話大叫，莎拉與戈登向她保證，他們會帶洛基到他弟弟家，他會待在那裡，直到事情水落石出為止——無論這句話究竟是什麼意思。莎拉認為，如果讓洛基待在麥克家，他們比較能好好照顧他。他們以為他也許已經有所改變。那時他已經有六個月沒吸毒了。蜜雪兒依然握有保護令。莎拉說，蜜雪兒「承受了巨大的壓力。她不是我認識的蜜雪兒。」她失去了理性，前一分鐘還怒氣沖沖，下一分鐘變得惶恐不安。她說她不會去收容所，為什麼她應該要去？那棟房子是她的，是她父親親手蓋的。再說，洛基終究會找到他們。她說她會去跳脫衣舞來養活孩子，又說他們三個會沒事的，因為父親有給她防狼噴霧器，那將能保護她的安全。

「她講話一點邏輯也沒有。」莎拉說。

蜜雪兒的反應就跟大多數的家暴受害者一樣。

她只想到孩子的安危。

她沒有想到刑事司法制度，或是可以求助的家暴防治資源。她並未計算根據保護令的規定，比靈斯有哪些區域是洛基不得進入的。她的反應出自本能：要戰鬥，還是逃跑？假如有一隻熊朝你撲來，你會怎麼做？你會挺身大叫、虛張聲勢，還是裝死？假使那隻熊只給你一點時間重新振作，你當然不會坐等野生動物保護機構來拯救你。

然後問題來了：這隻熊不只即將攻擊你，也將攻擊你的孩子。你會怎麼做？

如果洛基獲釋，地區檢察官會來她家嗎？他們有準備好要保護她嗎？會有一位配槍的警官對洛基解釋，讓他相信蜜雪兒與孩子們無意惹他生氣嗎？她的家人會在嗎？會有任何制度的任何人員在任何地方阻止洛基的暴力行為嗎？是否會有人來阻止那條響尾蛇在半夜爬上她的床？讓她祖父留下那把的來福槍所射出的子彈轉向而不會傷害到她嗎？梅蘭妮說，蜜雪兒從接到戈登與莎拉的電話的那一刻起，行為舉止就變了。「她開始懷疑禁制令的效力，開始懷疑每一件事情。」

蜜雪兒撤回了禁制令。

這是任何家暴案件中，最受到外界誤解的一點。

蜜雪兒會撤回禁制令，不是因為她懦弱、她認為自己反應過度，或是她相信洛基不像之前那樣危險了。她這麼做，並不是因為她瘋了、她小題大作，或是這件事沒有關乎生死那麼嚴重。她不是因為自己說了謊才這麼做。她是為了讓自己與兩個孩子活下來。

受害者選擇留下，是因為他們知道，任何突如其來的舉動都將觸怒那隻熊。

他們選擇留下，是因為他們多年來已經找到了方法，偶爾可以有效安撫憤怒的伴侶，諸如懇求、哀求、勸誘、承諾，以及在公開場合與對方團結一心，包括在警察、反家暴人士、法官、律師與家人面前——或許是唯一能夠拯救他們的人。

他們選擇留下，是因為他們看到熊即將朝自己撲來，而他們希望能夠活命。

受害者為何留下，不是我們應該探究的問題。我認為更值得思考的是：我們該如何保護受害者？不必評斷他們是否符合保護令的資格，不必研究他們為什麼不離開施暴者，或是他們為什麼做了與沒做什麼事情。只要思考一個簡單的問題：我們該如何保護他們？

洛基抵達麥克家沒幾分鐘，蜜雪兒就打來找他，跟他商量、談判與向他承諾（儘管她不這麼認為），而這全是為了自己的性命著想。「她需要更多時間想清楚之後要怎麼做。」梅蘭妮說，「現在我才知道，她一知道洛基出獄就性情大變，都是因為恐懼。」

***

根據前地區檢察官史黛西・法默（Stacy Farmer，如今改名史黛西・田尼〔Stacy Tenney〕）的敘述，之後蜜雪兒歇斯底里地衝到比靈斯的地區檢察官辦公室。她撤銷了所有指控。她說，**他從來沒有威脅我。家裡沒有蛇。**要怪就怪我。**他是完美的丈夫，完美的父親。**她與洛基合力對抗這個世界。是司法制度對她的家庭這麼做的。史黛西・田尼說，她知道蜜雪兒在說謊。她當然在說謊。但是，檢察官能拿一個倒戈站在反方那邊的證人怎麼辦呢？他們沒有證據，也沒有目擊證人。

多年後，一名反家暴人士告訴我，「現在我們知道，處境最危險的人，是那些不出庭、不更新禁制令的受害者。」[3]此刻我想起了蜜雪兒。

史黛西・田尼說，響尾蛇一事讓他們十分震驚。這是非常具體的細節，在整個故事中是如此明顯的事實，但警方應該都搜過他們的房子了，並沒有發現蛇的蹤影。假如有搜到蛇，檢方就有物證了，但他們從未找到（也不確定警察實際上是否有搜查。

是否有搜找車庫？蒙大拿的警方報告不會列入官方紀錄）。指控洛基的人原本是蜜雪兒，而現在她收回證詞，跟他站在同一邊。檢方能怎麼辦？在法庭文件中，支持莎莉證詞的宣誓書只寫了兩句關於家裡發生的暴力事件，「被告打破其岳母住家後門的窗戶，進到屋裡將九歲大的女兒帶走。被告不滿妻子在兩人因為家務起爭執的時候將女兒丟在那裡」。宣誓書並未提到洛基有攻擊莎莉或梅蘭妮，也沒有提到莎莉家牆面的血跡、她供稱兩個小孩目光呆滯，還有當時洛基發狂暴衝的事情。

「刑事司法制度，」田尼告訴我，「不是為了不合作的證人所設的。」田尼對洛基與蜜雪兒的問題有極大的認知落差，就跟當時他們身邊的所有人一樣。這些年來，我又從全國各地的檢察官口中聽到了許多相同的情況。

不過，我也聽聞了：在美國，受害者不願配合調查的謀殺案審判天天都有。

＊＊＊

洛基獲保釋出獄後，立刻違反了禁制令的規定，接聽蜜雪兒打來的電話。蜜雪兒事後表示，他有權利跟孩子們說話。隔天下午，他們在北方公園碰面，之前她下課後會跟艾莉莎到那裡散步與抽菸。對蜜雪兒來說，這一定感覺恍如隔世。沒人知道洛基到底對她說了什麼，但他成功說服她讓他回家。也許他提醒了她，養家糊口、讓孩子們不愁吃穿的人是他。他的確讓蜜雪兒衣食無虞，但也讓她無法自力謀生。在地方就這麼一丁點大、人人都互相認識的比靈斯，蜜雪兒又能躲到哪裡去？難道要讓兩個孩子休學，三個人避居山林嗎？

現在她離開了洛基，尋求政府機構的協助，讓相關人員介入他們的家庭與生活。「她告發他的這個舉動，打破了他們之間的許多界線。」艾莉莎說，「她讓別人知道洛基的真面目是什麼，這是她以前沒有做過的事情。她拿走了他一部分的控制權，現在為了保住自己的性命，她必須把控制權還給他。」

那年早些時候，蜜雪兒繼承了在北達科塔州的祖父留下的一小筆遺產。她用這筆錢買了一台露營車，讓全家可以週末外出郊遊，然後把剩下的錢以房子頭期款的名目偷偷交給父親。她與洛基自從搬離洛基那台狹小的拖車後，就跟父親租屋。這是她長期策略的一部分。由於她沒有信用與就業紀錄，如此一來她的父親可作為銀行，而房契是寫她的名字，因此未來她可以依法將洛基趕出去。當然，洛基完全被蒙在鼓裡。

但即使這些方法可行，她與孩子短期內要怎麼過活？她沒有任何收入與工作經驗。洛基在闖入莎莉家的那天，證明了蜜雪兒就算搬去與父母同住，也阻止不了他。也許蜜雪兒應該冒著被控綁架兒童的風險逃到別州去，或者就這樣把孩子留給一個今天慈愛地教他們游泳、明天卻拿槍威脅他們的父親。艾莉莎提議了她能想到的所有瘋狂點子。她建議蜜雪兒搬到加州，或是戴假髮、去刺青、改名，離開美國，也許去加拿大。莎拉曾提議給蜜雪兒一筆錢，讓她投靠住在亞利桑那州的阿姨。蜜雪兒的一位老朋友願意出借在別州的森林小屋。然而，艾莉莎透露，蜜雪兒對她說，「『我還能逃到這世界的哪個地方？』那個男人一定會盡全力、不惜一切代價找到她。」

艾莉莎說，那段日子，她把所有可能行得通的辦法都想過一遍，像是改變蜜雪兒的身分、把她藏起來，想辦法擺脫洛基之類的。「你會想很多，想得很遠。」她說，「我想的是，『必須有人來殺掉洛基，因為他會殺了她。』」

蜜雪兒撤銷禁制令的原因跟所有這麼做的受害者一樣：他們認為沒有其他可行的選擇。那天，洛基搬回了家裡。

莎拉得知這件事後，立刻打給莎莉。她們都不知道蜜雪兒取消了禁制令。她們各自報了警。莎拉跟警方說洛基是危險人物，但是當莎莉表示想控告洛基攻擊她與闖入家裡時，她才知道自己的指控被撤銷了。這是行政體制上的瑕疵。莎莉的控告與蜜雪兒的禁制令申請一併提交，而當蜜雪兒撤銷禁制令，法院就駁回了整起案件。到了今天，莎莉依然認為，文書作業上的這項缺失害死了她的女兒。這讓她無法繼續對洛基採取法律行動。

不久後，蜜雪兒氣憤地打給她們兩個人，指責都是因為她們報警，才害得孩子眼睜睜看著警察試圖逮捕洛基，現在家裡一片混亂。在蜜雪兒打來之前，莎拉與莎莉都不知道她已經撤銷了禁制令。蜜雪兒要她們不用擔心。不管怎麼，她還有防狼噴霧器。

於是，蜜雪兒與洛基跟她們、還有兩邊所有家人都斷絕聯繫。十月的日子過得很慢。之前一週會去探視孫子和孫女好幾次的莎拉與戈登感到失落與空虛。有一次，洛基回家把保釋金還給他們，蜜雪兒與孩子們待在車裡，而戈登從屋子走出來。莎拉很氣洛基不跟他們聯絡，因此沒有出來，但她透過窗戶可以看到孩子們對戈登露出燦笑。之後，戈登告訴她，蜜雪兒不讓孩子下車擁抱他。「我不敢相信她會那樣，」莎拉對我說，「那是我們最後一次見到孩子們，」她停頓了一下，望著天空說，「還有他們兩個人。」

她坐在後院跟我訴說這段過程時，戈登默默掩面哭泣。

***

感恩節前夕的星期二，艾莉莎下班開車經過蜜雪兒家。她從前一天晚上開始就一直撥電話給蜜雪兒，但都沒有人接，也沒有回電；屋子沒有點燈，也沒有傳出聲音，艾莉莎心中冒出了一個想法，不過她當時不知道那究竟是什麼樣的想法（之後也一樣）。她想停車一探究竟，但她的手腳並沒有停下車。她的身體指示她繼續往前，於是她開走了。

她打電話給莎拉，問她有沒有跟蜜雪兒通電話。莎拉說他們從十月開始就斷了聯絡。莎拉掛上電話後，對戈登說，「艾莉莎找不到蜜雪兒。」

最後艾莉莎打給父親。「爸爸，」她說，「我覺得事情不對勁。」

你愛的人將置你於死地

二月在底特律郊區的一個寒冷早晨，賈桂林．坎貝爾（Jacquelyn Campbell）站在廣闊的講堂裡，身後的三個大螢幕讓她的身型顯得渺小。這天早上她從位於巴爾的摩（Baltimore）的家趕來這裡，向上百名觀眾講述她三十年前提出的「危險評估」（Danger Assessment）量表。起初，「危險評估」量表是為了幫助健康照顧人員識別急診室裡的潛在家暴受害者，到了今日，或許已經是判別親密伴侶的攻擊、家暴的處置方式與受害者意識最重要的一項工具。受害者在「危險評估」中所給出的答案，將決定事情接下來的發展：不論是加害者遭到逮捕、進入訴訟、被判有罪，或是受害者提出控告、被送進收容所、展開一整套法律程序。這往往將確定一個更嚴峻的結果：某人將是死還是活。「危險評估」改變了我們理解與看待美國及其他國家中親密伴侶暴力的過程。它突破了文化與政治藩籬，獲得許多人的採用，特別是警方、檢方、法官、反家暴人士與健康照護工作者。這影響了相關的研究與政策，並拯救了無數的生命。

坎貝爾身材高挑，舉止優雅，身穿花呢外套與黑色襯衫，留著一頭深紅褐色捲髮，脖子上戴有一條沉甸甸的項鍊。她說話的語氣始終蘊含笑意，像是公共廣播電台的主持人不得對聽眾報告一個壞消息，但聲音依舊撫慰人心那樣。倘若有人告訴你母親病重或愛犬過世的消息，你會希望對方有這種聲音。她正在談論家庭中的暴力，談論人們加諸在彼此身上最糟糕的事情，但她的聲音散發出堅定，就像治療師向你保證你會沒事的那樣。她告訴觀眾，光是密西根，一個月（二〇〇七年一月）就有八十六名婦女與五名兒童遭到殺害。其中許多受害者是現場觀眾都知道的人。

與會者齊聚於此談論家庭暴力，有制服與便衣警察、地區檢察官、檢察官，還有反家暴運動人士、心理健康諮商師、健康照護工作者與收容所志工。坎貝爾準備的幻燈片呈現了一個又一個血淋淋的家暴數據：美國非裔女性第二大死因，美國本土女性第三大死因，白人女性第七大死因。

坎貝爾表示，美國每年有一千兩百名受虐婦女遇害身亡。[1]

那項數據不包含孩童，也不包含先殺了伴侶再自殺的虐待者——也就是我們每天在報紙上看到的殺人後自殺案件。這也不包括同性交往關係，其中任一方可能並未「出櫃」；不包含其他家庭成員，像是姐妹、姨嬸／伯母／舅母、祖母／外婆，這些親戚通常也會跟主要受害者一同遇害；更不包含無辜的局外人，例如德州那二十六名跟犯案人的岳母一同在教堂裡做禮拜的人們，或是威斯康辛州那兩位無辜遭到客戶前男友殺害的芳療中心員工。這些名單數也數不清。此外，這也不包含未揭發殺人犯的司法轄區，因為殺人犯的舉報須透過聯邦調查局增補殺人犯舉報資料（Supplemental Homicide Reporting Data）的機制自願進行。因此，每年有多少人因為家暴而死？有多少外人、其他家庭成員與自殺的加害者喪命？有多少受害者再也無法忍受折磨而自盡？諸如受害者掉出車外、墜落懸崖或開車撞樹等意外，事後證明根本不是意外，而是永遠無法歸類的悲劇。

在這座講堂裡，坎貝爾跟觀眾們一樣都抱持信念，都瞭解家暴的運作基礎。其中許多人切身體認到這些數據，他們看到的不是數據，而是真實的面孔——受困於這個看似沒有出路的暴力循環中的女性、男性與兒童。坎貝爾述說不久前一名二十六歲女性在馬里蘭州遭到十七歲男友殺害的故事。在當地，殺人案是產婦死亡的主因。坎貝爾指出，紐約市與芝加哥也是同樣的情況。我們不必擔心外國軍隊、國際恐怖主義分子與酒駕者會奪走我們的生命，因為我們殘殺彼此的效率極高。

馬里蘭州這對分別為二十六歲與十七歲的情侶有一個兩個月大的孩子，女方之前已與另外三個男人生了三個孩子。她五歲大的孩子親眼目睹她遭到槍殺，不斷驚恐大叫。另外兩個還在學步階段的幼兒從房間裡跑出來，也看到了這一切。三個年紀還小的孩子身心重創，剛出生的幼兒失去了至親。其中一個孩子曾遭到生父虐待。遇害的那位女性本身在兒時也遭到父親的虐待。那位十七歲少年從小遭受恐怖凌虐，搬出父母家已五年。長年與跨世代的虐待層層交疊，造成了這起案件。

坎貝爾與其他人一同探究這四個孩子的後續情況時，得知那名新生兒交由已故母親的父母扶養，其中包含小時候虐待女兒的父親。另外三個孩子全都由虐待者扶養。這位十七歲少年服完十二年的謀殺刑期出獄後，有可能會接管那個新生兒的監護權，到了那時孩子已屆青春期。就這樣，虐待在這樣一個複雜的家庭裡無限循環。坎貝爾說，他們告訴馬里蘭州的官員，「〔二十年後〕我們會再研究跟這些孩子有關的另一起案件……」州代表猶豫了一下，向坎貝爾表示他們沒有興趣瞭解之後可能發生的事情，也不在乎目睹虐待過程的孩子們長大後會如何重複這樣的循環。他們想立刻得到答案。他們想知道現在可以做什麼事情。然而，未來**才是**坎貝爾關注的重點。

「這是從預防角度出發的長遠之計。」她說。如何教導人們扶養小孩而不虐待小孩，如何建立一個制度來幫助兒童與為人父母，並提供高階、密集的諮詢。即使在父親或母親遭到謀殺後，孩子通常也很幸運，**只有**一次心理健康諮詢的預約。

坎貝爾說這是好消息，有幾位觀眾笑了，因為直到現在，實際的情況依然殘酷。坎貝爾說，「具有完善的家暴防治法規與資源」的那些州，男性與女性遭到伴侶殺害的可能性比較小，尤其是男性。你沒看錯，是男性。他們發現性別是數據出現差異的關鍵。她向觀眾表示，男性死亡人數較少的州，警方能妥善處理這種情況、定有完備的保護法規，也為受害者提供完善的資源。換句話說，「受虐的女性比較不會認為，除了殺死對方之外沒有別的出路」。事實上，自一九七六年以來，遭到女性伴侶殺害的男性人數少了將近四分之三。[2]

坎貝爾的意思是，在一些州，受虐女性不必走上謀殺伴侶這條路才能重拾自由。雖然沒有全國性的數據，但一些州蒐集了這項資料。以紐約為例，二〇〇五年有三分之二遭到監禁的女性在殺害伴侶之前飽受對方的虐待。[3]不過在今日，許多州的法律依然禁止受害者藉長期忍受伴侶施暴一事來為自己辯護。我採訪過因為犯下一級謀殺罪而在北卡羅萊納州服刑的拉蒂娜・雷（Latina Ray），她表示自己忍受了超過十年的虐待。她的伴侶出手毫不留情，導致她右眼完全失明，但她的案件從未徵引這段長期受虐的歷史。[4]在拿伴侶的槍射殺他之前，她一直是個奉公守法的好公民，連交通罰單幾乎都沒收過。在罪犯檔案照片中，她容貌清秀，有著黃褐色皮膚與一隻殘廢的眼睛。

聽著坎貝爾的演說，我想起受害者家屬最常問的問題。我們能做什麼？我們要怎麼知道遺漏了什麼事情？

然而，這其實不是家屬的問題。當然，他們應該提高警覺，而坎貝爾指出，受害者有時的確會向朋友或家人透露實情。但是，還得考慮另一個族群；半數以上的殺人案受害者都曾在某個時間點接受健康照護的專業治療，也就是尋求坎貝爾這類專家的協助。不只是到醫院急診室，也包含初級保健醫生、婦產科醫生及其他專科醫師。這些專業人員往往是第一個或唯一一個與潛在殺人案受害者互動的人。我想起莎莉懷疑洛基將性病傳染給蜜雪兒時帶她去看病的診所。雖然《健康保險可攜性及責任法案》

（Health Insurance Portability and Accountability Act，HIPAA）禁止醫事人員洩漏蜜雪兒的任何隱私，但眼前的狀況已使他們開給她抗抑鬱劑。他們還看到了什麼？他們可能遺漏了什麼？他們有看出蜜雪兒遭到施暴嗎？一個育有兩個孩子的二十三歲媽媽來做性病檢查，而且精神狀況看來需要抗抑鬱劑的介入，這明顯警示了她的生活需要更深入的探查。

坎貝爾說，她看過一名女性的檔案，這位受害者太陽穴中彈而喪命時，手臂上打了一個石膏。警方的調查報告或她中彈後被送去急診室的醫療紀錄中，皆未提到家暴的事實。但她手臂打了石膏！那是怎麼來的？根據那份檔案，甚至沒有任何人問起這件事。坎貝爾接觸過的另一位女性遭到施暴者射傷而癱瘓，但她出院後還是回到了對方身邊。她問那位女性是否曾被轉介給家暴防治機構，對方回答沒有，但如果之前有這個機會，她很樂意接受。她會回到伴侶身邊，是因為沒有其他人可以照顧她。坎貝爾得知後非常憤怒，她到那位女性當初就診的醫院創傷部瞭解之前的情況，而據說那裡的人員表示，他們沒有時間評估家暴的嚴重性。坎貝爾拿出該單位為那位癱瘓的女性開立的治療證明，直指上頭寫的**遭丈夫射傷**那幾個字。

中場休息時，觀眾們查看手機、補滿咖啡。我問其中一位警官怎麼會來聽演講，他說他所屬的奧本山鎮（Auburn Hills）鎮長最近要求家暴防治的相關單位採取更有效的行動。他們參加了一些訓練，像是這場演講說明的「危險評估」量表。一週前，他們接受了如何辨別受害人遭到勒傷的訓練。之後，坎貝爾演說到一半時停下來，對著觀眾席中的兩名制服警官說：「謝謝你們盡力保護女性的安全。」

演說結束後，一些觀眾在中央走道排成一排，有人想要當面感謝她，有人想要跟她訴說自己的親身經歷，或是感謝她的研究不只拯救了一般人的「生活」，也救了某個特定對象的生命。有一名女性想感謝素未謀面卻幫了許多忙的她，還有一個孩子若不是因為坎貝爾的幫助，就必須在沒有母親的情況下長大。如果家暴防治領域也有所謂的名人地位，那麼坎貝爾實至名歸。

＊＊＊

坎貝爾起初在戴頓（Dayton）的一間學校擔任護士。儘管她照顧的對象都是女生，但大多數的學生她都認識，不論男女。意外懷孕的女學生會到辦公室跟她深談自己的生活，訴說自己別無選擇與生活失去了動力，訴說她們不覺得自己有辦法掌握這樣的生活。因為職務關係，她知道城市各地的社會服務機構，有時她會打電話與諮商師討論這些女學生遇到的問題。一位名為安妮（Annie）的少女來找坎貝爾，她說自己懷孕了，而父母不斷折磨她。坎貝爾對安妮有一種特別的親近感，她隱約感覺到兩人很投緣，但不太知道該如何協助她。跟少女在一起的青少年泰隆（Tyrone）也是坎貝爾從小看到大的孩子，但她在得知安妮懷孕之前，並不知道他們是一對。「他很有魅力，很討人喜歡。」坎貝爾如此評論泰隆。「很可愛的男生。」泰隆當然還沒準備好許下終身承諾，而安妮在家受盡苦楚，因此她設法獲得了社福援助，獨自搬進一間公寓。她離開了學校，但仍跟坎貝爾保持聯絡，不時會向她更新近況。坎貝爾有時也會詢問另一位在高風險未婚少女計畫中輔導安妮的諮商師。她祈禱安妮可以找到出路，展開精彩的人生。

之後，一九七九年某天，安妮的諮商師致電坎貝爾說她有一些消息。安妮被泰隆刺了十幾刀，傷重不治。坎貝爾聽了非常震驚，心痛不已。她做了所有人在這種事件發生後都會立刻做的事情：試圖弄清楚自己疏忽了什麼事，想著原本可以如何干涉來阻止這件事情發生，不明白事情怎麼會惡化到這種地步。她出席了安妮的葬禮，努力壓抑悲痛的情緒。後來，她回想起有幾次曾經看過安妮眼部瘀青，想起她兜著圈子迴避家暴的問題，只約略地說了「我們處不好」或「我們之間有問題」這類的話。安妮不知該如何表達，而當時坎貝爾也還不清楚暴力的語言。安妮說了，但坎貝爾沒能理解其中的含義。她感覺像是肚子被人揍了一拳般地難受。她以為自己只能透過傾聽與陪伴來幫助安妮。「假如當時我機警一點，有再多問她幾句就好了……」她說。她後悔當初不夠機敏，沒有持續關心安妮的狀況，沒有追問她細節，還有因為擔心窺探她的隱私而沒有深入調查。

於是，她的職業生涯都在努力探究該問受害者怎樣的問題。

坎貝爾一向對公共衛生感興趣，但在這方面除了隱約的掙扎之外，並無遠大的事業目標。當護士很好，但她總覺得自己可以再做得更多。她希望做更多事情。她跟著當時四處出差的丈夫待過戴頓、底特律及羅徹斯特（Rochester）。出於對公衛的熱情，她開始在韋恩州立大學（Wayne State University）攻讀碩士學位。坎貝爾的口試委員給了一個模糊的指令，要她「深入群體與推動防治」。她想像這是要推行某種運動，像是呼籲人們坐車時繫安全帶等等。

口試委員指派的任務改變了她的一生。

坎貝爾念研究所時，學界有關家暴殺人案的文獻寥寥無幾。她想起當護士的期間，那些女學生說到未來時那種無奈消極的心情，因此決定，也許可以來研究年輕非裔女性的主要死因是什麼。「那時我想像自己之後會教導那些女性怎麼做乳房檢查。」她說。然而，她驚訝地發現該族群的主要死因是殺人案。謀殺？怎麼會有這麼多年輕的非裔女性死於**謀殺**？[5]

坎貝爾仍與之前在戴頓任職的學校的一些學生保持聯絡，因此她選擇將這些如今二十出頭的非裔女性作為研究的「群體」。她在約翰霍普金斯護理學院（Johns Hopkins School of Nursing）的辦公室裡對我說，在公共衛生領域，研究的起點是死亡率的數據。辦公室外面，有幾名研究生席地坐在名為「暴力抽屜」的文件櫃旁，等著跟她面談。她還記得讀研究所時，她試著向口試委員們解釋殺人犯的臨床數據非常少，因此他們要她自己進行調查。在攻讀碩士與後來念羅徹斯特大學（University of Rochester）博士班的期間，她研讀了戴頓、底特律與羅徹斯特警方所製作的殺人犯檔案，同時到多座城市訪問受虐婦女。她漸漸觀察出特定的模式，這些模式在今日看來顯而易見，但當時沒有人仔細測度。

突然間，坎貝爾量化出當時基本上仍然只有理論依據的論述，例如，家庭殺人案唯一面臨的最大風險是之前的家暴發生率。（她最初研究戴頓的警方檔案所得到的結果顯示，五成的家庭殺人案受害者在遇害之前，曾因家暴事件而至少接受過警方探訪一次。）他們面臨危險的程度依照特定時間而變動。危險度在受害者試圖離開施暴者的當下激增，並在接下來的三個月維持高峰，再來的九個月則微幅下滑。一年後，危險度大幅降低。因此，或許不必讓洛基・莫澤坐牢一輩子；只需要將他關得夠久就好。蜜雪兒需要時間整頓生活好養活自己與小孩的同時，洛基也需要時間慢慢瞭解，即使蜜雪兒不在身邊，他也能繼續過生活。坎貝爾認為，某些看似隨機發生——譬如突然爆發——的事情，其實是可以被量化與歸類的。在坎貝爾訪問過的女性中，至少有半數未能意識到自身處境的嚴重性，而她指出，這個事實到了今日依然存在。

即便對於那些明確意識到、或者隱約感覺情況不對勁的受害者（如蜜雪兒・孟森・莫澤），也絕對需要徹底顛覆一直以來的認知，才能夠想像你深愛或曾經深愛的這個人，與你有愛的結晶、承諾相守一輩子及共度生活中大小事的這個人，其實會真的奪走你的生命。愛正是家庭暴力與其他犯罪行為的不同之處。交往的兩個人對彼此與世界宣誓，你是我最重要的人。然後，這段感情怎麼突然間就變得危險又致命？想瞭解箇中原因，我們必須在心理、理智與情緒上突破想像的界限。「面對你愛的人意圖置你於死地的這種創傷，」聖地牙哥反家暴的頭號倡議人士蓋兒・斯特拉克（Gael Strack）問道，「你該怎麼活下去？」

＊＊＊

經過這些年，坎貝爾識別了二十二個高風險因素，當這些因素無止盡地隨機組合，便預示了殺人案的發生。其中一些風險因素範圍廣泛，譬如藥物濫用、持有槍枝或嫉妒成性；其他則是特定行為，譬如死亡威脅、勒脖與性侵。其他如與親朋好友斷絕來往、育有與前任伴侶生下的孩子、懷孕期間受到施虐者的自殺威脅或暴力對待以及跟蹤行為，全都會讓情況變得更加致命。另外也包含持有槍枝毒品或酗酒及控制日常作息，還有威脅孩子、毀壞財物，以及受害者在一年內曾經嘗試離開的舉動。坎貝爾判別的唯一經濟因素是長期失業。她指出，許多這些後期的徵兆不會導致暴力，但可能會讓極度不穩定的情況變得致命。重要的不是單一因素的出現，而是多項因素的特定組合，其中每一個因素在測度中都占了不同的比例。她請受害女性填寫事件的時間表，等於是替虐待行為編寫目錄，如此一來就能夠自我觀察情況是否惡化。（坎貝爾說，很多人做了「危險評估」量表卻沒有記下時間，這樣會錯失情況惡化的重要資訊，並且無法在認清自身處境的全貌後採取有效行動。事實上，我在全國各地看過許多份「危險評估」量表，填寫對象從警察到倡議人士都有，但很少有人載明事件發生的時間。）

***

勒脖是坎貝爾在早期研究中指出的危險徵兆之一，但結果證明，這項因素遠比拳打腳踢之類的暴力行為還重要。在虐待的交往關係中，有六成受害者曾經遭到伴侶勒脖，[6]這種情況往往會常年不斷出現，而絕大多數的加害者都是男性（比例為九九％）。[7]那些被勒到失去意識的受害者，在事件之後的二十四至四十八小時內因中風、血栓或肺部吸入異物（被自己的嘔吐物噎到）死亡的風險最高。這樣的事件有可能導致腦部損傷（輕微或重度），不只因為腦部缺氧，也是因為頭部經常連帶遭到鈍器挫傷。儘管如此，家暴受害者到了醫院急診室一般都沒有接受缺氧或腦部損傷的檢查，他們本身大多也記不太清楚事發經過，甚至往往不知道自己失去意識。這意味著，受害者很少受到正式的診斷、攻擊行為與傷害的危險性遭到低估，施暴者遭到起訴的罪名比實際的罪行來得少。[8]

說到扼喉與隨之而來的問題，扼喉防治訓練學院（Training Institute on Strangulation

Prevention）執行長蓋兒・斯特拉克是今日家暴防治社群中最知名的專家之一。一九九五年她擔任聖地牙哥市助理地區檢察官時，有兩名少女在「受她監管的期間」——她是這麼說的——遭到殺害。其中一名少女在遇害（在一群女性朋友面前遭到刺殺）的數週前，曾經遭到男友勒脖，而警方也有傳喚當事人。但是，她與男友到場時，收回了控訴。另一個女孩遭到勒斃與焚屍。兩名少女都曾尋求家暴防治的協助並制定安全計畫。那時，斯特拉克認為聖地牙哥是積極家暴防治的先驅。當地甚至還設有專門的家暴協調會與法院。「我們在各方面都有專責單位。」她說。

斯特拉克與訓練學院的共同創辦人、也是她當時的上司凱西・格溫認為自己必須為兩名少女的死負責。他們跟領域中的許多人士一樣，不斷問自己之前疏忽了哪些事情？一個社區往往會發生引人注目的殺人案，例如桃樂絲・吉安達—科特（Dorothy Giunta-Cotter）、蜜雪兒・孟森・莫澤或那兩名少女，而這些事件最終激發了改變。一夕之間湧入了大量資金，訓練與新計畫也開始推行，受害者也紛紛打電話向鄧恩、斯特拉克或坎貝爾求助。

斯特拉克回過頭研究三百起非致命家暴扼喉事件的檔案。她發現，扼喉事件大幅提高了家暴殺人案的可能性。[9]但是，只有一五%的受害者身上有明顯可辨的傷口可供警方拍照存證。因此，警方往往低估了事件的嚴重性，將被害人的傷勢注記為「頸部紅腫、割傷、刮傷或擦傷」。[10]醫院急診室也經常略過電腦斷層掃描與核磁共振掃描的檢查就讓受害者出院。如今，斯特拉克與家暴防治社群認為，家庭中大多數的扼喉事件都不為人知，而這樣的舉動往往是施暴者動手殺害伴侶之前的最後一項虐待行為。[11]「從數據來看，我們現在知道一旦施暴者掐勒伴侶的脖子，下一步就是動手殺人了。」隸屬聖地牙哥家庭司法中心（San Diego Family Justice Center）家暴部門的聖地牙哥市警局探員兼臨床醫師希薇亞．維拉（Sylvia Vella）說，「他們不會走回頭路。」[12]

一些研究人員強烈反對這種觀點。[13]不管研究與資料怎麼說，人類的行為不可預測，有時甚至原因不明，而且數字不是絕對可靠的解釋。過去也曾有家暴殺人犯沒有任何扼喉的前科，這種情況就跟加害者掐勒伴侶的脖子，但從未動手殺人一樣。

在這三百起扼喉案件中，斯特拉克也看到許多受害者便尿失禁——她將這種行為歸因於恐懼。她找急診室醫師喬治．麥克連（George McClane）談過，對方提出了全然不同的觀點。解尿與排便是生理功能，就跟流汗與消化一樣，是人在有意識的情況下進行的動作，受到自主神經系統的控制。腦幹中的薦神經——正好是大腦最後停止運作的部分——控制著括約肌。麥克連向斯特拉克解釋，因此便尿失禁不是恐懼的表現，而證明了這些受害者曾經瀕臨死亡。此外，這些案件都以輕罪起訴被告。[14]

斯特拉克開始訓練家暴防治的相關人士（從警察、救護員、收容所工作人員到檢察官都有）如何辨別扼喉的跡象。自九〇年代中期以來，她與格溫到全國各地舉辦訓練課程，內容涵蓋扼喉案件所牽涉的解剖、調查、檢察與受害者安全；據格溫估計，受訓學員已超過五萬人。二〇一一年，斯特拉克與格溫利用反暴力侵害婦女辦公室（Office of Violence Against Women）撥予的補助金，協助成立了扼喉防治訓練學院。[15]這所學院以聖地牙哥為據點，定期在當地與全國各地舉辦為期四天的課程，在成員包含醫生、護士、法官、家暴倖存者、警官與檢察官的顧問團體的協助下，「為訓練人員提供訓練」。有趣的是，我發現全國各地的警察局提供的訓練遠遠不足（長度頂多只有幾個小時），而且大多根本沒有舉辦這種課程。

二〇一三年，格溫、斯特拉克與另外幾位家暴防治社群的主要人士向最高法院量刑委員會遞交訴狀，概述扼喉與窒息對受害者造成的危險。之後，最高法院在量刑委員會報告中特別提到了扼喉與窒息的情事，[16]建議加重罪犯的刑期。今日，美國有四十五州對扼喉加害者求處重刑，[17]據格溫指出，「在每一個對扼喉被告起訴重罪、並具有跨專業團隊的司法轄區中，殺人案的比例明顯下降」。例如，在二〇一二年到二〇一四年間，亞利桑那州馬里科帕郡（Maricopa County）的家暴殺人案發生率減少了三成。[18]格溫與斯科茨代爾（Scottsdale）偵緝警官兼扼喉學院全國教職員的丹尼爾．里恩柯恩（Daniel Rincon）主張，會有這樣的成果，第一個原因是他們在該郡的所有團隊成員——從救護員、第一線急救人員、警探到犯罪現場鑑識人員——都受過訓練，第二是請來刑事鑑識護士驗查受害人頸部的傷勢。該郡也採購了高解析度數位相機，可凸顯有形的證據，譬如破裂的血管、指紋與其他標記。在實行訓練與法醫檢驗之前，只有一四%的扼喉案件進行起訴；如今這個數據已接近六二%。[19]雖然這項計畫剛推行不久，還無法從中推導出直接的因果關係，但馬里科帕郡的檢察官比爾・蒙哥馬利（Bill Montgomery）告訴我，「客觀數據顯示，我們盡全力處理家暴扼喉案件及改善調查、控告與起訴能力的同時，家暴殺人案的發生率也顯著下降」。在我寫作本書的此刻，也就是二〇一六年，肯德基、紐澤西、南卡羅來納與北達科他州並未立法將扼喉視為重罪，俄亥俄州或華盛頓特區也是。[20]

＊＊＊

然而，不論哪一種起訴，扼喉與腦部損傷都需要經過驗傷與診斷。將扼喉作為學位論文主題的希薇亞・維拉還記得，當初研究中有一位年近三十歲的女性頸部與耳朵附近嚴重挫傷，她立刻將將對方送到急診室，而醫護人員發現她頸動脈剝離。那位女性從醫院打電話跟維拉說，她用假名登記住進了一間病房。「沒有人知道她為什麼沒有中風，」維拉跟我說，「醫生們都不敢相信她居然活了下來。」

扼喉行為在醫學文獻中有相當詳細的記載，但頭部外傷只有在大型的家暴社群中才會被提到。絕大多有頭部外傷的家暴受害者從未受過正式診斷，一部分原因是他們幾乎沒有肉眼可見的傷痕，因此急診室一般不會為他們進行檢查。[21]「現在醫院的急診室很厲害，對於運動時受傷的小孩或出車禍的傷者所得到的腦震盪，都可以提供完善的檢查與治療。」坎貝爾說。她目前正擔任一篇論文的主筆，研究家暴導致的腦部損傷對受害者的中樞神經系統有何影響。這類的症狀包含視力與聽力受損、癲癇、耳鳴、失憶、頭痛與昏厥。「但我們對〔家暴〕受害者就不是這樣了，」她說，「我們不會問他們，『你是因為那些挫傷才昏迷的嗎？你之前有沒有被人勒過喉嚨和／或頭部受傷？』因此，我們必須更努力將這套程序應用在受虐婦女身上。」

雖然現在急診室有一種名為HELPS的篩檢工具，可用於判別家暴受害者是否有潛在的頭部外傷，但它的使用既不普遍，也沒有標準程序。來自馬里蘭州西北醫院（Northwest Hospital）一個名為DOVE計畫的家暴防治團隊的負責人奧黛莉·柏金（Audrey Bergin）表示，雖然他們的急診室沒有HELPS這項工具，但他們有一位護士專門檢閱家暴受害者的病歷與檢查可能的頭部外傷。她在電子郵件中寫道，近年來醫院會將這些病人歸類為「棘手」案例，即便是她的同仁也會如此。[22]「警察會以為他們喝醉酒而草草了事，州檢察官會認為他們有精神疾病……就連醫護人員也會覺得這些受害者小題大作、過度反應了。我們可以代表這些人士介入來協助其他機構瞭解，是頭部外傷導致了這些行為與症狀。」

診斷與治療有時會遇到更基本的阻礙。並非每間醫院都配備核磁共振的機器，即使有，也不是一週七天都有人員全天候待命。在偏遠或貧窮地區的受害者無疑必須搭乘交通運輸才能到達創傷中心，所需的成本令人卻步。此外，第一線應變人員與急救員缺乏訓練與正確的意識，再加上許多受害者終其一生都在設法克服看不見、未經診斷與治療及無人認同的損傷，在這種情況下，外界對他們的描述必然會變得帶有敵意，說他們瘋了或都是他們的錯。[23]倡議人士提到受害婦女失去了工作與孩子的監護權，還有在醫療、情緒或經濟上缺乏支援或完全沒有資源。維拉回想起之前研究的一位女性因為遭伴侶勒脖窒息而造成腦部受損，「生活徹底瓦解」。她失去了工作，搬回家與父母同住，而且到哪裡都得有人陪同。「她會走到門廊，然後想不起要去哪裡。」維拉說。她還提到另一位受害者喪失閱讀與寫字能力，兒福機構認為她無法照顧子女，因此帶走了孩子（後來她重新學習閱讀，拿回了孩子的監護權）。

家暴受害者記不得伴侶施暴的經過，是常有的事。前一刻他們在屋子的某處，突然間又到了另一個房間，他們也想不起事情發生的順序。他們對於事發經過的敘述模糊不清，執法人員與法庭也將舉證的責任加諸在他們身上。他們的供詞在未受訓練的人員耳裡聽來像是謊言。他們也往往會歇斯底里，讓人以為是精神異常的症狀。直到如今，研究人員從作戰士兵、足球員與車禍傷者身上得到的發現才受到家暴社群的採用：記憶力受損、反悔、細微的改變及其他如焦慮、過度警覺與頭痛等，都有可能是頭部外傷的跡象。

坎貝爾將這些風險因素稱為「危險評估」工具。她打算將這套工具開放給急診室的護士使用，並設想以前的自己會怎麼做。事實上，除了急診室之外，「危險評估」

也可用於危機處理中心、收容所、警察局、法律事務所與法庭。這可以為美國東西岸各地所採用，最終傳播到世界各地的許多國家。這套工具將能改變我們看待與治療家暴受害者的進程。

＊＊＊

坎貝爾根據研究表示女性往往不明白自己的處境有多危險，這裡指的意思是，她們不知道如何從更全面的背景來衡量危險程度。她們沒有意識到情況逐漸惡化，不知道特定的事件預示了親密伴侶會痛下毒手。她們以為孩子沒有危險，甚至打開了邏輯不清的保護傘，譬如「只要孩子在身邊，他就一定不會傷害我」。

現在蜜雪兒的家人瞭解了，洛基不讓她與家裡聯絡，是高壓控制的徵兆。他們當時並不知道。他們當時也不知道，虐待者擁有槍枝，是家暴殺人案的前三大風險指標之一。保羅．孟森從來沒想過，洛基是否有槍。在蒙大拿，人人都持有槍枝，即使沒有，要取得槍枝也相當容易。比靈斯一名警官曾告訴我，在蒙大拿，父母會在孩子成年後給他們一把槍。如今莎莉知道，跟蹤、藥物成癮與經常失業都是家暴的危險因素。莎莉與保羅的恍然大悟為時已晚。他們的內心充滿了悔恨與愧疚，雖然無法遺忘現在的一切，但他們多麼希望當初能有機會早點明白這些事。

***

然而，蜜雪兒的確知道洛基有危險性，即使她並不清楚究竟有多危險。她顯露出跡象，她本能地拒絕提告。她察覺到了危險，因為在她遇害的前一個週日，她向艾莉莎與伊凡提到洛基變得很殘暴。她是多麼地害怕，多麼下定決心要擺脫他。正是這個特定的背景、這一連串的因素，使她的處境有如此立即的危險性。伊凡對我說：「你看得出她才剛經歷這件事。」艾莉莎與梅蘭妮也證實了這一點。從她說話的語氣，還有她生前最後一個週末發生的事情，都看得出來。她精疲力竭。而如果連艾莉莎、伊凡與梅蘭妮都看得出來，那洛基肯定也感覺到了。這個狀況讓他意識到了某件事，讓他深怕蜜雪兒離開自己。這次她是來真的。蜜雪兒真的想清楚了，因為她把孩子送到莎莉家以維安全，因為她申請了禁制令，試探政府體制是否真的能幫上忙。

她不知道的是，在遭到洛基殺害之前的那些年與那幾個月裡，該如何拼湊種種線索。倘若她知道，便可從那些線索看出自己的處境有多危險。她沒能意識到情況逐漸惡化，雖然她的本能告訴她，必須表現得像是與洛基站在同一邊。

相反地，蜜雪兒看到的跟許多作為前車之鑑的女性一樣：虐待者的力量似乎勝過政府體制。

蜜雪兒到底是怎麼接收到這個訊息的？因為洛基闖進莎莉家，痛毆梅蘭妮，拉扯以肉身保護克莉絲蒂與凱爾的莎莉的頸部，然後綁架了克莉絲蒂。這些舉動的解讀至關重要。洛基闖入家裡，攻擊兩名女性，硬是帶走了孩子。這些行為接二連三地向蜜雪兒傳送信號，表明她試圖設下的安全措施——把孩子交給母親、獨自面對洛基，最後宣告永遠離開他——都不敵對方的操縱。警方表現的態度顯得像是受害者（莎莉與梅蘭妮）對整起事件反應過度，他們表示，有些男人會帶走自己的孩子，畢竟那是他的骨肉。這種因性別而異的訊息非常關鍵：男人是強勢的，女人是弱勢的；男人擁有權力，女人沒有權力；男人是理性的，女人是歇斯底里的。不論是暴力的虐待者或奉公守法的警官，孟森一家的女人所遇到的男人都傳遞了一個訊息。

對蜜雪兒來說，洛基獲保釋出獄是一個更重要的訊息。**這一次，不只我的力量勝過你，連體制都把我的自由看得比你的安危還重。**洛基控制了任何他能控制的人以獲得自由（在此情況下意指戈登與莎拉），因此得以維持對蜜雪兒的掌控。不過現在不只是控制而已，還帶有狂熱。

在這些細瑣時刻，洛基讓她看見了更急迫的事情：如果她試圖遏制他，試圖利用體制來擊敗他，他還是會贏，而以防蜜雪兒沒有接收到這兩個訊息，洛基明確讓她知道，他會採取越來越殘暴的手段，他會奪走她在世界上最珍視的東西：她的兩個孩子。

因此，蜜雪兒做了多年來許多受害者都做過的事情。他們甚至沒有意識到，面對一個無時無刻都具有危險性而現在變本加厲、彷彿野獸一般的男人，他們為了保護所有人的安全，做了孤注一擲的嘗試。蜜雪兒與他站在同一陣線。她回頭撤銷禁制令、收回宣誓書，來展現她的忠誠。她勉強自己討洛基歡心，以爭取一些時間好好想想如何安全地離開他。若從另一個角度來思考這件事，則可以知道蜜雪兒・孟森・莫澤肯定**不會**留下來。她是一個努力成為倖存者的受害者——但這並不代表她如此看待自己。

當情況演變到如此危急的地步，任何努力往往都為時已晚，除非體制中的人士——警察、倡議人士、司法人員——能夠看出這些行動背後的原因，並採取適當措施來處理問題，譬如根據物證起訴（而不是以證人起訴，因此受害者不必上法庭作證，這部分我會在後續章節詳述），或警官由於受過訓練而瞭解情緒與心理的運作機制，或是法官能夠判斷情況的致命程度，並提出被告無法輕易應付的遏制策略。我曾經根據蜜雪兒的案例填寫「危險評估」量表，她得到的分數介於十六與十八之間（由於當事人已歿，其中有兩個問題永遠是個謎）。以這樣的分數而言，個案發生家暴殺人案的風險屬於最高一級。

如果未能搞清楚這些關鍵的時刻，就會一直困在「她為何不離開」的問題泥淖中。

看看蜜雪兒・孟森・莫澤的例子，還有每年在任何地方發生的親密伴侶殺人案，情況如出一轍：受害者用盡了各種辦法。她試了又試，但這個方程式——或者應該說是這個問題——跟離開或留下無關。這是生或死的問題。

他們留下來，是因為選擇活命。

但他們還是死了。

蜜雪兒・莫澤為了孩子與自己而選擇留下。她為了自尊、愛情、恐懼，還有她所無法控制的文化與社會力量而留下。而在任何訓練有素的專業人士眼裡，她選擇留下來並不是因為留戀這段感情，而是為了躡手躡腳地走向自由。

然後，他們祈禱

感恩節前夕的星期一，蜜雪兒到學校接克莉絲蒂與凱爾回家。克莉絲蒂的朋友來了一會兒就離開了。蜜雪兒餵他們吃晚餐，吃完飯後也許還陪他們玩了一下，可能還有一起看電視。她原本應該要到父親家幫忙打掃，為感恩節及住在北達科他州的奶奶的來訪做準備。結果她一直沒有出現。事後一位鄰居表示，當天傍晚大約五點的時候有看到洛基從窗外窺視屋內。

艾莉莎不斷打電話給蜜雪兒。星期一晚上打了好幾次，星期二更是從早打到晚。如同莎拉與戈登的情況，自從九月洛基闖到家裡、蜜雪兒撤銷禁制令以來，莎莉就跟他們斷了聯繫。她在萬聖節見過孩子一次，那時蜜雪兒帶他們過來給外婆看看變裝後的模樣。這段期間，莎拉只在保釋那天見過洛基一次，當時她質問他為何闖進莎莉家。他的說詞跟梅蘭妮的敘述天差地遠，以致她跟我說，她應該是有生以來第一次瞭解到，「他是一個病態的騙子……我對他說，『你有病。』」那是她與洛基最後一次交談。

寒意與冬雪籠罩比靈斯。蜜雪兒對艾莉莎說，現在她手上握有更多洛基出軌的證據，但她沒有明說到底是什麼。感恩節前的那個星期五，蜜雪兒帶孩子們拖著一個行李箱來到保羅家。她說她決定離開洛基，問父親可否收留他們一晚。

隔天早上，蜜雪兒要保羅承諾，無論如何絕對不讓洛基帶走兩個孩子。洛基一定早就在保羅家附近暗中監視，因為蜜雪兒一離開，他就來到門口，懇求保羅讓他跟孩子相處幾個小時。他保證他什麼事都不會做。他只是想帶他們去看《哈利波特》（*Harry Potter*），看完電影就會帶他們回來。保羅信了他。

那天晚上，洛基帶兩個孩子住在旅館，蜜雪兒心急如焚。她打電話給梅蘭妮與艾莉莎，之後去艾莉莎與伊凡家待了數小時才離開——以前她幾乎無法這麼做。艾莉莎與伊凡晚上一起入浴時談論，這次蜜雪兒是真的下定決心了。她完全相信洛基永遠都不會改變，於是她決定離開他。

星期天，洛基又來到保羅家，但這次他在門口猛踹亂捶，氣極敗壞地大喊要蜜雪兒出來。他用盡全身的力氣撞門，就像六個星期前在莎莉家那樣，因此門上才有了我多年後看到的凹痕。這次，他無法破門而入，因此換了一招，跟蜜雪兒說克莉絲蒂在家裡一直吐血。蜜雪兒當然知道這是謊言，但她還是跟洛基回家了，畢竟哪個做父母的不擔心孩子？不出所料，克莉絲蒂安然無恙。那天晚上，蜜雪兒最後還是回到了父親家，留孩子在洛基那兒過夜。

到了星期一，克莉絲蒂與凱爾照常上學。他們在日記裡描述即將到來的感恩節，克莉絲蒂寫了她上週末在旅館游泳池玩水，到了感恩節時她會去見兩個阿姨們，還有奶奶也會從北達科他州過來，大家會一起坐在大桌子前面吃飯……**祈禱上帝保佑大家**。凱爾則寫了學騎腳踏車的過程。

兩個孩子最後一次坐在教室裡上課的同時，他們的父親在最新版的《一鎳不拔》廣告中找到了一位點四五口徑美洲駝手槍（Llama）的賣家。後來，那位賣家向警方供稱，洛基有提到買手槍是為了太太，當時他以為他是要送禮。當時政府尚未立法規定必須對槍枝買家進行背景調查或是三天的購買等待期。

蜜雪兒接了孩子放學後便回家，回到登記在她名下的房子。同一時間，洛基同意待在莎拉與戈登家。蜜雪兒帶孩子吃過晚餐後，開始進行睡前的例行公事。孩子們的牙刷擠上了還沒用過的牙膏。在睡覺前的某一刻，洛基出現了。

當時蜜雪兒可能在想，**我必須逃跑**。

她也許在想，**要怎麼趕走他？**

又或者是，**我受夠了；我要抵死不從**。

沒有人知道。

洛基拿著從分類廣告買來的手槍，還拎了一罐汽油，他打算把房子燒了，讓他們看來像是死於意外，死於一場可怕的悲劇，葬身在起火的房子裡。他把口香糖揉成一團塞進車子的點火系統，以免蜜雪兒試圖開車逃跑。

***

他走到屋內時，蜜雪兒肯定嚇壞了，並且連忙帶孩子們躲到地下室。她的錢包被抓破，裡頭的東西散落一地。當時她也許有焦急地翻找父親給她的防狼噴霧器。洛基先對她下手，開了四槍，胸口中兩槍，頭部與肩膀各一槍。她倒臥在地下室後面的房間。想必孩子們目睹了父親殘忍地殺了蜜雪兒。他們拔腿狂奔。克莉絲蒂頭部中彈，倒在樓梯前。接著是凱爾，洛基朝他開槍時，他差幾步就到樓梯轉角處，中彈後摔了下來，血跡從上面一路拖到樓梯底部。

洛基將家庭影片的錄影帶裝到袋子裡，然後把袋子放在車庫。他草草寫了一張字條：**我不是騙子。我全心全意愛著蜜雪兒。只有死才能讓我們分開。**

接著，他在房子四周淋灑汽油、點燃火柴，跑到地下室舉槍自盡。火焰熊熊燃燒，緩緩吞噬了整棟房子。

他的死因不是槍擊，而是吸入濃煙而窒息。他倒臥在死去的家人身旁時，心裡或許在想自己到底做了什麼。或許他就是那時候在手臂上寫下：**我是惡魔**，或是**我罪該萬死**。

他們一家四口死於星期一晚上。

房子在餘燼中悶燒，但從未真正冒出大火。當時是冬天，屋子門窗緊閉，因此火焰沒有氧氣可助燃。濃煙在屋內盤旋環繞，直到火勢在嘶嘶聲中逐漸消散，所有東西都燒得焦黑破爛。牆壁看起來彷彿融化似的。警方入內探查時，電視不知怎地還開著，畫面呈現一片藍色。這點艾莉莎也有印象。電視還閃著藍色畫面，但黑色的塑膠邊框全都燒毀了，非常詭異。每樣東西都蒙上了一層煤灰，牆壁、樓梯與窗戶都是。多數家具均化為灰燼。

到了星期二晚上，蜜雪兒依然沒接電話，於是艾莉莎打電話給父親，然後他們打給了莎莉。他們三人前往蜜雪兒家，將車子停在漆黑一片的房子前面後，一踏出車門便聞到刺鼻的煙味與汽油味。保羅有房子的鑰匙，他走向大門時，腦中突然冒出了一個可怕的想法。他懷疑洛基可能設置了某種詭雷，因此叮嚀莎莉與艾莉莎不要碰任何東西。他緊張得心臟怦怦跳，打開了門，小心翼翼地踏了一步。他呼喚蜜雪兒。屋裡一片死寂，到處都是物品燃燒斷裂的劈啪聲，接著一陣氣味撲鼻而來。他們幾乎快無法呼吸。「我知道，」艾莉莎對我說，「我知道，我馬上就知道發生了什麼事。」莎莉看見兩個孩子倒在地下室的樓梯上，洛基躺在最下面，臉部扭曲。他雙眼瞪大的模樣至今依然令她驚懼。她說，那個樣子邪惡至極，那是魔鬼的臉孔。她端倪許久才確定那是洛基。她永遠無法忘記那充滿了痛苦與憤怒的扭曲容貌。那是一個別人曾經深愛過的人。後來，她覺得洛基的臉孔流露了某種東西，她說那是他內心的「混亂」。「他心中充滿痛苦，」莎莉表示，「他遍體鱗傷，有如行屍走肉。」多年後她才明白這一點。

莎莉沒有看見蜜雪兒，但她知道發生了什麼事。她很清楚。她站在樓梯上害怕地尿了出來，然後奪門而出跑到了路邊。她急忙到蜜雪兒的鄰居家報警，並借了一條乾淨的褲子。

艾莉莎跑到前院中間，跪在地上吐個不停。

保羅衝到後院，到處尋找蜜雪兒的蹤影，想著她也許還活著，也許此刻正在某個地方。他跑到洛基停放野馬跑車的車庫，在那裡找到了錄影帶和洛基留下的紙條。

警察抵達現場。

他們找到了蜜雪兒。

我再也無法在這裡生活

感恩節當晚，也就是他們全家的屍體在燒得焦黑的房子裡被警方尋獲的隔天，莎拉去了雜貨店。平常她去採買時已經手足無措了，因為這件事大多是戈登負責，而現在，她感到迷茫，來家裡過節的所有親戚們都知道這件事，但他們的生活還是得過，日常生活的瑣事還是得做：吃飯、睡覺、洗澡、更衣。那年他們在珀金斯（Perkins）吃感恩節大餐，席間一片沉默。她料想當天晚上不會有人去購物，因此她跑到店裡採買雜貨，排隊結帳時遇到了一位前同事和她的女兒。那個女人跟莎拉打招呼，祝她感恩節愉快。莎拉回應了她的問候，但她忘記自己說了什麼。對方介紹自己的女兒後對她說，孫子孫女都回來了，全家人聚在一起的感覺真好。她從皮包裡拿出孫子們的照片給莎拉看，誇讚他們可愛極了。她問莎拉，你有孫子或孫女嗎？

她有嗎？

僅僅一天前，她還有四個孫子女。現在只剩兩個了。這麼說來，她的孫子女有四個還是兩個？經過洛基一次、一次又一次的謀殺，正確的數字應該是幾個？她不知該如何回答。**我有……以前有。以前是四個，現在是兩個。他們不在了。**她脫口而出了一些話；自己也不知道說了什麼。

他們？莎拉記得那個女人說，**他們兩個都不在了？**

那是莎拉第一次大聲說出：**他們的父親殺了他們。**

這起事件早已傳遍全國，從比靈斯、鹽湖城到斯波坎（Spokane），人盡皆知。

結帳檯的輸送帶停了下來，結帳員從櫃檯後方走過來擁抱莎拉，四個女人就這樣在店內的螢光燈下靜止不動，沉浸在無聲的哀痛中。

＊＊＊

人在痛失至親之後，對這個世界會有全然不同的看法。蜜雪兒的家人也跟坎貝爾得知安妮去世後一樣：他們問自己究竟遺漏了什麼，早知道就插手做些什麼。家屬深切自責，強忍失去親人的悲痛。莎莉、保羅、艾莉莎、梅蘭妮、戈登、莎拉、伊凡等人，都讓這些問題像磨石般重重壓在自己肩上。莎莉靠食物宣洩情緒，不只體重增加，外表也在一夕之間衰老許多。艾莉莎漫無目的，成天無精打采，時常與伊凡吵架，硬逼著自己畫一幅蜜雪兒的畫像，多年來一遍又一遍勾勒同樣的線條，彷彿被囚禁在畫作裡。莎拉與戈登生活在悲傷與愧疚之間的虛無渺茫，受著永無止盡的折磨。

「我們失去了他們一家人，就跟他們一樣。」莎拉說的後者，指的是蜜雪兒的家人。

「但我們要負全部的責任。」

莎莉經常作夢，無止盡的夢境持續了好多年。她會夢到蜜雪兒與兩個孩子，家裡也會發生一些無法解釋的事情，像是凱爾的玩具已經幾個月都沒有人去動，卻會突然發出聲響。她感覺到他的存在。偶爾感覺有東西掠過手心時，她便知道那是蜜雪兒。

梅蘭妮懷孕了，因此，曾經是外婆、後來失去了孫子和孫女的莎莉，再過幾個月又可以抱孫了。她們幫孩子取名為米徹爾（Mitchell），紀念他無緣認識的阿姨。

蜜雪兒．孟森．莫澤的死所造成的漣漪效應，直到今日依然影響著蒙大拿。我曾數度前往比靈斯，與洛基和蜜雪兒的家屬、負責此案的社工及警察面談，其中一次去了比靈斯地區檢察官的辦公室。現任的地區檢察官是一個有著娃娃臉與淡金色頭髮的男人，名叫班．霍爾沃森（Ben Halverson）。電話中，我表明希望與他談論蜜雪兒的案件，而他沉默了一會兒後哽咽說：「這個案子至今依然在我腦海揮之不去。」蜜雪兒遇害時，班．霍爾沃森還是青少年。他不認識她，也沒見過她的家人。他私下告訴我，他在成長過程中沒有任何家暴經驗。他小時候常跟父母去鄉村俱樂部，家暴從來都不是那裡的人談論的話題。然而，蜜雪兒的死促使他走上這一行。

我與班．霍爾沃森見面的那天，史黛西．田尼也在，腿上還放了一疊家暴檔案。她為了這次面談又把檔案看了一遍，跟我說明他們起訴了哪些人及調查的過程。在某種意義上，這是他們自蜜雪兒遇害以來的斬獲。她本人溫柔安靜，是那種讓人以為學習芭蕾舞多年的優雅女性。她說話時激動到身上的絲質襯衫不停顫動。她對我說，蜜雪兒的死讓她非常痛心。她一遍又一遍翻閱那些檔案，跟蜜雪兒的家人一樣想知道自己疏忽了什麼地方。而她遺漏的是蜜雪兒沒有告訴她的事情。「我不敢說今天會有什麼進展。」此話一出，她身體似乎也感覺到疼痛。當初正是她的辦公室將莎莉的控訴連同蜜雪兒的禁制令一同駁回。儘管如此，是警方撰寫初步報告、低估情況的嚴重性，而且不向她提供詳細資料，才讓田尼無法在第一時間就起訴洛基。對我而言，她光是同意與我面談就算很勇敢了。

莎莉載我到克莉絲蒂與凱爾就讀的小學。學校為了紀念他們，在校園角落種了一棵樹，擺了一張追思長椅，還掛上一塊刻有他們名字的飾牌。克莉絲蒂的老師承受不了打擊，向學校請了長假，那一年都沒再回來教課。莎莉說，有時她會到圖書館翻閱孫子和孫女借過的書，裡頭有以前注記的借書人姓名。她的手指到克莉絲蒂或凱爾的名字時，會有一種微微觸電的感覺。

蜜雪兒一家去世一年多後的某天晚上，莎莉夢見蜜雪兒在河的對岸受洗，然後她的耳朵會感覺到一股熾熱。「他們死後，我無時無刻都在祈禱『帶他們來找我』」，當下她感覺到了這股熾熱，立刻衝到樓上以前蜜雪兒睡的房間，結果看見了克莉絲蒂，她對她口中的煩人精外婆說，「我們沒事。爸比殺了他自己，因為他不快樂。」莎莉說這讓她感到寬慰。

在洛基殺了全家之後，保羅希望將這棟房子夷為平地，但莎莉說，比靈斯當局不會允許他這麼做，因此他賠本賣房，只為了擺脫這棟房子，讓它從自己的生命中徹底消失。有天新屋主打電話給莎莉，他說他用噴沙器清除牆壁上的煤灰時發現上面有小腳印。「現在我相信有靈異世界了，」莎莉告訴我，「我之前從來不信這種事。」

艾莉莎則透露，她不斷夢到拯救兩個孩子的夢，她夢到自己用地毯把他們捲起來，藏在床墊下或櫥櫃裡，不讓洛基找到他們。她畫了一幅蜜雪兒的畫像，但鼻子的地方一直畫不好，她反覆重畫了無數次，直到某天晚上她獨自在家，聽到有人輕喊她的名字，她發誓，她看到了那幅畫像對自己微笑，後來便不再更動那幅畫。她開車到以前蜜雪兒、洛基與孩子們露營的地方，拍了一張森林的照片，照片洗出來後，她看到樹上出現蜜雪兒的臉，她摟著兩個孩子，洛基與班迪特也在那裡。

蜜雪兒、克莉絲蒂與凱爾一同葬在一只大型棺材裡，雙手環抱兩個孩子。有天晚上，艾莉莎給我看他們三個人闔眼躺在棺材裡的照片，有那麼一刻，我感覺蜜雪兒也是我的姐妹、而我失去了她，於是我不得不將目光移開。艾莉莎有一本名為《創傷後的人生》（*Life After Trauma*）的書，她讀完了整本並做了書中所有的測驗，得到的卻是她早就知道的結果：悲傷打倒了她，她有創傷後壓力的症狀，她無法停止對妹妹的思念。

莎莉說她無法再住在原本的房子了，那裡是她扶養三個女兒的地方，繼續待在那裡讓她痛苦不已。艾莉莎則是除了那棟房子之外其他地方都住不下去，因此她跟母親買下房子，直到今日還住在那兒。莎莉則搬到同一條街的其他地方。梅蘭妮數年就戒毒了，不久前剛在比靈斯買了第一棟房子，而莎莉認為這是她人生最欣慰的事情，因為她知道梅蘭妮會過得很好、不再受毒品的荼害，因為她知道自己不會再失去任何一個女兒。伊凡說，他跟艾莉莎爭吵不斷，最後分手了。他說，那件謀殺案讓他跟艾莉莎的關係變得脆弱。她曾是他生命中的摯愛，而洛基的行為也毀了他的生活（至少有一陣子是如此）。「他們很恨〔洛基〕，」伊凡談到艾莉莎的家人時這麼說，「這是人之常情。但他是我從小一起長大的朋友，他以前不是那種人。」伊凡有幾年經常喝酒喝到不省人事，整個人胖了一圈，之後找到了出路，生活重回正軌。他養了幾隻狗，跟艾莉莎共同扶養女兒，閒暇時享受美味的燻肉，工作穩定，也有自己的房子，如今生活還算順遂。

莎拉與戈登的生活不斷向後退。她說，有一年的時間，公司幾乎沒有人提起這件謀殺案，就連她認為交情至深的一位同事也沒這麼做。對方過了很久才跟她說，他一直不知道該怎麼安慰她，所以絕口不提。每天莎拉回家都面對靜悄悄的屋子與沉默不語的丈夫。他們無法談論這件事，無法哀悼親人的死去，也無法傾訴心中的痛苦。他們就只是困在原地，像是有人施了魔法將他們冰封起來。他們找不到任何方法治癒傷口。莎拉尋求心理治療，戈登則是絕口不提這件事。「他變得越來越孤僻，最後乾脆把自己封閉起來。」莎拉說，「有一天我對他說，『我受不了了。晚上走在這間屋子裡就像走進一片黑壓壓的烏雲。』」

她收拾行囊，那時她與戈登已結婚數十年，即使無法想像沒有對方的生活，但她還是離開了。她在鎮上租了一間公寓，告訴戈登她不會回去了。「這種事情是會拆散一個家庭的。」她說，「我不想離婚，但我無法再過那樣的生活了。」

莎拉的舉動讓戈登頓時清醒了過來。或許是心裡有個聲音對他說，他已經失去了太多，不能連妻子也失去，於是，即使對於像他這樣的男人而言，敞開心門提起傷痛的這種改變，就有如斷層錯動那般劇烈，但他仍逼自己尋求治療、服用抗抑鬱藥物，並且與莎拉一同接受家庭諮詢。他覺得自己很久、很久以前就該這麼做了。與莎拉分居的那段期間，他到她租的公寓並帶她出去約會，試圖贏回妻子的芳心，過了六個月，她說她還不知道要不要回到他的身邊。因此，他繼續努力，與自己的妻子約會，積極求愛。朋友對她說，這是他們見過最瘋狂的分居。諮商治療也發揮了作用。戈登開始會與莎拉說起洛基一家人的事情，縱使不多，但以他沉默寡言的個性而言，這樣已經很不容易了，莎拉也看得出他有多努力、被這件事情傷得有多深。最後，她回到了戈登的身邊。他們在後院闢種了一座小小的花園，擺了兩個孩子會喜歡的一些稀奇古怪的玩意兒，像是一隻彩色的錫製烏龜飾品、一個用舊車牌做成的鳥餵食器，還有一個上了白漆的金屬山羊雕像。另外也為蜜雪兒種了俄羅斯鼠尾草與荷包牡丹。花園的中央則是我從遠處看到的那顆小圓石。**永銘於心。戈登·愛德華·「洛基」·莫澤。**

洛基沒有墓碑。他們將他的遺體火化，除此之外不知還能做些什麼。他的骨灰放在與其他人有一大段距離的遠處。我想起了保羅・孟森是怎麼形容白色。他說，白色本身就是一種顏色。如果不知道選什麼顏色，白色就是最好的選擇。他們將洛基埋藏在沒有其他人看得到的地方，永遠種在他們家的那座「記憶花園」裡。

就這樣，他們每個人都在尋覓繼續過日子的方法。最後，莎拉到比靈斯當地的家暴收容所擔任志工。她沒有宗教信仰，但她說有時看見天空中的彩虹，她覺得那是克莉絲蒂與凱爾變成的。「這是我亂說的，但我願意這麼相信。」她說。

莎莉透過比靈斯的地方報紙得知，某件事將能幫助她走出蜜雪兒與兩個孩子無辜喪命的傷痛。那件事將能讓他們的死為其他許多人帶來某種意義。因此，她坐上車，開了兩個小時到博茲曼（Bozeman），尋找名叫馬修・戴爾（Matthew Dale）的男人。

體制、意外與事件

多年前，犯罪學家兼北亞利桑那大學（Northern Arizona University）教授尼爾・韋斯代爾（Neil Websdale）——原本在英格蘭任教——需要進行眼科手術。他在預定動刀的那天早上抵達眼科醫師的辦公室，一位護士招呼他，然後直接在他要開刀的那隻眼睛上畫了一個大大的X記號。身為學者且天性好奇的韋斯代爾問為何要用馬克筆做記號。護士小姐回說，「你希望醫生開對眼睛吧？」

事實上，他當然希望。但是，必須在眼睛上做記號的程序令他不安。醫生通常會搞錯這種事情嗎？

那位護士表示他應該去看看醫療意外的研究。她說他會驚訝地發現美國每年有成千上萬人在動手術時出意外。她特別建議他翻翻《大西洋》雜誌（*The Atlantic*）關於飛機失事的文章與醫療過失的文獻。後來他真的這麼做了，但是那天，他進入手術等待室時，看到輪床上的病患眼睛上也都畫了記號。多年後他在一場視訊會議上指出，「這樣一個簡單的動作能夠有效避免手術出錯……我們研究了醫學、航空與核燃料領域的疏失後發現，如果可以仔細分析過往的悲劇與意外，就能輕易矯正問題」。

＊＊＊

韋斯代爾年屆六十仍朝氣蓬勃，經常一大清早就踏出家門，在弗拉格斯塔夫（Flagstaff）稀薄的空氣中輕快地慢跑，迎接一天的開始。他留著一頭銀白色的齊平短髮，有一雙長春花般的藍紫色眼睛。他總是滔滔不絕地說著各種數據、事實與理論，就像美國知名編劇艾倫・索金（Aaron Sorkin）筆下口若懸河的角色；他擁有說故事的天賦，還有一口在美國生活了數十年而變得溫潤的英國口音。他承認自己的一些看法會引起爭議。例如，他相信施暴者跟受虐者一樣深陷困境。「大家都問受害者為什麼不直接離開就好，」他對我說，「但沒有人問施暴者為何留下。」又例如他稱為家暴悖論的觀點：關於親密伴侶虐待的文獻與倡議人士都認為施虐者只在乎權力與控制，但對韋斯代爾來說，施虐者在行使權力的同時也是脆弱無助的，在控制他人的同時也失去了對自我的控制。

某種意義上，韋斯代爾是一個懂得融會貫通與支持系統化做法的人，不斷尋求意義與象徵。手術前的做記號程序就是一個例子，他覺得這種做法很聰明，如此輕易就解決了問題。還有哪些解決問題的方法等著我們去挖掘呢？一旦發現了，便可以消弭最嚴重的人為錯誤。他透過那天護士建議他閱讀的資料觸類旁通，進而探討其他領域，除了聯邦航空管理局（Federal Aviation Administration），還有核燃料與醫療產業。它們如何克服產業內部的疏失？如何建立盡量減少失誤的體制？他認識了國家運輸安全委員會（National Transportation Safety Board）這個單位，以及其調查如何逐漸提高飛航意外的可預防性。國家運輸安全委員會記錄了失事意外的發生時間，調查任何相關的細節，從票務員一路到機長、空服員、飛機零件、飛航管制及天氣狀況。他們尋找體制的漏洞、人員疏失與尚未實施的安全機制。其運作方式並非專家個別進行研究，而是團隊互助合作，不分職銜位階共享知識。他研讀醫療過失、核燃料，以及車諾比（Chernobyl）與福島（Fukushima）核災調查的相關文獻。他找同僚麥可．德菲（Michael Durfee）討論，對方是洛杉磯郡健康服務局（Los Angeles County Department of Health Services）兒童受虐防治組的醫療協調員，之後便開始審閱兒童死亡與受虐的案件以找出因應措施。一個想法如漩渦般在韋斯代爾心中逐漸成形。他有意將這些從不同職業得來的資訊整合在一起，運用於家暴殺人案的防治上。如果可以提高體制的工作成效，相關人員不再拘泥於行政作業與主管交付的差事，我們也許就能效仿國家運輸安全委員會促進飛航安全的做法，降低親密伴侶殺人案的發生率。

當時，韋斯代爾正前往佛羅里達，展開他第三本著作《瞭解家暴殺人案》（*Understanding Domestic Homicide*）的相關研究。為了寫作此書，他檢閱該州的殺人案件與過往的警方報告、訪問執法人員，終於在殺人案的檔案中發現了與其他領域的做法相通的地方。

在時任佛州州長勞頓・柴爾斯（Lawton Chiles）的牽線下，他獲得了聯邦補助以召集全國第一個家暴致死案件的審查小組。他們計畫將國家運輸安全委員會進行飛航調查的模式套用至家暴殺人案，他強調，這不是為了「究責與羞辱當事人」，而是為人員與體制設立更完善的標準與更高效的計畫。韋斯代爾表示，他瞭解到飛機墜毀往往出於多個原因：機械故障、人為疏失、安全措施瓦解等等。多項因素的結合導致了問題。「而那正是我們在家暴殺人案中所發現的。」他說。這些案件不是任何單一因素所引起，也不是單純改變任何一個因素就能避免。加害者的動機是一連串的細微錯誤、機會錯失與溝通不良所致。

致死評估發揮了效用，就如同國家運輸安全委員會進行的調查。小組成員針對案件標記了時間點，盡可能蒐集關於受害者與加害者的資訊，並試圖尋找體制人員可以介入卻沒有作為、或者原本可採不同做法的時刻。今日，韋斯代爾最初在佛州推行的計畫已散播至全國各地甚至其他國家。目前有四十多個州已成立致死評估小組，其中許多小組的成員更來自多元背景，此外，英國、澳洲與紐西蘭等國也建立了這類的組織。[1]

＊＊＊

蜜雪兒・孟森・莫澤遭到謀殺的案件過了約一年後，比靈斯地方報紙的一則新聞引起了莎莉的注意。那篇文章報導，蒙大拿州即將成立家暴致死評估委員會

（Domestic Violence Fatality Review Commission，MDVFRC），旨在深入調查家暴殺人案，以減少地方每年的受害者人數。她一看到新聞便立刻意識到，這可能有助於解開蜜雪兒生前遭遇的一些謎團；即使無法挽回女兒的生命，至少可以幫助其他有類似情況的家庭。莎莉表示，當時對洛基的指控意外遭到駁回，是因為控告書與蜜雪兒撤銷的證詞歸在同一份備審目錄中。不過，這似乎屬於人為疏失而非體制缺陷，加上也沒人說得準，這些最初的指控遭到擱置，會對整起案件造成哪些影響。

莎莉開車前往博茲曼，參加關於致死評估委員會的小型協商會。主講人發表完演說後，她找他攀談。他名為馬修・戴爾，掌管蒙大拿司法部（Montana Department of Justice）消費者保護處（Office of Consumer Protection）與受害者辦公室（Office of Victim Services，設於消費者保護處）。他與韋斯代爾有多年情誼。莎莉向戴爾描述蜜雪兒與兩個孩子過去的處境，他則靜靜聆聽。一說完，她立刻請求他調查這個案子。這將是蒙大拿家暴致死評估小組接手的第一起案件。他們將全力偵查，蜜雪兒與孩子原本可以如何逃過一劫。

***

為了瞭解致死評估小組的運作方式，我前往米蘇拉（Missoula）外圍的一個小鎮，下榻一間以動物標本為設計主軸的旅館。教堂似的屋頂垂掛了一盞鹿角吊燈，牆上有一顆鹿頭標本，充滿了如家一般的溫暖氛圍，天花板以厚實的木梁交錯鋪設而成。往裡頭走有一個房間，三十二個人圍著長桌而坐，那裡是鋪有地毯、擺設千篇一律的會議中心，在全國各地旅館都見得到。旅館外是難得一見的秀麗景色。時值十月，山頭已覆上皚皚白雪，推開會議室一側的拉門，可以看到樹葉隨秋風飄散到停車場的地上。旅館旁有一條小河，空氣有一種猶如水晶般清晰的質感，這似乎是美國西部獨有的特色。這裡是一些極限戶外運動的集合地點，像是狩獵或飛蠅釣——而旅客大多也是為了這類的活動才來到此地。（根據致死評估小組的宗旨，我同意不揭露此案受害者的身分，因此姓名、地點及工作與年齡等特徵均經過修改。）

露絲（Ruth）遭到男友殺害，她將身體縮成一團自衛的同時，一隻手掌與背部中了好幾槍，最後男友朝她的頭部開了一槍。執法單位通常將這種謀殺案稱為處決式兇殺。從她蜷縮在地、兇手居高臨下的相對狀態，他們得以判斷這段情侶的關係、推知權力與控制的態勢。案發現場到處都是彈殼，可以想像當時被害人死命掙扎逃跑，最後倒臥在兇手近距離槍殺的位置。我們將這位兇手化名為提摩西（Timothy）。提摩西殺了露絲之後，在屋子外面徘徊許久。兇手殺害摯愛後，會隔了很長一段時間再自殺，這是家暴殺人案的典型特徵。韋斯代爾說：「殺死別人比自殺容易。」最終，提摩西舉槍自盡。不同於露絲死前血跡斑斑、現場一片狼藉的景象，提摩西的自殺乾淨俐落：開了兩槍後就斷氣。再過幾個小時，致死評估小組將開會討論這個對比與其中的含義。

多年來，蒙大拿出現的家暴殺人案少則三起，多則十來起。露絲遇害的那一年，整個州發生了十一起這樣的案件。[2]

馬修．戴爾負責主持這場為期兩天的會議。致死評估小組耗費數月蒐集與分享資訊、查閱過往的紀錄、訪問當事人的朋友、家人、同事、所屬社群的成員、鄰居、執法人員、神職人員、治療師、法官、緩刑假釋官、老師、保母等曾幾乎所有曾涉入受害者及加害者生活的人。致死評估小組不會每一起狀況各有不同的親密伴侶殺人案都看，而是選出特定幾起案件，研究可根據當中的哪些資訊來微幅調整現有的程序或體制，進而拯救受害者一命。這些案件的旁觀者或當事人的子女可能遭到了殺害，或當事人遺留了某些物品，譬如日記、信件、社群媒體貼文或電子郵件往來紀錄，這些都有助於評估小組洞察真相。當事的情侶有可能情況特殊，年紀很大或很年輕，經濟非常富裕或長期貧困。當事人的家屬有可能非常配合調查，就如蜜雪兒．孟森．莫澤的案例。以提摩西與露絲的案件而言，他們兩個人都留下了書面資訊，諸如信件、社群媒體貼文，還有與執法部門所做的紀錄相符的經歷。

戴爾身材瘦長，頭髮蓬厚濃密，體格宛如跑步選手般精壯。儘管這不是正式場合，但他這兩天都將手機扣在皮帶，而且繫上領帶。他告訴聚集在現場的小組成員（他們從蒙大拿各地開車來此，有些人甚至花了八小時的車程），他有權使用個人電腦展示案發現場的照片，但他不希望讓所有人都看到。這些照片慘不忍睹、荒誕怪異、一如預期地血腥，而且令人悲痛難忍，但也透露了許多端倪。警方到場時在廚房發現了露絲的屍體，她雙膝跪地，身體向前倒下。提摩西的屍體則躺在床上，兩隻手各拿一把槍，雙臂交叉在胸前，胸口有兩個彈孔。之後他們會釐清細節，揭露有關加害者及這段交往關係本身的重要因素。

蒙大拿州的致死評估小組之所以聞名，有兩個原因。第一，他們進行深入調查。戴爾指出，小組追蹤案件的時間長且範圍廣。其他地區的評估單位也會進行調查，但一年最多只處理兩個案件。第二，蒙大拿州人口稀少，民眾可以輕易向有權實際改變政策的議員與法官陳情請願。事實上，蒙大拿的總檢察長是小組的成員，另外有至少一位法官也是。因此，蒙大拿這種地方要修訂法律，比紐約市等人口稠密的地區容易許多。

這類的組織不具規範或執法權限，但它們試圖透過個別案件來檢視體制上的某些調整是否能促成改變。司法體制有沒有可能發揮更有力的作用，來限制施虐者或保護受害者的安全？警察也許可以採取不同措施？地方教會或許可以扮演其他角色？事實上，家暴案件牽涉了無限的可能性，因此評估小組必須對殺人案的結果有一定程度的瞭解，才能找出這些因素。在這起殺人後自殺案件中，有幾個因素驅使他們深入調查。首先，被害人有預感將會遇害；她一離開男友後，就知道自己處境危險，還曾與身邊的人提到葬禮的事。此外，加害者前科累累，當地警方早預期他有一天會犯下暴力案件。一名熟知這號人物的警察說他是「借警自殺」。所謂「借警自殺」，指的是嫌犯拒絕聽從指令棄械以迫使警察射殺他。不知為何，蒙大拿的「借警自殺」發生率位居全國之冠。因此，有鑑於提摩西是已知的危險人物，而露絲也有感覺生命受到威脅，那為什麼體制並未採取保護措施？它們原本可以做什麼來阻止這一切？未來還能怎麼做以預防這種事件？

＊＊＊

會議室前方的牆上貼了幾張大型海報，戴爾首先提醒小組成員不得洩漏會議內容；所有檔案在會議結束後必須立即銷毀。在審視案件之前，他們花了數個月的時間訪問與死者熟識的家人、朋友與同事，發現了令人痛心的細節。

致死評估最關鍵的要素，或許是小組成員很少公開討論的一件事：他們被迫質疑，一個有眾多專業人士全力以赴、立意良善的制度，竟然會失敗到讓受害者丟了性命。韋斯代爾在這兩天的會議期間反覆提及「不究責，不羞辱」，結果證明，這個原則影響甚鉅。他向我表示，過去二十年來飛航安全已顯著提升，但醫療過失的發生率仍遠高於預期（事實上，病患在醫院因醫療疏失而死，是目前美國成人的第三大死因）。[3]韋斯代爾認為，在國家運輸安全委員會的推動之下，凸顯人為疏失的開放文化蓬勃發展，是今日飛航安全進步的主要原因。「今日在飛機的駕駛艙裡，」他說，「假使發生了安全問題，機長會聽取副機長、空服員及其他機組人員的建議。」但在醫療界，溝通管道封閉的階級制度依舊普遍存在。他提及手術室的文化，也指出外科醫生的權力至高無上、無論做什麼決定都不容置疑。然而，韋斯代爾指出，在美國運作良好的體制，不管是警察、社運人士、社工、緩刑監督官、法官甚至是家庭成員，都注重團隊合作。在家暴領域，固守前線的兩大實體是倡議人士與警察。這兩個行業的文化大相逕庭：一邊支持現代女性主義，一邊遵循傳統階層。其實，近十年我到美國各地報導與研究家暴案件時發現，防治成效最突出的城鎮，不是成功降低家暴殺人案發生率，就是增加了相關資源的服務，而它們有個共通點：打破了警政單位與家暴防治中心之間的文化藩籬。

一開始，戴爾問大家對被害人生活的瞭解有多少。值得一提的是，一位成員負責盡可能蒐集露絲的生活足跡。她在西部長大，但人生有大半時間都旅居各地。她的成年子女至今依然住在美國西部。小組中有一位成員名叫貝奇（Beki），他拿起麥克筆在海報上寫下露絲的生平。

露絲在一所退休之家擔任助手，多年前與孩子的父親離異。她與提摩西在網路上相識，隨即開始交往。在信件中，提摩西表白，雖然只跟她交往一個星期，但已認定她是自己夢寐以求的女人。警方在謀殺案發生後所搜出的信件與筆記，讓評估小組得以從獨特的角度洞悉露絲、甚至是提摩西的心境。露絲去過提摩西居住的蒙大拿拖車停駐場好幾次，過了三個月，他希望她能搬來一起住，而她真的這麼做了。不到一、兩個月，露絲賣掉了猶他州住家的大部分家具與家用品，帶著滿滿一車的行李搬到蒙大拿州與提摩西同居。他向她承諾先暫時以拖車為家，之後很快會找到一間舒適的小屋。

露絲在退休之家找不到合適的職缺，因此轉而從事辦公室清潔服務的工作，提摩西則靠政府救濟金與做些兼職雜工過活。這麼一來，露絲晚上與週末都得工作，而這似乎讓提摩西在感情中產生了不安全感，儘管他知道她是去工作，不是玩樂。他們的關係立刻起了變化。如果露絲工作時間太長，提摩西就會生氣，但之後又會抱怨家裡沒有錢。如果露絲不想煮飯或不清理廚房，他就會勃然大怒，甚至不允許她睡到中午。然而，在一本應該是留給小孩的筆記本裡，露絲寫下她覺得自己陷入了困境。她離開了猶他州的體面工作、賣掉所有家當，現在卻覺得必須「盡〔她〕所能去維持這段關係」。提摩西說自己走不出傷痛，所以才會情緒不穩、一點小事就暴怒，這就跟她有時候太累而不想交歡、或沒興趣陪他一起釣魚是一樣的道理，而她信了這樣的說法。她寫道，她見識過什麼是真正的生病，如今她明白傷痛可以如何毀掉一個人，還有用藥不當會如何影響人的個性。其實，她懷疑自己是上天派來幫助提摩西度過這些難關的人，懷疑他們的相遇是某種命中注定的情緣，以為或許只有自己才能拯救他。

因為，提摩西會對她好，會在早上她倒咖啡時從背後輕摟她的腰，一起看電視會將她抱在懷裡，在這些時候，他是她見過最溫暖體貼的男人。她已經很久沒有陷入愛河了。數十年來她始終感到寂寞。現在，她不再孤單。

露絲生前的經歷所蘊含的訊息是，她的生命中有沒有某件事或某個人本來可以做些什麼來救她一命，而這也是致死評估小組謹記在心的一點。她的朋友知道家暴的事情嗎？如果是，又是什麼時候得知的？她有上教堂做禮拜嗎？如果有，有任何教友知道這件事嗎？也許牧師知情？她身上是否曾有明顯的傷口？工作的情況又是如何？她有缺勤過嗎？她有沒有同時與別人交往，進而導致提摩西的暴力行為？如果有，結果是什麼？有沒有可能讓兇手的謀殺念頭變得只是一閃而過如此也許就能有不一樣的結局？他們的交往關係在如此短的時間內就惡化的事實也有影響。求愛期短暫——或可說是一見鍾情——是親密暴力的特徵。洛基與蜜雪兒的案例也是如此。

他們花了好幾頁的篇幅才記錄完露絲生平的重大事件，這時上午已經過了一半。如果再加上提摩西的部分，這些紀錄將占據剩餘的牆面，而整間會議室都貼滿了巨大的海報。

* * *

蒙大拿致死評估小組邀請相關的地方人士與會，以釐清案件的來龍去脈。這些人不是小組的常規成員，但會參與任何已知殺人案的討論。針對提摩西與露絲的案件，當地數名警官前來參加開會，談論他們所知道關於提摩西的事情。他是退伍軍人與愛狗人士。他有自大妄想症，經常誇耀自己以前服役時搜救功績卓著，但他從來都不是任何搜救單位的一員。他出過幾次意外，一次是車禍，一次是四輪越野車的意外，依照醫生處方長期服用止痛藥，而且藥物來源似乎有好幾個，從退伍軍人事務部到當地各家醫生都有。他跟許多蒙大拿人一樣，在家裡有一個小型軍械庫，但與其他人不同的是，他擁有的每一把槍都裝滿子彈，隨時準備迎接世界末日的到來。韋斯代爾表示，從槍擊或犯罪現場的具體細節往往可看出虐待者懷抱的怒火。常見的情況是：受害者體內有多發子彈，顯示加害者在對方斷氣後仍繼續開槍，甚至可能用光了所有上膛的子彈。這種犯罪現場凸顯了罪犯的憤怒程度。通常，兇手預期反抗最強烈的那個人會最先遭到殺害（蜜雪兒．孟森．莫澤就是一例）。或者，加害者經常對伴侶之前所生的子女感到不滿，那麼孩子中彈的次數也會特別高。有時警方到現場會發現一名受害者只中了致命的一槍，而另一名中了好幾槍。韋斯代爾說，這類細節並非毫無意義。它們透露了罪犯的心態、關於這段情侶具體心理狀態的細節，而且通常有助於心理健康專業人士等資源瞭解該如何介入。

評估小組開始尋找提摩西和露絲的案子與以往的其他案例之間有什麼樣的連結。最終，提摩西真的找了一間房子，兩人一起搬離拖車，但那裡前不著村、後不著店，讓露絲徹底與外界隔離。由提摩西編造自己英雄事蹟的傾向可知，他具有深切的自卑與不安全感，或許還有自戀症。身為退伍軍人，他屢次進出退伍軍人事務部尋求各種資源，也曾與熟知他前科的當地警方起衝突。一位警察稱他為火爆山姆（Yosemite Sam，譯注：《樂一通》（*Looney Tunes*）與《梅里小旋律》（*Merrie Melodies*）裡的卡通人物，脾氣暴躁），另一位警察說，他非常清楚怎麼做能夠僥倖逃過法律的制裁。他在其他州遭到多起禁制令的規範，蒙大拿的執法單位並不知道這件事，因為各州的體制幾乎不互通。露絲應該也不知情。即便是在今日高度依賴科技的世界，上廁所上到一半若發現衛生紙沒了，只要按下按鈕就能叫無人機送來，地毯若髒了只要啟動掃地機器人就能清乾淨，但我們卻遲遲無法建立一個資料庫，方便各州的民事與刑事法庭取得暴力罪犯的資料及其前科。提摩西的一位前女友向評估小組透露，她一直都有在社群媒體上追蹤他，這麼做只是為了保護自身安全與確定他沒有跟蹤自己，而其實，這名女性與他分手後便跟家人住在一千六百多公里外的地方，也很多年沒跟他聯絡了。在數起案件中，提摩西遭到多項臨時禁制令的制裁，等到這些禁令失效、而對方也未申請延長期限後，他又會開始跟蹤騷擾。這是他鑽法律漏洞的方法。

「其他女性伴侶都有申請臨時禁制令，」其中一名小組成員說，「但露絲沒有。他殺了唯一一個沒有離開的人。」

據評估小組瞭解，提摩西有過一次婚姻，但為時短暫。之前，他的妻子向一位牧師求助，對方每天都會來家裡與他們分享自身經驗。那位牧師身材高挑，蓄有鬍子，而且跟那天與我同坐在會議室裡的其他人都一樣，皮帶上繫有一把槍，這是因為生活在蒙大拿州的關係。小組中一名退休的刑事鑑識護士向來直言表達對槍枝的憎惡，以致其他成員不停拿這件事嘲弄她。每次提到這件事，身穿毛衣背心的她手裡都拿著針棒織個不停。說到建議時，她會拿起貝奇的大支麥克筆，在白紙上到處寫下**槍枝**二字。「想杜絕殺人案的發生？」她說，「那就禁止槍枝。」在那兩天的會議裡，她不斷提到這句話。

那位牧師談到了提摩西的前妻。他陪她前往法院申請禁制令，並說服她向法官說明處境。法官駁回了她的申請。但是，牧師深知她會有危險，於是幫忙擬定了安全計畫。他說，「我們幫她買了一台新車」，這樣提摩西就無法跟蹤她了。教會也幫她找到安全的住處，雖然之後也因此受到了威脅。「我們相當肯定他在跟蹤教會人員。」

警方，即使是熟知提摩西前科的地方警察，對此也都一無所知。他們甚至不知道他結過婚。

這種案件可以很容易歸咎於法官有失明察，但是，法官完全不知道提摩西曾經跟蹤其他女性、或是前任女友聲請的禁制令，因為這些事件大多發生於他居住在別州的時候。而且或許更重要的是，禁制令一般屬於民事法庭，唯有當被告違反規定時，才會變成刑事案件。想當然爾，提摩西即使收過禁制令（雖然大多不為人知），但並沒有刑事前科。由此可知，不同法院、官僚體制與州界之間的系統性落差大得驚人。

因此，這正是評估小組的工作如此重要的原因。他們掌握了露絲與提摩西生平重大事件的時序，透過當地警察與牧師獲得當事人的資訊，初步瞭解了事發地區的經濟與文化背景，而現在，他們拼湊所有線索並尋找警訊。提摩西是執法單位熟悉的人物，他工作不穩定，有過跟蹤與禁制令的前科，服用大量止痛藥物，具有自大妄想、極度自戀及惡意操縱他人的傾向。他謊造自己在軍中的所作所為，在社群媒體上發布死無對證（如當地新聞報導）的英勇事蹟。在犯案現場，他死得乾淨俐落，舒服地躺在床上，幾乎沒有血跡。相比之下，露絲的遺體四周混亂不堪，讓人怵目驚心。露絲曾寫下，她希望拯救提摩西，還有即使這個世界遺棄了他，她永遠都會為他守候。她跟提摩西一樣沒有穩定工作，但在當地也沒有家人或朋友，只跟偶爾上教堂遇到的牧師熟識。露絲與提摩西的關係迅速變了調，露絲也發現自己幾乎與外界完全隔離。提摩西很少允許她出門，他聲稱他需要她陪在身旁。家暴領域的人士對這些情況所呈現的各種警訊都不陌生：求愛期短暫、隔絕與控制、失業、藥物濫用、自戀傾向、說謊成性及跟蹤行為。

如今的問題在於，如何從提摩西與露絲的案例去找出體制的缺陷，來瞭解如何介入這類的情況。評估小組每兩年都會向蒙大拿的立法機關提交報告，逐步摸索可以為家暴當事人提供哪些建議。這種做法就有如在需要治療的眼睛畫上一個X。

提摩西尋求治療的退伍軍人事務部，是評估小組首先識別的單位。接著是他前妻聲請禁制令的法院。警方知道提摩西有跟蹤與保護令的前科。他也曾一週與居家健康護理人員合作數次，而對方曾試圖警告主管該名個案精神狀態不穩，結果上級要她做好分內的工作就好。然後是露絲的牧師。「總共有五個介入點，」馬修．戴爾指出，「分別是退伍軍人事務部、心理健康護理人員、執法單位、法官與牧師」。

其中一位倡議人士舉手表示，她打了通電話回辦公室確認，發現露絲很久以前曾找過她。當時與露絲見面的不是她，而是一位同事。那天，露絲開車載著家當四處晃蕩。那位倡議人士不清楚露絲當時是否還跟提摩西在一起，或者是否其實有得到任何單位的協助，但是對評估小組而言，這或許是另一個介入點。如果把遊民收容機構也算進去，等於又錯失了一個機會。

到了會議第二天的午休時間，小組請每一位與會人士提出建議。那名退休護士說：「槍，槍才是重點。禁用槍枝。」一些警官笑了。某個人說：「這裡是蒙大拿。」「那又如何？」她說。她織毛衣的樣子慈祥可親，但說起話來十分強悍。她知道這是一場她在蒙大拿永遠贏不了的戰役，但這無礙她反抗的決心。

房間各個角落的與會者陸續提出了建議。評估小組的目標是將所有意見都攤在桌面上，再汰選出最實際可行的方式——譬如只需低廉成本或完全不需成本就可實行，或者不至於引起立法機關太大反彈的方法。最重要的一點是，提摩西的禁制令前科，與處理該案的當地警察所掌握的情報有落差。這成為評估小組的主要建議之一：應該讓警方有權徵調被告在其他州的禁制令前科。戴爾表示，他們也應該效法酒後駕車的法規。目前，酒駕在蒙大拿會保留在個人紀錄中。將臨時禁制令（即使已過效期）的前科保留在體制內，是一項簡單的補救措施。

還有其他建議，但似乎都影響不大，另外則是其他致死評估小組成員提出的意見：邀請牧師接受訓練，好讓他們知道如何處理家暴事件（韋斯代爾曾告訴我，「向牧師求助的女性比向警方或反家暴組織求助的女性還多。」）；與退伍軍人事務部商討實施個案的電子病歷與處方籤互通的可行性；消除不同法院之間的技術差距。最後，小組列出了二十多項建議，但經過戴爾與成員的討論與評估，只有少數幾項建議會列入報告，而儘管這些報告涵蓋了小組完成評估的至少四項審查，但納入的建議均未指涉任何案件的當事人隱私。因此，等到小組發布當期的評估報告時，我只知道其中有兩、三個建議可能出自提摩西與露絲的案例，包括擴大致死性與危險評估量表的運用，還有訓練法官、執法人員與健康照護工作者洞察家暴案件的複雜性與背景。

這些做法看起來無關痛癢，簡直令人沮喪。然而，這些看似渺小的調整蒙大拿與其他州帶來了根本性的改變。馬修．戴爾時常提到一個案例，那名遭到伴侶虐待的女性主動聲請禁制令，之後發現對方違反規定而報警，結果警察到場後無法判讀禁制令，只因為禁制令是一張紙，紙張上的墨水會隨時間慢慢變淡。這張禁制令最初由法院發出，而在生效的期間，上面的文字逐漸變得模糊。因此，蒙大拿州最後採用「希望卡」（Hope Card）。這種薄型卡片的尺寸跟駕照差不多，上面印有被告的身分資料，包含照片、保護令效期與其他相關資訊。受害者可獲取數張希望卡，並分送給同事、子女就讀學校的老師與行政人員，以及任何有必要知悉保護令的人士。愛達荷州與印第安那州已跟進實行，另外也有十多個州開始研究這項計畫。

＊＊＊

蜜雪兒・孟森・莫澤與她的子女是蒙大拿致死評估小組經手的第一起案件。換作是今日，以蜜雪兒的致死評估報告來看，洛基肯定無法早上就保釋出獄。也就是說，他會被關得更久。如此一來，反家暴人士就有更多時間與當事人聯繫，一同擬定安全計畫、進行危險評估與記錄事件的時間點，提供收容或其他緊急方案等服務，以及幫忙受害者及其家屬認清他們未察覺的事實。那時，蜜雪兒沒有時間了，那頭猛獸即將朝她撲來。反家暴人士會與蜜雪兒面談，為她進行危險評估。如今比靈斯有一位專門負責家暴案件的警官名叫凱蒂・納許（Katie Nash）；納許會持續追蹤蜜雪兒的情況，就如同她處理所有經基層員警上報至部門的家暴案件那樣。他們會制訂一套安全計畫，包括更換門鎖、將蜜雪兒、克莉絲蒂與凱爾安置在安全的住處或旅館幾天，以及強制洛基戴上可追蹤所在位置的電子手環。他也可能遭起訴數項罪名：非法進入與逗留他人住家（盜竊）、毀損財物、疑似綁架兒童、犯罪危害及其他犯行。警方可能會對蜜雪兒進行家庭訪查，法官也會強制洛基參加虐待者處遇課程。換作是今日，事情有所轉圜的可能性無窮無盡。

蒙大拿的致死評估小組也根據蜜雪兒的案件提出了其他的建議。他們建議司法機關建立一套對任何在伴侶或家庭攻擊案件中被捕的嫌犯自動發布保護令的機制；若是在今日，洛基便不得從獄中聯絡蜜雪兒。他們也建議採行系統化方式在施暴者即將出獄時——不論是服刑期滿或保釋——警告被害人。這麼一來，蜜雪兒就能在洛基出獄之前趁早做好準備。另外，對於任何像蜜雪兒這種撤回證詞的被害人，評估小組也認為當局應該提供家暴防治的資訊，包含地方性機構資源。但願在未來的日子，檢調單位能夠更積極地採取以物證起訴嫌犯的做法。

每一年，蒙大拿與其他州的評估報告都會提出建議，其中包括持續提倡危險評估量表的運用，以及縮小民事與刑事法庭、或是倡議人士與警方等在技術層面上的差距。提供更多訓練的這一點，也不斷出現在建議事項中。然而，州政府很少實際進行槍枝管制，至少蒙大拿是如此。

莎莉一再向我強調蜜雪兒得知洛基被保釋出獄的那一刻。她說，蜜雪兒馬上變了一個人；她想要離開洛基的決心完全消失了。「她原本以為他會坐牢一陣子。」現在或許已經無從得知，評估小組促成的這些改變是否能夠挽救蜜雪兒、克莉絲蒂與凱爾的生命了。這就像在嘗試證明一件沒有發生過的事情。但唯一肯定的是，什麼都不做，就不會有任何改變。若是問我，我在蒙大拿接觸過的每個人對什麼事堅信不移？我會說，他們相信，蜜雪兒．孟森．莫澤的死救了許多人一命。

下一步是什麼

我過了很久才將保羅・孟森交給我的家庭影片拿出來看。莎莉告訴我，事情剛發生的那段期間，她看了一遍又一遍，只為了聽蜜雪兒的聲音。保羅也看了好幾次，但他找不到任何蛛絲馬跡，沒有發現可以解釋女兒與外孫為何喪命的時刻。

有很長一段時間我就這樣把那些影片擱著，一部分是因為我覺得如果連保羅都找不出原因，那我一定也一無所獲。但老實說，我也害怕看到他們的畫面。可能是因為我不想將洛基看作是一個有家室的男人。我害怕自己會像保羅那樣尋找線索，但什麼也找不到。或者，他們的生活本質會讓我想起，他們一家人就跟我們所有人一樣，脆弱、容易受傷，恐懼、憤怒而且貧乏。而我們，或是我們的家人、朋友和鄰居，也都可能面臨與蜜雪兒相同的處境。到目前為止，我在各地接觸過的受害者都對我說：**我不是你遇到的那種典型案例。**

不過，還有另一個原因。那是像我這樣的作家與記者通常不會承認的原因：在花了那麼多時間與孟森與莫澤兩家的倖存者相處之後，我感覺蜜雪兒、克莉絲蒂與凱爾、甚至是洛基的逝去，重新塑造了我的世界、改變了我的觀點。有一段時間，我費了很大的力氣，才克制自己不把遇到的每個男人都看成潛在的虐待者，把每個女人都當作潛在的受害者。沒有人會想這樣過生活。以前的我知道這一點，現在的我也是。因此，我在看那些影片之前，有一整年都暫時不接觸任何有關暴力的事情。我健身、看書、畫畫、接受心理輔導，避開關於虐待與殺人的案件及警方的調查報告。

那年過後，我終於在不久前的一個夏日把影片拿出來看了。那時我和朋友在一起，影片存在我的硬碟裡，我開始播來看。它們的順序全都亂了。

在第一部影片中，克莉絲蒂身穿粉紅色運動服與迷彩連帽上衣，被媽媽從大圓石上面抱了下來，然後坐在爸爸的肩膀上。

洛基從鏡頭後方對妻子說，「微笑，微笑。」

另一幕則是蜜雪兒身穿棕色吊帶短褲，她坐在廚房地上，看起來醉得很厲害，試圖站起身來。她笑個不停，洛基也在笑。他叫她走一條直線然後往後退，接著倒背字母表。她喝了一小口啤酒，又吐了一些出來。洛基說，「稍後回來。」彷彿是記者在播報即時新聞。下一個鏡頭，蜜雪兒倒在浴室的地板上，酒還沒退，這次她身上的黑色襯衣被拉到了臀部。這私密的畫面讓人感覺不舒服，侵略性很強。洛基笑問，「是誰這樣對你？」蜜雪兒露齒而笑，但閉上了眼睛。「不要管我。」她反覆說著。有一瞬間她裸體趴在馬桶上反胃，而洛基想拍她嘔吐的畫面。她很生氣，但無力反抗，她伸長四肢抵著地板試圖站起身。洛基說，「各位觀眾，稍後為您轉播最新情況，我們馬上回來。」

每隔一段時間，就有聖誕節或家庭聚會之類的片段，地點幾乎都是莎拉與戈登家，但絕大多數的畫面只有他們一家四口，而且大多都是露營。洛基慫恿凱爾跟他一起從石頭上跳進冰冷的水裡，但克莉絲蒂沒有這麼做。洛基也沒有問她。從這點可見，這個家庭已經建立了性別期待。之後，洛基將攝影機架在岩石上，罕見地四個人都入鏡。蜜雪兒與凱爾身穿救生衣，克莉絲蒂走向鏡頭笑說，「我在吃蘋果。」那顆蘋果比她的手大了一倍。這是我看過她最活潑的時刻。她是個安靜的孩子，觀察力敏銳，但不多話。凱爾則是動作與表情都很誇張。克莉絲蒂朝家人走去。洛基與凱爾一起從石頭上跳了下來。接著，蜜雪兒也跳了。在背景中，蜜雪兒碰到冰水時冷得尖叫，縮在石頭後面。他們三個人都跳到了水裡，只剩克莉絲蒂一個人在岩石上吃蘋果。

孩子們像幼蟲一樣在吊床上翻滾玩耍。背景的音樂是美國搖滾巨星湯姆．佩帝（Tom Petty）在唱著「良緣難覓」。過了一會兒，洛基從河底撿起毛巾，邊摸邊說，「水一點都不冷，很溫暖。」他說了一遍又一遍，彷彿在催眠大家似的。「你們要說服自己水很溫暖。」他把凱爾抱到黃色的充氣獨木舟上，沿著一條與船垂直的湍急小溪順流而下。「笨蛋。」蜜雪兒對他大喊。他挺直身體。攝影機拍下遠處覆有白雪的山頭，還有一條瀑布傾瀉而下，由於距離太遠了，因此聽不到水流聲。凱爾穿著救生衣、手拿船槳走過沼澤地。有很長一段時間由凱爾掌鏡，他拿著攝影機左搖右晃，畫面中只見布滿卵石的地面模糊晃動。「水裡面有蟲。」凱爾的聲音充滿了小男孩的稚氣。

「凱爾，那裡有幾隻蟲？」克莉絲蒂問。他們在路邊；有好幾台車呼嘯而過。

＊＊＊

畫面跳到了家裡，孩子們在後院盪鞦韆。時間是二〇〇一年七月。凱爾盪得好高，高到上去再下來時鞦韆的鎖鏈劇烈顫動。之後鏡頭照到沙發，凱爾坐在一個嬰兒旁邊吃著綠色的冰棒。電視開著，正播放一支廣告，播音員說：「……用她自己的方式擁抱生活。」他旁邊的嬰兒是個金髮男童，名叫泰勒（Tyler），是鄰居的孩子。

之後，洛基從後院提來一個黃色水桶，裡頭裝有一條花紋蛇。「克莉絲蒂呢？我有一條蛇要給她。」他邊說邊走過屋裡。

克莉絲蒂在浴室門後尖叫。「不要過來，你嚇到我了。」

洛基大笑。

他拿出一根冰棒。

「不要，」她說，「不好玩。」

他嘲笑女兒膽小害怕的樣子，把冰棒拿給她，然後提著水桶走開。

＊＊＊

之後，他們又去露營。克莉絲蒂丟樹枝到火堆裡，營火冒出濃煙。蜜雪兒正拿著攝影機拍攝。洛基身穿紅色T恤和牛仔褲，正喝著一瓶啤酒。凱爾一邊盪吊床，一邊大聲喊叫以吸引爸爸的注意。「爸比，你看。你看。爸比，你看我。」背景是AC/DC樂團震耳欲聾的音樂。莎莉說，她記得之前去他們家總會聽到重金屬的音樂，吵得要命。洛基一隻腳在前、一隻腳在後地做著青蛙跳，朝著凱爾的方向前進，但他沒有轉身。凱爾從吊床上跳下來，四肢著地。洛基瞥了他一眼，但仍繼續繞著一個大圓圈跳青蛙跳。凱爾爬回吊床上。「爸比，你看。你看！」洛基一邊跳、一邊彈著空氣吉他，頭往前點了幾下作勢打鼓。他跳完一圈回到蜜雪兒前面，對著鏡頭扮鬼臉。有那麼一瞬間他目露凶光，但他又往後退了幾步，露出微笑。他拿起酒瓶，大口大口地將剩下的酒一飲而盡。

露營出遊的影片中間穿插了一部艾莉莎、蜜雪兒與梅蘭妮小時候的影像紀錄。有時梅蘭妮出現在畫面中；其他時候明顯可看出她還沒出生。她們三個人像是一個模子刻出來的，都遺傳了莎莉的長相，上唇豐厚、眼睛又圓又大，臉頰瘦長。艾莉莎與蜜雪兒在嬰兒與學步時期總是形影不離。她們在萬聖節會一起打扮成小丑或女牛仔，過生日時會互相餵蛋糕吃。一部影片裡，保羅將她們兩個放在小貨車後車廂裡的樹葉堆上。那時保羅與莎莉還是夫妻，而莎莉站在遠處微笑著，她身材纖細，圍著一條頭巾，留有一頭俏麗的短捲髮，或是像美國花式滑冰女選手桃樂絲・漢彌爾（Dorothy Hamill）那樣的鮑伯頭。三個女孩一起洗澡、騎腳踏車與三輪車與自行車，在客廳裡推一台小小的購物推車走來走去。她們在客廳邊跳邊唱著《編玫瑰花環》（*Ring Around The Rosy*）。灰燼，灰燼，我們都倒了下來。

洛基喜歡錄下蜜雪兒只穿內衣的樣子。她的雙腿又長又細。那些年裡，他經常近距離拍攝她的臀部，最幼稚的男性凝視角度。蜜雪兒偶爾會拒絕，要他不要煩她，但大多時候她似乎乾脆忽視洛基，反正鏡頭終究會轉向別的地方。就像在電影裡，這種具體化——攝影師或觀影者從情色的角度看待女性——凸顯了兩人關係的權力態勢。他做她不希望他做的事情。即使她抗議，他依然照做。最後，她屈服於他的權力之下，而他一如自己向來預期的那樣占得上風。當然，我希望避免過度解讀這些時刻，傾向兩手一攤地說，「拜託，這些只是家庭影片。他只是在**挑逗**而已。」我也在想，臣服於另一個人的情況不會憑空發生，而是隨著時間逐漸侵蝕。一步步、一點一滴地削弱一個人的力量，直到他／她不再覺得自己是個人為止。就蜜雪兒的例子而言，我認為那種權力的喪失是如此全面而明顯，從洛基不准她出去工作、拍攝她身體的特定部位，一直到最後奪走了她的生命。為什麼他一次又一次拍攝蜜雪兒穿內衣的樣子不是件好事？

因為蜜雪兒要求他停止。

而他沒有照做。

最終她放棄要求了。

這是最基本的權力喪失。

＊＊＊

蜜雪兒很少掌鏡。她拍攝凱爾在樹林裡騎腳踏車的樣子，將鏡頭拉近到森林中的一小塊空地。她捕捉洛基裸著上身爬下岩石的模樣，他的肩膀掛了一條毛巾，嘴裡叼著一根菸。他的頭髮在露營夏日的陽光下閃閃發光。他走到她前面時問了一些話，那在影片中聽不見，嘴型看來像是在說，**你在錄什麼？**蜜雪兒神祕地說，「我的證據。」

那個時刻轉瞬即逝。到現在我還是不知道保羅怎麼會錯過這一幕。洛基走向她，癟嘴做了個鬼臉。他的嘴型像是罵了聲**混蛋**，右手臂揮向了鏡頭（或是她），然後畫面就在那一瞬間黑掉。但是，你仍然可以看見那閃現的怒火，來得又快又猛。他的肢體動作看起來並不開心，也沒有開玩笑的感覺。他的手臂有如鞭子一般迅速朝蜜雪兒揮過去，之後就沒有畫面了。我調慢影片的播速又看了一次，錯不了。他在那零點零幾秒鐘露出了兇猛的表情，冷不防地揮了她一拳。那一刻，不只洛基做出了制約反應，蜜雪兒也是。她熟練地關掉攝影機，退出視窗。我找了一位朋友來辦公室，沒有事先告訴他這件事的背景。我對他說，「你看這個片段，說說你覺得接下來發生了什麼事。」

這個瞬間大約只有兩秒，打個噴嚏就會錯過。我和唐（Don）一起觀看。這個片段我看了四、五次。

唐看到的時候說，「我的老天。」

＊＊＊

蜜雪兒的父親給我的最後一片光碟標示著**莫澤家二〇〇一年最後一捲錄影帶**。這捲帶子有更多露營的影片，還有克莉絲蒂與凱爾坐在沙發上看電視的畫面。洛基取下魚鉤上的魚，他的下巴像在嚼東西似地一直動。他們在家裡後院擺了一座小型充氣泳池，裡頭有一隻小鴨在游泳。「鴨鴨，」克莉絲蒂對那隻小鴨說話，像在養寵物一樣，「我在水裡游泳，你嚇死我了！」之後，我在畫面上看見一隻烏龜爬過他們的前院。洛基的白色汽車斜停在草地上，旁邊停了一台速克達。汽車的車篷是敞開的。接著是幾段沒有聲音的畫面，定格照著洛基永遠在車庫裡弄東弄西的那台野馬跑車。

螢幕又有了影像，但並未顯示已過了多少時間。可能是數週，或是數個月。畫面看到克莉絲蒂身穿紫色衣服，蜜雪兒在鏡頭後面，看著她親愛的小女孩在水邊低頭看著底下。克莉絲蒂猶豫地踏出了幾步。她踮腳往前走，因此只有腳趾在水裡面。然後她定住不動。

下一幕是他們四個人在一個洞穴裡。那是二〇〇一年九月。

蜜雪兒穿著膝蓋以上的牛仔短褲。「即使在這麼暗的地方，」洛基邊說邊將攝影機的鏡頭從洞穴的牆壁轉向妻子的臀部，「讓你媽看看她真正的樣子。」

＊＊＊

影片的最後一幕是一個六角形的籠子。籠子裡有一條身體蜷曲的蛇，目光注視著鏡頭，上半身彎成S形。畫面前景可見牠粗厚的身體中段，背部有深褐色的菱形花紋。那是響尾蛇。那個籠子太小了，牠在裡面彎曲成好幾段，看起來就像條緞帶。洛基正在錄影，背景可聽見孩子們的聲音。洛基伸出左手一根手指，輕輕敲了籠子的玻璃五、六下。那條蛇動也不動，但牠悠悠轉動的眼珠直盯著那根手指看。牠吐了幾下舌頭，但看起來似乎對眼前這個試圖吸引牠注意的人類感到困惑。突然間……**啪地一聲！**那條蛇猛力撞擊玻璃然後迅速往後彎，動作快到讓人看不見，只有聽到砰一聲。「嗚，」因為中間隔了玻璃而逃過一命的洛基說，「真狂。」他就像凱爾說的，**爸爸每次都能活下來**。

這是這些影片的最後一個畫面。那條蛇，還有他敲打玻璃的舉動，洛基在展現他控制某樣東西的力量，而若是換了一個場景，那樣東西可以在轉瞬間要了他的命。

鏡頭傳來洛基的聲音。

「真狂。」

影片結束。

第二部　起點

贖罪

吉米．艾斯賓諾薩（Jimmy Espinoza）獵豔的對象都很脆弱。脆弱像粉末般附著在她們的皮膚上。那在她們的眼神與動作裡表露無遺，而吉米察覺得到。如果她們探尋、飢渴的眼神跟他對上了，他就知道可以把到手。雖然並非總是如此，但那些女孩大多稚嫩青澀。她們徬徨無措，容易受人控制。「如果一個女孩沒有父親，」吉米說，「我就有把握她會上鉤。」他將伴侶當作妓女，她們是他想要就能得到、玩膩了就能隨意丟棄的東西。要不要毆打她們、上她們，地點、時間和方式都由他主宰。她們的功能是服侍他。

他不在乎自己的行為是對或錯。他心裡不存在道德規範。在市場上，金錢依循著野蠻的邏輯運作。得到的越多，就必須失去更多；失去的越多，欲望也越多；欲望越多，就越拼命追求，如此循環往復。九〇年代有段時間，吉米．艾斯賓諾薩是舊金山最惡名昭彰的皮條客。他估計自己在顛峰時期收入高達一萬五千元美金。那時教會區（Mission District）還不是以拿鐵與設計師牛仔褲聞名的地方。想惹禍上身，去那裡就對了。

由於這段引人注目的過去，吉米完全不像是會在曾經待過的監獄裡進行反家暴計畫的人。他的暴力（在他現在生活的世界裡，人們以所有格代名詞稱之）用來對付那些服侍他與跟他交往的女性、敵對的幫派分子及任何他看不順眼的人。強姦是他的眾多手段之一；他自認是一個「低級混蛋」。那些日子，該把一疊疊鈔票藏在哪裡是他最大的煩惱。他把錢塞進床墊、車子的座椅下和任何他能想到的地方。他說他不把那些垃圾放在銀行，而是把白花花的百元鈔票塞在耐吉（Nike）的鞋盒裡。他有一台BMW、一台賓士和一部重機。「我想讓大家知道我是個拾荒者，」他一向用現在式時態說話，「你要知道，我是卑鄙的壞蛋。」

吉米的禿頭上刺滿了舊金山的主要景點，例如泛美金字塔（Transamerica Pyramid）、金門大橋（Golden Gate Bridge）與街車。你可以在他的頭皮與後腦杓上面規劃觀光路線。他的指關節刺有「tuff enuf」（「tough enough」同音異字，意指夠強悍）的文字，脖子上則刺了「Est. 1969」（始於一九六九年）。

不久前，他捐了五百元美金——如今這對他來說是一筆大錢——給輔導地方問題青少年的哈克貝里之家（Huckleberry House）。吉米描述，那裡收容了「通常淪為娼妓的逃家少女」。這是他贖罪的方式，作為對他曾經恐嚇脅迫過的無數女人的懺悔。那些是迷失在花花世界的女人，是他期盼某天可以再度遇見並親口說抱歉的女人。他說，他以前不懂事。他以前不懂事。他恐怕一些女人（也許更多）早已不在人世。

吉米一生的感情線由三段經歷構成。這些經歷宛如一齣分為三幕的戲劇，對他的肉體與心靈影響甚深。它們可以總結為三個問題：你遇過最可怕的事情是什麼？你做過最可怕的事情是什麼？你愛的人遇過最可怕的事情是什麼？任何能夠立刻回答這三個問題的人，多少都能理解是什麼驅使吉米現在這麼做。第一段經歷中，他是個八、九歲大的孩子。第二段，他是二十幾歲的青年。第三段，他是成熟的大人。他一再敘述這些故事，並不是因為可以淨化心靈，而是這對他試圖幫助的罪犯們具有極其強大的影響力。世界會透過突如其來的意外打擊你，然後呢？無人得以倖存。假如你跟吉米是同一種人，你會變得卑劣下流。而這意味著，你會再次受到打擊，因為你向那股無形的力量挑釁，你對祂說，來吧！我承受得了，我禁得起考驗，我是該死的**男子漢**。結果奏效了。你越是憤怒，就有越多事情發生；越多事情發生，你就越憤怒。這是真真正正的無限循環。

你不斷這麼做，直到有天你死了，或者奇蹟降臨、讓你徹頭徹尾地醒了。吉米迎來了奇蹟。假使他出生在其他州，因為那些罪行坐牢一段時間，也許他就會「死於非命」，而不是今天這個擁有三段經歷的男人。他認識很多傢伙最後都落得這樣的下場。到了今天，他仍會出席其中一些人的葬禮。然而，他出生在舊金山細鮑花區（Excelsior District），因為在當地混幫派而進了一座名為聖布魯諾（San Bruno）的監獄，正是在那個時候，一項奇特又大膽的實驗在聖布魯諾展開。

＊＊＊

講述聖布魯諾監獄的實驗與吉米人生中的三大經歷之前，我必須先說另一個故事。這個故事起源於六十多年前的蘇格蘭，在一個勞動人口的村莊裡，有一個求知欲旺盛的孩子名叫漢米希・辛克萊爾（Hamish Sinclair）。

辛克萊爾的祖父是一個石匠，早年死於矽肺病。他父親從事爐工，支持極權主義，同樣英年早逝，當時辛克萊爾才十三歲。他在一生中深切體會到勞動階級的掙扎。他自己就處於這樣的掙扎之中，在他們住的金洛列芬（Kinlochleven），家家戶戶都靠當地鋁工廠的工作維生。金洛列芬三面環山，在他生長的那個年代，村子裡沒有其他行業，除了那間工廠之外並無其他工作機會。「在村裡，最重要的事情就是離開那個鬼地方。」辛克萊爾對我說，「如果那間工廠的工人生了四個小孩，只有一個小孩可以接替他的位置。另外三個得去其他地方謀生。」

因此，辛克萊爾成了逃亡者。他打算當一位畫家，一位藝術家。他進入英格蘭的布萊恩斯頓中學（Bryanston School）就讀，學校採行「道爾頓體制」（Dalton），這種教育方式與蒙特梭利（Montessori）類似，都注重學生的全面發展。「道爾頓體制」屏棄二十世紀初多數學校要求學生死記硬背的教學法，鼓勵學生當自己的老師。課程為個人化設計，學生的任務是學習如何學習、如何自主學習。在辛克萊爾就讀的學校，學生隨時都可以向老師請教、尋求指導，也有私人輔導，但整體概念是讓學生主動參與自己的教育養成。這個理念至今依然貫穿他的生活與工作。某天晚上我跟他到舊金山田德隆區（Tenderloin District）一間餐廳吃飯，他與我談起自己的生活，我從話語間明顯感覺出，他的生涯由一項又一項的計畫所組成，而他為每一項計畫都建立了一套方法，不論在紐約記錄反越戰遊行，或是在泰晤士河（River Thames）潛水以拍攝反核潛艇的抗議行動。那天晚上我們談了好幾個小時，餐廳打烊後我們轉移陣地到酒吧，酒吧關門時又到飯店大廳的暖爐旁坐著繼續聊到深夜，直到城市裡的芸芸眾生都進入夢鄉。在每一段新的故事、每一個新的十年裡，他的生活一直以創立這些計畫為重心。

辛克萊爾現年八十五歲，頂著一頭蓬亂的灰色捲髮，說起話來就像是一九六八年海特—亞許柏里（Haight-Ashbury）的嬉皮。他穿卡駱馳（Crocs）的鞋子，讓我想起某個人的古怪叔叔，他總是衣衫不整，但散發一股迷人的氣息。多年來，我一直無法辨別他越來越淡的口音究竟來自加拿大、愛爾蘭、明尼蘇達州，還是蘇格蘭。

他從布萊恩斯頓中學畢業後，過了很長一段複雜又奇妙的日子，也許某天會有另一個作者在另一本書中鉅細靡遺敘述他的經歷。這段期間，他在愛爾蘭海岸地區開了一間民宿，在一個暴雨交加的夜裡，他把自己的房間讓給一位美國製片住，最後跟他到了紐約從事攝影記者與社會運動。後來在反越戰示威活動中，他意外攻擊了一名聯邦調查局探員，因而短暫離開紐約去了倫敦，之後又回到美國，成為推動工會的領袖，先是替肯德基州的礦工謀取福利，後來到了密西根州為汽車工人發聲。「當時剛好搭上了社會動盪的浪潮，而我就站在浪頭上。」他提到自己早期到美國後接觸激進主義與公民運動的那段日子。他見證了底特律的「黑色力量」（Black Power）人權運動、七〇年代女性主義的蓬勃發展，而當他到全國各地旅行、策畫社運並向美國人學習之際，心中漸漸浮現一個問題：

為什麼有那麼多他認識的男人互相暴力以對？

當然，不是所有男人都這樣，但與他一起工作、組織運動、成為朋友的那些男性經常如此，也就是紐約、肯德基與密西根的勞動階級，甚至包括他的家鄉英國的男性。家庭暴力不在辛克萊爾關注的範圍內。他致力於激進運動，提倡階級政治與勞工權益。他在乎的是底特律人權運動與肯德基州礦工的主張之間的共通點。他是社會運動家，努力促成勞工團結一致，但也反對父權制，反對那種應該由誰來領導、為何領導與如何領導的大男人主義。經歷一九六八年芝加哥暴動後，他前往底特律號召汽車工業的勞工們。他持續關注種族關係（至少有部分的焦點是如此），鼓勵更多白人接納他們的黑人同胞。性別議題並不是他涉及的領域。

他在底特律待了數年後，有一群女性找上他，表示也希望成立組織。當中有一些人的丈夫曾經參與他策畫的運動。就他而言，他願意幫助任何希望得到幫助的人。只要你已準備好對抗體制的偏見或不公平的勞工處境，只要你是正義的戰士，他並不在意你是誰。越多人獻身，影響力就越大；影響力越大，就越有可能促成改變。然而，他後來發現，共事的男性並不支持性別平等。他們強烈反對女性組織。當時為一九七五年；女性解放運動處於初期階段。隨著越來越多女性參加辛克萊爾發起的社區組織活動，一些與他合作過的男性開始抱怨，還說女人做事散亂無章，不會遵守組織條理。組織是屬於男人的活動。「我推動城市組織五年了，」辛克萊爾向我提到他在底特律的經歷，「當那些男人說『你不能幫女生組織活動』的時候，這段時間我付出的心血全白費了。」他們的態度令辛克萊爾震驚不已。

辛克萊爾與那些男性一起舉辦過一系列會議，每開一場，大家的情緒似乎都越來越激動，父權的意識形態也更加高漲，直到某天晚上第三場會議結束後，其中一位主要成員回家後痛毆了自己的老婆，隔天有數名女性成員（辛克萊爾稱她們為「指甲般堅韌的女人」）來找他，請他取消整個計畫。她們表示，這個男人是來真的；很多人的丈夫都不希望她們成立組織；這件事必須喊停。辛克萊爾說，他當時認為丈夫應該避免毆打妻子，原因不是這違反了道德，而是這會導致群體的分裂。他說，「我深陷於這件事之中，那些男性把帳算在我頭上。」他「消聲匿跡」了六個月，幾乎都待在家裡，若是出門，一定有保鑣陪同。

過了那段期間，他們宣布休戰。那些男人來找他，希望重新推動計畫。辛克萊爾答應了，並問他們是否準備好讓女性加入。他們不敢相信經歷過那些事情，他竟然還這麼問。辛克萊爾向他們表示，「我不會替任何希望根據性別來分化群體的人服務」。

伙伴勸他是時候離開底特律了。那些男性與女性成員之間的僵局難解，如果不離開，只有死路一條。

於是，他往西到了柏克萊，在朋友的牽線下結識了克勞德．史坦納（Claude Steiner）。

史坦納是性別理論領域的巨擘，為七〇年代柏克萊所謂的「激進精神治療學派」（radical psychiatry）運動之父；他曾寫書論述男人與女人的「內化壓迫」，支持以社會正義為基礎的治療法，也曾提倡情緒素養的觀念。激進精神治療學派批評，標準的臨床治療模式經常忽視病患的社會背景——在這個世界，戰爭、貧窮、種族歧視與不公平的現象因地區而異。該學派呼籲對社會與政治秩序展開體制性的顛覆。這是一場誕生自反主流文化的反極權運動，嚴厲譴責標準的醫療干預，例如藥物、非自願住院治療與電療。他們渴望建立一種治療模型，主張精神疾病往往能透過社會理論與個人改變來解決，而不是尋求醫療產業的協助。

辛克萊爾成了史坦納的忠實信徒與摯友，直到二〇一七年逝世為止。

在史坦納的指導下，辛克萊爾在舊金山郊區一間精神病院與精神分裂患者一起工作了五年，同時也研讀史坦納與當代作家的著作。他逐漸明白，暴力源自於男人們似乎都認同的一套信念體系，這套系統讓他們相信，他們是人生中的權威，應該獲得他人的尊重與服從。他們認為自己位處人類階層的頂端。這樣的信念不只導致周遭的人遠離他們，也限制了他們的眼界，使他們困在狹隘的觀念裡，一心只在乎男人可以達到何種成就與如何展現自己的力量。

但是，為何如此？為何男人會有這種觀念？辛克萊爾當然清楚人類進化的相關論述，當然知道人們為了生存必須殺生（他指的是進食）。他相信，或許在人類遠古歷史的某段時期，男人為了養活家庭而具有某種暴力傾向。但演變到了今日，有數百年的時間已經不是如此。在這段歷史之外，他不認為暴力是男性的本質，不認為男性的天職是戰鬥。首先，我們不再需要這種暴力才能生存；相反地，如今我們需要的是「建立親密關係」。在這方面，男性沒有任何信念體系，因為他們從小學習暴力，不知親密是何物。「暴力是我們在長大過程中為了生存都必須學習的一項技能。」他說，「問題是，那對親密關係並不管用。這需要截然不同的技巧。」[1] 如今翻開任何有關家暴殺人案的新聞報導，你可能會看到**她為什麼不離開**等問題，而不是**他為何動粗**，甚至是**他為何不停止暴力行為**等問題。辛克萊爾認為，男性所受的訓練與女性所受的訓練有所不同。幾年前他寄了一份研討會簡報的白皮書給我，轉述一位來自舊金山的副警長曾對他說的話，「男人透過自認比其他同性與女人優越來學習當個男人，而在人類群體中大部分的暴力事件，都是因為男人不斷強化他們所學到的這種自我優越的信念，不管是虐待配偶、捲入幫派地盤之爭、街頭鬥毆、持槍搶劫，以及所有其他男性囚犯遭到起訴的罪行。男人……瞭解到，使用以上各種形式的武力與暴力來強制執行身為優越者的社會義務，是再正常不過的事情。」

辛克萊爾在這裡毫不掩飾男人與女人的特性。使用暴力的是**男人**，世界上大多數暴力事件的兇手也是**男人**，不論那些事件是家暴還是戰爭。他指出，即使有相對少數的女性使用暴力，通常也是為了回應男人的暴力。實際上，這是就我所知最有力的一個論點可以解釋，為什麼讓女性持有槍枝以抵禦持槍男性的攻擊沒有意義：因為讓女人配槍，等於是要求她的行為舉止像男人一樣，要求她體現一個男人的生理、心理與文化經驗，同時消弭她所養成的觀念。這個做法向女性傳達一個訊息：如果你想保護自己不受暴力男性的傷害，就必須變得暴力。在辛克萊爾看來，這完全是錯誤的解決方式。女人不需要學習變得暴力，而是男人需要學習不使用暴力。

這個社會教導男性不准哭，教導女性可以哭泣；教導男性憤怒是他們唯一可以展現的情緒，教導女性絕對不能生氣。男人大吼大叫是應該的；女人大吼大叫就是反應過度、小題大作（英文裡將這種女性稱為「drama queen」）或歇斯底里。（在我之前已有許多人指出，沒有任何事情比大規模槍擊案還要「戲劇性」，但在英文裡，不論以「drama king」來形容這些男性有多麼貼切，這個詞彙都尚未成為慣用語。）辛克萊爾將此稱作「房間裡的大象」，意思就是，我們即使知道，但就是不說使用暴力的、將暴力施加在許多人身上的，是男人。學校槍擊案的兇手都是年輕男性。大規模謀殺、幫派械鬥、謀殺後自殺案、滅門血案、弒母案甚至種族屠殺的兇手，全都是男性。一向都是男性。「所有常見的家庭暴力與官方統計的一般暴力案件數據，以及美國與世界各地的所有暴力事件，都明確指出男性幾乎獨占了各方面的暴力行為。」辛克萊爾寫道，「一般關於暴力的敘述似乎都盡量避免正視這項關鍵證據……小心翼翼地避開性別化的暴力來源。這種分析錯誤將誤導我們，使我們難以找到問題的解決辦法。」

換言之，如果我們無法誠實說出加害者是誰，又如何能找出解決方法？

辛克萊爾認為，害怕指認真正加害者的這種行為，本身就是一種後設暴力；我們拒絕公然揪出那些男性，就是在助長這種信念。不過，人們害怕引起反彈的心理情有可原。在我們生活的這個世界裡，有領袖誇耀這項信念體系的偉大而不必負任何責任；大學校園裡性侵害事件頻傳，已到了緊要關頭；有心人把隨興而起的暴力當成公認與受到稱頌的娛樂形式；美國前司法部長傑夫・塞申斯（Jeff Sessions）認為，親密伴侶的恐怖行為所構成的威脅不足以讓受害者具有移民庇護的資格；像羅伯・波特這種有虐待前科的男性，居然也可以當國家元首的左右手。事實上，現任美國總統本身也有已知的家暴前科，至少對他的第一任妻子伊凡娜（Ivana）是如此——如她在離婚證詞中所陳述的。擔任前總統喬治・布希（George W. Bush）演講撰稿人的大衛・弗洛姆（David Frum）在二〇一八年《大西洋》雜誌的社論對頁專欄中寫道，「就政府高層官員而言，家庭暴力指明了其具有危險的性格，包含容易受到勒索……這位總統向身邊的人傳達了一個訊息，告訴他們哪些事情可以被允許，或是哪些事情無論如何都可以被原諒。」[2]

我想起不久前陪女兒參加遊覽卡美洛（Camelot，譯注：英國傳說中亞瑟王宮殿的所在地）的校外教學旅行。全市的小學四年級生都來參加。表演過後，演員們上台接受觀眾提問，而劇場主持人問了孩子們兩個問題：一是你覺得桂妮薇兒（Guenevere）承認自己對蘭斯洛（Lancelot）的愛意、背叛丈夫亞瑟王（King Arthur），是錯的嗎？二是亞瑟王應該原諒蘭斯洛還是將他處死？對於第一個問題，孩子們異口同聲地說，是，她錯了，她應該忽略自己的感覺。對於第二個問題，還未變聲的男孩們用童稚的聲音大喊：「對，殺死他！殺死他！」令人難以置信的是，這些孩子在華盛頓特區這片自由開放的飛地成長，來自雙薪家庭，往往從出生的那天起就開始挑戰性別規範。而且，主持人的問題只針對女性角色的感覺，而沒有問男性角色的感覺，彷彿蘭斯洛與亞瑟王沒有人類會有的情緒似的。面對原諒或復仇的選擇時，孩子們的答案直接落在了性別的界線上。男孩們毫不遲疑地說殺死他。還在就讀四年級的小學生已經接收到這個訊息，即使他們處於自由開放的環境。（令我相當失望的是，在場沒有一個成年人藉此糾正這個性別化的觀念。[3]老實說，我甚至不確定除了我之外有沒有任何人注意到這件事。）

對於這一切，辛克萊爾高舉雙手表示，「我說的都是真的。」他向我提起幾年前他參加一場反暴力研討會，與會者問主講人對於一個家庭鼓勵孩子回去報復騷擾他的同學、痛毆他一頓這件事有何看法。打架的對象是一個男孩，問題中的這家人的孩子也是男孩，向孩子做出這個提議的人是他的爸爸。（很少有媽媽會叫兒子「回去找他，痛毆他一頓」。）因此這裡的情況是，一位父親向年幼的兒子提議使用更暴力的方式來解決遇到的暴力問題；他的方法強化了男性的信念體系，將這種觀念再傳承給另一個年輕人。辛克萊爾說，但現場沒有一個與會人士提到這裡的性別情勢。相反地，大家把焦點放在這件事本身，即打架可能造成的結果，而不是一開始的性別化勸誡。他表示這也是「問題的一部分」。這種拒絕認清性別化暴力來源的態度很有問題。對象是誰，跟原因是什麼一樣重要。他認為，暴力不是「交往關係的問題，而是〔女性的〕伴侶執著於暴力的問題。」

「會使用暴力的男性非常清楚自己的傾向，甚至會驕傲地向朋友展現男子氣概。」辛克萊爾指出，「但遭到質疑時，他們往往否認自己的暴力行為。而讓暴力的男性藐視自己的暴力行為對受害者造成的影響，認為自己會這麼做都是因為對方有錯，而且會設法說服家人與朋友認同這一點。」他的意思是，暴力事件的嚴重性遭到了低估：加害者往往會說「沒那麼嚴重」之類的話。他們指控被害者反應過度，聲稱自己拿東西砸向伴侶、用力甩上門或抓她去撞牆時，並無意「傷害」對方，說得一副都是牆壁或門的錯一樣。這種男人會盡一切可能否認自己的行為是暴力舉動。

搬到加州五年後，辛克萊爾開始焦躁不安，渴望重拾號召組織的重要工作。有一天，在聖拉斐爾（San Rafael）的瑪琳受虐婦女庇護服務（Marin Abused Women's Services）組織工作、與他熟識的一位女性問他，是否考慮到他們的收容所成立男性專責部門。他想了一下，但對於具體細節還是沒有頭緒。之後，他回到本職。他不是做行政人員的料，他適合當策畫者，發起社會運動。他統整了「道爾頓體制」、糾正那些不願意讓女性加入的底特律工會成員所抱持的觀念，並推動「激進精神治療學派」的發展，認清大家所生活的這個世界，而他的精神開始滲透到各個地方。他告訴那位女性朋友，他不想在一所女性收容所中經營男性部門。他希望建立一個全新的計畫，專門為具有暴力傾向的男性提供療育服務。「會有這個念頭，是因為女性的堅持。」他表示，「女性朋友希望能有一個計畫來解決她們面臨**我們男人**所施加的暴力經驗。她們說，**你們男人**的暴力。」男人的暴力。時至今日，這樣的思想依然貫穿吉米每天在聖布魯諾監獄輔導家暴罪犯的工作。

辛克萊爾的計畫始於一九八〇年，但直到一九八四年才正名為《活下來的男人》（ManAlive），為期五十二週，分為三個部分。第一個部分進行的時間為二十週，目標是讓這些男性為自己的暴力行為負責。第二部分為十六週的課程，教導他們可取代暴力行為的各種技能。第三部分同樣也是十六週，教導在生活中創造親密感與成就感的策略。在計畫推行的頭十年，沒有多少人加入會顛覆他們的男性認知的一項課程。之後，《防止婦女受暴法案》通過了，突然間，法院將暴力傾向的男性轉介給它們——除了《活下來的男人》之外，還有全國各地的施暴者處遇計畫，包括麻州、科羅拉多州與明尼蘇達州。加州立法規定具暴力傾向的男性必須參加處遇計畫或入獄服刑，並明定這類的介入必須以性別為基礎，而不是治療。另外，不得將參與的罪犯轉送情緒管理，不能只讓他們與治療師上幾堂課就好。他們必須在課程中學習性別角色與期待；必須在自身文化適應中學習性別的角色。（不過，辛克萊爾是第一個承認《活下來的男人》課程有許多內容其實取材自治療的計畫發起人。）課程的靈感來自於性別理論與神經語言程式學（neuro linguistic programming，NLP）訓練。[4]《活下來的男人》課程採用的方法很簡單，就是讓家暴犯以一種他們絕大多數從未嘗試過的方式將注意力放在暴力事件中，他們的身體、聲音及周遭人們的回應。

《活下來的男人》計畫成為《防止婦女受暴法案》通過後出現的許多施暴者處遇計畫的領頭羊；同時興起的其他幾個早期著名的計畫包括丹佛市（Denver）的《改正》（Amend）、波士頓的《浮現》（Emerge）及德盧斯（Duluth）的《家暴處遇計畫》（Domestic Abuse Intervention Project）。這些組織都做了當時還沒有人真正想到要做的事：在暴力發生之前直搗問題的核心，瞭解並解決虐待者的問題，而不是事後為受害者提供資源。

這項計畫逐漸在當地傳開名聲。九〇年代後期，這引起了富有創新精神的獄警桑妮・施瓦茨（Sunny Schwartz）的注意。她對司法體制數十年來無力教化暴力罪犯的事實感到灰心。施瓦茨在第一線目睹了暴力如何在她所指導的男性的生命與不同世代間循環。她在日常工作中遇到的男性，先是犯下暴行而入獄，然後在現今美國監禁的暴力文化中度日，出獄後又把變本加厲的暴力帶回他們的家庭與社群。施瓦茨看到早期輔導過的男性的孩子開始出現在矯治機構，接著是那些孩子的孩子。她心想，一定有更好的方法可以消除這個現象。暴力不應該代代相傳。她看到美國的監禁率一年比一年高，但犯罪率並未隨之下降。把罪犯關進牢裡根本無法改變他們犯罪的原因。

有了多年來輔導這些男性的經驗，施瓦茨開始思考，假如監獄可以成為一個改革的場所，而不是將罪犯關進牢裡之後便遺忘他們的地方，也許就能減少暴力的發生。她推行的計畫以兩個理念為基礎。第一個是《活下來的男人》課程，目的是介入這種在男人與男人及父親與兒子之間不斷相承的暴力循環。但是，她希望可以做得更多。第二個是修復式正義。修復式正義主張讓加害者認知對他人造成的苦難，並盡可能「修復」他的被害人與社群。和解是最主要的目標，透過讓罪犯與家暴受害者會面的方式來達成。儘管修復式正義有時意味著讓家暴犯與受害者面對面，但聖布魯諾監獄的做法是每週請家暴害者來分享他們的經歷，並談談在創傷中及走出傷痛後的生活。

目睹魚缸裡的暴力

今天進行演說的女人名叫維多利亞（Victoria）。[1]她現年五十歲，在過去五年終於擺脫了父親拿槍指著她的畫面。以前她常聽到母親被父親推去撞牆的聲音，但她一直覺得母親軟弱又無趣。在她心中，父親充滿了魅力，非常迷人。有一次，她騎腳踏車去一個男生朋友的家，父親開車跟蹤她，然後帶她回家，拿槍指著她母親的頭說，「如果以後你再讓她那麼做，我就殺了你。」維多利亞說，有時她或弟弟做錯事，父親會威脅要殺死他們的寵物。

這天我人在聖布魯諾監獄，這是我第一次來這裡，與許多男性罪犯坐在一排排的藍色塑膠椅上，聽維多利亞述說她的故事。他們穿著跟椅子很搭的橘色連身服和無鞋帶的白鞋。一些人在連身服裡穿了長袖上衣；一些人露出來的身體部位滿是刺青，包括手指、脖子和臉都是。他們多數人都是第一次靜靜坐著、花數小時聆聽別人敘述親身的家暴經歷。

維多利亞描述，在十六歲那年的某天，她聽見母親一次又一次被抓去撞牆。那時她已不再報警。（她打過無數通電話報警，有次接線員對她說，「噢，那位太太很堅強，不會有事的。」）之後，她的母親逃離臥房，衝到屋外要開車。維多利亞連忙跑出去跟在她後面。「他想殺死我，」母親喘吁吁地說，「你有兩秒鐘的時間考慮要不要上車。」

維多利亞呆住了。她內心在掙扎，要留下來還是離開。

她的母親發動了引擎。

維多利亞選擇留下。

「多年來，我一直為當初選擇留下來而感到內疚，」她對那些男性說，「還得了厭食症。」

對於現場許多男性罪犯而言，這不只是他們第一次實際聽到家暴倖存者述說親身經歷，也是頭一次意識到創傷與暴力可以對一個人造成長期影響。許多人正拭去淚水。「我爸曾寫信給殺死全家的囚犯，讚許他們很勇敢。」維多利亞說，「我一直都覺得會有壞事發生。」長大成人後，她才明白父親有多壞，並與他斷絕聯絡。她找到母親，兩人解開了心結。在她之前的印象中，母親總是大吼大叫，但現在她發現，母親其實沉默寡言，什麼事都放在心裡。如今，維多利亞與母親住得很近。父親節那天，她決定跟爸爸約在丹尼連鎖餐廳（Denny's）吃飯。他們多年未見，但她一看到父親，立刻就認出那目光無神的表情。她與弟弟及父親吃完一頓尷尬的早餐後走出餐廳時，父親一隻手從背後抵住她的脖子輕聲說，「我在襪子裡藏了一把槍。本來我打算殺死大家，但我看你一眼就下不了手。」

那是她最後一次見到他。現在她不讓女兒與他有任何接觸。「你們都聽過『受傷的人會傷害別人』，」她對現場的男性說，「我也認為，痊癒的人可以治癒別人。」

之後，維多利亞開放這些男性提問。他們一副怯懦的模樣，起立發言時顯得畢恭畢敬。一些人舉手時不停顫抖。有人請她比較她與女兒的關係跟她與母親的關係（她回答「完全不同」；她甚至不會對女兒大小聲）。有人問她會不會原諒父親（她的答案是「不會」）。有人問她父親現在人在哪裡（「不知道，可能在南加州」。）也有人問她是否曾與像父親一樣的男人交往過（「有，曾跟自戀狂在一起，也跟玩咖交往過」。）之後，有個二十出頭的年輕人站起來，他拿著一本破舊筆記本，兩隻手明顯在發抖，他半念半背自己剛才為她寫的一首詩，描述她的慘痛經歷、劫後餘生與不凡的勇氣。[2]他念完時，維多利亞哭了，在場許多男性也眼眶泛淚。

下午，這些罪犯分組討論維多利亞的故事，探討一些情況的前後脈絡，並思考這些與自身的暴力行為有哪些關聯——維多利亞受到口頭恐嚇；父親把錯推到她頭上並否認自己的惡行，進而拒絕為自身的暴力行為負起責任，還毆打妻子；維多利亞在情緒上遭到了侵犯，任由父親控制，成長的經驗不受父親重視。一個綁著短辮的男人指出，她的母親離開時，她也失去了一項資源。他說的「資源」指的是可以確保她平安無事的某種力量。罪犯們談論各自的暴力事件，他們否認自己有錯、操縱或用言語威脅伴侶及低估自身暴力嚴重性的那些時刻。他們逐漸發現——其中一些人第一次意識到——自己的暴力行為對受害者所造成的影響。也就是說，他們開始試著從別人的角度看待事情。

「現在想像一下，」名為雷吉（Reggie）的活動引導人對他們說，「換成是你們的子女遇到維多利亞的情況，他們會怎麼說你？」

***

聖布魯諾監獄的這項舉措名為阻止暴力計畫（Resolve to Stop the Violence，RSVP）。桑妮．施瓦茨說服了前舊金山警長麥可．軒尼詩（Michael Hennessey）資助她的想法，這項計畫便於九〇年代晚期展開。[3]《活下來的男人》與《倖存者影響》（Survivor Impact）計畫（或修復式正義）是這項反暴力實驗的核心，若是吉米．艾斯賓諾薩有參與這項活動，他就會停止暴力行為，迎接嶄新的人生。這項計畫始於舊金山南部的聖布魯諾監獄，令人意外的是，儘管成效相當良好，但未能擴及其他地方。聖昆丁（San Quentin）監獄有一陣子如法炮製，但後來辛克萊爾表示獄方失去了金援。紐約州威徹斯特郡（Westchester）一度打算成立類似的計畫。起初，阻止暴力計畫設定為期一年，一週進行六天、一天十二小時的沉浸式活動，旨在幫助具有暴力傾向的男性恢復成社會上有所貢獻、非暴力的一分子。針對家暴者的處遇計畫大多是一週一次，為期二十、四十或五十週，而阻止暴力計畫提供完全沉浸式的環境，採行多面向的方式。其核心目標在於讓這些罪犯為自身的暴力行為負責並且學習透過其他方式來宣洩情緒，但也觸及藥物濫用、兒童虐待與心理健康等方面。每天，參與者會先進行冥想，最後以瑜珈作結。挑戰性別規範，尤其是男人與女人如何受社會與文化標準所制約，以及這個社會如何教導男人使用暴力來解決問題、做妻子的應該對丈夫卑躬屈膝，都是這項課程的重點。對許多參加課程的男性而言，這顛覆了他們原本的所有認知。

施瓦茨不僅希望阻止暴力計畫能夠成功。她還想明確計畫的成效。因此，她找來全國其中兩名最頂尖的暴力學者詹姆斯・吉利根（James Gilligan）與班迪・李（Bandy Lee）來研究她的計畫。他們將另一群囚犯設定為控制組，追蹤阻止暴力計畫組與對照組出現的暴力事件、累犯率及被告出獄後社區裡的暴力情況等多項數據。研究得出的結果十分驚人：累犯率下降了八成，而即便是那些再度入獄的罪犯，也大多犯了非暴力的罪行，例如吸毒或汽機車違法情事。在這項計畫實行的前一年，吉利根與李注意到，倘若發生在非監禁的情況下，有二十四種暴力事件可能會遭指控為重罪。計畫展開後，計畫組在當年的第一季裡發生了一起暴力事件，之後便沒再出現；然而，對照組發生了二十八起暴力事件。[4]兩名學者也發現，如果罪犯在獄中有完成計畫的全部課程，則出獄回到社區後，往往都會成為非暴力的擁護者。他們指的是像吉米・艾斯賓諾薩這樣的罪犯。

這項計畫也節省了金錢。吉利根與李注意到，儘管阻止暴力計畫讓每位囚犯一天增加了二十一塊美金的成本，但每投入一塊美金資助這類的減少暴力計畫，社區就能得到四塊美金的報酬。[5]

如今阻止暴力計畫已運作二十年，雖然成效良好，但只有不到六座的監獄複製了這樣的模式，而且大多位於其他國家。這項計畫目前儘管仍保有基本的組織架構，但已逐漸改為一週五天、一天六小時的方式進行，而不是一週六天、一天十二小時。之所以如此，有一部分是因為資助囚犯計畫通常是一項挑戰，這取決於誰是上位者、以及在資源有限的領域中哪些為優先事項，另一部分則是今日的聖布魯諾監獄為囚犯設立了許多不同的計畫，包含高中同等學力與社區大學課程、藝術治療、戲劇、反藥物濫用與十二部曲（twelve-step program）（聖布魯諾監獄因而被稱為「全方位監獄」）。有天晚上，我跟聖布魯諾監獄計畫的現任負責人閒聊，當我問她為什麼阻止暴力計畫沒能移植到其他監獄，她告訴我，暴力罪犯跟其他監獄人口不一樣，他們沒有自己的「領袖」。[6]他們有如受到監禁的退伍軍人，擁有龐大的外在支援，而彼此都有共識，知道他們身為一個群體需要做更多事情來滿足自身需求，尤其是在創傷後壓力這一塊。然而，在家暴的世界裡，最主要的發聲者是倖存的被害人，而他們自然會把自己的需求看得比虐待者的需求還重要。

已退休的桑妮・施瓦茨樂見阻止暴力計畫繼續運作，但她對於計畫未能在其他地方開花結果感到失望。「為什麼這不能成為常規，而只能是個例外？」她不解，「讓我氣憤的是，我們往往對那些經歷不同於自己的人們缺乏想像力，好像大家的人生只有一種意義似的。」我們坐在諾伊谷（Noe Valley）的一間餐館裡，施瓦茨身穿牛仔褲與T恤，深褐色的頭髮夾雜了幾許灰白。她本人儀態威嚴，身材高挑，說起話來鏗鏘有力。

令施瓦茨沮喪的是，從阻止暴力計畫結業後回到公民社會的那些人可獲得的資源少之又少，譬如工作訓練、冥想、教養課程、戒酒與戒毒團體、住宅補貼、十二部曲計畫、藝術與人文治療及教育機會。她向我表示，這些人經歷了阻止暴力計畫，學習關於性別、自我、文化、社會、暴力與溝通的知識，然後回到一個世界，在這個世界裡，那些研究理論與過往的挑戰再度成為現實，還得面臨許多的威脅與痛苦，而他們孤立無援。

儘管暴力讓社會付出了龐大的代價，但美國花在癌症或心臟病方面的研究經費是暴力防治的二十五倍之多。[7]二〇一八年發表於《美國預防醫學期刊》（*American Journal of Preventive Medicine*）的一項研究指出，親密伴侶暴力所導致的成本將近三・六兆美元（這項研究檢視的對象為四千三百萬名美國成年人，因此並未計入與約會暴力等有關的成本），包括兩兆的醫療開銷與七百三十億的刑事司法支出，另外還有生產力損失或財物毀損等成本。親密伴侶的暴力行為平均讓女性每人在一生中付出十萬三千元美金的成本，男性則為每人兩萬三千元美金。[8]相較於二〇〇三年疾病管制與預防中心（Centers for Disease Control）報告所公布的資料，這些數據反映了成本的急遽增加，使美國納稅人一年為家庭暴力付出了將近六十億美元的代價。[9]疾病管制與預防中心的統計並不包含刑事司法支出、監禁花費或任何十八歲以下人口所耗費的社會資源。

監獄在我們的社會裡創造更多——而不是更少——的暴力。因此，施瓦茨問我，「我們有什麼替代方案？」她告訴我多年來她一直無法忘懷的一段軼事，這個故事既有行動呼籲的意味，也帶來了希望。故事主角是一位納粹大屠殺的倖存者，他遭到守衛毆打時臉上一直掛著微笑。守衛感到惱怒，於是打得更用力，最後他停下來問那個囚犯在笑什麼。囚犯說，「我感謝老天，因為我跟你不一樣。」

那天我與施瓦茨首先談論的話題不是阻止暴力計畫的出現，而是一個名為塔里・拉米雷茲（Tari Ramirez）的男人。拉米雷茲的經歷是那種會擾亂阻止暴力計畫的故事，會讓這項計畫牽涉的任何人質疑，他們所做的任何努力、在這些男性身上投注的所有時間，還有一而再、再而三給予的所有機會，是否值得。暴力的男人能夠透過學習而變得不暴力嗎？

據說拉米雷茲在阻止暴力計畫的課程中態度相當積極。他沉默拘謹，但是會參與討論，而且似乎非常認真看待課程內容。一直到他的女友克萊兒・喬伊絲・田龐柯（Claire Joyce Tempongko）遭遇四次的暴力事件、報警四次及四度嘗試聲請禁制令（屢次發布又遭到撤銷），法官才將拉米雷茲送進監獄，而即便如此，他也只被判六個月的刑期。他從聖布魯諾監獄獲釋時，完成了阻止暴力計畫第一階段的課程，正要進入第二階段。

出獄不久後，拉米雷茲就在田龐柯兩個年幼的孩子面前亂刀刺死她。他過去曾有對田龐柯家暴的重大前科，而田龐柯遇害身亡時年僅二十八。謀殺案發生後，由市府副檢察官進行的一項調查顯示，拉米雷茲有幾次扯著田龐柯的頭髮、把她拖出公寓，拿破酒瓶威脅她，恐嚇要燒毀她的房子與傷害她的小孩，對她拳打腳踢超過十八次，掐住她的脖子並把手指伸進她的喉嚨，而且綁架她好幾次。[10]他做了這些傷天害理的事情，一樣只被判了六個月徒刑。對於那些不甚瞭解家暴、認為輕微的暴力罪行沒什麼大不了的人們，只要舉出拉米雷茲的案例，肯定能讓他們改觀。在家暴的世界裡，輕罪就像是鳴槍警告。而它們往往受到忽視。

施瓦茨知道，忽略拉米雷茲做過的事情，就是欺騙自己的理智與情感。更重要的是，她明白，雖然拉米雷茲的行為對受害者及其至親、還有整個阻止暴力計畫，都造成了巨大而深遠的毀滅性影響，但她沒有很意外。「我們面對的是喪盡天良的男性。」她說。

由於拉米雷茲並未完成整個課程，因此就計畫的成效而言，這個案例不太具有參考價值。儘管如此，這起謀殺案重創了阻止暴力計畫的參與者、引導人及監獄人員，甚至是與拉米雷茲圍成一圈、傾訴人生中最慘的時刻與內心弱點的那些囚犯。施瓦茨告訴我，他們得知謀殺案的那天，她走進監獄時看到大家「歇斯底里、失控地哭喊」。那是阻止暴力計畫的危急時刻，但並未動搖她對這份工作及其迫切的信念。「這個問題太過棘手與引人注目了，無法假裝任何一件事就是答案。」她表示，「我覺得這就像是癌症。病患接受化療，然後還是死了。但你會因為這樣就停止臨床試驗嗎？」你會堅持下去，繼續掙扎、研發，繼續嘗試新的組合。「我們的工作就是如此。」她說，「這是一場臨床試驗。」

***

為了深入瞭解阻止暴力計畫的運作，我在一月某個微風輕拂的早晨跟吉米・艾斯賓諾薩約在聖布魯諾監獄門口碰面，那時離我第一次來此參加維多利亞的演說快一年了。聖布魯諾監獄位處舊金山南部，坐落於郊區的一座山丘頂端，周圍全是獨戶的粉色房屋。如今，他可以自由進出一道道厚實的鐵門，與警衛和囚犯們談笑風聲。一名胸膛壯碩得像台小車的警衛是同性戀，他跟吉米聊起一個週末發生的事情，關於度假、被人非禮，還有自嘲是「夏威夷飛人」（flyin' Hawaiian，譯注：美國職棒大聯盟中外野手謝恩・派屈克・維克托里諾〔Shane Patrick Victorino〕的綽號）的笑話，逗得吉米笑得流淚。（聖布魯洛是我遇過唯一一座公開接受同性戀警衛的監獄。獄警一向給人正經八百、作風強悍甚至暴力的形象；我從沒想過他們也可能是同性戀，而這種想法提醒了我一般的刻板印象有多深，就連像我這種正積極嘗試推翻這種成見的人士也會如此。）吉姆身穿迪凱思（Dickies）的米黃色排扣襯衫配工裝褲；他的衣服尺寸大到可以同時塞下他自己與那位綽號是夏威夷飛人的中外野手。他的額頭上掛著近視眼鏡。

阻止暴力計畫在這座監獄裡始終有一份候補名單，有時等著加入的囚犯多達十二人以上。聖布魯諾監獄裡盛傳，在阻止暴力計畫裡沒人會玩你。因此，囚犯想加入，警衛也是。如果在法庭上拿得出試圖洗心革面的證據，也是有利無害。不過，這也牽涉到顯而易見卻很少被人提及的事情的一點：大家都不想處於暴力之中。經常有人跟我說暴力是人性，我想到聖布魯諾監獄時不禁有個疑問，如果暴力真的是人性，為什麼那些外界視為行為殘暴、必須被隔絕於公民社會之外的人們在可以選擇的時候，會擠破頭想加入一個以防治暴力聞名的計畫呢？

監獄的豆莢式牢舍猶如一個鋪有地毯的魚缸，中間設了一張半圓形的警衛台。警衛台略高於地面，好讓警衛能清楚看見每個牢房與整間牢舍的每一個角落。牢舍有兩層樓，中央是一個大型階梯。如果換成另一個場景，這便會是皇室成員優雅亮相、緩緩步下的那種富麗堂皇的階梯。二十四間正面設有大片玻璃的牢房，關了四十八名年紀從十八至七十歲不等的囚犯。有白人、黑人、拉丁美洲人、亞洲人、中東人，全都穿著橘色囚衣與無鞋帶的白鞋。一面牆上設了一排付費公用電話。天花板挑高，一走進去會有種到了圖書館的錯覺。其中一些囚犯是謀殺犯，一些是毒品販子，一些則犯了竊盜罪。他們都有家暴前科，也都尚未判刑，這表示他們在獄中表現良好；新進的囚犯已經待了三天，最久的關了兩百一十週。從天數的長短可看出罪行的嚴重程度。重罪不同於輕罪，官司程序可以耗上數年。然而，他們每一個人都知道自己能來到這裡很幸運。這項計畫的其中一項宗旨是對暴力絕不寬恕。

這天吉米與另外兩位引導人雷吉．丹尼爾斯（Reggie Daniels）與里歐．布魯恩（Leo Bruenn）前來。一些囚犯上前與吉米打招呼，像硬漢般一隻手緊握對方拳頭、另一隻手輕拍背部並禮貌性地擁抱，一些人則點頭示意。他們瞄了我一眼，有一、兩個人過來自我介紹，稱我為女士。雷吉負責的小組成員走進一間教室，里歐帶領的小組則使用樓梯前方的區域。吉米與今天小組裡的十四個人（還有我）拿著藍色塑膠椅在拱型樓梯下方圍成一個小圓。他們依事先規定的順序就座，新來的囚犯坐在吉米左邊，關越久的排在越後面，因此小組裡坐牢最久的人坐在吉米右邊。這個順序很重要，因為課程的進行方式是由同僚帶領——有別於其他多數施暴者處遇計畫的其中一個元素。辛克萊爾堅持推行同僚帶領式課程，這種方式衍生自他在道爾頓體系的多年經驗，旨在讓學生們感受自己的進步，在課程的框架中開創專屬的教育。我帶著好奇的眼光看待這一切。我來此見習的條件之一是盡可能融入過程，而不只是作為旁觀者來敘述他們生命中最糟糕的經歷。這與大多數記者的角色相牴觸，但該課程有一部分的重點即在於，我們都來自相同的群體，背負著相同的重擔：被愛的需求、脆弱的恐懼與令人喘不過氣的羞恥心。倘若我以旁觀者的角色自居，則從某種方面說來，就是在建立這項計畫致力瓦解的那種階級意識。在其他家暴者處遇計畫中，我在角落靜靜觀察，但在這裡，我的角色介於參與者與旁觀者之間。因此大家都就定位時，吉米請我介紹自己作為開場。

一開始我先介紹自己的姓名與居住地，然後說到這本書與任教的大學。我告訴他們，我們與罪犯談話的時間比花在受害者身上的時間來得少。接著我述說更重要的故事，一個或許是促使我最初決定提筆寫書的故事：我跟他們許多人一樣高中輟學，有幾次也涉入了暴力事件。我們的生活圈與經歷各有不同，但在房間裡的每個人都很清楚，第二次（或第三、第四次）機會代表什麼意義，以及隨之而來對失敗的深切恐懼。事後，許多囚犯感謝我分享了自己的一小段人生，而這讓我有種脆弱的感覺，儘管身為女人，但我在碰觸自己的感受時仍會膽怯不安。甚至在寫作的此刻，我依然覺得羞愧。

我在想，公開承認自己的弱點，對這些男性而言一定非常困難。小時候，大人沒有叫我不准哭、不能當娘娘腔、凡事一定要贏，而如果我失敗了，也沒有人要我必須努力成為贏家。當然，大人教了我其他事。無庸置疑。他們教了我蜜雪兒．孟森．莫澤從小學到的許多事情，像是女孩應該有什麼樣子、應該做哪些行為。他們跟我說，男人是一家之主，女人要聽從男人的指示。但是，分享自己一些最羞恥的時刻呢？或是最丟臉的時刻呢？最初評估阻止暴力計畫的暴力學者詹姆斯．吉利根向我表示，讓許多這些囚犯無法置信的，不是戒掉暴力行為，而是遵守他們應該有哪些行為與成為什麼樣的人的那種規範，一種關於男子氣概與身為男人的意義的準則。身為男人，他們被允許展現憤怒、狂暴與權威，但不可以流露出同情、善意、愛、恐懼、痛苦、悲傷、關心、照顧他人的一面或任何被視為屬於女性的「特質」。同樣令他們震驚的是，他們受到一股比自我還要強大的力量所操控，被一個他們從未想像過的世界所塑造。如今，我們知道這些男性是被迫選擇暴力，而不是天生殘暴，該有多寬慰啊！

這個早上的分組活動等於是讓大家報到。之後，整座牢舍將進行一場團體會議，由里歐擔任主持人，而吉米將帶領下午的戒毒團體活動。吉米首先問囚犯們有關情緒虐待的問題。他問他們，知不知道這是什麼意思？這都是如何進行？課程的主要目的在於幫助囚犯們辨別與體會自身感受，譬如恐懼、悲傷、同情、羞愧，甚至是憤怒。有感受並沒有錯；錯的是有了感受卻刻意逃避。吉米問他們，「為什麼吸毒會影響你的家庭？」

「因為我們人在家裡，心卻不在。」一名囚犯說道。他五十幾歲，是非裔美國人，頭髮灰白。「我們掌控了家人的時間與精力。他們叫我們，而我們沒有回應……我們操控了他們內心的空間。」

坐他旁邊的男人點點頭，他頭上的辮子綁了一個大結。「我會對這個婊子不耐煩、發脾氣，但嗑了藥心情就會變好。」他的意思是，他的忠誠屬於毒品，而不是對伴侶。他先追求快感，然後才有心情理她。他舉了一個例子說明，自己在瞭解如今學到的事情之前，**慣常**的思考方式。

「我沒有〔對伴侶〕動手，就做了很多情緒虐待的行為。」一位名為戴文（Devon）的囚犯如此坦承。（我修改了所有囚犯的名字以維護他們的隱私。）「以前我都到酒吧喝酒，對她不聞不問。後來我開始吸毒，她就大哭。我好幾天都不省人事。我根本無視她的存在。」

吉米表示，在《活下來的男人》計畫裡，毒品與酒精不是使用暴力的藉口。「我是毒蟲，會虐待妻子。不回家就是對家人的暴力行為。我沒有打他們，但依然造成了影響。吸毒後會先精神渙散。」我可以聽到背景中布魯恩的組員在交談，但我們這組十四個人的目光都在吉米身上。現場平和且安靜，跟電影裡大多數監獄呈現的混亂景象有天壤之別。

「我們都被還沒解決的鳥事給困住了，因為出去喝酒、或者再次入獄而被迫離開孩子所感到的羞愧。」名為蓋瑞（Gary）的囚犯說。他是第二次參加這項計畫；之前他從來沒有完成第一次的課程。幾名囚犯低聲表示有同感。一些人告訴我，離開孩子是坐牢最難熬的一件事。

這讓吉米想起他的第一個故事，也是他最慘痛的經歷。那時他八、九歲，父母還沒離婚，也不會把對方打得鼻青臉腫，所以這是一個癥結點。他的家人都住在附近。祖母住在跟他們同一條街上，表親們也距離不遠。他認識了朋友的一位親戚。有一天，對方買酒給他喝。他從小長大的這個社區有半數人口是義大利裔、半數是愛爾蘭裔，一半是警察、一半是罪犯。他喝了酒，而對方提出了小小的要求。他說，他買酒算是送他禮物，可見他是個好人。他說小吉米一定懂的，既然如此，也許吉米可以幫他做一件事，不用花多少時間。他說，也許吉米可以讓他摸一下，而吉米也可以摸他一下。雖然吉米感到噁心，但他心想，這不是應該的嗎？他應該聽從大人的話，大人說了算，大人什麼事都知道，不是嗎？小時候不懂的事情，長大就會懂了，對吧？像是為什麼我會遇到這種可怕、噁心的事情，或者，是不是因為我的關係，這種可怕、噁心的事情才會發生？而最後他開始懷疑，自己也變得可怕、噁心了嗎？

這件事發生過兩、三次。吉米沒有跟任何人說。這段恐怖的經歷藏在他心裡數十年，像一坨熔化的瀝青般燒灼刺痛。

「讓我羞愧的是，」他說，「我沒有反擊。」今日在聖布魯諾等監獄中，約有一二%的男性囚犯在十八歲之前曾遭到性侵（在州立的監獄裡比例更高，至於那些在寄養家庭長大的男孩，比例更是驚人的將近五成）。[11]我問吉米，如果現在遇到那個男人，他會怎麼做。

「我會殺了他。」他說。

我不確定他是不是認真的。

大約在同一時期，剛開始先是鄰居家一個來幫忙照顧他的姐姐要他撫摸她，後來另一個輪流照顧他的女孩也這麼要求。有個女孩要他幫她口交，這讓他感到窒息。他那時才九歲或十歲，完全不知道自己在做什麼，只知道這跟性有關。他是從電影看來的，他看到裡面的人脫掉衣服，身體像蛇一樣纏在一起動來動去。其中一個照顧他的女孩會吸一種東西，無時無刻都很亢奮。他當時年紀太小，不知道那是什麼，後來，那個女孩成了天使塵毒蟲——大家都這麼稱呼那些無時無刻都在吸食PCP（中樞神經迷幻劑，又稱「天使塵」）的人。吉米受到女生騷擾的時間更長，持續了兩、三年之久。他不知道這麼做是對還錯，只知道自己並不喜歡這樣。他以為是自己的問題，以為自己做錯了。他的想法跟任何遭到性侵的兒童（不論男女）一樣。家人發現後，認為另一個男人也有侵犯他，因為每次那個人來家裡，吉米都會大哭。吉米不記得了。也許那個人有侵犯他、也許沒有，天曉得。但如今他特別指出這一點。「那個男人對我的騷擾最嚴重。」他說，「就是因為他，我才變得暴力、兇殘、滿口謊言，對吧?所有這些缺陷性格就是在那時候開始養成的。」

我看看四周,十四名囚犯專心聽他說這段故事。有一半的人不時點頭附和,一部分是出於同情,一部分是同病相憐。

致命危險俱樂部

我認識吉米的時候，他正在監管一位名叫唐特・路易斯（Donte Lewis）的實習生。唐特參加過阻止暴力計畫兩次（第一次他沒有結業，因此重新開始），最近剛在聖布魯諾監獄服完近四年的刑期。我們坐在芳草地花園（Yerba Buena Gardens）喝咖啡和抽菸，他告訴我，幾年前，他出獄還不到一星期就跟朋友穆西（Mooch）開車去前女友家。唐特不應該出現在那裡。他有禁制令在身——原因是之前的某天晚上他發現女友凱拉・沃克（Kayla Walker）與另一個男人在一起，於是拿床單裹住她、將她拖下樓梯並塞進一輛事先備好的車子裡，後來被以綁架罪起訴。[1]但是，由於他們斷斷續續同居了好幾年，因此他大部分的衣服都放在沃克家，而對他來說，不管有沒有禁制令，沃克依然是他的女友。他都叫她作自己的「婊子」。

穆西推了唐特一把，讓他從沃克家一樓陽台的欄杆爬到二樓，推開玻璃門溜進屋內。他記得那時聽到臥房大聲放著饒舌歌手傑魯（Ja Rule）的音樂。他衝進去時，沃克身穿海綿寶寶圖案的家居長褲，房裡還有一個男人，他有穿衣服，坐在對角。他叫卡斯柏（Casper）。唐特拿出一把點四五口徑的柯爾特（Colt）手槍對準她，卡斯柏挺身擋在前面。唐特喊道：「我要殺的人不是你。」一片混亂中，沃克跑了出去。卡斯柏衝上前攻擊唐特，兩人在床上扭打成一團；唐特用手肘推撞卡斯柏的臉，掙脫了他的糾纏，手裡依然握著槍。卡斯柏衝出公寓，消失在夜色之中。唐特則發狂似地尋找沃克的蹤影。

他發現沃克在客廳緊握著話筒貼在耳朵上。他不想讓自己的聲音被接線員錄下，於是張大嘴巴但不出聲音地問她，「是警察嗎？」她沒有回答，但他還記得她的眼神「害怕得要命」。他拿槍重擊她的頭部，而她失去了意識。她手鬆開了話筒，但唐特不知道警察還在不在線上。他敲了她三、四下，直到他覺得她昏過去為止；那時沃克口吐白沫。「我知道我必須殺了她。」他說，「我是絕對不會回去坐牢的。」

他站著拿槍對準倒在地上的沃克。身高一百八十八公分、留著一頭金色長髮辮、四肢布滿刺青的他，看起來令人生畏。自從他十四歲、而沃克十三歲起，他們認識已五年多。她一直都是他的女友，而現在他必須殺死她。

然而，穆西跑進屋裡，把他推到門口趕著離開。

之後，遠處傳來警笛聲。他們逃出公寓，跑過街角到唐特嬸嬸住的地方。唐特把槍埋在房子門前的一小塊泥地下。然後他跑進屋內，躲到閣樓，在那裡待了五個小時，暗地觀察警方的動靜。閣樓裡有一瓶人頭馬（Rémy Martin）白蘭地與一小根大麻煙，他抽大麻喝酒，最後昏了過去。他醒來時，警察正在拿手電筒照他的臉。

＊＊＊

唐特在二〇一四年從聖布魯諾出獄後，搬到了一間中途之家，我就是在那裡遇到他的。他談到自己的過去時既恐懼又畏怯。他的家鄉東奧克蘭（East Oakland）的地方文化由「音樂、大型輪圈、槍枝和殺戮」組成。他告訴我，如果你的格洛克（Glock）手槍上沒有裝三十發的彈夾，那你就不算個男人。暴力是一種生活方式。即使你不想成為其中的一部分，也不可能保持中立。大家都別無選擇。他將東奧克蘭稱為巴格達，說那裡無時無刻都在打仗。現在，他覺得那是「男性角色信念體系」的一部分。

唐特剛認識凱拉時，很少叫她的名字。他的朋友們都叫自己的女友「婊子」，像是「那是我婊子」。唐特身材瘦長，有著淡褐色眼珠，脖子上刺了「death over dishonor」（士可殺不可辱）幾個字。他與凱拉很年輕就在一起了，年輕到他們連自己是誰都還不知道。實際上他們算是嬰兒，在玩弄一段感情。許多潛藏暴力的交往關係都是這樣，雙方年紀都小，而且認識不久就開始交往，有時這會變成一種模式，持續存在某個人的生命裡。蜜雪兒與洛基的關係也是如此。唐特與凱拉多年來分分合合，但他依然同時跟其他中意的女人來往。他從沒想過自己是怎麼對待凱拉的，從沒想過性別的刻板印象，或是自己的行為受到文化的哪些影響。在獄中參加阻止暴力計畫的期間，他讀了《情商》（*Emotional Intelligence*）一書，開始修讀心理與社會學的課程。在緩刑期間，他必須遵守晚上七點宵禁的規定，但他說沒關係，這剛好讓他在充滿誘惑的晚上遠離街道。不過，生計成了問題。他的實習薪水一個月稅後只有七百美金。他一隻手臂打了石膏，因為他一出獄就打架，差點失去「社區工作」（Community Works）組織的實習工作。他說他很後悔做了這件事，而手臂上的石膏提醒了他這是一場重要的戰役——暴力的自我對抗不暴力的自我，過去的自我對抗現在的自我，無知的自我對抗有知識的自我。他有遠大的夢想。他希望完成社區大學的學業，之後也許繼續攻讀學士。他打算當一位心理學家。那會是什麼樣子？有可能成真嗎？最後他可以幫助像他這樣的男人嗎？

那天稍早，我問吉米，他在擔任小組長的四年裡，遇過多少像唐特這樣的實習生。他眼珠轉了轉說：「該死……我不知道。」有太多太多的實習生了。他的書桌上有一個紙盤放著熱騰騰的肉餡玉米捲餅與炒豆泥。他的同事與一些警察總是挖苦他的體重。他骨瘦如柴，但食量跟馬一樣大。他穿棕色牛仔褲，黑色皮帶捆在他的腰間，繫到最後一個孔。

我問，他監督過的實習生中，有多少人當上小組長？

「沒有人。」他說，「只有我。」

唐特機會不大，而他心知肚明。「以前的我火力比現在的我要強得多。」他說。他簡短而坦白的一句話讓我印象深刻。他說起話來仍像在街頭混幫派，但偶爾會突然冒出一些詞，讓人感覺他跟過去不一樣了，例如有一次我們坐在舊金山市區一間高級旅館的大廳，一起吃著一籃有機草莓，在此同時，三五成群參加研討會的人們一邊經過、一邊低聲交談，鞋跟刻意在大理石地板上敲出叩叩叩的聲響，而他正向我描述他與死黨都把女人叫作「婊子」的故事。他把女友叫作婊子，就連姐姐妹妹和母親也是這麼稱呼。有時他會稱母親作「我的老太太」。在他口中，沒有一個女人有身分，也沒有一個女人有姓名。「我總是把女人叫作『婊子』，」他突然說道，「這其實是剝奪了她的人格。」

吉米與唐特都受雇於「社區工作」，一個推動反暴力與正義改革的奧克蘭組織。「社區工作」也發起各種藝術與教育活動，協助解決暴力問題及監禁對囚犯及其家屬造成的影響。某天晚上，我旁聽吉米與唐特一同主持的小組活動，這是唐特受訓的一部分。如同吉米在聖布魯諾以外的地方教授的所有課程，這堂課的上課地點是舊金山警局的一處前哨基地。一些夜間部的學員在聖布魯諾監獄加入阻止暴力計畫，但將會在每週一次的《活下來的男人》課程中結業。有時會有一些囚犯自願參加《活下來的男人》課程，不過人數不多，而學員們上課的地點不是警察局，而是教堂或社區活動中心，他們在漢米希．辛克萊爾這類人士的協助下組成群體，而他至今依然每個星期主持數場會議。[2]夜間部的八名學員中，有四名為西班牙人，兩名為黑人，兩名白人。他們全都受法院勒令參加。大多數的人都被判定重罪，少數則為輕罪。多數學員也有多重問題，像是武器或其他犯罪指控、毒品或酒精濫用及心理健康問題。身為曾經的囚犯與幫派成員，吉米與唐特擁有這個群體的社會資本。他們熟知街頭的規則和語言，深諳生活在暴力中與努力擺脫暴力的掙扎。他們每個星期在這裡聚會，如果能堅持到最後，就等於花了一年的時間培養實力，來教導這些男性建立自我意識——即他們使用暴力時變成什麼樣的人與看起來是什麼樣子、他們的暴力如何影響周遭的人，以及在壓力下可以選擇哪些其他方式來回應。

處於這樣一個世界以外的我們，大多將親密伴侶暴力等事件視為獨立的問題，認為它們需要專屬的解決辦法。社會福利的介入也往往將這類的問題當作例外。但是，一個存在親密伴侶暴力的家庭，可能同時也有兒童虐待、酗酒與工作不穩定或居無定所的問題，或是存在創傷性腦部損傷或其他嚴重的醫療情況。孩子的教育也可能不是優先考量、不可得或受到阻礙。單純處理其中一個問題，並不能緩解衍生自其他因素的問題。多項治療計畫——更不用說是研究——越來越認識到這一點，也就是家暴問題牽涉了許多方面，因此治療也必須多管齊下。

我們所在的辦公室位於一棟灰灰舊舊的兩層建築物，夾在有窗戶可俯瞰混凝土與瀝青路面的倉庫及附近高架橋的吵雜車流聲之間。這個地方看起來從戰後便不曾翻修，牆面油漆老舊得在夜燈的照射下顯得昏黃。一面牆上貼有一幅手繪圖像，描繪動畫電影《海底總動員》（*Finding Nemo*）中的艾爾莫（Elmo）親吻尼莫（Nemo）的畫面。另一面牆則貼了一張海報寫著：**如何阻止三十歲的男人毆打妻子？在他十二歲的時候跟他說不能這麼做。**

唐特整理白板筆和濕紙巾。學員們慢慢走進來，彷彿這對他們是一種折磨——或許真是如此。「今晚誰負責抄寫？」唐特問。一個戴太陽眼鏡與裝飾牙套的男人應聲，然後在白板寫下**分離循環練習——否認，推卸責任**，串通共謀。一些學員來這裡之前在上班，一些則到處鬼混了一整天。他們互相寒暄說笑了幾句。某個人對負責抄寫的那個男人說了些悄悄話。他笑說，「媽的別鬧了！」然後轉身對我說，「女士，抱歉我說了粗話。」那感覺就像一個演員突然打破了空間中的第四面牆。我不想被人注意到；但我是個白人，是個中產階級的中年女性，拿著筆記本，與一群留著髮辮、光頭、山羊鬍，身穿低腰牛仔褲、運動上衣和價格過高的運動鞋的男人坐在一起。我覺得自己像是從電影裡走出來的人，或者正走進電影場景。不同於聖布魯諾監獄的情況，今晚我並非受邀而來。

另一個人笑說：「看看，這就是致命危險俱樂部。」他們知道，致命危險正是發生在一個人的期待受到最大威脅的那一瞬間。起因於這個世界欠了他什麼，他對自我的要求是什麼。有某件事挑戰他的權威，可能是伴侶說了什麼或做了什麼，於是他抓狂。也許是酒吧的某個人羞辱了他，也許是同事跟他說他搞砸了。那一瞬間改變了一切。他眼睛瞇了起來，胸腔鼓起，拳頭握緊，肌肉緊繃，血脈賁張。肢體語言幾乎走到哪都通，超越種族、階級與文化甚至物種。不論是一個男人、一頭獅子或一隻熊，身體的反應方式都相同，然後造成致命的危險。吉米與唐特希望最終能讓這些家暴男性見證做出決定的時刻。暴力是一種後天習得的行為。我們不瞭解致命的危險，但有另一個詞彙可以形容這種情況，也就是「理智線斷裂」。電視新聞的報導、鄰居悲傷悼念的模樣、同事的指責，都可能讓**他理智線斷裂**。然而，這個動作是一種煙霧彈、一種陳腔濫調、一種想像，實際上並不存在。

＊＊＊

到了課程第十二週。今晚他們的焦點只有一個名叫道格（Doug）的男人，他描述讓他惹上麻煩的主要事件。辛克萊爾曾經將這項練習稱為「毀滅循環」，但後來改成「分離循環」，因為對他來說，教學的關鍵在於讓學員瞭解一個人如何在受到威脅時脫離辛克萊爾所謂「真實的自我」，而正是這種分離導致暴力的發生。

學員們圍成一圈，而道格坐在最前面。「天啊，我好緊張。」他說。

「你就想像自己是在跟從小一起長大的玩伴聊天就好。」吉米對他說。在阻止暴力計畫之前，吉米曾做過許多工作，其中之一是開計程車。他經常從這種經驗中悟出一些道理：當你困在車陣中，別人對於路線的瞭解可以幫助你避開壅塞的路段。每次我離開辦公室，他都會問我要請計程車走哪一條路，然後看看手錶確定是否會遇上尖峰時段。最後他會指引我一連串的方向，那些路線複雜到我請司機轉了四、五個彎後就決定放棄。他每次都這麼做，頗為貼心。他不希望有任何人飽受塞車所苦。塞車就如同暴力：總是可以選擇走別條路來避開。

吉米對組裡其他學員說，「現在我需要你們專心，」他說，「收起玩笑的心情。道格會敘述他攻擊伴侶的經過，如果你們笑了，他就會閉上嘴巴。我們對伴侶所做的事情並不好笑，所以大家應該認真看待。讓我們以成熟的態度面對。這項工作很重要，不可以開玩笑。」

吉米身上有大大小小的刺青，前額刺了「saint」（聖人），後背則刺「sinner」（罪人）。牛仔褲在他消瘦的身材上顯得鬆垮，他穿著尺寸過大的白色T恤，皮帶像條蛇般半垂在大腿間。他怎麼吃就是吃不胖，沒人知道原因。同事們都笑他是瘦巴巴的混蛋。不過，吉米有一個祕密。這解釋了他為什麼瘦得前胸貼後背，褲子也撐不起來。

「給我十秒鐘。」道格說。我看到他的雙手夾在兩腿之間微微顫抖。

「老兄，深呼吸。」吉米說，「對自己說你還活著。」

一位監管人要唐特多說一點話，覺得有需要的時候就插嘴。如果他能熬過整整一年的實習，就一定能進入「社區工作」擔任全職引導人，像吉米一樣。現在他實習了六個月。很多人都對他寄予厚望，尤其是他自己。不過，他眼前仍然有許多任務尚待完成，包括結束試用期，從實習生轉為可以真正領到薪水的正職人員，然後拿到大學學歷。還有那麼多失去的時光需要彌補。那天稍早我在公園與唐特交談時感覺得出，對他而言，就連把「心理學家」想像成一種職業也是一種全新的能力，還有，展望未來而不只是度過現在，也是他在這個世界與以往截然不同的生活方式。

「我的馬子曾經去找過另一個皮條客。」吉米說，「我強暴了她。很可怕，兄弟，那很可怕。你感覺得到那不是自己，但在當下那**確實**是你自己。」

「我也是這樣。」另一名學員說。

又有一個人說，「我上了〔這項課程〕四十二週，後來再犯，又進了監獄。」課程從頭開始。

「我違反了禁制令，所以又回來了。」另一個人說。他們就像一支足球隊在更衣室裡中場休息，比賽戰況膠著而無法預測勝負。他們正在互相加油打氣，讓道格知道大家都經歷過這一段，大家都有罪。

「我靠沒有父親的女人、曾經遭到性侵的女人來得到滿足，」吉米坐在椅子上往後傾斜，然後又砰地一聲回到原地。「然後我偷走了她們的靈魂。」

＊＊＊

終於，道格開始訴說自己的故事。前女友艾希莉（Ashley）在自家臥房，他過去找她，純粹為了打發時間。他們一星期前分手，現在正試圖維持朋友關係。當時她正在傳簡訊，一邊喝著野火雞威士忌（Wild Turkey），一邊跟他說說笑笑。她透露自己這幾天一直想著另一個男人。「我想到這件事的時候，感覺到那種致命的危險。」道格說。

「不要用課程中的詞彙。」吉米說。課程上的用詞是瞭解一個人行為的重要背景，但在解構特殊時刻的分離循環練習中，這些用詞可能會太過委婉，變成一種不負責任的做法。例如，**我經歷過致命危險的時刻與我一拳打在她的眼睛上**這兩種說法是不同的。因此，應該要一個人先說故事，然後大家在教學架構下一起釐清來龍去脈，將他們從課程中學到的特定元素與故事連結在一起。舉例來說，**這個瞬間會威脅到你們的男性角色信念體系。在這一瞬間，你們走進了致命的危險。在這一瞬間，你們脫離了真實的自我。**

道格道歉後深吸了一口氣，雙眼盯著腳上的鞋子。他重新進入故事。他們經歷了大約一個星期的「爭吵」，這是壓垮駱駝的最後一根稻草，而且情況「逐漸惡化」。吉米大聲喊出這個詞彙，指明這是課程用詞，於是道格又重說了一次。「情況越來越糟……我記得她一直微笑，房間裡在放一首唱著『星期五，我陷入愛河』的歌曲。我記不得那是誰唱的，但現在我每次聽到這首歌都會想起那一天，覺得非常生氣……」

「不要偏離主題。」其中一名學員說。

這種言語的提醒、敦促他人緊扣故事主題的動作，是課程的一部分。由此可知語言有多重要，凸顯了我們有多容易欺騙自己、轉移話題以推卸責任，如何利用文字來塑造自己的愧疚或無辜，有多容易操控故事的敘述，這種操控的行為有多常始於我們本身的意識，以及我們如何輕視自己對別人造成的影響。之後，小組成員會更嚴厲地檢視道格的敘述，但現在他們讓他繼續說下去。

「她一直笑著說她遇見了另一個男人，不斷在我的傷口上灑鹽。」道格說。那時她喋喋不休，而他抓起酒瓶狂飲了六、七口。「我覺得自己被玩弄了……我引發了她的暴力，我叫她打我，而她真的打了。我記得我舉起手甩了她一記耳光，那一下在她鼻子上留了一道傷痕……之後，她又衝過來打我，這時我不記得發生了什麼事。我有印象的是，我醉了大概有五分鐘，然後我發現自己變得暴力，於是走出她的房間，結果她的祖母擋在我和她中間……這時候我已經半昏半醒了。」他停了一分鐘，沉思了一會兒後說，「還有一件事，我重重捶了房間的門幾下，推開門撞到牆壁，留下一個很深的凹痕——」

「是推開還是打穿？」吉米問。

「打穿。我打穿了房門，隔間牆凹了一個洞。」道格繼續說，他威脅要「撕爛」那個男人的臉，之後便離開了公寓。這個故事支離破碎，只有部分是按照時間順序敘述。他想起一些細節，然後又敘述了更前面發生的事情。當時艾希莉的祖母在場。他在毆打艾希莉之前，用腳頂開她。離開公寓後，他聽見遠處傳來警笛聲，知道警察要來抓他，便坐在人行道的邊欄等待，刻意駝背，「盡可能讓自己顯得無助，這樣就不會遭到暴力壓制」。他說，警察到場訊問時不斷奚落他，他們問他是不是同性戀，有沒有手足無措，是不是有種族歧視。

他花了約十分鐘講完這個故事。

「我可以釐清一個問題嗎？」唐特問。他們都用「釐清」這個詞，好讓學員知道他們提問不是有意挑釁。

道格點點頭。

「你說『用腳頂開她』，那是怎樣的姿勢？我的意思是，當時你在做什麼？」

「我躺在她的床上，」他說，「我不想讓她過來。我用腳踢開她。」

「用腳踢人是肢體暴力。」唐特說。

道格又點了點頭。

吉米感謝他誠實以告，並搓搓雙手。他向大家表示，道格說他要「撕爛」前女友心儀男人的「臉」，這屬於言語威脅。「我可以再釐清一個問題嗎？」他問道格，「除了她的名字以外，你有沒有用別的詞彙叫過她？」

「有。」

「什麼詞彙？」

「我記得我叫她蕩婦，」道格說，「還有妓女。」

「這是一個要素。這是言語威脅。」

唐特附和表示這是辱罵的行為。「大家聽好，我為了打她，就必須不把她看作是艾希莉，而是一個蕩婦。你必須重新賦予她一個名字，懂我在說什麼嗎？」

吉米請道格詳細描述那天晚上他在房間的肢體動作。他全身的肌肉有何變化？

「很緊繃。」道格說。

心跳呢？

「變快。」

吉米站起來一會兒，問道格他當時的身體是放鬆還是僵硬？

「僵硬。」

吉米擺出姿勢，讓道格與大家知道那是什麼樣子。他像個拳擊手般微微彎著背，握緊拳頭，板起一張臉。一邊的肩膀微微向外伸，全身重心放在腳掌上，一副隨時準備往前撲的模樣。在臥房這種相對放鬆與安靜的環境下，這樣的姿態令人吃驚，現場一些學員也恍然大悟，原來自己在家暴的當下即使一句話都沒說，但肢體已明顯傳達出攻擊的訊息。

「這，」吉米保持不動並說，「就是她看到的樣子。」

他正在挖掘身體邊緣系統對威脅的反應，就像在野外看到動物遭到圍攻一樣。唐特與吉米督促道格回到重點。如果當時房間裡有別人，這個握緊拳頭、心跳加速且肢體僵硬的人看起來會是什麼樣子？

看起來具有威脅性。

看起來嚇人。

看起來令人難受。

這就是起點：注意自己的肢體。

接著是語言。有些話語可以立刻察覺，例如不叫伴侶的名字，而是以侮辱的詞彙稱之。然而，一般語言的運作比這種情況更加微妙。語言會在意識與潛意識的層面發揮作用，一字一句、分分秒秒都讓人感到痛苦。不要說「陰部」，不要說「我的老太太」，不要說「妓女」、「蕩婦」、「女人」。要用專有名詞，用「伴侶」這個詞彙。與你的談話對象或小組成員保持眼神接觸。身體坐直，不要一副垂頭喪氣的樣子。他們描述使自己此刻處於這裡的事件時，必須使用「我」這種所有格代名詞來陳述。不是「我們的」、「男人的」或「社會的」暴力，而是「我的」暴力。對自己的暴力負起責任。

在聖布魯諾監獄，這項練習會花掉一整個早上。學員們耗費數小時來分析在現實中可能只有幾分鐘的事情。他們不必刻意挑選可以煽動眾人情緒的犯罪事件來講，但多數人都會這麼做。他們必須留意自己回想起的每一個小細節，譬如肢體語言、心跳、呼吸、肌肉、語氣、用詞、感受、聲音及氣味。某天我在聖布魯諾旁聽吉米主持的小組討論，他問學員們，從他們對伴侶大吼到被帶上警車過了多少時間。有人猜二十分鐘、二十五分鐘、半小時甚至一小時。「都不對，」吉米告訴他們，「十分鐘。兄弟，你猜對了。」一個男人變成一頭野獸、再變成囚犯，只需要幾分鐘的時間。但是今晚，他們與道格花了快兩個小時才完成整個練習。

吉米對大家說，我們要強迫自己反省。這些罪犯強迫自己，強迫受害者及他們的孩子。吉米表示，大家必須願意採取行動來解決問題。意識加上行動，等於改變。我看到他掃視小組每個人的表情。「我一定要說一下。」吉米邊說邊站起來。「我的人生鳥斃了。我很清楚自己這輩子做過的每一件事，說謊、出軌、偷竊。身邊的人一直跟我說，『不要賣毒品』，『不要吸毒，不要玩女人。』我聽過這些話無數次，但我還是做了。」一個原本用手肘頂著膝蓋的男人往後靠在椅背上。「各位，這很重要。我們應該想想，要如何學習不使用暴力。」他頓了一下，環顧圍成圓圈的大家。「如果我不正視自己造成的毀滅，就不會在乎這些問題了。」

那個時刻成為吉米的第二段經歷。你對別人做過最可怕的事情是什麼？那天他綁架了深愛的女人，差一點就殺了她。他有四個摯愛的孩子，而對方是其中一個孩子的母親。她是吉米的前女友凱莉．格拉夫（Kelly Graff）。當時他們分居，而吉米氣炸了。他認為她是自己的女人，一定要把她找回來。吉米打電話說要給她五百美金，問她能不能來拿。凱莉要他保證沒有其他意圖，而他照做了。那是強迫的舉動。之後，他去租了一台搬家卡車，回家吸了大量的毒品，然後等待凱莉的到來。他看見她的車子從街區另一頭駛來，而當她抵達、距離那台卡車只有一步之差時，他立刻倒車並猛踩油門，死命衝撞她的車子。他原本可以該死的殺掉她。接著，他像隻獵豹般飛快衝到車門前，粗暴地將失聲尖叫的凱莉拖出車外，把她扔到卡車後車廂並關上門，然後開去她家。這是權力與控制的表現。他喝得酩酊大醉；已經好幾天沒闔眼。他是個蠢蛋。說到這裡，他搖搖頭，不敢相信以前的自己如此荒唐。他們到了凱莉家（他曾經跟她同居的地方），他把她拉出車外帶進屋裡，在這之後發生的事情他都不記得了。也許他們起了一點爭執，也許他摑了她幾記耳光。吉米相當確定自己狠狠揍了她好幾下。他想不起細節，但他說他睡著了。他醒來後，凱莉已經離開，而他知道自己搞砸了，徹底完蛋。他實在不懂自己前一晚怎麼睡得著？他跑到街角一間以前他們兩人經常光顧的墨西哥捲餅店，店員說早些時候凱莉跟一名女性友人有來，她一副驚魂未定的樣子，還說要報警。吉米連忙逃走，躲到沒有人知道的地方。

凱莉記得的事發經過與此截然不同。她說，有一天吉米到她工作的地方跟她說他的祖母過世了。凱莉知道他跟祖母感情很好，心想他不可能騙她。結果，她一踏出公司，就知道他在說謊。他們在一起的時候，她十六歲，吉米二十六歲。現在，他們生了一個年幼的女兒，而凱莉二十一歲了。

她發現吉米硬要她離開公司時，馬上跑回有保全的辦公室。她在電話上跟我說，吉米在停車場發現她的車子，便放火燒車。那台車是全新的，而舊金山消防隊打來告訴她這個消息。她向他們表示，是她為了搬出公寓而租了那台卡車。在吉米燒了她的車子後，她跟母親的一位朋友借車來開，但有天吉米跟蹤她，趁她上班時躲在後座。她下班取車時，吉米持刀威脅她，她記得他說，「賤人，你要離開我了。」她忍受了好幾年當吉米的出氣包的日子。他操控她、強迫她，讓她嚇得魂飛魄散。他不斷跟蹤她，阻絕她的社交生活，控訴她偷吃。「我沒有要離開你。」她這麼騙他，「我們只是需要分開一段時間。」凱莉「試著讓他冷靜下來，因為我不知道他會做出什麼事來」。她說，他們一起把那台搬家卡車開回同居的公寓，那是一間她叫作「地牢」的地下室。她騙吉米說她肚子餓，於是他讓她出去買食物，她對我說，她一離開「就死命狂奔」。

她跟表姐一起到警察局，警方一開始要她回家拿吉米的那把刀子過來當作證據。「我跟他們說，『你們瘋了嗎？』」據她表示，警方根本不想幫她，但最後的確有發出通緝令。在此同時，凱莉失去了車子、失去了住所，最後還丟了工作（她在九月十一日之後遭到解雇）。那段時期是她人生的低潮。

搬家卡車事件過後的某天早上，她載女兒去幼兒園，而吉米躲在附近。她說，他說服她讓他接女兒放學，之後有長達八天的時間，他挾槍威脅她們待在旅館房間內。依照他們兩人的要求，那八天發生的事情並未對外公開。

凱莉表示，她終於可以控制他，逃離這一切了。

吉米說，他自首了。

人在創傷中的記憶反覆無常。

吉米向我描述這段經歷時透露，他記得自己總是在逃跑、躲藏，每次聽到警笛聲都像驚弓之鳥，無時無刻提高警覺。凱莉告訴我，吉米的人生中有一半時間都吸毒吸到出現幻覺。所以，或許他真的想不起那些事情。

最後，他遭到逮捕，而他與凱莉都表示，檢察官打算以綁架與持致命武器攻擊的罪名起訴他，但凱莉說自己對他感到抱歉而撤回了許多證詞。從她在電話裡的語氣明顯可知，她無法相信自己曾經撤銷了控訴。最終，吉米認罪了。他說他被判坐牢四年；凱莉則說他只關了一年多。

無論如何，後來他發現了阻止暴力計畫，並體認到他對自己、凱莉與他們的女兒、周遭的朋友與家人造成的傷害。他告訴小組成員，暴力會引起連鎖反應，他傷害了凱莉，進而傷害了自己的孩子、父母、凱莉的朋友，影響不斷往外擴散。暴力是一種會移入群體的黑暗力量，透過感染而繁殖。我認為，唐特將東奧克蘭比喻成巴格達正是因為如此，吉米所指的也是這個意思。一項暴力行為會引起另一項暴力行為。暴力與更多的暴力為伍，永遠無法真正解決任何問題。我的前夫一生都在軍隊裡度過，他曾對我說，不論你是誰，擁有一把槍的問題在於，它的存在會自動使你站在某一邊。你不再是中立的。對我而言，暴力似乎跟槍枝是同一回事。它會分化個人，但也會分化家庭、群體、城市與國家。這正是吉米試圖透過自身經歷所傳達的訊息。

吉米對自己的稱呼——「卑鄙壞蛋」、「低級混蛋」等——是街頭行話，是一種堅韌不拔的詩歌，為同道的兄弟們所認同。但在這裡，我們姑且以那時候他真正的身分來稱呼他。他是家庭恐怖分子。他的行為正是恐怖分子的行為。他們恐嚇別人。在聖布魯諾監獄及其他地方參加阻止暴力計畫的所有男性，都是我們當中的恐怖分子，都造成了恐懼，而今日有許多人（包含美國總統）都認為那樣的恐懼不過是「私事」而已。

吉米服完了刑期，而就在出獄前夕，他收到了凱莉寄來的一封信。他之前在牢裡時從來沒有收過她的信。他記得信中的最後一句話是：**請不要殺我**。（她說，她寫這封信是回應吉米寄來的一封信，據稱他拒絕支付孩子的扶養費。）

他一邊描述，一邊搖頭嘆氣，舉止間流露出滿滿的懊悔與自責。我想著，自古以來有多少女人是這樣？人類史上數千年來，世界各地有多少女人以上千種語言說了同一句話？請不要殺我。你看看，女人多有禮貌，懇求別人饒命時還會用「請」這個字。

「可憐的女孩，」吉米對全班說，而道格依然在圓圈的最前面。說到這裡，他的聲音基本上已變得像在說悄悄話了。「那個可憐透頂的女孩。她到處問我的朋友，我出獄後會不會殺了她。」他的故事、他做的這件可怕的事，還有他費盡千辛萬苦找回人性的過程，迴盪在這個房間裡。

「如今，那個女孩是我最要好的朋友，」他說，「我會一直守護她。」

凱莉駁斥了這段敘述。她相信吉米改變了，相信他「學會接受他做過的事，而他現在知道那是不對的」。她說他現在變得比較謙卑，或許目前的狀態是他人生中的顛峰。但是，她說，「我永遠不會再讓自己單獨與吉米共處。」

＊＊＊

吉米停了一下。在場的每個人都有類似的經歷，也將會面臨道格今晚的處境。吉米對道格說，「兄弟，你開始喝野火雞威士忌時，就是在對自己施暴。一切就是從那時開始的，對吧？」

道格點點頭，手指正摳著手掌上的硬繭。

「把她推開就是在對她施暴，沒錯吧？甩她三記耳光、還有打穿牆壁都是。你說你要撕爛那個男人的臉，對吧？那種威脅正是言語暴力。」

道格直點頭，承認這些舉動背後的脈絡。

在道格身後，戴著裝飾牙套的那個男人正在白板上寫下這些過程，圈出特定時刻代表的意義。喝酒是「自我暴力」，辱罵是「言語暴力」，打穿牆壁是「肢體暴力」。

「我可以釐清一件事嗎？」吉米說，「你第一次的致命危險是什麼？」也就是他第一次發覺自己的男性角色信念體系遭到挑戰的時候。

在《活下來的男人》課程的教育中，男性角色信念體系是社會教導男性應該抱持的期望。在群體中，吉米或辛克萊爾等人通常會在中間留一段時間，請學員舉出男性角色信念體系的一些例子，譬如：**男人不能受到不敬，不能忍受別人說謊。男人的性能力不可遭到質疑。男人代表權威。男人不可以接受別人的打發。女人應該對男人百依百順並支持男人。**當信念體系受到挑戰，男人便會進入致命的危險狀態，而在這種時刻，暴力成了選項。《活下來的男人》課程以一種矯飾的說法來形容這種時刻：一個男人的「內心職業兇手」現形時，他的「真實自我」就會消失。職業兇手獨自默默地展開行動。他融入群體中，鬼鬼祟祟造成破壞，然後消失無蹤。他不負責任。他沒有道德中心思想。吉米指出，當道格處於致命危險的時刻，他不僅不在乎伴侶，也不再注意自我、自己的感受、自己的需求與自己的身體。他只顧著對信念體系受到的挑戰做出反應，而當事人正是在這種衝突的核心中決定採取暴力與否。完成課程的一名男性表示，他學會在這種時刻中退一步思考，重新調整自己的理智與身體。有時候，他們只需要一個小小的調整，就能提醒自己住手、深呼吸與不要讓憤怒的情緒越演越烈。

吉米又問了道格一遍，他第一次進入致命危險是什麼時候。

「她說她無法停止想另一個男人的時候。」他回答。

「我也是這樣。」其中一名學員說。

唐特也附和。「當你說，你決定你們要當朋友，在我聽來像是否定了所有可能。」道格點點頭。那時他想挽回她，他不願承認自己的感受。「當你說『我人生中從來沒有這麼醉過』，聽起來有點像是推卸責任。你說她撲過來打你，聽來也像是推卸責任。」把責任推給酒精、推給凱莉，他責怪所有事與所有人，除了他自己。道格承認唐特說的沒錯。

他們又討論了二十分鐘。其中一名學員指出道格在警察抵達現場時的肢體語言，也就是坐在邊欄等待警察到來的舉動，這正如他自己所說的，「盡可能讓自己顯得無助」。那個人對道格說，這句話聽起來像是在「貶低事情的嚴重性」。因此，道格否認自己的感受及他在這起暴力事件中的責任。他把錯怪到凱莉與另一個男人身上、以言語和肢體威脅他們並盡可能推卸責任，他做了什麼與說了什麼，在此表露無遺。

***

這整個計畫最重大的挑戰或許是，結業的男性（不論是阻止暴力計畫或活下來的男人）依然面臨他們在參加課程之前所面臨的同一個世界。至於聖布魯諾監獄的囚犯呢？他們的處境比那些在外界的男人要容易得多，不必在周遭的所有人事物並未改變的情況下，努力過著沒有暴力的生活。那天早些時候，唐特與我聊過這件事，他說他的母親與祖母看到了他的改變，但不信任他。就連他自己也不信任自己。他沒有任何公式可遵循，不知道除了時間以外，應該如何取得生活平衡。

那天晚上散會前，吉米問大家如何拉近與伴侶的關係。這是他們將在課程的另一個階段深入學習的重點。道格說：「傾聽與坦誠。」「傾聽」意味著聆聽伴侶的需求，但也包含聆聽自我、自己的感受與身體的需求。

「各位，我們不應該抱持批判的角度。」吉米提醒大家，「不要給建議，不要批評指責，不要提出看法。」

唐特感謝道格鼓起勇氣當了數小時的主角，開誠布公地向一群陌生人訴說自己經歷過最糟糕的時刻之一。「看看你們臉上的表情，就跟我的表情一樣，因為我深深傷害了我愛的人，你們能體會我的感受嗎？所以，我想謝謝大家聽我說故事。我真心希望你們能認清自己對應該好好疼愛的人所強加的暴力。感謝各位兄弟。」

道格點點頭，深吸了一口氣又緩緩吐了出來，臉上露出笑容，因為他發現自己的身體在此刻變得好輕、好放鬆。

＊＊＊

那次的小組討論過了兩個月後，唐特消失了。他沒有回我的簡訊或電子郵件。我嘗試打了他的兩個電話號碼，留下一通又一通的語音訊息。但他音訊全無。

經過數個月的努力後，我終於聯絡到「社區工作」的某個人。唐特偷車並霸占車主的一把槍，遭到警方逮捕。作為緩刑的條件，唐特不得持有任何武器，包括他自己有的與別人的都是。他在被捕的當下也持有一包古柯鹼，因此再度入獄，等待審判。法院為他指定了一名公設辯護律師。我曾打電話給那位公設辯護律師幾次，也寄了幾封電子郵件，但他並未回覆我提出的面談請求。唐特如果遭到定罪，就得面臨十四年的有期徒刑，幸運的話可以只關一年。

至於他希望能夠彌補的那些時光、希望拿到的大學學歷、「社區工作」的職位，還有重新來過的機會呢？我好奇現在的他對這一切的想法。唐特是一名非裔年輕人，而他面對的體制一向不會寬容放過像他這樣的人，即使有的話，發生的機會也少之又少。他前科累累，沒錢聘請像樣的律師。就我看來，他獲輕判的機會是零。他會成為另一名暴力男性，注定過他一直以來熟悉的悲慘命運，屈服於他無法獨自抵抗的力量。根據我的觀察，唐特始終誠實以對。他沒有假裝自己是好人。他知道自己搞砸了。他也曾告訴我，靠實習的薪水是不可能在舊金山生存的。進住中途之家期滿後，他打算搬回母親的房子，住在那個多年前讓他走上麻煩之路的地方，這不是因為他希望如此，而是因為他別無選擇。我心想，**當然**。他口袋裡當然放了一塊古柯鹼。他還能怎麼做？他有一份工作，晚上七點後有宵禁。「社區工作」、吉米．艾斯賓諾薩及阻止暴力計畫，全都盡其所能地幫助唐特．路易斯，但他們也都在對抗相同的體制，這些體制有其他的優先考量，存在根深蒂固的種族歧視與階級意識，資源有限，但需求卻無窮無盡。

我想找唐特談談，但是沒有他的母親或祖母的聯絡方式，當然也無法透過電話聯繫到他本人。之後的某天晚上，我的手機響了，來電者顯示艾特沃特監獄（Atwater Correctional Facility）。接通後，一名囚犯要求受話方付款。在十五分鐘的增值通話中，我得到了唐特的故事。

那是一個接近午夜的晚上，他正在找人開車載他回家。他搬出了中途之家，與母親和祖母一同住在東奧克蘭。後來是跟他妹妹生了孩子的「少年老爸」來載他。那個傢伙喝醉了，但唐特還是上車跟他走了。不久前他交的新女友對於跟他母親同住有點意見，但他能怎麼辦？他領的稅後薪水不夠他在舊金山其他地方過活。不過，他一直努力維持良好紀錄、持續參加計畫、勉強度日並保持專注。老闆警告他不要與任何會害他惹上麻煩的人鬼混，但他說沒事的，一切都在他的掌握之中。

他計畫販毒來做些小額的現金交易，先累積一點資金。這沒什麼大不了，完全不影響他參加反暴力計畫。那天晚上，他在口袋裡放了一點毒品。就他看來，沒有其他辦法可以讓他長時間離開母親家了。他已經二十八歲，不適合與家人同住了。

來載他的那個人也有帶一些大麻。唐特上車不久後，警車就追上來了，但他的司機非但沒有靠邊停下來，反而加速衝過兩個街區，最後失控撞牆。唐特宣稱，那之後的事情他都不記得了。他在醫院醒來，嘴唇和臉受到重傷。他相當確定安全氣囊沒有爆開。警方在安全氣囊的置物箱裡找到一把格洛克手槍。那不是唐特的。他聲稱對此一無所知。車內地板有一個格洛克的彈盒與一些用過的彈殼，在他們撞上牆的時候滾來滾去。唐特鮮血四濺。他不知道血流到了哪裡，但肯定弄得車裡到處都是，因為他後來看見血從天花板滴到了他襯衫的前襟。

這場意外無關緊要。毒品是有一點關係，但並不像那把槍一樣事關重大。車上的那把槍意味著他違反了緩刑的條件，因此法院直接判處他坐牢兩年。除此之外，如果鑑識小組在槍枝、彈盒或任何彈殼上發現他的DNA（例如他濺血所致），最少也得面臨四年的徒刑，最糟的情況則要長得多，須視陪審團的判決而定。他在「社區工作」的老闆為他寫了一封人格擔保信。他有意請計畫的其他學員也這麼做，但律師說不用了，這樣只會激怒法官而已。

「問題是，」那天晚上唐特在電話上對我說，「他們已經認識我了。他們**全都**認識我。」法官知道他，緩刑與假釋官、甚至警察或許也都知道他這個人。即使他們不瞭解他，但也知道他的前科。「他們根據我做過的事情來看待我這個人。現在沒有任何事情可以改變他們的看法了。」

唐特的案子從未進入審判階段。他認罪了，如同其他許多處境相同的人，那些年輕、非裔、身無分文、有犯罪前科的人。他多了六年的刑期，這次不是被關在環境舒適、可以接觸到社區大學計畫、修復式正義與藝術治療的小型郡立監獄，而是先在艾特沃特監獄服完一半刑期，之後被移送至賓州與紐約州邊界的聯邦監獄，距離他認識的人或熟悉的地方有數千公里之遙。

後來，我試著與吉米聯絡，但他似乎也銷聲匿跡了。

處於社會頂端的家暴者

漢米希・辛克萊爾在研討會上提出男人為何互相打鬥的問題之際，波士頓一位名為大衛・亞當斯（David Adams）的社區幹事正在波士頓（Boston Men's Center）舉辦一場每月一次的聚會，他形容那「非常有七〇年代的感覺」，意指這個活動能夠喚起大家的意識，讓與會者手牽手、一團和氣地討論相關議題。一天，社區裡一群與他熟識的女性來找亞當斯，她們剛成立一個受虐婦女團體。她們希望尋求亞當斯的協助，並且表示，在受害女性遭到虐待之後幫助她們、透過社區資源支持她們是一件事，但該如何解決施暴男性的問題又是另一件事。為什麼不能在一開始就阻止家暴事件的發生呢？這群婦女覺得幫助虐待者這件事不在她們的能力範圍內，因此請亞當斯幫忙介入。當時，辛克萊爾的《活下來的男人》計畫還要好幾年才會成立，學界也沒有真正關於解決男性施暴問題的研究。亞當斯與這群婦女遠遠走在美國其他地區的前頭；《防止婦女受暴法案》數十年後才會問世。

第一次的會議在亞當斯的公寓裡召開，他們邀請受虐婦女前來討論伴侶的暴力對她們及子女造成了哪些影響。那時亞當斯並不知道這樣的活動屬於施暴者處遇計畫，但他真正在做的事情算是修復式正義的一種。儘管如此，他們沒有計畫可遵循，沒有標準程序，也沒有最佳實務的準則。亞當斯與同事邊做邊學習。「我們天真地以為，只要告訴施暴者這是不對的，他們就會停止。」

＊＊＊

早期的工作經歷促使亞當斯撰寫論文，試圖剖析虐待家庭中發生了哪些其他家庭不會發生的事情。亞當斯在父親的暴力行為下長大，曾目睹並親身經歷這種潛在的暴力如何摧毀一個家庭。在博士論文中，他探討虐待家庭與無虐待家庭在育兒與家事分配上的差異，主張施暴者做的家事與育兒工作遠少於另一半。他原本以為這項研究可以印證他的理論，卻發現有暴力傾向與無暴力傾向的男性分擔這些工作的比例竟然都在二一％左右。[1]這兩種族群的不同之處大多在於，非施暴者知道自己很好命，懂得感謝妻子多付出一倍的時間照顧孩子，然而施暴者會說，「我做得比大多數的男人都還要多得多，她有感謝我嗎？」這類的話。亞當斯的研究顯示，施暴者的觀念是，「他們沒有因為自己的付出而得到感謝，而不是應該感謝妻子的付出」。另一方面，非施暴者「會說『我很幸運。我的太太付出很多。』這種認知對為人妻者意義重大」。施暴者也往往會比非施暴者更愛挑剔妻子在家務上的表現。

亞當斯發現，這種男性的自戀症狀使他們無法認知自己的行為對伴侶造成什麼影響。「自戀的人看任何事情都帶有濾鏡。」他告訴我。

如同漢米希．辛克萊爾，大衛．亞當斯似乎體現了他所處的地域特性與文化。相較之下，他更謹言慎行。他處事正經，不願與團體中的成員起衝突，屬於沉默寡言的那種人。他留著一頭逐漸花白的捲髮，蓄有鬍子，而且跟社福領域的許多人士一樣，小時候曾遭受暴力對待。他有一個虐待成性、情緒不穩的父親和一個只會逃避問題的母親。他最早的記憶是四歲時的某一天，外婆帶他到父親工作的花崗岩採石場。他說，外婆與父親互看不順眼。那天，他跟外婆站在採石場外圍，外婆指著裡面其中一個小點——由上往下俯瞰礦坑裡的工人——說，「那是你的爸爸，就在那裡。」亞當斯回說那不是，爸爸體型要大得多。從他所站的位置看過去，那一丁點跟螞蟻差不多小的人影不可能是父親。但後來，他終於明白外婆的意思。他的父親是如此渺小，而他可以成為跟父親完全不同的人。這是他人生中印象最深刻的教訓之一，如今他說，那是外婆給他的最好的禮物。隨著年紀增長，他下定決心變成跟父親不一樣的人，他不會看輕教育的重要性，也不會認為男孩就應該剛強不屈。亞當斯認真求學了二十年，直到他在父親鄙視至極的教育中找到了一條出路。「小時候我只聽得懂表面的話，」亞當斯對我說，「對我來說，可以不必跟他一樣，是一個天大的啟示。」

最終，亞當斯成立了如今廣為人知的美國第一個施暴者處遇計畫：《浮現》，一個專門介入控制與虐待行為的計畫。除了德盧斯的家暴處遇計畫之外，《浮現》或許是在全國各地最廣受仿效的家暴處遇計畫了。該計畫為期四十週，涵蓋的主題從虐待對於家庭成員的影響到伴侶間的妒忌與健康的溝通都有。幾年前，《浮現》也開設了教養方面的課程。亞當斯表示，沒有人想被當成「施暴者」，因此《浮現》計畫重新定義了談論這項工作的方式。今日，他們約有三成的學員都是自願參加，其餘則受法院強制規範。（以全國而言，多數的施暴者處遇計畫有五％的成員是自願加入。）

漢米希與亞當斯最初會投身家暴防治的工作，都是因為女性迫使他們採取行動，以及女性主義人士對於男性盟友的需求。她們希望男性加入陣營，一同解決家暴問題。

之前某一天，亞當斯跟我說了一位女性成員的故事，她錄下施暴的丈夫所說的話並帶來跟大家分享。在錄音帶中，她的丈夫說，「我會這麼生氣，都是因為我瘋狂地愛著你。」那是亞當斯第一次真正聽到且瞭解虐待者的控制行為有多嚴重、可以美化自己的暴力與嫉妒心到何種程度。這種「我太愛你才會這樣」的藉口，「要不是因為你那樣，我才不會這樣」的強辯，都是在推卸責任與否認自己的過錯。亞當斯與其他研究人員指出了這種情緒的框架。他們會貶低暴力的嚴重性、合理化虐待行為並指責受害者。而且，這麼做是行得通的。他們會每隔一段時間就使出這三招：輕視、強辯、推卸責任。然後，他們會懊惱自責，聲淚俱下地跟對方道歉，承諾之後會做得更好，不斷歌頌與宣誓兩人的愛情。不論是誰，家暴者的說詞都千篇一律。

某天早上，我在克里夫蘭（Cleveland）法庭旁聽一系列家暴案件的審理，其中有一起案件，被告違反了禁制令，不斷打電話找被害人。事實上，他在三個禮拜內打了四百多通電話給對方。被害人接了大約兩成的來電。檢察官瓊安・巴斯康（Joan Bascone）當庭播放了一小段錄音通話，而頂著平頭的被告身穿森林綠的囚服，站在法官蜜雪兒・厄利（Michelle Earley）面前嘻皮笑臉。以下擷取了一些他對被害人說過的話：

「再給我一次機會，再一次就好。我犯的錯沒有嚴重到需要坐牢。我不應該落到這種下場。」

「你太小題大作了。我只是在跟你鬧著玩，沒有想要殺死你……爲什麼你要一直跟我作對，而不是幫助我走出困境？爲什麼你整晚沒回家都不用道歉？」

「賤人，我是愛你的，我也不想這樣，都是因爲你害我害得好慘。你爲什麼要這樣對我？」

「我不需要給你任何解釋……你除了把我送進牢裡之外什麼都沒做，沒有寫信，也沒有寄照片來。我不在乎你會不會告我。我不會再打給你了。」

「你沒有出庭。他們對我指指點點，你去叫他們閉嘴。他們在騙你。你只要說他們你要撤銷控告就好，其他事都別管。不要讓檢察官還有叫你出庭的機會。」

「你不必簽字離婚。不要應門……我信任你。我知道你什麼都沒做。你沒那麼笨。」

「我們就對簿公堂吧！我相信婚姻，你要知道，這是一生的承諾……等我出獄你就知道。我已經安排好眼線監視你的一舉一動。」

推卸責任、輕視、強辯、道歉與承諾，在他說的話裡一清二楚。透過種種強迫、操弄、精神和語言上的虐待、威脅，還有去人性化的舉動，他試圖讓對方相信，他比體制更強大，知道的比體制還多。那天，這些錄音在法庭上播了一個多小時，我在這裡提到的只是其中的一小部分，而當時我也注意到：被告沒有一次以名字稱呼被害人。

＊＊＊

過去二十年來，《浮現》與《活下來的男人》這類的施暴者處遇組織數量暴增；今日全國各地已有一千五百多個相關單位。雖然他們旨在阻止肢體虐待與威脅的事件，但有更細微的計畫也致力幫助虐待者認清破壞的模式、瞭解自己造成的傷害、培養對伴侶的同理心，以及為他們提供情商教育。不過，各個組織採行的方式與原則差異甚大。社會上（尤其是執法單位）始終抱持一種態度，認為這些計畫只是在浪費時間與金錢而已，這一直讓亞當斯十分沮喪。處遇計畫的認證各州不一，法院發出的禁制令、介入課程、組織領袖的素質再加上課程的時間長度，都各有不同。就社會影響而言，這是全新的領域，仍處於摸索的階段。法官通常也未受過專業訓練，分不清施暴者處遇與情緒管理之間的差別，因此即使在施暴者處遇組織數量激增的轄區，法官也有可能強制被告接受情緒管理的治療。亞當斯表示，參加《浮現》計畫的學員中，只有五五%的人順利結業，由此可知這項課程的嚴謹與效力。[2]「我一直都不信任結業人數很多的那些計畫。它們就像素質低落的學校一樣，學生只要入學就能畢業。」

如果受害者平均需要嘗試七到八次才能離開暴力的伴侶，那麼我們為何會期望加害者在第一次就能成功矯正自己的行為呢？亞當斯告訴我，許多關於處遇效力的研究都以同一套標準來評估罪犯，不論是中途退出計畫、或是順利結業的囚犯都是如此。那些順利結業的罪犯當然會有不一樣的結果。參加計畫的罪犯待的時間越少，改變就越有可能持久。「這不是沒撐到最後就徹底失敗的那種事情。」亞當斯說。由愛德華．剛道夫（Edward W. Gondolf）所著的《施暴者處遇計畫的未來》（*The Future of Batterer Programs*）一書內容廣泛，探討施暴者處遇實踐的現況。作者在書中表示基本上這種介入工作仍處於早期階段，並且警告不應該過於仰賴預測風險評估的概念：「施暴者處遇計畫與刑事司法領域目前普遍面臨的難題是，如何辨別格外危險的個案……因此，一般的做法已經從預測轉變為持續的風險管理，包含反覆評估、監測個案的服從性及不斷視情況調整處遇方式。」[3]

人們往往將情緒管理與施暴者處遇混為一談，彷彿它們意義相同——實際上，今日美國各地的法院仍經常判處虐待者參加情緒管理課程，巴爾的摩烏鴉隊（Baltimore Ravens）球員雷．萊斯（Ray Rice）的家暴案即為一例。他在電梯裡將當時的女友（如今是妻子）打到失去意識，之後紐澤西一名法官竟撤銷家暴控訴，勒令他尋求情緒管理諮商。[4]這種結果凸顯了大眾對於虐待本質的誤解極深。（美式足球聯盟〔National Football League，NFL〕儘管曾公開承諾，但至今在家暴議題上未有任何進展。二〇一七年秋天，至少有六名新進球員面臨家暴指控卻仍被球隊選中，而在我寫作的此時，根據喬治城大學〔Georgetown University〕法學教授黛博拉．愛普斯坦〔Deborah Epstein〕指出，聯盟未能實現由一個在雷．萊斯毆妻事件後成立的委員會所建議的一項改革。黛博拉於二〇一八年辭去該委員會的職務，原因是美式足球聯盟未能認真看待家暴問題。）[5]事實上，二〇〇八年一項針對一百九十個施暴者處遇計畫的評估顯示，大多數的參與者並沒有嚴重的情緒管理障礙，只有一小部分的成員憤怒指數異常地高。[6]

＊＊＊

亞當斯的組織與其他類似的單位通常會向法院提供虐待者改變意願的服從性與真實性。他們會針對每個虐待者向緩刑官提出月報，並且經常與受害者聯絡，告知施暴者參與計畫的狀況。坦白說，這是任何一個施暴者處遇組織最有益的元素之一，也就是對緩刑官、法院與受害者負責。「我們可以作為法院的耳目。」亞當斯說，「受害者正在考慮留下來或離開；如果她從我們這邊得知施暴者仍然把責任都推給她，這將有利於她做出決定。」

一天晚上，我參加《浮現》的課程。地點位於波士頓郊區劍橋（Cambridge）一棟普通建築物地下室的一間會議室。這不是花木繁茂、有著紅磚建築、瀰漫哈佛大學第一學府氣息的那個劍橋，而是平凡無奇、有著灰暗的低矮樓房、充滿勞動階級工業風格的劍橋。

七個男人魚貫而入坐在摺疊椅上，尷尬地互相說笑。他們的年齡、種族與經濟狀況各有不同，但並不像我之後在聖布魯諾監獄看到的那種貧窮內城區的弱勢文化。一個人穿西裝、打領帶，全身散發鬚後水的氣味。另一個人的牛仔褲上可見結成塊的工地灰泥。這是我第一次旁聽罪犯的團體課程。當時我還不認識《活下來的男人》組織或漢米希・辛克萊爾，採訪受害者也已經有好幾年的時間了，但從未接觸過加害者。我心中的虐待者形象依然是充滿暴戾之氣、有如一頭野獸，明顯且失控地脾氣暴躁，就是很容易可以判定為「壞人」的那種人。我甚至會下意識地對這種男性提高警覺。但出乎我意料——事實上令我感到極為不安——的是，他們看起來都非常**正常**，就像一群我願意跟他們一起出去喝酒的男人。他們**充滿**魅力，風趣、喜愛交際、靦腆、容易緊張。不論長相好不好看、穿著體面與否，他們就跟一般人一樣。亞當斯告訴我，家暴的其中一個特徵正是大家以為虐待者經常發脾氣的這種誤解；他們的憤怒其實有特定目標，會針對伴侶或伴侶的近親。因此，虐待者的朋友與熟人得知他們做出攻擊行為時往往難以置信。「最讓人驚訝的是，〔虐待者〕感覺就跟正常人一樣。」亞當斯表示，「一般的施暴者都相當討人喜歡」。對亞當斯來說，這就是重點：我們尋找野獸的利爪與尾巴，發現的卻是魅力與和藹可親。這正是虐待者一開始吸引受害者的手段。「我們在找的是顯露暴戾之氣的男性。」亞當斯說。然而，只有大約四分之一的施暴者符合這個定義。相反地，他看到的是頑固執拗的性格。「我想像的施暴者是思想死板、非黑即白的那種人。」

我旁聽的那天晚上，亞當斯引導學員探索他們自己對父母——尤其是父親——的感覺。其中一個人的父親在一所本科大學開設著名的教育課程。另一個人形容父親是淫魔與毒蟲。這七個人之中，至少有五人目睹過自己的父親虐待女性。不同於阻止暴力計畫與許多（甚至大多數）施暴者處遇計畫，《浮現》一向有一位女性擔任共同引導人，如此的原因分為兩個部分：一是男女平等的團隊運作方式可以作為學員們的榜樣。但亞當斯發現，在計畫推行的早期，男性學員很少表現出可以反映他們一般對待女性的那種行為，譬如打斷女性說話、質疑她們的看法或完全忽視她們的存在，而在團體中，他們一發現這種行為，便會立刻請大家留意。亞當斯請七名參與者以「好」、「壞」或「時好時壞」來評鑑自己的父親。結果只有一人將父親評為「壞」。然而，他們訴說了父親酗酒、打傷母親、用皮帶打他們的故事。我靜靜聆聽，不敢相信他們沒能發現自己或母親成了父親手下的受害者。那一刻我突然明確地意識到，男人與女人看待和解讀世界的方式是如此迥異。當然，我本身也在之前的婚姻裡經歷過這些事情，前夫常說我沒有在聽他說話，而我記得我對他說，我其實都有在聽。我當時的舉動就是在**反駁他**。但是，那天晚上，也許是因為我站在旁觀者的角度，而不是從自己的人生出發，這個抽象的想法具體出現在腦海中，莫名令我感到戰慄。我記得自己當時在想，能夠維持長期婚姻關係的人真不簡單。

有好幾次亞當斯都必須提醒學員們，敬愛父親的同時依然可以批評他。然而，那些學員一再提到自己的母親如何激怒了父親。

後來我跟亞當斯聊起這件事，他並不意外那些人替父親的惡劣行為找藉口且同時指責自己的母親。「都是這樣的，」他之後對我說，「他們已經認同自私且自戀的父親的價值觀了……〔但是〕你不能教他們應該要怎麼做。你只能提供資訊，然後期盼隨著時間過去，這會開始發揮作用。」

隔天，我與其中一位學員共進午餐。他開卡車載我到劍橋一間漢堡店；他走在前頭替我開門，請我先點餐，確保這間餐廳有合我的胃口。他禮貌又迷人，頭戴一頂棒球帽，帽沿低到遮蓋了滿是雀斑的臉孔。他雖然年近三十，卻有著一張娃娃臉，看起來就像一週前才開始需要剃鬍的男生。法院要求他必須完成亞當斯主持的團體課程，而他向我坦承，前一晚他撒了謊說自己沒有喝酒，但其實他有——這違反了緩刑的規定。他輕視他虐待前任伴侶的嚴重性，他對我說，他的確讓對方窒息到幾乎失去了意識，但他**只**做過一次，而且是在**她**衝過來打他和抓傷他之後。他認為他和前任伴侶對彼此遭受的暴力都有責任，但卻只有他必須付出代價。他沒能認清的是，抓傷不像扼喉那樣致命，因此他覺得他的行為只是以牙還牙而已。之後，這個人從未完成課程；他搬到了西部，可想而知應該也把自己所有的不良行為都帶到了那裡。不過，或許我的推測是錯的。或許他即使未能結業，但仍一直謹記從那幾週課程中學到的東西。就在我們吃完飯之前，他透露自己克服了最初對這個團體懷有的敵意之後，立刻就察覺到了課程的影響。「畢竟都去上課了，你不能愧對自己的決定。」他說，「我的人生已經走到了無法欺騙自己、假裝沒那麼糟糕的地步了。」

＊＊＊

起初亞當斯研究如何改變暴力男性的行為時，也就是在他發現其與自戀的關聯之前，幾乎所有六、七〇年代的研究都描述家庭暴力是女性的控制傾向激怒了男性而導致的產物。這種認為被害人遭受虐待都是自找的態度至今依然存在。八〇年代初，明尼蘇達州的反家暴人士艾倫・彭斯（Ellen Pence）提出了「權力控制輪」（Power and Control Wheel）的論述。[7]這項觀點強調施暴者維持權力與控制的八種方式：恐嚇、精神虐待、孤立對方、否認與指責、利用孩子、霸凌、經濟控制、強迫與言語威脅。倡議人士指出，虐待者不會意識到自己在尋求權力與控制，而是會說，「我只是希望她溫柔體貼〔意思就是百依百順與卑躬屈膝〕，晚上六點準時做好一桌晚餐」、「我只是輕輕推了她一下。她反應太誇張了」或是「要不是她瘋狂尖叫，我才不會摔盤子」。這些說詞雖然不同，但其實都是一樣的東西。（之後，我聽到吉米．艾斯賓諾薩提醒學員留意「只是」、「要不是」與「但是」等說詞，在我看來，這些詞彙相當精闢地總結了暴力男性的態度。）

亞當斯跟辛克萊爾一樣，都相信男性的暴力是出於選擇。他在二〇〇二年與《浮現》的共同負責人蘇珊．凱洛蒂（Susan Cayouette）合著的一篇論文中寫道，「即使不是大部分，但仍有許多施暴者能夠以尊重的態度與親人以外的朋友交往，這表示他們其實知道該如何尊重他人，只要他們**決定**這麼做。」

對亞當斯而言，必須先認知這種極度的自戀，才能進一步瞭解施暴者的心理，而儘管一般認為自戀狂明顯與周遭環境格格不入、開口閉口都是自己的事，但其實他們大多能力很強、富有吸引力，而且在專業領域上十分成功。自戀狂「隱身在我們之中，」亞當斯說，「他們聚集在頂端。」這種人不容易識別，部分是因為他們擁有出眾的交際手腕，「我們生活在一個越來越自我崇拜的世界。人們把成功看得比任何事都重要。」亞當斯更指出，這種「具有魅力的自戀狂受到他人的崇拜」，而正是這種白領階級的施暴者試圖——透過金錢與關係——來逃避司法與執法體系的制裁。對於這種人而言，地位與名聲代表了一切。亞當斯與我接觸過的其他學者經常論及對罪犯的想像，尤其是殺人犯；我們的腦海中往往會浮現凶狠狂暴的形象，但實際上他們跟一般大眾沒有兩樣，我們憑直覺幾乎不可能辨認他們。

亞當斯表示，施暴者普遍「比受害者更討人喜歡，因為家暴對受害者的影響比對施暴者要嚴重得多。施暴者不會像受害者那樣輾轉難眠，不會六神無主到丟了工作，也不會有失去孩子的危機。」事實上，施暴者往往自視為救世主。「他們覺得自己正在拯救處境悲慘的女人。這是自戀的另一個面向……而他們希望別人能永遠感念這樣的恩惠。」相反地，「很多受害者給人的感覺是生活一塌糊塗，因為那正是施暴者想看到的結果：『我要讓你落到這種地步，這樣就沒人要你了。』」

受害者的生活有如一團爛泥。他們通常有濫用藥物的習慣，或是生活條件極度貧困。許多人飽受兒時遭到虐待的創傷所苦。這種情況是檢察官最難起訴的案件，尤其是因為受害者的目擊證詞不夠可靠。「正是因為如此，施暴者才往往能輕易愚弄司法體制，」一名反家暴人士對我說，「他們給外界的印象太好了，對比之下受害者顯得非常負面。」即使在法庭上，名為羅伯特・懷爾（Robert Wile）的警探幾年前曾向我透露，他漸漸瞭解到，「我們帶到法庭絕大多數的被害人，之後都有許多精神方面的問題，但我們必須將他們描述成精神狀態良好，這樣才能將那些毆打他們的蠢蛋繩之以法。而誰一句話都不用說？答案是加害人。他就只是坐在那裡等待開庭結束。」

懷爾的這番話讓我想起我只遇過一次的一名女性，她忍受多年的虐待後設法恢復正常生活。極難闡明的一個問題是，虐待如何緩慢侵蝕一個人的心靈，而倖存者又有多常提到精神虐待遠比肢體暴力還令人難受。實際上，岡道夫在著作中表示，家暴是一種過程而非單一事件，但整個刑事司法體系的建立是為了處理事件，而不是過程。這位女性具有社工背景，我跟她談了數小時，她試圖解釋前夫的虐待是如何一點一滴地殘害她的身心。她說，第一次發生得很突然，情況也很詭異，她以為之後不會再有了。當時他們正走在曼哈頓繁忙的街道上，兩人發生爭執，前夫冷不防靠過來用力咬了她的臉頰，導致她半邊臉瘀青，咬痕過了好幾天才消。當下他意識到自己犯了錯，便帶她到藥妝店買化妝品掩飾傷口。如同許多施暴者，他聲稱非常懊悔，不敢相信自己居然做出這種事。他哭著道歉，承諾絕不再犯。「那時我還是無法原諒他，」她對我說道，「後來我被他折磨到徹底崩潰，只求能活下來就好。」然而，前夫繼續虐待她，一年比一年變本加厲。他會在高速公路上一言不合就拿高爾夫球砸她的臉，或是用毛毯蓋住她的頭不讓她呼吸。等情況已惡化到危及她的生命時，前夫會自行買化妝品要她蓋住傷口，而且一點歉意也沒有。她表示，那時候的她身心俱疲、萬念俱灰，覺得自己就像空有軀殼的行屍走肉，毫無求生意志，只能緩慢而痛苦地朝無意識的狀態蹣跚前進。然而在此同時，她以為假使她能幫助前夫透過她的角度去看待自己，也許他就能改變，成為她相信他可以成為的那種人。受害者經常有這樣的想法。女人們一再接收到一種訊息，那就是我們是家庭精神生活與健康的守護者，讓男人做出改變其實是我們的責任。「如果要我真正描述自己發生了什麼事，我只能說，有一部分的我彷彿死了一樣，然後有一部分的我又燃起了希望，覺得我的愛將能治癒我們，」她如此表示，「但我不再愛自己，而是變得**只**愛他一個人。」換句話說，前夫的自戀甚至容不下她對自我的愛護。

人生與婚姻的轉折讓她感到羞恥，以致她有很長一段時間都不敢向任何人訴說這件事。她告訴自己，畢竟她事業前途光明，擁有碩士學歷；從小更在身為女性主義者的母親的教導長大，「比別人更懂得處理這種問題」。她不貧窮，也不是沒有受過教育。她是崇尚自由主義的中產階級白人。她留著一頭飄逸的金髮，明眸皓齒，有著加州人的燦爛笑容。但是，她卻走到這種地步，跟這個在不知不覺中消磨她人性的壞男人在一起。她覺得，自己會遭到虐待，有一部分肯定是自己的錯。對方患有創傷後壓力症候群，因此她需要更有耐心地對待他。他曾經在海外征戰，為國家效力。她告訴自己，這是她欠他的。世界上其他人不都放棄他了嗎？她不正是他唯一可以依靠的人嗎？她不是許下承諾要永遠照顧他嗎？不論愛、榮譽、病痛、貧窮、財富，她都有義務留下來，幫助他認清事實，走出傷痛。她無法想像他經歷了哪些事情。她問自己，你的同理心在哪？耐心在哪？總有一天，總有辦法能讓他好起來、終結他的虐待行為，一切都會變好。

之後有一天，她清醒了，逃離他身邊。她的情況非常極端，以致她符合目擊者保護計畫的資格，住家地址受到保密、郵件均由私營遞送服務交付，門窗也都加裝監視攝影機。她花了好幾年的時間才找回自己。那段期間，她的前夫被銬上電子腳鐐、受到終身禁制令的限制，並不得踏進該郡一步，更別說是她生活與工作的城鎮了。他服完了刑期。最終，數年過後，她做了自己都忘了曾經熱愛過的事情：到戶外慢跑，呼吸新鮮空氣。那時她才明白，自己真的自由了。

陰魂不散的心魔

一天晚上，派翠克．歐漢隆（Patrick O'Hanlon）與妻子多恩（Dawn）徹夜未眠直到清晨。他們的女兒艾波（April）幾小時前上床睡覺了。這幾個月，歐漢隆飽受慢性失眠所苦，因此有時艾波和媽媽一起睡的時候，他會去睡她的房間。說來丟臉，但每件事情都會讓他睡不著，像是多恩的鼾聲、拮据的生活條件及工作壓力。他通勤時間長，經常累到在火車上睡著。有次，多恩發現他睡在衣櫃裡。

他大約一年前退休，過渡期非常難熬。只有多恩、艾波、他的母親與上司這幾個人知道他正經歷一段艱困時期，但是，沒人清楚情況有多糟。他患有嚴重憂鬱症——後來學界稱之為「重度憂鬱症」（major depressive disorder）——而且開始會聽到有個聲音說「沒有路了」、要他「一了百了」。[1]他避開任何會接觸陌生人的地方，譬如電梯。他多次打量一家人暫居的公寓裡的欄杆，估測自己上吊的話那是否撐得住身體的重量。他想像各種自殺的情景，像是從高處跳下、開車自撞或在路上突然轉進對向車道。他不吃醫生開的藥物。有好幾個禮拜，多恩打電話跟婆婆哭訴她害怕歐漢隆會想不開，於是艾莉絲．歐漢隆（Alice O'Hanlon）經常打去關心兒子，擔心他會自殘。

自殺是歐漢隆周遭所有人最擔心他會做的事。沒人知道他有多痛苦，直到他走進女兒的房間勒住她的脖子，說他要「送她去見耶穌」。艾波沒有抵抗。他回到自己的臥室，先拿重器毆打多恩，最後將她勒斃。之後，他開車在外遊蕩數小時，最後在一間便利商店門口停下來。他買了一條繩子，打給牧師告解一切。

＊＊＊

法律上，滅門血案意指兇手殺害了親密伴侶與至少一名子女。（一些研究人員將此定義為殺害全家。）滅門血案無疑是相當罕見的罪行，作為社會科學研究的一項領域，文獻更是少之又少。我發現只有少數幾位學者在公開研究中概略提及這個問題。其中有一位學者表示，這只不過是暴力研究中的「注解」。

美國第一起知名滅門血案可追溯至十八世紀中期。此後的兩個世紀裡，這種案件平均每十年出現三次。之後，九〇年代發生了三十六起。二〇〇〇年到二〇〇七年間有六十起，而根據家庭暴力研究所（Family Violence Institute）的研究，從二〇〇八到二〇一三年間發生了一百六十三起滅門血案，一共奪走四百三十五條人命。這不包含子女殺害父母（弒親案）或父母單純殺害子女（弒兒／女案）。家庭暴力研究所所長與《泯滅親情之心》（*Familicidal Hearts*）作者尼爾．韋斯代爾表示，自二〇〇八年金融海嘯起，美國平均一個月發生大約三起滅門慘案。換言之，過去數十年來美國境內其他形式殺人案的發生率穩定下降之際，滅門血案有逐漸攀升的趨勢。

＊＊＊

如果說施暴者處遇計畫協助的個案大多為勞動階級的白人與少數族群，而監獄裡關的大多是赤貧的白人與有色人種，那麼滅門血案的兇手主要是中產及上流階級的白人。這種少數族群與白人之間的差異在美國各地的監獄最為明顯，以相同的罪行而言，被關進牢裡的弱勢族群人數不成比例，但白人卻總能逍遙法外，因為他們不是財力或人脈關係雄厚，就是懂得如何鑽法律漏洞。想想羅伯．波特、艾瑞克．施奈德曼（Eric Schneiderman）或唐納德．川普（Donald Trump），你就知道白人男性的特權與財力影響有多大。但在滅門血案中，情況正好相反：絕大多數殺死全家的男人都是中產或中上階級的白人，他們通常教育背景良好、生活優渥，或者在謀殺案發生前家道中落。一些知名案件會占據全國各大新聞頭條數個月之久，例如史考特．彼特森（Scott Peterson），他殺了妻子與還是胎兒的孩子而被判死刑；或是克里斯．瓦茨（Chris Watts），他殺了妻子、兩個女兒與尚未出生的兒子，後在二〇一八年十一月遭判終生監禁。[2]滅門案屬於家暴殺人案的一種，但通常跟任何其他案件的模式都不太一樣。或許是這種犯罪行為如此難以想像且黑暗，加害者也幾乎總是會自殺，因此學界鮮少深入探究。事實上，身兼全國家庭暴力致死率研究行動組織（National Domestic

Violence Fatality Review Initiative，NDVFRI）負責人的韋斯代爾，或許是美國唯一一個專門研究滅門血案的學者。

說來也許顯而易見，但這些案件是最難報導的故事。由於記者在報導這類新聞時必須挖掘黑暗的內幕與保持情緒不受影響，無怪乎滅門血案的新聞極其少見。然而，媒體也面臨實際的挑戰：多數的兇手都自盡身亡，那些**活下來**的罪犯也大多不願接受採訪。

對我而言，派翠克．歐漢隆是一個罕見的案例：他在犯案後依然活著，而且願意接受我的採訪。我相信他起初應該是想藉由我們的訪談來赦免自己的罪惡，試圖向大家解釋他的行兇動機。他在各方面都符合大衛．亞當斯對於自戀的定義，甚至好幾次都提到，他認為外界都在等著看他怎麼解釋。但在某個時間點，他想必發現了，透過我的採訪來赦免他的罪惡是不可能的事情，於是經過數個月的訪談，他決定退出。我們來回協調了好幾次。身為記者，我嚴守職業道德與實踐規範：一旦訪談終止，便不得繼續「私下訪問」。我花了大約十四個小時訪問他，寫了數本筆記。我有權公開他的故事。同時，在我生活與工作的這個國家，現任元首將媒體視為「全民公敵」。身為記者的我們因為新聞工作而遭到羞辱、威脅與控告（沒錯，還有殺害），因此很難決定是否要公開當事人的故事。說真的，你也不會想去冒犯一個殺了全家的人。

最後，我認為唯一的選擇是，透過他的故事去探究為何這種犯罪行為會與日俱增，但大幅刪修過程的敘述。我修改了他與家屬的姓名，也沒有揭露其他可辨識身分的資訊。我在書中涵蓋的大部分資訊均出自法庭書記、警方紀錄或其他公開文件。

＊＊＊

派翠克・歐漢隆是一個舉止拘謹、神經緊繃，有著一頭黑髮的男人；他穿著牛仔褲、短袖上衣與工作靴——囚犯的制服。他的眼鏡以膠帶黏合斷裂處，鬍子刮得乾乾淨淨，衣服紮進褲子裡。歐漢隆講話很小聲。我們在監獄裡一間沒有窗戶的會議室面談，四面牆壁貼了許多啟發人心的海報，像是在空中翱翔的老鷹、紫紅色晚霞與壯觀瀑布的圖像，還寫有「相信」改變的可能、永不放棄等文字。這些都是量販賣場可以買到的藝術品。歐漢隆並沒有佩戴腳鐐或手銬，但有一名警衛陪同，我們訪談時，他全程在場，另外還有監獄通訊聯絡人與負責錄下所有對話的攝影師。我在規定的五到六個小時內採訪歐漢隆，當時他正在服兩個連續刑期。他描述了一小塊區域，那就像監獄裡的天井，他說，在那裡有時可以聞到鄉間的味道，偶爾還能看見從樹頂望出去的景色。「監獄沒那麼糟。」他說。我問，**跟什麼事情比較？**

歐漢隆的父親曾經營一間小公司，後來破產了，他的母親一間扛起家計。「他得跟她伸手要錢，」歐漢隆說道，「真是丟臉。」因此，他父親成天借酒澆愁、鬼吼鬼叫，有時會突然暴怒，讓全家都嚇壞了。一次，他父親拿刀威脅，要是有人靠近一步，他就動手傷人。歐漢隆站出來反抗他，直到一名鄰居衝過來拉走父親。（他的母親聲稱不記得那次的事了，只說先生會失控怒吼，有時還會砸東西。）然而歐漢隆表示，「我不覺得我爸有虐待傾向，他很疼我。」

歐漢隆跟許多在家庭暴力（不論言語或肢體）下長大的孩子一樣，不認為自己的父親有暴力傾向。他就像我觀摩大衛・亞當斯教課的那天晚上所看到的學員們。他低估了父親的暴力，把注意力放在母親的行為上。「我媽不是天使，」他告訴我，「如果她沒有激怒我爸，可以多尊重他身為丈夫的地位，就不會這樣了……」

有次我問歐漢隆，暴力在他眼中是什麼樣子。他描述的情景是有人尖叫大吼、猛砸家具，鬧得左鄰右舍都聽得到。他說，那次持刀威脅的事件證明父親沒有虐待傾向。「如果他是〔更〕暴力的人，早就刺傷我們了。」歐漢隆似乎不明白，他們家的情況在外人聽來就跟他對暴力的描述一樣。

＊＊＊

家庭暴力研究所位於弗拉格斯塔夫北亞利桑那大學（Northern Arizona University）的主校區，與儲備軍官訓練團（Reserve Officers’ Training Corps，ROTC）及一間二手辦公家具倉庫共用一棟低矮的單層建築。入口門禁森嚴，設有監視攝影機，這是因為尼爾・韋斯代爾之前收過死亡威脅，而恐嚇他的對象，主要是他以犯罪學家身分曾經提供諮詢的家暴案件所牽涉的施暴者。

數年前，他在教課時接觸到威廉・比德爾（William Beadle）的案子，因而著手梳理美國滅門血案的文獻。比德爾原本是一位備受敬重的商人，在一七八二年不幸破產，之後拿斧頭殺死了妻子與四名兒女。這引起了韋斯代爾的興趣，於是他開始爬梳相關研究，找出更多類似的案件。他指出，「從十八世紀八〇年代一直到今日的這些案件，彼此似乎都有關聯」。一個地位崇高的男人突然陷入嚴重的經濟困難，而他唯一能想到的出路是殺了全家然後自殺。實際上，比德爾曾親筆描述破產的恥辱：「如果一個男人曾經生活順遂、心地善良與處事有方，結果因為無可避免的意外而陷入貧窮，然後淪為笑柄……他一定會變得比卑劣還要卑鄙無恥。」

韋斯代爾開始蒐集全國各地數世紀以來的滅門案資料，集研究大成於二〇一〇年出版的《泯滅親情之心》一書。他將滅門案兇手分為兩大類型：一種是憤怒強制型，或是具有長期家暴前科；另一種是高社會地位型，意即加害者在社會上擁有高度聲望（如威廉・比德爾）、沒有明顯的暴力前科，是出於一種扭曲的利他主義而行兇。這兩種類型的特質有所重疊，但令學者們感到困惑的是後者。（賈桂林・坎貝爾不太認同這樣的分類，她主張，即使缺乏證據，但家暴始終是滅門案的一個模糊因素。她與韋斯代爾展開了善意的競爭，兩人經常盡可能禮貌地反駁對方的觀點。）社會聲望最容易受到經濟衰退等因素的影響。像派翠克・歐漢隆這樣一個備受尊敬、地位顯赫的公民某天突然「理智斷線」，無疑屬於這種類型。

「在『他突然理智斷線』的這種論點中，我們忽略了情緒壓抑的積累。」韋斯代爾如此表示。聲望崇高的殺人犯經常來自中產或中上階級，而且往往是白人。（男性占了美國所有滅門血案兇手的九五%；韋斯代爾的研究顯示，在二〇〇八至二〇一三年間的這類案件中，有一百五十四名加害者為男性，七名為女性。）他們的家庭大多具有傳統的性別取向，也就是說，男性是主要的經濟支柱，女性則負責照顧家人與處理家務。（這裡並非指女性都不工作，而是她們負責滿足家人的情緒需求。）洛基．莫澤就是一個例子。相較於一般人，這樣的罪犯往往信仰虔誠、信奉正統派基督教，而且有可能極度壓抑自己的情緒，而派翠克．歐漢隆都符合這些特質。他們通常不喜交際，社交狀態極度孤立。經濟因素——失業、身分地位的喪失或瀕臨破產——也可能促使他們最終走向殺人一途。

基於利他主義，這些罪犯產生了殺死全家好過大家都淪落悲慘命運的念頭。以二〇一〇年佛羅里達州一起著名案件為例，失業的貸款經紀人尼爾．雅各森（Neal Jacobson）在雙胞胎兒子的七歲生日當天殺死妻兒；他們一家住在佛州威靈頓（Wellington）一處有門禁的社區，當時正瀕臨破產、房子遭到法拍的邊緣。在另一起轟動社會的案件中，來自威爾斯的羅伯特．莫克里（Robert Mochrie）殺了妻子與四個孩子，並聲請破產。在這兩起案件（及許多其他案件）中，兇手的太太完全不知道自己的家庭面臨經濟崩潰。韋斯代爾指出，這種隱瞞實情的行為是滅門案兇手的另一個特徵。「我很驚訝，這些男人的生活藏了這麼多祕密。」

大衛・亞當斯不太認同韋斯代爾提出的分類，部分原因是他認為他們將罪犯塑造成了「受害者」的形象。在他看來，他的自戀理論比這些分類更貼切。「如果你自我感覺過度良好、深受自戀創傷所苦，就會透過暴力來洩憤。」他指的不只是自信膨脹，而是一種公認的人格障礙。他表示，這種自戀狂「因形象而生，也因形象而死」。當那種形象受到了損害，譬如他們發現自己的謊言或祕密被揭穿時，就會失控暴怒，將自認為最好的解決辦法「強加」在伴侶與子女身上。在極端情況下，這個解決辦法就是殺人。

許多屬於韋斯代爾提出的高社會地位型案件所牽涉的財務狀況，顯示加害者面臨的經濟災難與殺害家人的舉動之間有所關聯。其實，韋斯代爾團隊在二〇〇八到二〇一三年間發現的一百六十三起滅門案件中，有八十一起發生於二〇〇九至二〇一〇年間。波士頓東北大學的犯罪學家傑克・列文（Jack Levin）深入研究二〇〇八頭四個月出現的滅門案（共有七件）後發現，二〇〇九年的同期案件多了將近一倍。（雖然數目不多，但我們說的可是極端行為。）那時，失業率已增加至金融風暴以來近兩倍。「我認為失業與道瓊指數跟滅門案的發生率一定有關係，尤其是罪犯擁有高社會地位的案件。」韋斯代爾說道，「我把這稱為滯後反向關係。」

《暴力失樂園》（*Violence: Reflections on a National Epidemic*）作者與在阻止暴力計畫推行之初擔任評估員的詹姆斯．吉利根在研究中發現，經濟脅迫的情況會提高滅門血案與自殺的發生率。「這樣的界線很明確。」他表示，「如果一個男人失業了，他會覺得自己失去了男子氣概，很容易會自殺、殺人或兩者皆是……這是一種世界末日的心態。」賓州大學（University of Pennsylvania）青年與社會政策研究中心（Center for Research on Youth and Social Policy）主任理查．蓋爾斯（Richard Gelles）也指出經濟所造成的壓力因素，但他警告，在當前的社會與政治局勢下，情況可能只會更糟。「即使你腳踏實地，還是有可能失去退休金、失去工作、失去房子，而且還有五萬美金的就學貸款要繳，而當你宣布破產，還是得償還這些貸款。」他表示，「這真的是榨乾一部分人口的完美風暴。」他對我說，「美國中產階級的消失是災難來臨的預兆。」

也有一些學者認為，從經濟角度看待滅門案的客觀性有待商榷。專精家庭暴力領域的哈佛大學博士後研究生馬里克．列姆（Marieke Liem）指出，一九七六到二〇〇七年的失業率與滅門案件之間具有強烈關聯；然而，範圍涵蓋二〇〇〇至二〇〇九年的一項二階分析發現，這兩個因素之間「關係薄弱」。賈桂林．坎貝爾認為，經濟狀況與失業是所有家暴案件的「壓力來源」，但不是單獨的肇因。

＊＊＊

高中畢業後，歐漢隆申請一所名望顯赫的大學。他覺得大家都不看好他。兄弟姐妹沒把他的求學抱負當一回事，有時還會嘲笑他。「我說，我相信上帝。『如果祢真的存在，請幫助我。』」而他說，上帝回應了他的祈禱。他順利進了大學，帶著別人的尊敬眼光展開了生活。

歐漢隆大學剛畢業就認識了妻子多恩。他說，他對她驚為天人。她野心勃勃，從事全職工作的同時還就讀夜間部，窮得身無分文。他說他們一見鍾情；他擔心她付不出房租，覺得自己有義務幫她。於是他問自己，「耶穌會怎麼做？」而他得到的答案是拯救她。他們交往不久後便結婚。歐漢隆說，多恩一直很上進；最後她拿到了學位並找到工作。幾年後，他們生了一個女兒，替她取名為艾波。

歐漢隆記得兩人還在約會時，多恩常常忙得無法見面。有一個星期，她必須交一篇論文，結果他幫她寫了論文。他解釋說，他想跟她見面，而那篇論文「很礙事」。我問他曾經偷吃過嗎？他常強調自己行事光明磊落。「就我而言，」他避重就輕地回答，「我不是那種甘願屈服的人。」

之後，二〇〇一年九月十一日，五角大廈（The Pentagon）遭到恐怖攻擊。從他得知消息的那一刻到早上他打給多恩的這段期間，他的記憶一片空白。他在外頭漫無目的地走了一、兩公里，但他不記得這件事。他說，在那一刻，「派翠克．歐漢隆逐漸失去理智」。

＊＊＊

尼爾．韋斯代爾指出，滅門血案之所以增加，有許多可能性。他表示，男子氣概迫使那些無法接受女性主義的男性背了沉重的負擔。家暴理論強調虐待者對權力與控制的需求，並質疑受害者為何不一走了之。然而韋斯代爾主張，虐待者在某種程度上也一樣脆弱，因為他們失去了伴侶便活不下。他說，「我的問題不是『**她**為什麼不離開？』而是『**他**為什麼留下？』許多這種男人極其依賴女性伴侶。他們將對方視為接觸這個世界的管道，他們一般都覺得自己不屬於這個世界。這種男人往往對自己的男子氣概感到羞恥，但他們並沒有意識到這點。」韋斯代爾將這種現象稱為嚴重的家暴悖論，意指虐待者會控制他或她的伴侶，同時又無法控制自己對伴侶的依賴。

吉利根認同韋斯代爾對於性別角色轉換的評估。「任何時候都有可能發生任何重大的社會變遷（譬如種族隔離法廢除後民權運動的興起），引起社會的強烈反彈，我認為，性別觀念與性別角色的改變也將激起龐大的反對聲浪。即使現在普羅大眾的態度比以前開放，但我們還是會聽到一些成見極深、性別歧視與恐同的聲音。」吉利根認為應該將暴力當作公共衛生問題來處理，也就是說，他相信最極端的家暴事件是可以避免的。「大家說得彷彿是，人們長大後就應該能解決遇到的任何事情，」他表示，「但事實是，人類比我們想像的還要脆弱得多。等他們崩潰、露出了脆弱的一面，我們才驚覺到這一點。」

當然，我們生活的這個時代裡，吉利根提及的社會發展與隨之而來的反彈都很極端。在動手殺人之前，許多男性會大放厥詞地表達固執偏狹、種族歧視或仇視女性的言論，迪倫・魯夫（Dylann Roof）、艾略特・羅傑（Elliot Rodger）與亞列克・米納西恩（Alek Minassian）都是顯著的例子。今日美國的高層領導人有時也似乎將這些殺人犯特有的性別與種族歧視的尖刻言論及優越感視為理所當然。大家應該都知道，從湯瑪斯・傑佛遜（Thomas Jefferson）、羅納德・雷根（Ronald Reagan）到比爾・柯林頓（Bill Clinton），這些前總統全都曾被控性侵（當然，湯瑪斯・傑佛遜的案件早已得到證實）。在我看來，現代社會相較於歷史上的其他時代，從傑佛遜在選舉前的系統性性侵，到約翰・甘迺迪（John Kennedy）與比爾・柯林頓玩弄多名女性，甚至是川普愚蠢的女性歧視言論，彼此間的不同之處不僅是激烈的言論引發了極端的暴力行為（多為大規模槍擊），也在於這種暴力出現的同時，大多數的女性正公開且大力爭取更好的處境。女性不再認為自己應該忍受工作場所的性騷擾、校園性侵，甚至是伴侶永無止盡的操控。女性疾呼更多與更完善的立法保障，要求司法與執法單位給予更多且更公正的對待。在我寫作的此刻，有數千名女性正在最高法院門口示威，因為不久前一名上流階級白人男性被控強姦未遂的案件送交美國最高法院審理。如今有數以千計的女性競選公職，人數比以往還多，女性議員的人數也創下歷史新高。那麼在這個時代，觀念的進步會像其他現代文化與社會運動一樣占據上風嗎？我會說，二十年後再問我這個問題。但我無疑希望，詹姆斯．吉利根的理論——社會必先經歷劇烈動盪才會進步——是對的。

許多學者——包括韋斯代爾與亞當斯在內——也論及極度的羞恥促使滅門案發生的可能性。在一場主題為〈聆聽羞恥〉（Listening to Shame）的著名TED演講中，自稱「脆弱研究員」的布芮尼．布朗（Brené Brown）談論羞恥與暴力、憂鬱、尤其是攻擊行為之間的相互關聯。她表示，羞恥「有性別之分」。對女人而言，這與一連串圍繞家庭、工作與人際關係的期望有關；對男人而言，這純粹是「不要被別人……瞧不起」。布芮尼將羞恥稱為「美國文化的流行病」，並引述波士頓學院（Boston College）的詹姆斯．馬哈利克（James Mahalik）的研究，指出美國社會大眾對於性別規範的看法。從女性角度而言，這些規範包含「具有教養、身材纖細、儀態端莊，以及盡一切努力保持姣好外貌」；對男性而言則包括「情緒穩定、工作優先、追求高社經地位，還有使用暴力」。

我向馬哈利克詢問細節，他表示，與其說是個別男性認同暴力，不如說是美國普遍的文化反應。他舉外交政策與社會動亂為例，說明美國人的第一個反應是如何偏向暴力：對於密蘇里州弗格森市（Ferguson）發生的警察射殺黑人青年的事件，或是中東地區的軍事行動，我們都是如此。在好萊塢電影刻劃的男性形象中，暴力更是「最大看頭」，他還說，「我們總把暴力跟解決問題劃上等號。」

在歐漢隆的精神病紀錄中，羞恥一再出現。他羞愧於自己沒有獲得升遷，羞愧於被轉調到一個他自認不無法勝任的職位，羞愧於走不出絕望的泥淖。在他退休前的最後一次療程中，精神病醫師寫道，**他瞭解輕微的羞恥感其實可以讓自己變得更堅強而不是更脆弱……病患自我傷害或傷害他人的可能性不高**。

如果你問歐漢隆為什麼殺了全家，他會說不知道。如果你問他建議如何預防這種事件，他會給出各種不同的答案。我每次與他面談時都會問這些問題，他的回應整理如下：「不要把太多責任攬在身上。不要自傲。不要貪圖升遷、貪圖金錢利益。不要太認真工作。降低期望。不要太有野心。謹記九一一事件的教訓。我們需要解決這個國家看待精神病的方式。我們需要瞭解治療精神病的藥物。我們需要幫助倖存者減輕愧疚感。我應該要看《約伯記》（*Book of Job*）。你不知道我每天開多久的車上下班，不知道我過什麼樣的生活。失眠。得了癌症還可以向朋友求助，但憂鬱症不行。」

其實，他說的不完全是錯的。

＊＊＊

九一一事件後，歐漢隆在一個聯邦組織中擔任副手。同時，他也開始出現失眠的問題。他說，屍袋與覆蓋國旗的棺材的畫面在他腦中揮之不去。[3]我問他為何不到海外工作，他瞬間變得平靜並回說，「很多人都問我，『你這懦夫。為什麼不去伊拉克？不去阿富汗？』」他突然大聲了起來。「別的國家將矛頭指向我們的時候，我十九歲。我自願從軍。那時柏林圍牆還沒倒。我在德國誓死作戰，奮力抵抗榴彈砲和坦克的攻擊。不要叫我懦夫。九一一之後，我奉命監視敵軍，最高安全層級的監視。至於那些在地面作戰的陸軍？他們都是**我的**部門在罩的。」

由歐漢隆的答案明顯可知，我觸碰到他的敏感地帶。在我的追問下，他後來說，沒有人當面叫他懦夫，但他感覺得到。「一位四星上將會說，『不要根據戰鬥的距離來衡量士兵的實力。』」他接著又說，「不要說我不勇敢、我不是愛國的人。」

隨著歐漢隆的失眠問題惡化，憂鬱的症狀也是。他持續看精神科，醫生開給他許多不同種類與劑量的藥物，而他認為這可能造成了他的壓力。他也接受認知行為治療，並斷斷續續進行一般的治療直到退休。從那時起，他總是在評估表中是否有自殺念頭的那個問題勾選「否」，但他表示那不是真的。他其實**有**想過要自殺，但他不想照實回答，因為這樣就會失去安全性審查認可（security clearance，譯注：美國國防部門會要求人員接受安全性調查，確認沒有洩露國家機密的疑慮），還有可能丟了飯碗。他無法想像自己失業了要怎麼養家。他知道自己生病了，病得很嚴重，但他也很清楚，無論如何都不能承認有過自殺念頭。

他透露，隨著退休的日子漸近，肩上的壓力越來越重。在此同時，艾波也進入叛逆期。她覺得爸媽管得她快要窒息了，他們就像控制狂，總是督促她保持學業成績，也不讓她到朋友家過夜或是帶朋友來家裡住。有一次，爸媽逮到她說謊，將她毒打了一頓。不久後，他們一家搬進一間狹小的臨時公寓，把錢都拿去買一間預售屋。

之後，歐漢隆退休了。

＊＊＊

有時候，滅門血案的犯罪現場會呈現令人毛骨悚然的關愛氛圍，顯露出行兇動機的線索。例如，威廉．比德爾將家人身上流出的血收集在一個容器裡，以免現場一團凌亂，然後將三個女兒的屍體整齊擺在地板上並覆上毛毯。雅各森與莫克里在犯案後也都將孩子的屍體平放在床上並蓋上布毯。雅各森將女兒房間牆上的血漬抹乾淨，喝下除草劑然後上吊自殺；莫克里則在死屍的眼睛上放了金幣，據推測應是為了讓他們能順利超生。韋斯代爾將這種象徵手法稱為案件的情緒架構。「就隱喻的層面而言，這顯示外界誤解了他們的苦難。其背後的意涵不是社會科學的觀點能夠理解的；需要從文學角度去解讀。」韋斯代爾舉例說明，如果兇手使用武器來攻擊對方（譬如啞鈴），代表他「在摧毀自己的男子氣概。他也許不是有意如此。他可能是無心的……

這也表示，他還不明白羞愧是何物」。

根據今日基督教義的解讀，上帝犧牲了祂的子嗣（即終極的殺害子女行為），因而拯救了世人。將耶穌釘在十字架上的或許是羅馬人，但這全是上帝的偉大安排。這類的例子在聖經裡多不勝數。亞伯拉罕（Abraham）將兒子以撒（Isaac）帶到祭壇上準備獻上他的生命，但上帝在第十一個小時阻止了他，那時刀子已抵在以撒喉嚨上，而他的四肢都被綁了起來。上帝說，亞伯拉罕通過了考驗，證明了他的愛。歐漢隆引述以賽亞書第五十三章第八至九節（Isaiah 53:8-9）的內容：**他受拘禁和審判以後被帶走；至於他那個世代的人，有誰想到從活人之地被剪除是因我子民的罪過呢？他雖然未行強暴，口中也沒有詭詐，人還使他與惡人同埋；誰知死的時候與財主同葬**。在一個認為殺害家人不但合理、而且還是愛、奉獻與信仰的終極表現的宗教中，這種連結在今日看來或許並不牽強。歐漢隆說，三個生命的犧牲救了他一命：耶穌基督、多恩·歐漢隆與艾波·歐漢隆。

他承認自己在犯案前一直是「不太虔誠」的基督徒。「我問上帝，『為什麼？為什麼？難道沒有**任何**其他的辦法了嗎？』」在他的解讀中，殺人似乎是上帝引起歐漢隆注意的方法，這是為了讓他振作、重拾信仰、侍奉上帝。他說，上帝透過他顯靈，拯救其他罪犯。他好幾次都建議我將這個章節取名為「戰勝悲劇」。我問他，勝利在哪裡？因為這無庸置疑是個悲劇。他說，勝利尚未來臨，但總有一天會的。他要我去研究牧師華理克（Rick Warren）、還有他兒子的自殺事件，或是前國會議員克里・迪茲（Creigh Deeds）遭到兒子刺傷，而他兒子隨後飲彈自盡的案件。歐漢隆將精神疾病及轉念的思維視為自己與這些兇手之間的連結，但他也將他們（包括自己）看作受害者。

我問，為什麼？我問了他一次又一次。你為什麼這麼做？在我們對話的空白中，他有時也這麼問自己。你怎麼能這麼做？我這麼問他，即使我不期望他能給出適當的答案。「上帝沒有回答約伯的任何問題。祂說，『我創造世界的時候，你在哪裡？』上帝將約伯的目光重新指向我們無法領會的至高上帝。」歐漢隆說，「他向我傳達的訊息與他跟約伯說的是同一件事。不必在乎發生了什麼事，只要管你能為我做什麼就好。」

歐漢隆透露，他退休後失眠得更嚴重，於是開始有了殺死家人與自殺的念頭。從他那時開始寫作的日記可知，他變得越來越絕望。犯案的兩個月前，他在日記中寫了五次**救命！**兩個星期後，他寫下，請救我，請幫我。上帝幫幫我！救救多恩與艾波。在謀殺案發生後的一次精神評估中，法院指派的心理學家寫下，**他描述了揮之不去的侵入性念頭，意圖自殺與殺死妻女以免除她們的重擔與苦難。歐漢隆先生相信，他可以獨自戰勝這些念頭，他不願大聲說出來，以免它們成真。**

＊＊＊

對許多男性與女性而言，退休是一段痛苦而艱難的過渡期。退休後，歐漢隆接了一份卑微的工作，他覺得這份工作不適合自己。他曾寄給我一份研究主題的清單（一個是倖存者的愧疚，另一個是自殺），而他的提議在我看來不像是控制欲上身，而是希望找出答案。學界以「多重因素」一詞來解釋一起事件或一項行為——憂鬱症、失眠、羞愧、失去地位——可能有多個成因。然而，韋斯代爾抵制這個詞彙。「人們覺得，如果能找出足夠的變數，就能得出勝算比、將它們套進公式，然後揪出風險極高的案件，我認為這完全忽視了人性的複雜。」他表示，「某種層面上，我們探討的是陰魂不散的心魔。」

歐漢隆考慮過自殺，但他設想後果會令他感到羞恥，而且他無法想像讓多恩與艾波生活在這樣的恥辱之中。這些年來，他依照醫師處方服用許多藥物，包括安必恩（Ambien）、樂復得（Zoloft）、克諾平（Klonopin）、威克倦（Wellbutrin）、曲唑酮（Oleptro）、樂活優（Remeron）、帕羅西汀（Paxil）、安定文（Ativan）及魯尼斯塔（Lunesta）。他坦承，有時他會擅自減少劑量，瞞著多恩將一半的藥物藏在浴室一個籃子裡。他受不了那種有如吸了毒的迷茫感，另一個原因是「我知道有一天我會需要它們。」他說。

他開始覺得人們都在嘲笑他。他足不出戶，成天待在家裡，癱在椅子上仰頭盯著天花板發呆。艾波每次看到他這樣都說，「爸爸，振作一點。」歐漢隆的母親要艾波逗他開心，而她試了。但每次她試圖這麼做，歐漢隆反而感覺更糟，覺得自己的問題（幻覺）變成了女兒的責任。他認為自己應該要堅強，因為他是一家之主。他問自己，我有什麼**毛病**？

他的壓力越來越大。女兒進入叛逆期、每天得為了討厭的新工作長時間通勤、全家人刻苦地擠在狹小的房子裡生活、他失去了專業地位、他與多恩持有的公寓大廈在金融風暴下房價遠不及當初的貸款。他說，那時新屋的建商不按照規定做事，讓他們很頭痛。他們為了建造進度起了爭執，最後建商同意解約。儘管歐漢隆表示他們有償還能力，建商也退了頭期款，但根據法院紀錄，他因此欠了數萬美金的債務。滅門案發生的前幾天，多恩將他們為了新房採購的所有家具退還給店家。歐漢隆說，「感覺就像天要亡我們全家。」

＊＊＊

歐漢隆說他愛家人，非常愛。「我不討厭她們。那天晚上之前，我一點也不恨她們。我沒有任何不滿，完全沒有。我沒有殺人的動機。」犯案後，歐漢隆開車帶著那條繩索到處尋找上吊的地方，後來才意識到必須等到天色變黑。他打電話給牧師之前吞了十幾顆安必恩，牧師得知後便立刻報警。他接受訊問時藥效還在發作，以致他根本不記得那段過程。（警方宣讀米蘭達權利〔Miranda rights〕時他還在神智不清，堅稱自己的權利受到侵犯。）遭到逮捕後，他試圖自殺，用頭去撞牢房的金屬門框，結果昏倒在血泊中，頭部多了一道十五公分長的傷口，脊椎也嚴重受創，下肢差點癱瘓。對他而言，歷經多項手術而活下來（手腳也能動彈）的事實，證明上帝讓他存活是有原因的。在當時精神諮商的過程中，據稱歐漢隆用力撞擊門框，因此他確實有自殺的意圖。「如果這不是精神疾病，那我不知道什麼才是。」那位精神科醫師寫道。

每次我拜訪歐漢隆，他都一再強調他不是殺人犯，是外界將他塑造成兇手。「就我來看」他說，「我改過自新了。我被關在這個**矯正**犯人的地方，我已經改過自新了。」他在牢房裡擺了一台收音機。囚犯可以帶十三本書，獄方也允許囚犯透過亞馬遜（Amazon）買書。腳踝扭傷終於痊癒後，他最近又開始到一條小徑慢跑了。他跑一圈花三分鐘，一次跑十二圈。他自稱模範囚犯，因為他不與人打架，也不跟矯治官作對。他帶頭與其他獄友組成聖經讀書會，經常幫他們寫信寄給朋友與家人。他打破自己三方通話的規則，但這項規則似乎總是不算數。

針對歐漢隆的案例，有數名專家指出，心理健康可能是他犯案的原因，但陪審團駁回了他「以精神失常為由訴請無罪」的辯詞。（韋斯代爾的團隊告訴我，他們發現的滅門血案如果加害者還活著，經常提出精神錯亂的辯護，而且幾乎從來沒有成功過；致死評估小組的一名成員也跟我說，她至今遇過的調查都有「精神健康需求未獲滿足」的情況。）這種拒絕將歐漢隆的行為歸因於精神健康的做法，在多大程度上源自於這個國家在精神健康方面的偏見？對於那些普遍受人喜愛、行為並未影響他人的精神障礙患者（譬如知名演員羅賓．威廉斯〔Robin Williams〕），我們往往能夠發揮同理心，但是當他們的行為影響到別人，我們的人道精神便開始動搖。歐漢隆就是一個例子。

詹姆斯．吉利根表示，我們應該將歐漢隆這樣的個案當作研究對象一樣看待。「如果我們希望深入瞭解人類的暴力傾向以預防其最具毀滅性的表現，就必須要能正視恐懼。」他在《暴力失樂園》中如此寫道，「自殺無法解決殺人案的問題；這兩種形式的暴力一樣致命。」

我第一次與歐漢隆面談時對他提出的其中一個問題是，他是否認為自己死後會上天堂。「一定會。」他說，「多恩與艾波一定已經在那兒了。」

接著，他對我說，上帝有一個罐子專門用來保存人在一生中留下的眼淚。他頓了一下，然後說，「我覺得我上天堂的時候，那裡的人們會張開雙臂熱情歡迎我。」

儘管如此，他也相信自己的悲傷永遠不會有結束的一天。他說，他到現在依然不敢看艾波的照片。他提到，假使她還活著，現在已經高中畢業了。「我在院子慢跑或吃飯時，都會祈禱家人在身邊。」他說完開始啜泣，整個人坐立難安，自言自語地試著回復情緒：「我有選擇。我可以向前走或往後退；我可以消極過日子或積極向上，而我選擇……」他說個不停。先是猛力把頭往後甩，然後大哭了起來，兩隻手臂打直往前伸，雙手緊握，像是在祈禱或握拳。我分不出來。我沒有打斷他，但那聲音讓人難以忍受，我從沒聽過有人發出這種聲響。他不斷吼叫，試圖壓抑情緒、克制自己，他的身體明顯在跟自己對抗。那天我們結束面談時，我與監獄通訊聯絡人及攝影師靜靜坐在桌前一分鐘，大家都沉默不語；感覺就像我們被拉進了一個極其黑暗且悲慘的地方，得費盡力氣爬出深淵才能重見光明。

我突然明白為什麼歐漢隆同意與我面談，為什麼試著想辦法獨自過生活。不論是一對一面談、寫信或讀聖經，他都在努力爬出深淵，熬過在人世間的分分秒秒。這是煉獄，而他此生都將深陷其中：試圖透過無數的恩惠、善意與禱告，擺脫那個駭人的驚懼時刻所帶來的痛苦。

派翠克．歐漢隆的故事讓我們看到了什麼是堅持不懈。這是一個奇特的美國故事，講述一個人先是努力工作、抵抗逆境，最後終於成功的歷程。但倘若這一切的關鍵其實不在於努力工作與擁有頑強決心，而是跌倒後仍能站起來、勇敢接受失敗並繼續往前走呢？假使派翠克．歐漢隆當初選擇另一條路，會發生什麼事？假使他從事房地產，或者成為軟體工程師，會發生什麼事？多數人對自己的人生都會有這種問題。一個決定如何導致一個行為。遇到一個機會，擲硬幣來決定。選擇左邊那條路而不是右邊，結果可能全然不同。

超級英雄的膝蓋

仿木紋桌中央放著一台黑色電話，擴音器傳出一名男子的聲音。一面牆上掛著幾片白板，多扇窗戶並排而列。這間會議室裡雜亂擺放了其他幾張桌子，整個空間一如全國各地的辦公室那樣充滿了灰褐、乳白與米黃色。十幾名便衣警察站在電話旁邊靜靜聆聽。「他媽的不要管我們，」那個聲音說，「別多管閒事。」

然後，電話斷了線。

兩名警官在電話前交頭接耳。他們必須在幾秒鐘內決定打過去要說什麼。是否要告訴那名男子，有多位戰術官——也就是一整個特種武器和戰術部隊（SWAT，譯注：又稱反恐特警隊）——圍繞在他的屋子外頭？是否要他雙手舉高走出來？其中一位警官撥了電話。那名男子接起電話，「你們他媽的到底想幹嘛？」

「隆尼（Ronnie），聽著，」那位警官說，「要我們走，最快的方法是你和梅莉莎（Melissa）從屋子裡出來。」梅莉莎是隆尼的女友。他把自己困在屋裡，而且不讓她離開。

「我他媽沒做錯任何事。」隆尼說。「我和梅莉莎只是想好好解決這件鳥事。我眼晴他媽的沒問題，我知道現在是什麼情況。」

「我不希望有任何人受傷。」那位警官說。他名叫麥特（Matt）。「但我們有聽到槍聲——」

「沒有該死的槍聲，」隆尼接著說，「我只是對天花板開了一槍。」

「我需要知道梅莉莎是否平安。」

「她好得很。我在做什麼他媽的不關你們的事。我們井水不犯河水。」隆尼掛斷電話。我們正位於聖地牙哥的郊區，那天是七月一個典型的晴朗下午。

除了麥特旁邊的警察克里斯（Chris）之外，還有好幾位警官在場。一位記錄隆尼掛斷電話或暴怒的每一秒。下午一點，下午一點零一分，下午一點零三分，下午一點零八分，下午一點零九分，下午一點十五分，時間逐漸累積，他們便能藉此觀察出隆尼是否會因為特定的時刻或話題而動怒。另一位是監督官，負責將其他警察或探員在別處尋訪隆尼與梅莉莎的朋友、家人和熟人所得到的即時資訊，提供給麥特及其他景觀。他們掌握了隆尼的感情史、家庭暴力事件，或許還有街頭鬥毆、違反行為或就業紀錄。白板上貼了幾大張紙，寫有隆尼與梅莉莎的資料、生平經歷、家庭成員等任何可供拼湊出兩人互動情況的線索。數名警官在獲得資訊的同時振筆疾書，記下兩人在交往期間的重要日期及工作經歷、其他暴力事件，還有隆尼的童年創傷。這些資訊零散無章，在各地訪查家屬的人員一得到消息就立刻回報，以便釐清隆尼的人格和經歷與今天發生的事情之間有何關聯。他們得知，今天早上，梅莉莎的一位同事去接她上班，她來到門口時，嘴唇流著血，神情驚魂未定，還不准同事進去。那位同事丹尼絲（Denise）報了警；警方將她視為舉報方。他們找隆尼的兄弟姐妹談過，得知他有時會遭到父親虐待，父子關係緊張。另外，隆尼與梅莉莎的一個朋友出軌，還有梅莉莎已經不太常跟他們的共同朋友見面了。她每天下了班就回家，幾乎不跟朋友連絡。隆尼有一位前女友向警方表示他沒有對她家暴過；她認為他依然愛著她，警方懷疑她還留戀隆尼，因此對她提供的資訊存疑。

警方與隆尼已經僵持了數小時。麥特周圍的警察們正默默拼湊所有情報，評估眼前情勢的危險性。在他們之中，麥特承受的壓力最大，他必須不斷跟隆尼說話、安撫他的情緒，還有讓梅莉莎毫髮無傷地離開那棟房子。雖然這個房間裡充滿動能，但也異常安靜，彷彿一群孩子在圖書館的角落低聲喊叫。儘管人員忙亂，但聲音大都是電話鈴響及隆尼與麥特的交談聲。只要說錯一個字或一個聲音不對，隆尼就會暴怒。說對了，麥特才能與他交談。在執法的專門用語中，這稱為鉤子與倒鉤。鉤子吸引隆尼進行對話、安撫他的情緒；倒鉤則用來激怒他。幾分鐘前麥特提到梅莉莎的同事梅克（Mack）時，已成功使用倒鉤手段，誘使隆尼生氣。原來，他認為梅莉莎與梅克有一腿。

「我讓他發洩一下，消耗精力。」麥特說。「至少他是對我發脾氣，不是對梅莉莎。」

「等下他就累了。」另一名警官說。

但這只是推測，因為隆尼不斷惱怒而掛斷電話，也沒有要放梅莉莎走的意思。他們都知道，梅莉莎可能已經死了，或者隆尼在屋子內外埋設了一些詭雷。他可能擁有多種火力強大的槍械。他已經封住大門，不讓梅莉莎離開。

麥特又打過去。「嘿隆尼，你掛我電話。我只是想確定我們沒事。」

「沒事。」隆尼的語氣聽來一點也不像沒事。

「好的，好的。」麥特說。他的聲音微微顫抖。他很年輕，才快三十歲。「嘿，你做什麼工作？」

他顯然說錯話了。

「我沒有要跟你聊我的人生故事，混蛋！我的所有事情你早就一清二楚，你這油嘴滑舌的騙子。你他媽有什麼毛病？你以為我是呆子嗎？」

他說完便啪地一聲掛斷電話。

麥特搖搖頭。他知道自己搞砸了。他的同事克里斯坐在旁邊安慰他說，沒關係，是隆尼有問題。但顯然，麥特無法再與隆尼通上話，因此他們決定換克里斯來執行這項任務。在解救人質的情況下，換手的動作至關重要，必須做得天衣無縫。克里斯與團隊不能說謊，不能對歹徒說他們不會被起訴、只要出來投降就會沒事。然而，基本上他們必須強迫他們離開房子、走進監獄牢房。

他們在每通電話之間只有幾秒鐘可以討論策略。在罪犯將素昧平生的民眾當作人質的危機情況下，時間拉長通常可以緩解緊張情勢，但在家暴的情況中，時間並不站在警方這邊。時間拖得越久，情勢越有可能惡化，最後以暴力告終。與罪犯談判的人員必須態度開放但立場堅定，具有自信但又能換位思考。現在，他們只有言語這項工具。這與警方一般面臨的情況截然不同，雙方沒有明確的優勢與劣勢之分。透過漢米希·辛克萊爾所謂「拉近關係」的策略，他們必須迫使罪犯交出控制權，不能厲聲命令對方，不能提出要求，不能將不配合的罪犯壓制在地、扣上手銬。此時此刻，他們只能透過言語來說服隆尼。平心而論，一些警官比其他人更善於言詞。

他們決定這樣換手：麥特佯裝欲調查梅克的情況、瞭解他跟梅莉莎的關係，同時將電話交給搭檔克里斯。

他們又撥了電話。「隆尼，你說的沒錯。我們的確掌握了許多關於你的資訊。」麥特說道。

「去你的，你這說謊的混蛋，」隆尼說，「騙子麥特。」

麥特讓他發洩怒氣，然後依照計畫向他表示，他要調查梅克這個人，現場改由克里斯來負責。隆尼在電話另一頭罵個不停，說麥特是騙子，說他沒興趣交朋友等等。

隆尼掛斷了電話。麥特一次又一次打回去。「聽著，」隆尼難得安靜地聽他說話，「這位梅克年紀很大，大概六十五到七十歲。你知道嗎？」這個暗示很明顯。梅莉莎才二十幾歲，不可能與年紀大她這麼多的人偷情。（我懷疑這些警察從沒看過好萊塢電影。）

這引起了隆尼的注意。「混蛋，你懂現代化學產業嗎？」他說，「他們發明了一種藍色小藥丸，可以讓你的命根子比超級英雄的膝蓋還硬。」然後他就掛掉電話了。

麥特打回去向隆尼表示，他會找梅克談談，所以換克里斯跟他通話。

「克里斯也是騙子嗎？」隆尼問。「你要叫別人來，先確定那個人是他媽的誠實混蛋，懂嗎？」

克里斯接過話筒並說，「嘿隆尼，我是克里斯。一切還好嗎？」

他說錯話了，因為麥特、隆尼、克里斯等所有人都知道情況如何。但這不是克里斯的錯。這是講電話一般的招呼用語，或許也是我們每個人講電話的習慣。不過，在解救人質的情況下，談判的每一個字、每一秒鐘都很重要，不僅得拿捏言詞傳達的訊息，也得注意那些話所顯露的情緒。重點是，必須讓罪犯相信你所言不假。然而，隆尼精明得很，他知道警方在玩什麼把戲。他回說，「你也是說謊的混蛋嗎？」

雙方就這樣來來回回，克里斯不斷打電話，想辦法見縫插針、與隆尼搭上話，而隆尼一再掛斷。他打了三，四次，五次，七次，最後一共打了十五次。

「我聽得出你很煩躁。」克里斯說。

「最好是啦，福爾摩斯。你一定是個很厲害的偵探。」隆尼說，「為什麼你們就是不讓我一個人靜一靜？你們不會有任何進展的。」

「隆尼，我們希望有進展，但我們需要先確定大家都沒事。」克里斯告訴他。「我可以跟梅莉莎說話嗎？她還好嗎？」

「你要那個賤人來聽電話，我就叫她來。如果你要的話，我就把那賤人丟出該死的窗戶。」隆尼轉過頭對空氣大吼，「賤人，這些警察想跟你那該死的屁股說話！」但他並沒有讓梅莉莎來講電話，而是又說要將她丟出窗外，速度快到她不會有感覺。

「隆尼，隆尼，」克里斯說，「你那樣說讓我很擔心。我不希望有人受傷。」

「噢我的天，我的老天啊，」隆尼說，「噢我的靈魂！你到底要我幹嘛？你們為什麼不他媽的滾蛋？」

他掛斷電話。

克里斯與長官商量了一下，長官建議他跟隆尼再說一次目前的情況。「你就說，『嘿，我們現在知道的是，丹尼絲去接梅莉莎。有人好像聽到了幾聲槍響。』」長官說。

「所以你要我輕輕帶過這整件事？」克里斯問。

「只要跟他說你知道什麼，說我們為什麼不能離開，說她朋友來接她時看到她受傷在流血，還有槍聲的事情，這樣就好。不是完全輕描淡寫，但也不要讓他覺得他像艾爾・卡彭（Al Capone，譯注：美國黑幫傳奇人物）那樣罪大惡極。」

克里斯點點頭。他按下電話的重撥鍵。

我決定到走廊盡頭，親眼看看隆尼的長相。

＊＊＊

隆尼其實是一位退休警官，名為盧・約翰斯（Lou Johns）。我們正在聖地牙哥見習執法警官進行針對家暴情況的危機談判訓練。當我跟朋友說要來參加拯救人質的談判與訓練課程，他們第一個想到的畫面是銀行與一小群頭戴滑雪面罩的搶匪。主持本週訓練的威廉・基德（William Kidd）表示，雖然當局未持續更新數據，但美國約有八成的挾持人質事件起因於家庭暴力。直到最近，聯邦調查局才開始追蹤挾持人質案件的情況，但只有在司法單位自願提供數據時才這麼做。目前，他們的資料庫裡有七千多起案件。雖然全國各地的聯邦探員、執法單位、任何類似的機構都會進行危機談判訓練，但聖地牙哥的這場模擬是以親密伴侶暴力為主題的唯一一項。

以家暴為主的人質挾持情況與挾持陌生人的情況的終極目的並不相同，這改變了整個局面，為緊張的情勢注入極度危險的情緒張力。執法訓練與諮詢公司DPREP的部門經理、也是本週訓練的另一位引導人蓋瑞・葛瑞森（Gary Gregson）表示在典型牽涉陌生人的挾持情況下，人質是歹徒談判的籌碼。「銀行搶匪會利用人質來爭取逃脫的機會。」但若是家暴，情況完全相反。歹徒希望留在原地。他的最終目的不是逃走，甚至不是活命，而是保有控制的權力。「虐待者希望伴侶認錯道歉，」葛瑞森指出，「或是為了與他相處產生摩擦而受到懲罰。」這個關鍵的差異影響了談判的各個面向。虐待者與受害者的關係充滿感情糾葛，因此加劇了危險性。暴力及強迫的行為也可能在談判過程中不斷出現。葛瑞森提醒受訓學員，他們面對的是具有控制傾向的個案，必須提防個案友好或信任的表現。還有，受虐的配偶或子女也經常產生斯德哥爾摩症候群（Stockholm Syndrome），他們會逐漸認同虐待伴侶的行為、或者與對方站在同一邊，甚至在獲救依然如此。（有時這稱為創傷束縛。）

葛瑞森表示，對警察而言，任何談判最困難的面向是「放下警察的身分，進入談判者的狀態」。在一項早期訓練中，其中一名警官的任務是約談「隆尼」的姐姐。後來發現，他分不清楚訪查與談判的不同。「我們不希望她感覺有壓力，」葛瑞森後來說，「我們希望她在這個環境裡有賓至如歸的感覺。把這當成社交活動，而不是調查行為。」

執法單位與家庭暴力之間的關係可謂十分棘手。雖然未必如此，但警察往往是第一個回應家暴事件的一方。研究也顯示，即使施暴者未遭到逮捕，警察的涉入可以有效遏止虐待行為的再度發生，並且提高受害者取得保護令等地方家暴防治服務的可能性。[1]然而，警察本身也可能是加害者——該族群的家暴發生率高出一般人口二到四倍。在一部近期的影片中，幾名警察接到一名同事的前妻的報案電話。她描述他如何闖進她家、威脅要殺死她和新交的男友，以及她嫁給他之後如何熬過多年來的虐待。幾秒鐘後，在穿戴式攝影機的一連串鏡頭中，那幾名警察站在她的車道尾端，與加害者——也就是他們的同事——說說笑笑。他們不會撤銷整起案件，但他們叫他先避避風頭。他發誓他沒有踢破前妻家的大門。他刻意淡化事情的嚴重性。僅僅數天後，他殺了前妻與前妻的男友，然後舉槍自盡。之前我在聖地牙哥旁聽的訓練情境中，威廉・基德扮演前反恐特警隊前指揮官大衛・鮑威爾（David Powell）。在現實生活裡，大衛・鮑威爾違反禁制令，遭到上級長官召回警察總部。當他拒絕現身、宣稱手上握有人質，他曾經率領的反恐特警隊包圍了他的房子。之後展開七小時的僵持，最後，鮑威爾持槍在門廊對前同事們開火。他們開槍擊斃了他。

在紐澤西地方報紙一篇報導該起事件的新聞中，警察局長表示，這起事件發生在「家暴情況」之後。[2]這點也是問題的一部分。就各方面來說，我們用於描述犯罪行為的詞彙包括了家庭紛爭、家庭暴力、私人衝突、不穩定的關係、虐待、家庭虐待。這些都屬於被動結構，消除了不只是虐待者、還有執法單位的責任。家庭暴力是一種犯罪行為，這個界定不應該有模糊地帶，至少那些有義務保護人民不受暴力侵犯的執法單位不能敷衍行事。就我而言，雖然我在本書中根據這個議題最常見的指稱而使用「家庭暴力」一詞，但「親密伴侶的恐怖行為」這個詞彙要精準得多，而且反映了當事人特有的心理、情感與生理變化。

聖地牙哥的訓練課程直指警察在大衛・鮑威爾的危機情況下，逮捕同為警察的罪犯或進行談判時可能會有的偏見。葛瑞森問，如果他們知道談判的對象是另一名警察，會有什麼影響。學員們承認這種情況很難處理，但堅稱會依照程序，像處理其他危機談判那樣來應對。

然而，全國各地的警察部門面對家暴控訴時一向未能恪守紀律。根據洛杉磯一項針對九十一起涉及警察的家暴案件的研究，有四分之三的比例未列入警察的績效評估。[3]像大衛・鮑威爾這種警察本身的家暴行為未受到警方立即處置、或者毫無作為的情況，其實不在少數。[4]美國各地的警察部門無法管束下屬在這方面的行為，但每天都有平民因為這些罪行而遭到逮捕。佛羅里達一項於二〇〇八至二〇一二年所進行的研究指出，雖然只有一%的警察在未通過毒品檢測後還能保住工作，但有七%的警察在犯下竊案後仍能保有現職超過一年，而有將近三成的警察遭到家暴指控後一樣能僥倖逃過制裁。[5]受害者會擔心遭到報復而不願舉報伴侶的家暴行為，至於警察，他們不只可取得槍枝，對法規也一清二楚，加上與檢察官、法官及行政官員通常也有交情。警察的伴侶當然也知道，任何報案通話都會顯示在轄區內執法單位的車用電腦上，載明來電的地址、加害者的姓名、舉報的事件及其他資訊，如此一來對方的同事就能第一時間向他示警。即便在執法的特殊訓練中，全國也至少有四分之一的警察部門未明定處理家暴報案電話的標準程序。[6]

但是，警察基於緘默守則而不願揭露同僚已知或疑似暴行的這種行為，不僅僅是部落意識——一種「大家團結對外」、警察對抗平民的哲學（雖然我遇過的警察大部分都或多或少有這種感覺）。執法人員若面臨家暴指控，會承受龐大的負擔；這往往意味著他或她會失去工作，因為遭定罪的虐待者不得持有槍械。同時，執法工作的壓力也會增加家庭暴力、酗酒、離婚與自殺的發生率。我旁聽吉米．艾斯賓諾薩主持的課程時所認識的男性角色信念體系，在每一個警察部門造成的影響就跟在聖布魯諾監獄一樣強大。

＊＊＊

今日在聖地牙哥談判訓練中扮演隆尼的盧．約翰斯，是當地最資深的危機談判代表。他開玩笑說，他這陣子花太多時間上高爾夫球課了。也就是說，這段時間他沒有協助訓練新進人員，例如本週來自加州各轄區的二十一位學員。約翰斯聲名遠播，其他引導人同僚都說他「能言善道」。（「你聽過超級英雄的膝蓋嗎？」我走進他們進行模擬訓練的房間時，正在扮演隆尼的他問道。他笑了一下，將電話調成靜音。我聽到克里斯在另一線電話嘗試與他交談，努力尋找「鉤子」。約翰斯丟回了一個讓對方費神思考的問題。）

約翰斯的第一次正式談判是一起自殺案件。一名男子意圖從橋上往下跳。當時約翰斯心中充滿了焦慮。那是凌晨三點，吹著時速約三十公里的寒風，冰冷的雨滴打在他們身上。那名男子被女友跟他的兄弟戴綠帽。約翰斯告訴他，這真是糟透了。這不是自殺的理由，但這糟透了。那個人要約翰斯給他一個活下去的理由，一個他沒有聽過的藉口。「你的意思是要我講笑話嗎？」約翰斯問他。「對，」他說，「跟我說一個我沒有聽過的笑話。」約翰斯說：「如果我講一個你沒聽過的笑話，你就會離開橋上嗎？」那個人答是。於是約翰斯說：「好，那你聽聽這個：我站在這裡，黑沉沉的屁股凍得硬梆梆。如果你拿一根棍子插進我的屁眼，我他媽就變成了一支巧克力雪糕。」

那個人聽完後便從橋上爬了下來。

約翰斯有說不完的這種故事，一些出乎意料，一些荒誕不經。有次，他看到反恐特警隊全副武裝地圍著一座大樓。他們在那裡已經站了好幾個小時，都還沒有人成功跟罪犯對話。約翰斯打電話過去說，「嘿老兄，你就出來吧。」結果那人就這樣出來了。至於那些沒有圓滿結局的案件，像是不管他再怎麼勸說，對方還是跳下橋或者不讓老婆離開的例子，約翰斯就比較少提到。這些故事貫穿了整個訓練場域，本週幾乎每一位參加訓練的學員都會聽到。

約翰斯在聖地牙哥從事談判代表二十年了。他告訴我，剛開始，也就是九〇年代晚期，沒有人認真思考家庭暴力的問題。「以前對待施暴者的態度是，『混蛋，你等著吃牢飯吧』。然後如果受到虐待的女人一直哭訴丈夫或男友暴力以對，得到的回應會是，『不要囉嗦，否則我就再回來，也把你抓去坐牢。』」

他掛克里斯的電話。一秒後，電話又響起。「隆尼，」克里斯說，「你一直掛電話，讓我很沮喪。」

「嘿混蛋，你知道嗎？我才不管你沮不沮喪，」約翰斯說，「一、二、三。掛斷！」電話斷線。

約翰斯轉頭對我說，「那些家暴防治法生效的時候，一切變得更清楚了。」他說，「那引導了人們瞭解發生什麼事。」二〇〇〇年初反家暴的訓練與意識開始讓警察瞭解，為什麼虐待者會使用暴力及如何使用暴力、虐待者透過哪些方法來控制受害者、有時警方的哪些做法會對受害者造成二次創傷，還有為什麼有時受害者似乎不願離開虐待關係。在稍早的訓練中，其中一位引導人潔・谷艾爾示範了類似蜜雪兒・孟森・莫澤的情況，目的是讓學員知道，受害者有可能每天若無其事接孩子放學、買菜、外出辦事，看起來一副「不受約束」的樣子，但實際上是被動的人質，受到伴侶所控制，深信自己永遠無法活著離開對方。

模擬兩方僵持不下的情境又持續了一個小時。不論聽起來如何，約翰斯其實是在照著劇本念稿。他不知道電話另一頭的警官會作何回應，但他有一些特定的指標可供掌握情勢的情緒走向、誘使警官接續他開的話題，而他根據那些指標來決定要說什麼。譬如，他知道他必須不斷掛電話與罵髒話，來讓對方感到沮喪。他知道自己的回應必須讓對方知道做錯了，像是他們太過頻繁地換手。他也知道自己不能從頭到尾都不配合對方。他必須偶爾放出鉤子與倒鉤。在稍後的情境中，他也會假裝有意自殺，而他會說：「老兄，我不知道，去你媽的人生，一切都是狗屁，一切都不重要。梅莉莎再也不愛我了。」電話另一頭的警官應該能辨認他語調的轉變，將這視為危險性升高的徵兆。如果加害者有尋死的念頭，那麼情況便可能從危險變得致命。賈桂林・坎貝爾將自殺列為風險因素之一，並非偶然。

在走廊盡頭的另外幾個房間裡，一樣有其他退休警官扮演「隆尼」，為其他學員進行訓練。看著警察嘗試生平第一次談判，實在讓人不忍心。你通常會聽到他們語氣中的緊張，而眼前的情境不管對他們或對我而言，都逼真得嚇人。訓練場所是一系列普通的磚牆辦公大樓，位於聖地牙哥一條高速公路旁，但這沒有影響。大多數的談判都在電話上進行，雙方直到結束之前都不會見到彼此（許多案件更是永遠都不會見到面。）到了訓練的第二天，潔・谷艾爾以電子郵件發給大家一篇新聞。喬治亞州有一名陸軍中尉殺害了前妻與其男友。前述事件中穿戴式攝影機的一連串鏡頭顯示，凌晨三點他攻擊了前妻，而警察就在現場。他當著警方的面威脅前妻，「你很清楚接下來會發生什麼事」。但是，當晚他並未遭到逮捕。警方要求他交出所有槍枝，但他設法藏了一把。另一起案件位於奧蘭多，發生的時間就在這堂訓練課程開始的幾週前，一名與伴侶分居、有家暴前科的男子與警方僵持了二十一個小時後，在自殺之前先殺了四名人質——全都是兒童。

真實故事貫穿了整個訓練課程。一些出自引導人與他們本身的工作經歷（如今多數已退休）；一些發生在學員們接受訓練的當下；一些近在咫尺、一些在遙遠的角落。憤怒的施暴者、提心吊膽的受虐者與脆弱無助的孩子，這些故事每天都在上演。源源不絕的故事為訓練情境賦予臨場感，還有現實生活的壓力。還有負責與歹徒談判的警察，你可以從話筒傳來的無形聲音裡感覺到，他們唯恐說錯話的坐立難安，還有極欲從對方話裡找出可作為溝通橋梁的一字一句的迫切心情。

他們在這項訓練中遇到的所有情境都出自真實案例。隆尼與梅莉莎曾經是一對情侶，交往關係正如這些警察在本週演練的那樣。隔天，谷艾爾又寄了另一則家暴挾持案的新聞。那天晚上大家各自在機場不同登機門等候搭機返家時，她又傳來一則。當我下了紅眼班機到家時，收件匣裡又多了她寄來的兩則新聞。

＊＊＊

寫作本書的期間，我在走訪的幾乎每一個地方都曾跟當地警察一起值勤。我通常盡可能在週末晚上這麼做。（不用說也知道，我總是被指派給最慷慨大方、喜愛交際的警官，雖然有次在華盛頓特區，負責帶我的是一位才到職四年的女警，她看起來很緊張，彷彿我其實是奉上級命令來監督她一樣。當她問我要不要穿上防彈背心時，我開始有點緊張。）值勤時，我會問他們如何看待警察涉嫌的家暴案件與一般的槍枝及家暴案件。從加州到麻塞諸塞州（Massachusetts）的地方警察都回答，不論嫌犯是同事或一般老百姓，他們都會秉公處理。

我不相信他們每個人的答案。

至於槍枝問題，他們都希望民眾持有的槍枝數量少一點。

這我倒是相信。

槍枝讓警察的工作變得危險萬分、遠比過去難以預料，而且不同於許多贊成擁槍的民眾，警察們都十分清楚，持有槍枝可能讓情況變得有多混亂與棘手。我的前夫曾說：「你不能拿著槍談判。」他認為，交際手腕讓每個當事人——而不僅僅是加害者——有更多機會存活。

我對於槍枝在任何情況下可以「解救」任何人的觀念一向存疑。槍是被動的工具，它依照人類的指示動作。而人類是會犯錯的。我想像一棟房子遭到外人入侵，熟睡中的屋主突然醒來，發現一個陌生人摸黑坐在床上。屋主要如何拿到槍？保險是怎麼打開的？子彈是怎麼在彈指間鑽進目標體內的？那可能是一棟安靜的房子；主人醒來，手伸到床底下悄悄拿出手槍，悄悄打開保險，在躡手躡腳地下樓梯。他可以聽見小偷的動靜，但小偷聽不到他的聲音。在無聲之中，他發現小偷正抱著家裡的平板電視，於是開了槍。又或者場景是電影院，歹徒在黑暗中走進影廳，開始掃射觀眾。某個具有正義感的觀眾持有手槍，而他開槍反擊。又或者事發地點是旅館房間，歹徒開了槍，而裡面的一群人也有槍，但他們是好人，持有槍枝不是為了做壞事。他們也開槍回擊。我們該如何辨別人的好或壞？行為是蓄意還是無心？抑或是有一名狙擊手在加油站。某個豐田汽車（Toyota）的車主有一把槍。他是好人，而他也開槍了。又或許那是一個孩子，而另一個孩子有槍。持槍的可能是一個好孩子或好老師。在那驚慌失措的零點零幾秒間，你怎麼知道、我怎麼知道、任何人要怎麼知道，誰是好人、誰是壞人，哪一把槍是善意的、哪一把槍是惡意的？要跑去哪裡、躲到哪裡？布面的塑膠椅、車門、置物櫃的門或是塑合板的桌面，如何能擋住子彈？誰是好人、誰是壞人，並不重要。子彈沒有道德偏好。據我所知存在槍枝的家暴情況都有一個共通點：當事人絕對、從來都沒有時間思考。倘若對方拿的是刀子，你還有時間逃跑；假如是子彈，你跑都跑不了。槍枝讓所有當事人面臨的危險性瞬間暴增。我想起蒙大拿致死評估會議上的那個女人，那位織毛線的退休護士說：「禁用該死的槍枝。」在半數以上的人都隨身帶槍的那個房間裡，她說，**禁用該死的槍枝**。

***

數十年來，研究人員與執法單位都表示，家暴是警方遇到最危險的案件。它們當然也是最無法預測的事件。同樣不可置疑的是，美國各地有許多警察在處理家暴案件的過程中喪命或受傷。一項針對十四年內七百七十一名殉職警察（平均一年有五十多名）的研究指出，約有一四％的警察在家暴案件中遇害，其中有九七％遭到槍械攻擊。[7]我頭幾年隨同警察值勤時提出了一些問題，而他們都異口同聲地說，家暴案件的危險性最高（偶爾也包含臨檢）。但在過去兩、三年裡，開始有一些警察私下表示，他們最害怕的是持槍歹徒。在執法單位針對聯邦調查局在二〇〇八年至二〇一二年間槍擊事件資料所做的報告中，作者發現，在四〇％的情況中，警方到場時加害者便停止射擊；而在警方到場後加害者仍持續攻擊的事件中，執法人員遭到槍擊的比例約有一五％。該項研究得到的結論是，槍擊事件（Active shooter events，在執法術語中稱為ASE）的發生率不斷上升，如今是警方面臨最致命的犯罪案件。[8]報告中完全沒有提到，警方遇到的許多槍擊案件有可能都起因於家庭暴力。

警察並不是唯一一個希望平民減少持有槍枝的族群。今日全美有三分之一的女性家中有槍，但只有不到兩成的人認為槍枝讓她們更有安全感，而且有超過一半希望政府訂立更嚴格的槍枝法規。[9]在加害者持有槍枝的情況下，受虐者遭到殺害的機率增加了八倍。[10]一九九六年通過的槍枝禁令《勞登伯格修正案》（Lautenberg Amendment）旨在禁止被判輕微家暴罪的虐待者持有或購買槍械，但研究顯示，這項法令很少實際執行。[11]值得注意的是，輕罪定義廣泛，從甩耳光到接近致命的扼喉行為都是，依狀態而定。美國各州必須各自制定法規以強制虐待者交出槍枝，而在我寫作的此時，只有十六個州有這種法令。[12]聯邦法律一般不會制裁那些在法律上未婚的家暴者[13]（這項缺失經常被稱作「男朋友漏洞」）。《勞登伯格修正案》的適用範圍不包含跟蹤，這意味著今日美國有成千上萬名跟蹤者合法持有槍械。[14]

艾波・齊奧理（April Zeoli）——美國槍枝與家暴研究的頂尖專家之一與密西根州立大學（Michigan State University）副教授——與同事丹尼爾・韋伯斯特（Daniel Webster）共同研究，在美國四十六座大型城市中，這些槍枝禁令對親密伴侶殺人案發揮了什麼作用。令人意外的是，聯邦制度下的家暴輕罪槍枝禁令對於這種殺人案件毫無遏制效果。[15]齊奧理表示，這背後可能有各種原因，包括執行力不足、地方司法單位不夠瞭解這些禁令，以及某些州的法官在禁令的執行上具有極大的自由。法令本身也令人困惑。「法律規定這個人不得持有槍枝，但並未追蹤執法的人員、沒收的程序、槍枝的存放及相關的成本……導致地方司法單位只能獨自摸索可行的辦法……讓那些不願實施槍枝禁令的法官握有極大程度的自由裁量權。」

然而，有二十四個州對那些有臨時或終身禁制令在案的罪犯執行槍械禁令。目前，也有十八個州定有法令，允許警察在家暴事件中沒收犯案人持有的槍械。[16]齊奧理的研究發現，在禁制令法規明確且確實執行的城市，親密伴侶殺人的發生率減少了二五%。

前任檢察官、也是檢察官家暴法源《公平》組織（AEquitas）法律顧問的泰瑞莎・加維（Teresa Garvey）表示：「問題不一定都是槍擊。槍枝用於製造威脅、支持威脅或強化恐嚇的環境。」[17]槍枝被當成發動鈍力攻擊的工具、用來提醒被害人誰是真正有權力的人。唐特・路易斯就是一例，他持槍猛烈攻擊女友，打到對方口吐白沫。美國每年發生三萬三千起家暴槍械事件，遠超過親密伴侶殺人案的數目。[18]槍枝奪走了受害者能夠跟加害者談判的任何籌碼。

槍枝權利的擁護者最常提出的一項主張是，槍枝促進了女性的安全。他們認為，禁止虐待者購買或持有槍械是沒有用的，如果他們有意傷害其他人，終究會想到辦法。然而齊奧理指出：「這根本不是真的……潛在的加害者不會以其他東西來取代槍枝。」[19]大衛・亞當斯曾向公共安全及國土安全聯合委員會（Joint Committee on Public Safety and Homeland Security）發表令人不寒而慄的證詞，他說他曾經對十四名殺人犯進行這項理論的測試。「在這十四個槍擊犯之中，有十一個人表示，如果手邊沒有槍，他們就不會殺人。」他向委員會強調，「許多情節嚴重的虐待者早已有意殺害親密伴侶或前任伴侶；我們不該再讓他們能夠輕易地殺人。」[20]

潔・谷艾爾表示，這是大家對於槍枝與家庭暴力最嚴重的誤解。「槍枝讓女性面臨的危險性呈指數成長。」她對我說，「在槍枝進入交往關係之前，女人都還覺得她有能力處理眼前的情況，不管是逃跑或是鎖上臥室房門。」[21]谷艾爾指出，支持槍枝權利的論點要求女性利用武器來保護自己，等於是要求她們依照虐待者那樣的方式行事。這種觀點使敘述成為了現實，將責任都歸咎於受害者沒有盡一切努力來保護自己。「如果女性天生沒有傾向批評與攻擊〔自己〕孩子的父親，這並不是一種角色缺陷。」谷艾爾告訴我，假使她曾經拿槍指著有虐待傾向的丈夫，「他一定會把槍拿走，而且嘲諷我。」

＊＊＊

隨警察值勤的那些時刻讓我瞭解到，不論警方高層有多常談論家暴問題，在街頭發生的那些事情，其實是每一個部門的文化與每一位警察的信念體系所決定的。在蒙大拿的一個週六晚上，我跟隨一位任職超過十年的警察值勤。[22]剛過午夜時，他接到了一通「家務事」的報案電話。我們是第三部抵達現場的巡邏車，到了之後看見一台露營車。一個綁了蓬鬆丸子頭的女人站在車子後面哭泣，而她的丈夫在車道尾端跟幾名警察講話。我隨行的那位警察（我叫他丹〔Dan〕）繞過那個女人，走進他們的拖車。兩個不到五歲的小孩驚魂未定地在屋子內外走來走去。另一名警察正在露營車旁邊的草地上搜索一把刀子。那個男人報警宣稱，那個女人拿刀威脅他。他打完電話後，她就跑出拖車外，將刀子丟到草地裡。他們兩人都有喝酒。

當時現場有八名警察，他們全是白人。那個女人身穿寬鬆的黑色T恤與內搭褲。她看著警察們在露營車、草地與院子裡進進出出。三名警察對她的丈夫進行訊問，但沒有人找她談話。「是他先打我的。」她一邊擦乾臉頰上的淚水，一邊說。我站在露營車旁邊聽邊做筆記。

我看著她的嘴型以確保寫下的內容無誤，但不想開口做任何表示。她顯然以為我也是警察。

她宣稱拿刀是要自衛，因為他們參加完派對回家後，丈夫就打她。就在那時，一名十幾歲的少女從門口走過來，把那兩個年紀較小的孩子帶進屋裡。那個女人腳上穿著深綠色的卡駱馳（Crocs）鱷魚鞋。

「你有跟警察說嗎？」我問她。

她點點頭。

「他之前打過你嗎？」

她又點點頭，淚流滿面。我等了一下，看會不會有警察過來訊問她、甚至進行致死性評估，但沒有人這麼做。於是，我問了她一些我從危險評估課程中學到的問題，包括是否有被勒喉？（她答有。）那些都是丈夫的孩子嗎？（不是。）他有槍嗎？（有。）他有工作嗎？（有。）然而，之後有一位警察過來，要她跟他走。我過去跟丹說，那個女人宣稱丈夫曾經虐待她。丹點頭表示他知道。「不幸地，她先生是報案人，所以我們必須逮捕她。」

那名少女從屋子裡走出來，對警方大叫。「你們要抓她？**她**嗎？」在草地上的警察找到了刀子，將它高舉在空中。「你們應該抓的人是他！」

「他是報案的人。」丹說。

那兩個小孩又跑了出來。現場氣氛越來越緊張。那個女人在巡邏車的後座睜大眼睛看著這一切。

「那你們可以至少不要在小孩面前帶走她嗎？」少女說，「讓我先帶他們去別的地方」

「你能帶他們去哪？」丹問。

「我會帶他們到公園。」那時已接近凌晨一點。

「你要在半夜帶他們到公園？」丹說。

她點點頭，彷彿這個想法完全合理一樣。

「我們進屋吧！」丹將她拉回露營車門口。我跟著走在後頭，我們進入那台狹小的露營車時，都被映入眼簾的混亂景象嚇了一跳。廚房兼客廳的空間髒亂不堪，流理台堆滿了碗盤、鍋子和紙盤，上面還有放到結塊的食物。到處都是蒼蠅。玻璃窗破了。車裡混雜了香煙、體臭、黴菌與食物腐爛等各種氣味。一個上下鋪的床架只有一張床墊。地板上有一個用過的保險套吹成的氣球。六名警察擠在這個狹窄的空間裡，寸步難移。

「我不希望他留在這裡。」那名少女說，「如果你們要抓她的話，一定也要抓他。」

丹問她是不是害怕跟那個男人單獨待在屋子裡。她對丹翻了個白眼，典型的叛逆期表現。

「他以前打過你嗎？」

她點頭。「用衣架。」

一台大型電視占了房裡的大部分空間，正播放著卡通。兩個年幼的孩子目光呆滯，看起來充滿倦意。他們沒有展現任何情緒，沒有恐懼、沒有喜悅，不好奇、也不驚訝。那名少女與警察們爭執不下，而我想知道從她的角度看這一切是什麼模樣，六個大男人站在她家客廳，高大的身影逐漸逼近坐在沙發上的她。有一、兩名警察往裡面走，拿手電筒照看雜亂的房間。她不願透露任何資訊，這讓我想起了談判課。眼前的情況不是警察在訊問她，而是她在面試警察。這些警官沒有任何一個人願意往後退一步，花一分鐘仔細觀察整個房間，放低姿態跟她坐在一起，就算只是對她說一句安慰的話也好，像是問她有哪裡需要幫忙、有沒有可以求助的人、需不需要食物救濟等等。相反地，他們穿著防彈背心、帶著槍與裝備還有不斷發出嘶嘶聲的無線電，以一副上對下的姿態集體站在她面前。他們將留她一個女孩在這間令人慘不忍睹的屋子，而一個會虐待他們的成年男性可能幾個小時內就會回來，另外還有一個或許同樣具有虐待傾向、但至少有時可以保護他們的成年女性不一定會回來。在某種意義上，這讓我感到震驚。這些警察客氣有禮。他們對法律瞭若指掌，但他們也完全沒有準備好以任何方式行動或思考，來表現出他們認知到複雜的心理層面、以及他們的舉止在小孩看來所代表的意義。這是當下即刻造成的創傷。他們絲毫不顧人類情緒的混亂，也不在乎這一刻會造成的任何後果。同時，執法工作讓他們只能分辨對與錯、罪犯與平民。

在麻州，我曾遇到哥哥侵犯妹妹的一起案件。她哭著跑到警察局做筆錄。警察記下了她的陳述，然後給她一杯水或一杯咖啡，問她想不想在局裡待一會兒，讓自己冷靜一下（她同意了）。之後，他花了一、兩分鐘跟她說了一些有關家庭暴力的事情，聊到這有多讓人感到痛苦及她來報警是正確的做法等等。他只是給了她一杯飲料、讓她冷靜一下的時間，還有充滿同理心的談話，但那就是重點。他沒有做什麼了不起的事情，但他展現出人跟人之間應該互相扶持的態度，而這個舉動必定對那位當事人意義重大。

我與丹回到巡邏車上，他說，他們會通知兒童與家庭局，那兩個孩子必須安置在別的地方，至少短期內是如此，而且很有可能會永久安排，除非那個女人可以證明她是稱職的母親。不過，考量那間屋子噁心至極，我實在無法想像她做得到。「我們應該可以處理得更好。」他對我說。至少，他承認了警方的不足。我沒有表示異議。然而數個月後，我在自己與一名執法人員之間的微小衝突中體會到，一個人要爭取自己的權益有多麼困難。

大徹大悟的季節

我正開車經過賓州與紐約州交界的產煤地帶。時值二〇一八年夏季，陰雨綿綿。幾個月前，我的手機收到未知號碼傳來的一封簡訊。（嘿，小瑞，我沒有惹麻煩！生活像風一樣平靜。）那是唐特．路易斯，隔了一段時間沒聯絡，原來他人在紐約州迦南鎮（Canaan）的聯邦監獄。

經過數個月的通訊來往，我獲准訪視他。我可以透過媒體記者的身分提出申請，但我之前在加州的艾特沃特監獄試過，從未成功。之後，他被移送至其他監獄，因此我們決定照探監的規定來見面，後來發現，這麼做讓我得到了許多資訊，但耗費了大量的時間與精力；對我們兩人而言，則有可能是非常不明智的決定。

我希望瞭解、但又覺得無法真正瞭解的是，唐特是否有可能在迦南聯邦監獄這種地方保持無暴力的狀態並設法活下來。暴力有可能是某種他需要在聯邦監獄這種地方求生時可以動用、出獄回到現實社會後又能克制不用的東西嗎？我在這裡親眼見證了，不公平的小事是如何摧毀人的意志。拿販賣機來說，那上頭貼有告示，聲明使用者後果自負。的確如此，在投的硬幣至少有五塊都被機器吃掉後，我像個飢渴的士兵一樣巴望著眼前的汽水罐而不可得，它有一半的瓶身卡在機器的塑膠環裡，靠在玻璃窗上，卻怎麼就是不掉下來。擁有一台可以正常運作的販賣機一點也不重要，幾乎一無所有的人們絕不會為此掏出寶貴的美元鈔票。

這裡的每一件事都必須服從上級指令，不論合不合理、是否符合邏輯，或者只是為了樹立威權。對訪客與囚犯都是如此。地面畫了許多條不得跨越的界線，還設有機場安檢區會看到將旅客圍成一群的那種伸縮帶欄柱。接受安檢之前會經過訪客等候區，那兒肅靜得像信徒集體禱告的教堂，但充滿了緊張的氣氛，彷彿打個噴嚏就會擾亂整個空間謹慎維持的平衡。另外還設有一個無情緒區域，在那裡不得大笑、不得聊天，不能與他人有眼神接觸。站在前方的警衛神情嚴肅，看來年紀很輕，可能剛做這份工作不久。他的氣勢不像我遇過的其他警衛那樣強硬，沒有經年累月管束他人——尤其是男性囚犯——的那種疲憊神態與緊繃情緒。我把這稱為「我比你瞭解」的態度，也就是一副我比你瞭解體制的運作，比你瞭解這些人有多壞，比你瞭解人性到底有多邪惡的姿態。

我在早上九點零二分抵達監獄。這座監獄跟我去過的所有監獄一樣，都位在鳥不生蛋的地方，坐落於連綿起伏的綠色山丘上，周圍是勞動階級家庭居住的社區。其中一棟房子的木造門廊殘破不堪，擺滿了褪色的塑膠玩具與破碎的花盆，還掛了一個招牌寫著**香格里拉**。

「你遲到了兩分鐘，」櫃台警衛告訴我。監獄網站上寫，訪視時間是上午八點到下午三點。「他們十點要點名。等下再來。」

我回到車上，轉開收音機聽全國公共廣播電台、看《時代雜誌》、玩一個名叫夢想小鎮（Township）的愚蠢手機遊戲。十點到了又過去。

「他們才開始點名。大概還要一小時。」

我又回到車上，聽廣播、看雜誌、玩手遊，到了十一點再走過去。這時，有十幾個人排成一排，他們似乎剛剛才出現。其中有兩人看起來跟我一樣是白種人。等候室裡的概略人口統計，清楚凸顯了監禁的種族不公。還有，訪客幾乎全是女性。

警衛給我一把置物櫃鑰匙，要我將車鑰匙放在置物櫃裡。「所以我用這把鑰匙」——我舉起小小的置物櫃鑰匙——「去鎖另一把鑰匙。」這時我又舉起車鑰匙。他點點頭。

我不知道自己怎麼會大聲說出這些話。相識二十五年的摯友總說我喜歡挑戰權威。不過，我還是將車鑰匙鎖在櫃子裡了。

我可以帶一個袋子進去，裡面放有置物櫃鑰匙、一些錢、一支唇蜜、一本便利貼與一枝筆。結果，這五樣東西之中有三樣屬於違禁品。

終於，在中午時分，我們被帶到主要會客室，那是一個沒有窗戶、由水泥磚砌成的方形區域，地面貼了藍色膠帶指明囚犯與訪客不得跨越的界線。幾名看來像是打了類固醇而肌肉脹大的警衛坐在牆面中央前的一個櫃台。此刻的一切就像電影裡演過無數次的情節，尤其是那些沒在跟你鬧著玩的警衛們，他們大罵我們不該擠在販賣機那區，氣憤地指著一個小到不行的標示牌，上頭寫一次只限兩人。我試圖理解其中的邏輯。既然我們能帶的隨身物品都被拿走了，就算一次有四、五個人站在販賣機前面又怎樣？（那裡有六台販賣機……等到我結束訪視後，它們全都故障了。）我自認視力沒有問題，再說那個標示張貼的位置一點也不顯眼。我們受到了羞辱。「你們看得懂字，對吧？」警衛說。自尊心讓我有股衝動想對他大叫，我他媽是個終身教授。然後等他從無知的世界爬出來時，我也許可以好好念那個標示給他聽。然而，我看著他，手裡握著一疊鈔票並說，「我聽說飲料可以無限取用。」他似乎愣了一下。我知道這是雙重特權，又或許是三重特權。我是訪客，不是囚犯。我是白人、受過教育。我有時會在不適合的時機耍幽默，而我對此並不自豪。我總是後悔自己忽視了內心的理智聲音（應該說我希望我內心有理智的聲音）。不料，他看了我一下，然後就走開了。我後來得知，二〇一三年這座監獄有一名警衛遭到囚犯殺害。這些警衛每天都有生命危險。他們也許薪水微薄、工時過長、累得精疲力竭。我不知道這些事，可說是老天眷顧。

我在想自己能否認得出唐特，畢竟我跟他已有快三年沒見。大約十二點半，我看見他出現在外人不得進入的走廊上，身穿芥末黃囚衣、腳穿米色的橡膠涼鞋。他老了好多，面容黯淡無光，身形豐腴許多。他感覺跟以前是同一個人，但又像是完全不同的人。他像是自己的哥哥。他依然頂著一頭金髮，但雷鬼頭綁起了馬尾。前額邊緣有一小塊刺青，像捲曲的頭髮一樣。他有一隻眼睛瘀青。

他打籃球時受傷了。他說不礙事，然後走過來擁抱我。

我希望他沒有瞞著我什麼。

他說，迦南鎮劃分成不同的地理區域。每個人效忠於各自的區域。互相對立的幫派成員聚集在此，譬如瘸幫（the Crips）和血幫（the Bloods）。「大約有一百個傢伙來自紐約，」他告訴我，「只有我們四個來自加州。」他們必須團結一致。我在等待會面的時候，一些女性訪客跟我說，這座監獄很難搞。來之前要先打電話通知，否則只能吃閉門羹。這裡關了一名索馬利亞海盜，他是蓋達組織（Al-Qaeda）的支持者與惡名昭彰的墨西哥蒂華納（Tijuana）販毒集團的成員。甘比諾（Gambino）犯罪家族的一位合夥人在二〇一〇年——也就是這座監獄剛開幕五年時——謀殺了獄友。迦南監獄的隔壁是一座規模極小的安全戒備衛星監獄，據一名警衛表示，那裡關的大多是非暴力或白領階級的罪犯。他們擁有的自由比這裡的囚犯來得多。他們看得到陽光。

唐特在這裡參加一項反毒課程，儘管他跟吉米一樣沒有吸毒的問題。他說，結業後，他就有資格提早出獄了。等到這本書出版時，他便只剩不到一年的刑期。

唐特對我說，他仍然覺得之前從《活下來的男人》課程中學到的東西很受用，但他在這裡學到的知識有時似乎與那些東西互相矛盾，讓他很困惑。「你知道嗎？我把課程內容都吸收到腦袋裡了。這裡沒有人像我一樣。」他們舉行晨會時，其中一人必須負責主持，而輪到唐特時，他們都說他說起來跟白人一樣。「我無法控制自己，你能體會嗎？」他說，「我從吉米與里歐身上學到了很多事情。我會說『我認為這樣』、『我認為那樣』這類的屁話，搞得那些傢伙都不想靠近我。他們一點興趣都沒有。」

因此，他只有一個人。在精神上，他孤立無援。此外，祖母一年多前去世的事實讓他心碎不已。他跟母親不怎麼親近，而他還在生妹妹的氣，因為她跟前男友（唐特被捕那天開車載他逃逸的那個人）依然糾纏不清。他說，每當需要時，他就會把自己在加州坐牢時學到的東西拿出來用，還說自己現在變得成熟多了。有時候，他希望能夠幫助在這裡結識的朋友，便會跟對方談論情商或男子氣概的期望等話題。其他時候，他與一些獄友打交道以爭取保護，盡可能摸索體制的運作方式，他深知自己處於致命的危險狀態，但又必須努力求生。他說，他試著保持「冷靜」。

於是我問他：你的眼睛到底是怎麼受傷的？

他仰頭大笑。我看見他缺了一顆門牙。他一隻手摸著另一隻手的二頭肌，回說，「我跟別人吵架。」

我點點頭說，「不要開玩笑。」

「真的沒什麼。」他說。獄友看他不順眼，想大打一架。唐特對他說，「老兄，我不想跟你打架。我們是同鄉，必須團結才對。」而且，唐特覺得自己可能會狠狠揍扁他。對方體型不壯，而唐特身高近一百九十公分，體重快九十公斤，深諳打鬥技巧。我問他，但每個男人不都這麼想？他們都覺得自己有心的話，一定能打贏對方，但他們往往前一刻自信滿滿，下一刻就變成利他主義者，處處替對方著想，原本**可以**大動肝火，卻突然間決定饒對方一命。人可真好呀！

唐特點頭笑說，我說的對。「不過說真的，他沒什麼好怕的，你懂我的意思嗎？」不過，他的獄友還是狠狠揍了他。唐特說那沒什麼，但他很生氣，因為他擔心自己跟我見面時**看起來會**很慘。沒錯，的確有點慘。

我身後的牆上掛著一幅描繪公園與一張長椅的圖畫，看起來出自中學生或高中生之手。每隔一段時間，就有一名囚犯與一個女人和孩子過來，跟背景中的假公園合照。有一個年約六歲的小女孩身穿紫色的亮片上衣，衣服上的文字寫著，**最好的一天**。

唐特希望出獄後可以到「社區工作」任職。他有意重新完成實習。他不知道這是否可行。吉米、里歐等人都沒有聯絡他，但他仍然懷抱希望。他說他之後或許會搬到東部，可能是帕特森（Patterson）、紐澤西（New Jersey）或澤西城（Jersey City）。他有一些親戚在那裡。如此一來，他就會離開熟悉的奧克蘭。他認為那些地方有推行《活下來的男人》計畫的需求，也許他可以帶頭做些什麼。

唐特還在艾特沃特監獄時，他的獄友收到了一封回信，寄信人是一名認識他前女友凱拉．沃克的女孩。她在信裡表示凱拉拿人頭馬酒瓶打了某個女孩。唐特知道後的第一個反應是，也許他毀了她的人生。「我在想，她會變成那樣，是不是受到我的影響。」他臉上神情滿是懊悔。

後來我離開監獄時，其中一名警衛沒收了我寫了三小時筆記的便利貼記事本。我知道不能帶那樣東西，但我心想如果真的不行，他們在安檢時就會拿走了。我的唇蜜與鋼圈內衣也沒有被拿走。他們簡直跟運輸安全管理局沒兩樣，將違禁品高高舉起，然後丟進垃圾桶。監管人表示，我的第一頁筆記描述了會客室及地板上貼有藍色膠帶的內容，這已經為犯了規定，他可以向聯邦調查局呈報這件事。我笑了出來（我必須強調這點，因為這樣的反應大錯特錯）。我們都知道聯邦調查局沒空在週日下午費心思處理這種小事，但我們也都清楚，我不應該在警衛訓誡我的時候大笑。接著我告訴他，沒關係，因為會客室的情景已經烙印在我腦海裡。

他說，筆記本是違禁品。我拿起唇蜜交給他。這也是違禁品，不是嗎？我雙手伸到背後，開始解開內衣。「這也要沒收嗎？」我笑著問他。他身後站著六名警衛。我看到我的筆記本插在他工作褲的口袋裡。

「你們網站上的違禁品沒有寫到便利貼。」我對他說。

他褲子的另一個口袋放有規章。他抽出小本子，開始念給我聽。裡頭並未提到任何關於筆記本的規定。「你看吧？」我說，「看到沒？」

「如果裡面沒寫，就表示不能帶。」

我舉衛生棉條當例子，這也不在規定裡。這麼說來，衛生棉條也不能帶囉？那女性訪客就只能讓經血流得滿地都是囉？

事實上，我知道事情到了這個地步，我不可能拿回筆記本了。我故意跟他作對，而他也故意不放過我，加上他背後還有一群觀眾，因此他不會輕易退讓。以家暴處遇課程的用語來說，我處於致命的危險，他也是如此，而他還有一群共犯，我們之中只有一個人在這裡握有實際的權力。此外，我確定此刻自己是站得住腳的。我身為記者、是個白人、受過教育。但是，我挑戰他的用意是什麼？我在幹什麼？難道我沒有從過去幾年來採訪過的吉米．艾斯賓諾薩、唐特．路易斯、漢米希．辛克萊爾、大衛．亞當斯、尼爾．韋斯代爾及其他男性身上學到教訓嗎？我**到底**在幹什麼？

後來，我想清楚了，因為我突然間感到羞愧。我轉身走出監獄，回到車上打開筆記型電腦，記下所有我還記得剛才跟唐特談了三小時的內容。他眼睛的瘀青、監獄裡的團體文化、身穿紫色上衣的小女孩、販賣機，還有他對凱拉懷有的愧疚。我坐在停車場的車子裡，逐漸明白，真正讓我心煩的不是我違反訪客規定的事情，更不是我沒能認知到試圖違反規定能為我帶來的特權。（試想其中一名定期來探望親人的訪客，譬如那個每個星期天都來的非裔女人，假使她像我這樣跟警衛作對，會有什麼下場。）重要的是，我有了更深的瞭解。我真希望當時我做了完全相反的事情。我希望當那位監管人從他的口袋拿出我的筆記本並告訴我這是違禁品的時候，我有這樣跟他說：

「你說的對，我很抱歉。」

就在我承諾唐特會回來看他並寄一些書給他，然後與他道別之前，我問他，他怎麼看待自己在「社區工作」一度過的時光，對於那幾個月與吉米還有一群暴力男性合作有什麼心得。那是他可以稍微喘息的一段期間。除了那幾個月外，他的人生有十年都在監獄裡度過，被暴力所圍繞。他表示，那是他第一次跟相信他的人們在一起的日子，這也讓他相信自己。他用一個字總結，「醒悟」。對他而言，那是一段大徹大悟的日子。

或許有一天他可以再回到那裡。

暴戾之徒

我再見到吉米・艾斯賓諾薩的時候，已經過了好幾年。我心想，這段期間他怎麼還是吃不胖？他午餐都吃特大號墨西哥捲餅與炒豆泥，怎麼還是瘦得像根調酒攪拌棒？結果，他故態復萌，又開始吸毒了，再次跳進他曾經奮力掙脫的泥淖，住的戒護所離警長辦公室只有數個街區，之前他在那裡擔任《活下來的男人》課程的引導人。他在某個週六晚上打手機找我。他說，這一路上走得很辛苦，但這次他下定決心堅持到底，戒掉暴力傾向與酗酒習慣，保住工作，在各方面變得更好、更堅強、更有韌性，面對自己的弱點，而如此努力奮鬥之後，他會變得更強大。「社區工作」為他留了一個位子。我問他對這本書有何想法、是否依然希望我將他的故事寫進去，他在電話裡頓了一下，接著說，「他媽的當然。這是真正的狗屁。我的人生每天都在掙扎，每一天都是。」

他結束了為期一年的戒護矯治，重新回到警長辦公室主持課程。他過得比以往健康。現在他的體重增加了一些，每天起床都做伏地挺身，晚上到住家附近的健身房重訓。我們互相較勁二頭肌。他原本在戒毒所住了幾個月，後來自己租了房子。如果有人問誰的生活一團糟，他會率先舉手，而且每次上課他都會向囚犯強調，他跟大家一樣。目前他除了在聖布魯諾監獄教授《活下來的男人》課程之外，也在匿名戒毒會擔任引導人，還有到鄰近的教堂與社區中心演講，而他坦白表示，這些工作並不容易。

對他與他接觸合作的男性而言，抗拒過往生活的引誘是一場戰役。那股拉力引誘他們吸毒、重回幫派、回到過去的生活。他在生理與心理上都有感覺到那股拉力。他將海洛因與古柯鹼稱作童話故事裡的白雪公主與灰姑娘。這種比喻令我不安，但我沒有指責他潛在的仇女傾向，因為我認為在他堅決改過自新、並且盡力嘗試的此刻這麼做，對他而言並不公平。毒品有如美豔動人、在柔和燈光下躺在白色床單上的女人，不斷呼喚他、誘惑他。那不是三維空間、現實生活中的女人，而是暫時的情人。那是可怕的女巫、磨人精。他知道吸毒一開始會感到欣快愉悅，但隨後就會意識到自己的墮落而陷入驚恐，甚至自殘。

他得到了第二次的機會，之後又得到了第三、第四次機會。他重新活過一次、兩次、三次甚至七次。他相信這是他最後一次機會了。他向學員、家人、治療中心的男性與女性、家暴犯、酒鬼、毒蟲與癮君子，向自己曾經深愛與虐待的孩子和女人、還有雷吉與里歐等同事，許下了承諾。他一再誓言揮別過去，而在大多數的日子裡，每天結束時他都打從骨子裡對自己又發誓一次的舉動感到寬慰。他說，在他對不計其數的人所做出的誓言之中，最深切的一個給了自己。

他在自己的臉書（Facebook）寫下了掙扎的歷程，描述白雪公主與灰姑娘有多誘人、多美麗、多讓人難以抗拒。但是，他不會屈服，今晚不會，但願明天也不會。除此之外，他看不見她們，也不想看見。他說他沒有像動物冬眠那樣足不出戶，也沒有躲起來不見人。他只是盡可能遠離那些不斷誘惑他的地方，擺脫那些讓他想起嬉皮區某些角落、某些可以仰望與回想整個宇宙的窗戶的記憶：「這個女孩，她住在那間公寓，」某天下午，他指著一間高檔都會男裝店的樓上對我說，「以前我都坐在那裡看著我的女孩們。」**他的**女孩們，都在他的想像裡。男人、窗戶、緊繃的肌肉、高度警覺的反應機制。我可以想像他是那隻勃然大怒的熊。

他會到別處尋求快感，不讓別人知道自己過著這種生活。成天神智不清的皮條客是拉不到客人的，他會失去手下的妓女、失去地盤。有很長一段時間，沒有任何人知道他吸毒。他會找個旅館房間注射毒品，整個人癱在床上，感覺糟透了，等到清醒後又責怪自己像個廢物一樣。但這沒能阻止他，沒有任何事可以阻止他。

他的右眼上方有一道疤幾乎被眉毛遮住，嘴巴缺了六顆牙齒。他嘲笑自己的長相，嘲笑自己像個無惡不作的歹徒，像個遊手好閒的流氓，像是女孩絕對不會帶回家見父親的那種男人。但他提到了愛。他的祖母九十七歲去世，這個事實讓他痛徹心扉，用文字寫下她對他的疼愛，據他描述，祖母晚上看到十幾部警車在街上疾駛而過，會衷心祈禱他們要抓的人不是她的孫子吉米。她也知道他當皮條客的事情。吉米有時會帶女生回去，而她會幫他們準備吃的，並對著那些女孩說，「你知道，你在做的這門生意不合法，而這個人就是違法之徒。」她指著吉米說道。

＊＊＊

我跟吉米一起到警長的附屬辦公室，見見他任教的其中一個新班級。數年前我來過這裡，當時唐特還在吉米手下實習，只不過今晚的場地變成了樓上的房間。班上約有三分之一的人是新來的學員，這表示他們會有很多時間在聽講。他們按照先來後到的順序圍成圓圈，身上穿著尺寸過大的運動衫、寬鬆的牛仔褲與潑漆T恤。這些學員看起來疲憊不堪，其中許多人結束一整天的工作後，迫於法院的命令來此上課。有一些人在聖布魯諾監獄時期加入了這項課程，即將在這裡結業，達成緩刑的其中一項條件。我從不只一個人的身上嗅到了明顯的敵意。牆上的月曆是去年的，頁面還停留在十一月。有幾張桌子擺在房間的一側。

外頭的車流聲呼嘯而過。郡立監獄位於附近，而旅宿平台網站Airbnb的總部就在過去一點的地方。對吉米這種不靠矽谷錢多事少的工作過活的人們來說，這就是舊金山，是一個分裂的世界。人行道旁架有鋼絲網牆，地上隨處可見碎酒瓶，再往前走一個街區會看到一間本地酒館，追隨反主流文化的文青都在那裡買醉。

吉米開始講述課程的第一個重點。他說，對自己負責，這是什麼意思？

「第一階段：停止自己的暴力行為。」一個男人說道。

＊＊＊

在聖布魯諾監獄，所有參加吉米主持的課程的學員都還沒受到審判，可知他們表現良好。他們直挺挺地坐著專心聽講，就像班級裡的資優生。他們曾經受到外在世界的種種誘因所迷惑，包括男女關係、毒品、酒精、幫派與槍枝等等。在監獄裡，他們只有自己、自己的故事與漫長的時光。坦白說，吉米也是如此。他的工作助益良多。他知道自己能下定決心展開乾淨、沒有暴力的生活，是因為他的周遭充滿了資源，包含薪水在內。然而，這些人出獄後進入文明社會，會面臨過去的種種誘因與生活方式，面臨朋友、生活的掙扎和女人。這個房間裡有一半的人看起來昏昏欲睡。一個人手肘撐在膝蓋上，眼睛盯著腳下的地毯；另一個人努力睜開沉重的眼皮。今晚的學員之中，有三個人褲管下的腳踝配戴電子腳鐐，有個人雙腳各戴了一個。

然而，吉米不是什麼一流大學的博士。他跟這些人沒有不同。他打從心裡明白，他們的掙扎，不是從書本與研究看來的（不是像我這樣從理智上去瞭解的），而是發自內心。我也旁聽過他的許多堂課，知道他能看見那些自以為隱形的人，不管是喝得醉醺醺來上課的、聽課聽到睡著的、趴在桌上的、認真聽他說話的，他都看得一清二楚，他全都知道。偶爾，他必須將某個人「趕出」班上，某個醉得神智不清或不願參與活動的人，然後法院就會收到通知，而吉米表示，有時會看到那些被除名的傢伙隔天就乖乖來上課了。

「對自己負責。」吉米說。有暴力傾向的人進入致命危險時刻的方式有四種，第一種是否認。「不是我做的，兇手不是我。」再來是貶低嚴重性。「也就是對自身暴力的影響輕描淡寫。」他如此告訴他們。「但是」與「只是」等詞彙都是線索，譬如「我**只**打了她一次。我**只是**輕輕推了她一下。**但是**，是她先動手的。」另外兩種方式為推卸責任與串通。「像是**她**先打我的，」他說道，「**她**咄咄逼人。」這就是推卸責任。至於共謀，我舉個例子你就懂了，假設家暴犯正與一個朋友聊到自己與伴侶的關係，而對方說，「噢兄弟，你讓她那樣跟你說話呀？老兄，我是你的話，一定好好教訓她。」

吉米向學員們表示，如果他們能夠遠離這四種行為，以後就不用再見到他了，「……除非你去看巨人隊（the Giants）的球賽」。

他們笑了。吉米提醒他們不要忘了他是如何綁架凱莉的。大多數的學員都聽過他敘述人生中三段決定性的經歷。他表示，「警方報告裡寫的每件事有一二五%是真的。她的證詞也一字不假。」他壓低音量，往前走了一步，彎身靠近他們，讓他們進入狀況。這麼做確實有效。他們開始打起精神，專心聽他說話。「你們知道嗎？警方寫的每一份與我有關的報告都是真的，我真的幹過那些事。警察沒有抓錯人，我也沒跟別人串供過。而這正是我試著讓你們瞭解的事情。我很清楚這一點，這不表示我很特別，但我敢說沒有人跟我串供過。那些證詞都是真的。而正是因為這樣，我才會一直在這裡。我不想隨時都活得戒慎恐懼。我不希望每次我踏進家門，另一半都會因為我的過去而提心吊膽。」

他往後走向白板，挺直腰桿，搓揉著雙手。他穿著米色的工裝褲和運動鞋。「你們有跟上嗎？」他問。

「沒有。」一個人答道。

吉米微笑著說：「兄弟，不用擔心，你每個禮拜都會聽一遍。我們要探討的第一件事是致命的極度危險。把這個詞拆成兩部分來看，致命指的是失去生命，而極度危險指的是危在旦夕。舉個例子，你開車在高速公路上，突然有台車切過來，你會大罵一聲『幹！』雙手舉高。」他舉起雙手示範這個防衛姿勢。

其中一個人說：「有人在挑戰你的男子氣概。」

吉米點點頭。他指出，這時他們會心跳加快，肌肉繃緊，表情變得兇狠。他們不會察覺到這些變化，但這是身體的邊緣系統遇到威脅時會產生的反應。他像小丑般擺出誇張的姿勢，學員們哄堂大笑。

他說，小時候大人都說男生不能哭。「我們的父母會說『不要哭，擦乾眼淚』，對吧？但是，為什麼不能哭？我們受了傷、感覺到痛，為什麼不能哭？哭有哪裡不對了？我們教兒子如果在碎石路上跌倒受傷了不能哭，但女兒呢？我一把抱起她溫柔地又哄又親，對兒子卻是要他不准哭。」他搖搖頭繼續說，「現在，我瞭解這些偏見後，兒子受傷大哭時，我會對他說，『孩子，過來。我也好想哭，我知道那很痛。沒關係的，你就哭吧。』」

他談到自己從小認為女人就應該服侍男人，因為他看到家裡每次都是祖母與堂姐妹負責煮飯與收拾餐桌，男生則坐在客廳看球賽。他們到底都被灌輸了什麼觀念？如今，他長大了，懂事了，因為他必須學著餵飽自己、自己煎該死的蛋捲來吃。「以前我不懂得感謝伴侶的付出。」他提到凱莉等前女友時說，「問題從來都不是我的女友不好，而是我態度惡劣。」

「那還用說。」其中一個人說道。吉米哈哈大笑。

「以前可是有很多女生愛我愛得要死。」他說，但他年輕時對她們不屑一顧。現在想起來，他覺得自己很可笑。過去他把心思都放在如何讓其他男人、皮條客及自己曾經也是的街頭混混對他有好印象。「我花心思討好那些我不認識的混蛋，我想成為有男子氣概的混蛋，而在我忙著巴結陌生人的同時，我也傷害了深愛我的人。」他說，這是他內心的殺手。男人的內心有一股力量迫使他們使用暴力、隱藏真實感受、加深這樣的男性信念體系。「我們稱自己的形象是殺手，為什麼？因為殺手來去無蹤。殺手不會出現在街上，殺手不會開著拉風的凱迪拉克（Cadillac）到處晃、播著震耳欲聾的音樂、快活地抽著大麻。你們知道嗎？混蛋都在郊區出沒、當建商，家裡的三個孩子都上天主教貴族學校。」他一邊說著，一邊在房間裡來回快步移動，像在打拳擊一樣。每一個殺手都不同，這取決於他說服你相信的內在謊言。吉米說，他內心的殺手是「控制欲強、喜歡玩弄女人，而且想法激進的混蛋。」他停下了腳步，「當你在談論一種會危害到自家女兒的罪行，每一字一句都心如刀割。」

沒錯，從這個角度出發，男性會希望保護女兒的安全、不讓女兒接觸像他們這樣的男人，但不知為何，說到伴侶，他們的態度就不是如此了。這種觀點始終令我感到不安；難道我們非得總要想到自己與自身經歷，才能從他人的故事學到教訓？我們不能單純相信，所有人都應該享有安全，而不只是那些跟我們自己的母親與女兒相像的人嗎？**我們只會對與自己有關係的人發揮同理心嗎？**此外，關於吉米，還有一件事。我向他表示我必須跟凱莉談談、瞭解她的說法，還有找他的孩子或父母聊聊時，他便沉默不語。我跟他的父親談過一次，但對方似乎不願讓他接受採訪。那次他直接指著我的臉對吉米說，「你要把你的事情全都跟她說？」吉米說沒關係，但他父親微微搖頭。之後，我找那些人及他的家人面談時，吉米就好像消失了一樣。他說，他不希望他們再次受到傷害，這點我能夠理解，畢竟我們都希望家人平安無事。但我問他：「為什麼你有權決定成年女性——不管是你的女兒、母親或前女友——可以跟誰說話、不可以跟誰說話？」

從那之後，吉米不再與我說話。

最後，我真的找了他的前女友凱莉面談。她同意公開受訪紀錄。她告訴我，她與吉米所有的共同朋友、家人，每個人都知道他們的事情。凱莉自稱是吉米的「頭條新聞」。她清楚，她的經歷是吉米走向非暴力與痊癒的使命的一環。她對於必須犧牲自己的隱私來幫助他、以及她素未謀面的男性擺脫暴力傾向這件事有些怨言。不過，她對過去的事情已釋懷，重新展開了自己的人生，她表示，她已經學到教訓，之後再也不會受任何男人的氣了。

她告訴我，吉米是第一個她覺得有善待她的男人，至少在交往前期是如此。他有錢、人也很好，但也是個「玩咖」。過了幾年，她終於鼓起勇氣離開吉米，她說，大家都說她這麼做是「放棄」他。她感到很愧疚，但是從未回頭。她透露，現在女兒跟吉米的關係很好，但這不關她的事。她與吉米就只是共同撫養人而已。我問她是否相信吉米真的變了，她說她相信，但她也覺得自己還是有可能突然就惹怒他。因此，她總是與他保持一定的距離。

就在我們結束通話之前，我問她是否認為暴力傾向的男性可以戒絕暴力行為。她想了一下後回答，「我覺得他們可以戒掉九成，但有一小部分是永遠都治不好的。」

至於吉米，他再也沒有跟我聯絡了。

＊＊＊

之前吉米曾對我說，他知道女人都想要「治好他」。他發現，女人對歷劫歸來的故事都有一種迷戀，曾經暴力成性的男人浪子回頭，勇敢面對自己的脆弱與感受。沒有什麼比有血有淚的男人更性感了，對吧？他的臉書頁面證明了他沒在說謊。在他的每一篇貼文底下，許多女人滔滔不絕地說著陳腔濫調，說自己從他的故事得到了感動與啟發。他說，曾經有個女的從西部飛過來與他見面。

對此，我心裡有點不舒服，甚至有些憤怒。像吉米這樣的男人並不出色、不值得注意。不毆打女人，是他們應該做的事。如果真要說他們有什麼了不起的地方，那就是他們非常平凡。大衛·亞當斯也對我們文化中這種潛在的盲目迷戀抱持懷疑態度。如同前面提過的，家暴者的這種表現有可能是自戀症，他們似乎天生都有這種魅力。「他們可能會變成魅力無窮的不定時炸彈，」亞當斯曾如此告訴我，「從來沒有真的為自己的虐待行為負起責任。」

吉米往後靠在白板上，語氣再度哽咽了起來。「我現在可以直接放棄，回到原本的生活，馬上就可以。我在二〇一四年曾經中途而廢了四個月，到二〇一五年四月又重新開始。各位，你們知道嗎？我現在的生活很美好，我讓自己不斷接觸正面的人。下課後，我要去健身房，然後好好吃一頓飯，接著洗澡，然後上床睡覺。」

「很棒的生活！」其中一人說。

「是的。」他點頭說，「我甚至要趕隔天十點去參加匿名戒酒會。我他媽的一團糟，我還有進步的空間。我不需要治好你們，我需要治好自己，因為我就是問題的癥結點。我希望你們可以成功，但你們知道嗎？現實是，右半邊的人不會成功，左半邊的人會。有一〇％的人可以做到。那些位子我坐了兩年，但當時我搞不懂，我不想戒掉毒品、結束不健康的關係和離開幫派。我繼續過狗屁倒灶的生活。我不會因為白天聽了你們的事情，晚上就睡不著覺，這是絕對不變的真相。我不是賦能者，也不是保母，所以兄弟們，如果你們想每個禮拜來這裡睡覺，我替你們感到抱歉。因為不管你們為什麼來這裡，同樣的事情會不斷上演，如果你們不認真學習，就會一直重蹈覆轍……而我就會像一個該死的野鳥觀察員一樣坐在這裡發呆。各位老兄，監獄就像太浩湖（Lake Tahoe），它永遠在那裡等你。請大家按時上課，認真學習。」

接著，吉米講述自己的第三段經歷，這個故事我只聽過一次，而且一直沒能向他的家人求證。這段經歷傷他最深。故事並不長，也不怎麼特別，但他說那是他人生中最痛苦的日子。「那發生在十二歲的時候。」他說。他的女兒遭到他們都認識的一位朋友性騷擾。

「我必須做出重大的決定。」他對學員說，「決定要不要去痛打那個人一頓，因為我有絕對正當的理由，你們懂嗎？這麼做的後果可能是往後的三十年都得坐牢，但那沒什麼大不了。反正我是混幫派的，我到任何監獄都可以過得很好。那我應該要殺了這個混蛋，還是什麼都不做？」

＊＊＊

他知道這件事的當下，**以為**自己必須決定要不要殺了那個人。他表示，其實他明白他的決定根本不是如此。真正的決定是，「我要把重點放在自己身上，去殺了那個混蛋，還是把心思放在女兒身上，陪她度過難關？」假使他殺了那個人，便會讓女兒在最需要他的時候失去父親。

「該死，你說得對。」一名新進學員低聲說。

「我要確保你們每個人回到家的時候不會讓另一半覺得害怕。」吉米輕聲地說，「我在前線為受害者打拼，而我希望看到你們過更好的生活，因為這樣世界上就又多了一個女人沒有危險。」

第三部　過程

填補縫隙

大約在洛基殺害蜜雪兒與孩子們的同一時間，住在美國另一端一位名叫桃樂絲・朱恩塔─科特（Dorothy Giunta-Cotter）的女人正試圖逃離虐待成性的丈夫威廉（William）。她帶著小女兒克莉絲汀（Kristen）逃到緬因州（Maine）一家庇護所，而且申請的臨時禁制令才剛遭到當地法官駁回。那名法官聲稱，由於桃樂絲是麻州居民，因此他無權發出保護令。

因此，桃樂絲打給家鄉麻州艾姆斯伯里（Amesbury）一所家暴防治中心。她之前從未聯絡過珍凱格危機處理中心（Jeanne Geiger Crisis Center），那裡沒人知道她的經歷。但是，她遇到了一位名為凱莉・鄧恩的倡議人士。鄧恩通常週日不工作，但這天她有值班，而從桃樂絲在電話中的語氣，她本能地察覺這是一個充滿變數的情況。鄧恩替桃樂絲與克莉絲汀在薩勒姆（Salem）找了一家庇護所。那天晚些時候，她與他們碰面，聽桃樂絲訴說她驚人的悲慘處境。

她們談了好幾個小時。鄧恩記得當時克莉絲汀異常有耐心，她坐在房門外，靜靜聽媽媽娓娓敘述數十年來遭遇的極端虐待——其中一些細節鄧恩依然不願透露（她說那天她向桃樂絲承諾會保密）。威廉曾經把桃樂絲推下樓梯、把她揍得雙眼瘀青，也曾綁架她、把她關在倉庫一整夜、在她懷孕時施暴，還威脅要殺死她、開車將她的屍體載到罕無人跡的地方，讓別人找不到她。有幾次，桃樂絲進了急診室，威廉有時還會丟掉她的止痛藥。他不讓她去工作，因此她除了照顧兩個女兒之外幾乎沒有自己的生活。從事纜線工人的威廉威脅桃樂絲說，新英格蘭所有庇護所的地點他都一清二楚，而她信以為真。

桃樂絲也知道，根據法律規定，父親有權探望子女。如果離婚了，任何關於監護權或探望時間的協議，她都需要不斷跟威廉談判。因此，即使她能夠證明威廉的虐待行為（她無法，因為她從未向警方報案），威廉在法律上還是有權利。她推想，如果繼續待在這個家，至少還有機會可以保護女兒們。於是她一次又一次地回頭，留在他身邊。

但是這次，她向鄧恩發誓，到此為止。這次，威廉觸犯了她的底線：他第一次虐待克莉絲汀。他壓在她的胸口上，直到她不能呼吸，因此桃樂絲憤而採取行動。對許多受虐者而言，孩子受到傷害是促使他們有所作為的最後一根稻草。大人虐待另一個大人是一件事，但大人虐待小孩呢？這往往會讓受害者決定不再隱忍。

如同許多虐待者，威廉相當聰明，懂得利用體制來達到目的。在桃樂絲逃到緬因州之後，威廉寄了一封信給克莉絲汀就讀的學校，表示妻子精神狀態不穩、未經他同意就帶走了孩子；他向學校表示，如果桃樂絲試圖取得克莉絲汀的就學紀錄（倘若她要替克莉絲汀注冊其他學校，便會需要），必須立刻通知他。他在信中強調，這些跟家裡發生的虐待沒有任何關係，而這段言論讓校方覺得有異，於是他們請當地警方過來瞭解情況。同一時間，威廉．科特（William Cotter）到艾姆斯伯里警察局（Amesbury Police Department）申報失蹤人口。經手的警員瑞克．普林（Rick Poulin）告訴我，科特擔心妻子使用他們的信用卡。「他對申報失蹤一事防衛心很強。」普林說，「我心中警鈴大作。」普林也跟學校高層談過，甚至找過珍凱格危機處理中心的人員。這個案子狀況詭異，但就他們目前所知，當事人並沒有違反任何法律。這一家人沒有任何虐待紀錄、沒有犯罪前科，執法單位完全沒有理由對威廉展開調查。桃樂絲尚未從緬因州撥打熱線報案，威廉似乎也是個奉公守法的公民。

鄧恩指出，威廉的舉動正是典型的虐待行為。他想對受害者證明，他知道如何利用體制來達到自己的目的。桃樂絲人在緬因州，而威廉透過那封給學校的信，「試圖逼她現身」。

鄧恩要桃樂絲待在庇護所，並表示她跟危機中心的律師擬定了聲請禁制令後的作戰策略，他們計畫隔天早上先進行第一項行動。之後，桃樂絲說了一件令鄧恩震驚的事情：**我受夠庇護所了。**

桃樂絲住遍了新英格蘭各地的庇護所，最遠還到過賓州。每一次她最後還是回到了麻州，因為她沒辦法躲一輩子。威廉絕對不會就這麼放過她，他絕對不會願意離婚。不論她逃到哪裡，孩子們都必須注冊就學。她的家人都住在麻州。她怎能拋下母親與妹妹不管，還有離開最親近的朋友？她總有一天會需要找一份工作，以負擔自己和女兒們的生活開銷。

＊＊＊

桃樂絲告訴鄧恩，她沒有做錯任何事，為什麼每次要走的都是她？她相信威廉知道大部分的庇護所在哪裡，所以她是躲不過他的。她不會走，這次不會，以後也不會。之後，鄧恩說這是他們「突然間發現完蛋了」的時刻。「我們對於一個拒絕待在庇護所的女人沒有任何計畫，」她告訴我，「庇護所**就是**我們的計畫。」

週日晚上，桃樂絲與克莉絲汀在薩勒姆的庇護所過夜，隔天跟鄧恩與中心的律師前往法院。法院核准了禁制令，但附上一項警告：威廉向法官表示，他需要進出車庫，否則無法拿取工作所需的器具。因此，法官允許威廉早上去拿器具、晚上把東西拿回來放。這項規定並不尋常，但威廉沒有虐待前科，而且照理推測，他在與桃樂絲解決婚姻問題的同時也需要維持生計。

法庭做出裁決後，威廉搬出了房子，而桃樂絲與克莉絲汀搬了回去。

桃樂絲的房子有兩層樓，一樓有一間車庫。房子的旁邊是一座小型的社區停車場，左鄰右舍的房子間隔促狹，連一隻手都很難插進去。桃樂絲租的房子的隔牆板有綠色邊框；一段搖搖欲墜的木製樓梯通往狹窄的長廊，還有兩個門口。危機中心幫他們換了鎖、架設保全系統，並給桃樂絲與她的女兒們手機。他們也讓她配戴緊急反應頸環。但是有天晚上她煮菜時，意外按到按鈕，結果來了六台警車。她覺得這樣很尷尬，於是把頸環拿下來收在臥室裡。

她搬回家的十天後，桃樂絲走進車庫拿車。她要去蕭氏超級市場（Shaw's supermarket）面試。突然間，有禁制令在身的威廉從背後一把抓住她，用手摀住她的嘴巴。「不要再叫了，不然我就一槍斃了你。」他警告她。他們的大女兒凱特琳（Kaitlyn）聽到聲音，下樓後看到媽媽被爸爸綁起來了。「她的嘴巴在流血……看起來很害怕。」凱特琳之後在宣誓書中寫道，「我待在爸爸和媽媽身邊，確定不會再出事。」過了兩個半小時，威廉離開了；隔天，桃樂絲到警察局，向一位名為羅伯特．懷爾的警探提交指證威廉違反禁制令的報告。她與懷爾談了很久；這是他第一次見到桃樂絲。她提到威廉時說道，「我每次跟他說話，他都會恐嚇我。」

懷爾表示，桃樂絲冷靜且理性。她告訴他，在庇護所時，她必須與兩個女兒擠在一個房間，這樣如果威廉真的找到她們，三個人很有可能同時遭到殺害。換成是在自己家，比較有機會「只犧牲我一個人就好」。懷爾聽到她這麼說的時候愣住了。「她等於是在告訴我，『我準備好犧牲自己了，你要怎麼做？』」懷爾告訴我，「我說不出話來。」

懷爾（又名鮑比〔Bobby〕）認識桃樂絲的時候，在執法單位已服務近二十年了，一路當到警探。他經常是第一個到當地一些最令人髮指的犯罪現場支援的警官，例如孩子遭到親生父母殺害或妻子遭到丈夫殘殺等。麻州艾姆斯伯里不常出現隨機犯案，譬如開車掃射或搶劫演變成的過失致死等案件。離麻州僅一小時車程的波士頓經常發生隨機犯罪，但艾姆斯伯里是麻州境內的勞動階級城鎮之一，有著小型中央廣場與紅磚人行道，建築充滿了新英格蘭殖民時期的風格，而這裡也是艾塞克斯郡（Essex County）家暴事件發生率最高的地方。當地的謀殺案中，殺人犯與被害者往往互相認識，表示這些案件幾乎都屬於親密暴力。對懷爾來說，這些「家務事」令人沮喪。如同每一個執法人員，他幹警察這行不是為了調解夫妻之間為了柴米油鹽而發生的爭吵。他的態度基本上是，「搞什麼，又把我叫來這一戶？」即便桃樂絲的情況、還有她這種對宿命深信不疑的看法讓懷爾察覺到此案的嚴重性，但當時的他依然將這類案件當作別人的「家務事」。

***

懷爾發出了科特的逮捕令。二〇〇二年三月二十一日，威廉在律師陪同下向紐伯里波特地方法院（Newburyport District Court）自首。鄧恩說，科特很清楚自己在做什麼。他瞭解體制的規定，特意選在週五的最後一刻現身，而且找好了律師。他的前科紀錄只有幾起交通違規事件與開空頭支票。他有一份纜線工人的穩定工作，並擔任地方青少年運動隊的教練。那天負責審理此案的法官並不知道威廉虐待了桃樂絲數十年之久，也不知道他違反禁制令的細節，更不知道他曾經跟蹤妻子然後綁架她。他對於威廉曾在桃樂絲懷孕期間將她推下樓梯或曾用電話線勒住她的脖子的事情毫不知情。此外，那天法庭上的檢察官手邊也沒有桃樂絲描述二十年來受虐經歷的宣誓書。或許，如果懷爾知道那天下午科特會出庭，他就能作證並向法官提供更多資訊。或許他可以打電話給法院的某個人、警告他們關於科特的事，但懷爾手上只有桃樂絲那天來警局所做的筆錄。他知道她很害怕丈夫，但他不知道虐待的情況有多嚴重。鄧恩知道他們的狀況，但她與懷爾從來沒有機會交談。直到桃樂絲遇害的前幾週，鄧恩才遇到桃樂絲並得知她受到虐待，但她從未向警方提起這件事。當時，身為警探的懷爾甚至不認識當地家暴防治機構的任何人士，包括凱莉・鄧恩或蘇珊・杜布斯，幾年後，她們兩位將是懷爾轄區內的關鍵人物。那天法院裡沒有任何一個人知道應該要深入調查科特這個人。

所有這些體制內的重大缺口，往往是決定誰能活下來與誰會遇害的最大因素（包含罪犯與民事法庭之間缺乏溝通），而這種問題不只出現在麻州的艾姆斯伯里，也存在於美國各州的城市。親密伴侶暴力的案件經常交由民事法庭而非刑事法庭審理，這個事實讓我們深刻瞭解到，社會至今依然是如何看待這種問題的。美國的第一個「家庭法院」始於紐約州水牛城（Buffalo）。當時，家庭法院似乎是一項偉大的司法變革，有一個專屬的地方可供家庭解決有關離婚與子女監護權的問題，而當事人不需要上刑事法庭。然而在往後的數十年裡，這個創制使家庭暴力與監護權及離婚等其他家庭糾紛混為一談，而不是歸入其本質上應屬的刑事案件。試想一個陌生男子用電話線勒住另一個男人的脖子，將另一個男人推下樓梯，狠狠把另一個男人揍到眼部瘀青。這些攻擊行為每天都發生在家庭暴力中，但我到目前為止都還沒遇到任何一個檢察官看過，家暴背景下的這些罪行受到跟上述犯罪情境一樣慎重的制裁。俄亥俄州前任檢察官安妮．塔瑪沙斯基（Anne Tamashasky）對我說，「我很驚訝，居然有人對家人做出這種事情，而且這是他連在街上或酒吧跟別人打架都不會有的舉動。」威廉．科特在現身法庭的那天繳了五百美金，自首後不到幾分鐘便保釋出獄。

五天後，威廉身穿防彈背心並帶著胡椒噴霧、手銬、彈藥帶與短型散彈槍來到桃樂絲家。那時凱特琳在朋友家，而克莉絲汀不經意地開了門。桃樂絲一聽到威廉的聲音，便衝進臥房鎖上門，搬重物堵住門口。威廉硬是將克莉絲汀推到一旁，踹開臥室房門，幾秒內便把桃樂絲拖出來。克莉絲汀跑上樓呼叫鄰居，鄰居聽到連忙報警——這是鄧恩特地想出的辦法，避免讓克莉絲汀因為舉報父親而有心理陰影。不到幾分鐘，警察趕來了。

我有時會在腦海裡將畫面定格在這關鍵的一刻：桃樂絲還活著，遭到有虐待傾向的丈夫綁架，警方也在場（看來整個郡一半的警力都到了），他們掏出槍枝嚴陣以待。現在，由於普林警官接到威廉的報案，以及懷爾警探那天幫桃樂絲做過筆錄，因此警察局都知道這一家的狀況。這時懷爾已經知道科特具有危險性，而且或許比多數的家暴犯更加危險，而他曾提醒警局人員密切留意這號人物。現在是關鍵的一刻：威廉還活著，桃樂絲還活著，調度人員在線上待命，警察也在場。

桃樂絲坐在警局向懷爾警探訴說她會死在自己家的時候，是否有想像過這一幕？她才三十二歲，還有大半的人生在等著她。她擁有宛如四〇年代女演員的亮麗外表，可謂平民版的海蒂・拉瑪（Hedy Lamarr）或洛蕾塔・楊（Loretta Young）。

桃樂絲是否還記得十五歲那年的那個命運性的一天，她遇見一個宣稱對她一見鍾情的男孩？她會不會怪自己年輕時不懂事？她有沒有想過，她所屬的社會文化如何催眠青澀稚嫩的女孩追求愛情、告訴她們愛勝過一切？她有沒有想過，為什麼人們都不提起失敗的愛情？我不認為愛可以戰勝一切。這個世界上許多事物的力量似乎都比愛還要強大，責任、憤怒、恐懼和暴力都是。

我想像年僅十一歲的克莉絲汀害怕地躲在床底，完全不知道發生了什麼事。她不敢相信她讓父親進來。她以為在門口的是她朋友。我在她這個年紀失去了母親，原因是癌症，一種文明的死因——如果有這種東西的話。但是，我能理解克莉絲汀心裡肯定萬念俱灰，因為她曾在那水深火熱的一刻對天發誓要保護母親。我也能理解，不論死亡的那一刻有多可怕、告別親人的最後那一瞬間有多讓人難以釋懷，那種失去將由未來一點一滴積累的生活所定義。那深刻的傷痛，殘酷的定局，猶如世界一般巨大的鐵閘，在你還來不及眨眼的時候就關上了。

畫面繼續運轉。調度人員請克莉絲汀回覆確認警方是否抵達現場時，威廉接起了樓下的電話。他要求調度人員叫警方撤退，否則「有人將受到重傷」。他的語氣嚴肅卻出奇平靜，彷彿他仍然認為一切都在自己的掌握之中，彷彿他認為這只是一個天大的誤會，這是他可以自行處理的家務事。大衛・諾伊斯（David Noyes）是第一個抵達門口的警員。他聽到桃樂絲大叫，「他要殺我！他要殺我！」諾伊斯將子彈上膛，穿上防彈衣。當時外頭傾盆大雨。所有人都穿了警用雨衣。防彈背心、彈藥帶和雨衣讓他們無法敏捷行動。當然，調度人員並未叫警察撤退。諾伊斯踹開門的同時，威廉開槍殺了桃樂絲；諾伊斯說，當時炮焰的閃光刺眼到他有幾秒鐘什麼都看不見，時間長到威廉得以趁機舉槍自盡。過程中的所有聲響都被調度人員錄了下來。背景中可聽見桃樂絲的淒厲慘叫，之後便瞬間安靜，接著是警察們此起彼落指揮現場的聲音。一片混亂之中，電話聽筒傳來一個十一歲的女孩悲慟哭喊著：「不——！」

＊＊＊

桃樂絲遭到謀殺的消息傳遍警察局，然後傳到他們一家的鄰居、家人、朋友、媒體、家暴防治機構及判准威廉保釋出獄的法官耳裡之際，整個城鎮彷彿都在為她哀悼。不認識她的人們跟他的親朋好友一樣感到心碎。桃樂絲事件成為艾姆斯伯里在當地人的記憶中最轟動的謀殺案。凱特琳與克莉絲汀一夕之間失去了雙親。桃樂絲的母親、姐姐及所有家人悲痛欲絕。對鄧恩與杜布斯而言，這有如審判日。杜布斯對我說，「桃樂絲遇害之後，我們陷入了一種對體制的恐懼。」他們早知道桃樂絲跟任何人一樣有危險，就像在戰區前線缺乏臨時安頓的營區一樣，而這個事實並未減緩她們的痛苦與內疚，反而讓他們更覺得對不起她。

我問鄧恩為何會有這種感覺，她毫不遲疑地給了答案：因為桃樂絲的死似乎是「當下就能避免」的事情。如果他們連最顯而易見的情況都挽回不了，連桃樂絲這種早已預見自己會遭遇不測、或是清楚知道自身處境險峻的受害者都救不了，那他們致力推動的工作還有什麼意義？庇護所也是一個原因：為什麼他們只能將無辜的受害者帶走、讓她與外界隔絕？這起案件之後，報紙社論嚴厲譴責當地警方與同意讓威廉・科特保釋的法官；一些新聞評論員更要求法官辭職負責。當時擔任珍凱格危機處理中心執行長的杜布斯召開了地方檢察官與警局人員（包括懷爾警探）的會議，分析標準反應程序在這起案件中失效的原因。每個人似乎都已善盡職責。唯一一個真正脫離正常程序的環節是桃樂絲自己造成的，因為她拒絕回到庇護所。在鄧恩看來，這表示他們的程序出了問題。

***

二〇〇三年，這起不幸案件還餘波未平，鄧恩前往聖地牙哥參加一場家暴研討會。主講人是賈桂林·坎貝爾，她在會中講述危險評估的理論。鄧恩對坎貝爾分享的資訊感到震驚，但也佩服她能夠以前所未見的方式量化資訊，來呈現家暴受害者日益加劇的危險處境。坎貝爾表示，家暴殺人案一個最明顯的指標是肢體暴力的發生率。這似乎顯而易見，但其惡化的程度往往遭到忽視。她的評估研究指明了危險行為的等級，例如自殺威脅或是否持有槍枝。坎貝爾還提到，有半數遭到伴侶殺害的女性曾經至少向警方或刑事司法制度求助一次。這些都是記錄情況並對照風險指標的機會。她指出，殺人案的風險隨時間開展，譬如當受害者試圖離開虐待者、或是家庭出現變動（懷孕、就業及搬家等），風險會急遽升高。在當事人分手後的三個月內，風險會維持在高點，到了接下來的九個月期間會略為下滑，並在一年後大幅降低。

還有一些風險指標也是鄧恩從沒聽過的，例如扼喉與揮拳打臉屬於不同的暴力類型，或者，施暴者對待懷孕伴侶的方式一般會分成兩種，一種是更加兇狠地虐待對方，一種是在九個月的孕期中什麼都不管。坎貝爾滔滔不絕地講述時，鄧恩在底下越發坐立難安。她得到了一種跟以往截然不同的領會，心中不斷出現這樣的聲音：「桃樂絲的案子就是那樣。桃樂絲也有那種情況。對，那就是桃樂絲遇到的狀況。」

這是鄧恩生平第一次認識危險評估工具——坎貝爾原本認為僅適用於急診室。鄧恩對桃樂絲的情況進行了危險評估，發現她得到十八分，分數跟蜜雪兒・孟森・莫澤差不多。桃樂絲被列為最有可能發生家暴殺人案的族群，而他們沒有一個人知道這件事。鄧恩這才明白，為什麼自己會覺得桃樂絲的死似乎是當下就能避免的事情。因為，**的確是如此**。這是正在發展的程序。自從桃樂絲遇害之後，這是鄧恩第一次感覺家暴防治工作露出了一絲曙光。

鄧恩從加州回來後，便立刻與杜布斯討論可以如何利用坎貝爾的研究來預測，哪些家暴案件有可能以殺人案收場。鄧恩有兩個目標，一是為高風險案件制定應對方案，二是盡可能不讓受害者進入庇護所。他們知道必須想出一套能夠識別潛在致命案例的計畫，以即時因應像桃樂絲這類的情況。如果可以對這些受害者進行評估與分類，那麼為他們量身訂做的保護方案或許就能依據坎貝爾提出的危險性時程表來執行。因為，假如這種方式能夠預測家暴殺人案的發生，則照理來說應該也有預防的作用。鄧恩與杜布斯請坎貝爾從巴爾的摩來到麻州，一同擬定計畫並將他們的想法付諸實踐。隔年，鄧恩與中心人員跟艾姆斯伯里與紐伯里波特的警官、地方檢察官、緩刑與假釋官、家暴處遇顧問及醫院代表會面。他們知道，若想順利推行計畫，就必須確保資訊流通、突破溝通的藩籬。倘若當初鎮上各局處單位的每個人員——法官、警探、危機中心的人士、學校的社工、急診室的護士等——都握有威廉與桃樂絲的所有資訊，而不是各個單位各有不同的資訊，也許桃樂絲就可以逃過一劫，而威廉也可能無法保釋出獄。她可能必須交出槍枝，必須配戴電子腳鐐。這些都是鄧恩與杜布斯需要想辦法填補的缺口。她們研究了可以融入安全計畫的各種機制來因應任何特定的情況。緩刑官有沒有可能向法官提供更多資訊？警察是否能在接到報案的當下判別一些風險因素？急診室能否協助識別潛在的家暴受害者？警方能否將報告分享給危機中心的人員？家暴處與團體有沒有可能將掌握到的資訊提供給危機中心？她們討論了每個階段的因應方式、法律問題、隱私權標準，以及最重要的，如何將資訊分享給各個單位與機構。此外，她們更檢視了各州的法案與隱私權法規，瞭解依法可以或不得向其他局處分享哪些資訊。

資訊的共享，意味著那些長期封閉的局處與單位開始互相交流。或許最嚴重的文化隔閡就存在於警察部門與危機中心之間。這兩個單位的人員必須盡力消除自己所抱持的性別刻板印象。鄧恩的危機中心人員以女性為主，而警察部門大多是男性。懷爾曾告訴我，在高風險小組成立之前，當地警察都將鄧恩與危機中心的其他人員戲稱為「男人討厭我們俱樂部」。他說，「我們不跟她們打交道，」因為警察們普遍都覺得在那種地方工作的女性「討厭我們」。鄧恩得知後一笑置之。她說，「如果我們是女性主義的納粹，他們就是只在乎工作有沒有超時的混蛋。」然而，他們開始溝通之後，逐漸瞭解各自面臨的特殊問題與阻礙。與懷爾談話的過程中，鄧恩漸漸明白，一些警察會因為看到同一個家庭一再出現問題而感到挫折。另一方面，像懷爾這樣的警察也漸漸能夠理解，一些棘手的情況會迫使受害者留在施暴者身邊。鄧恩也向他解釋，受害者看到警方時通常會採取一種自衛措施，表現出對外人有敵意、與虐待者站在同一邊的樣子，而這是為了向虐待者——而非警方——傳達一個訊息：**看到我的忠誠了嗎？請不要在警察離開後殺死我**。

在這項嶄新的系統下，鄧恩的危機中心將作為溝通的樞紐。他們號召每一個能夠參與的組織，從急診室、法院、監獄、警察局到家暴防治機構及其他相關單位等，分別派出一位代表，共同成立了一個小組。大家決定一個月開會一次，討論高風險案件的應對方案，並且在保密協議與《健康保險可攜性及責任法案》的複雜限制下，盡可能分享他們就每一起潛在殺人案所掌握的資訊。局處單位各自獨立運作將不再是做事的方法。後來鄧恩表示，「謀殺案就發生在我們遺漏的縫隙裡。」

二〇〇五年初，美國第一個官方的家暴高風險評估小組正式運作。你問我他們的工作是什麼？很單純，就是填補縫隙。

居家庇護

女性主義運動在美國各地喚起反家暴意識的那個年代，庇護所似乎是這個問題最可行的辦法。如此一來，可以讓受害者遠離傷害。當時許多州仍未制定反家暴的法律。一般仍將親密伴侶暴力視為個人的家務事，而家暴相關研究仍多少將這類事件歸咎於受害者激怒虐待者。要等到數十年後，男性必須為自身的暴力行為負責的觀念才會成為全國性對話的一部分。設立庇護所是全國同心協力為解決親密伴侶暴力問題所做的首次嘗試，而從六〇年代，一路經歷七〇、八〇甚至到九〇年代，這幾乎是受害女性唯一的出路。一九六四年，加州遭到酗酒伴侶虐待的女性受害者開設了一家庇護所，但一般認為緬因州與明尼蘇達州是最早設立受暴婦女庇護所的地區。庇護所無疑拯救了成千上萬名女性的生命，一直到了今日依然如此。在四十年的發展過程中，庇護所的數量不斷擴大，如今美國各地已有三千多家。[1]

庇護所的定義差異甚大；可以是供過夜一晚的旅館單張床位，也可以是二十四個家庭合住的住宅。有時候，人口稠密的城市會有小型公寓大樓或汽車旅館式的單戶住宅。位於大型城市郊區的庇護所通常是住宅區的單戶住家，受害者及其子女可分配到一個房間，並與另外五到八個家庭共用廚房、浴室、飯廳與客廳。宵禁與家事方面有制式規定。依照慣例，庇護所不接受十二歲以上的男孩以及寵物，為了安全起見也不鼓勵受害者與親朋好友（包括雇主）經常聯絡。（目前紐約正在打造號稱為全國第一家百分之百寵物友善的庇護所；阿肯色州則於二〇一五年成立了美國第一家受虐男性庇護所。）庇護所不只是安全寄宿的地方，也讓受害者可以帶子女徹底離開原本的生活。換言之，讓他們從施暴者的生活中消失。

這是凱莉・鄧恩得知桃樂絲拒絕待在庇護所時所關注的焦點。她曾告訴我庇護所「見不得人的小祕密」——它們其實是「社會福利的門票」。如果一名女性需要庇護所的幫助，而離她最近的一家在別州，那麼她就必須立刻占得床位，即使這表示她必須工作、孩子的就學與朋友們不管。鄧恩表示，在二十五年的職業生涯裡，她看過許多難忘的情景，像是婦女帶著行李與孩子們站在路邊等巴士，要去別州唯一一家在那天晚上還有床位的庇護所。那一幕讓人心如刀割。有時這雖然是必要之舉，但仍令人心痛。

鄧恩說，有越來越多受害者不願住在庇護所。他們希望能繼續工作，或者照顧年邁的雙親；希望能掛號看醫生或跟朋友一起吃晚餐；想知道自己的孩子是否還能參與學校的話劇演出；是否能把傳家之寶也帶來；是否可在臉書或Instagram上發文。「這些問題的答案全是否定的。」鄧恩表示，「庇護所正是藉由這種方式來替刑事司法制度解圍。他們會說，『如果她真的那麼害怕，就會去庇護所。』如果她們沒有去，我們會推斷她們其實沒有那麼害怕。』」桃樂絲的例子讓她認識到，這樣的假設可能造成的危險性有多大。

近年來，庇護所與臨床治療機構持續努力滿足受虐者的需求。他們經常鼓勵受害者找工作；一些經費充足的庇護所也裝設了精密的保全系統。現在，有部分的庇護所也同意讓青少年與母親同住、讓家庭攜帶寵物；一些則允許受害者與家人朋友聯絡。某天下午，麻州薩勒姆一所危機介入機構「治癒虐待創傷、為改變而努力」（Healing Abuse Working for Change）的前任執行長坎迪絲．沃爾德倫（Candace Waldron）安排我參訪他們新開幕的高科技庇護所。那裡是桃樂絲與克莉絲汀曾住過的庇護所的舊址，原本建有一座矮小的房屋，地點位於一條濱海的寧靜街道，狹窄的人行道總是布滿風沙。新建的庇護所採用安妮皇后時期高雅的維多利亞式建築風格，門口有一條寬闊的林蔭大道，兩旁的隱密處架有監視攝影機，住所可容納八個家庭，具有三個獨立的廚房。另外還有一台電梯與一個堆滿玩具的兒童遊戲間；走廊與樓梯漆色明亮，掛有花卉圖畫；後院還鋪了一小塊沙地。就庇護所而言，這裡儘管空間寬大、通風良好，但缺少了多數家庭裡的那種個人色彩，譬如家庭照、海報、孩子的圖畫、小巧的擺飾品、玩具、書籍和唱片。

設有兒童遊戲區、保全嚴密，各方面條件均佳，實屬領域中的首選。然而，儘管條件再好，這樣的庇護所仍象徵著生活的全面中斷。直到如今，像鄧恩這樣大力反對庇護所的倡議人士仍在少數。她指出，「這種想法在家暴領域中不受到歡迎。」但事實上，大部分的庇護所依舊長期經費不足，去留的命運掌握在州或郡政府的預算，也有證據指出，庇護所既不能為受害者及其家屬提供喘息的機會，也無法作為長期的解決方式。

我在《紐約客》發表了一篇涵蓋許多前述論點的文章，有一位讀者寫信回應如下：

身爲美國第一批庇護所之一的創辦人，我不認同你的看法……庇護所實際上是受害者「獲得社會福利的門票」。高風險小組是一項重大變革，但它們只觸及了執法單位或救助機構已知的一小部分受害者。作爲預防家暴的全面措施的一部分，這是最有效的模式。庇護所爲受虐的個人與家庭提供安全住所與創傷支援，他們絕大多數都長期飽受虐待、貧困與無家可歸的苦難。一些倖存者表示，庇護所是他們人生中第一次得到安全感的地方。我們提供的支援注重教育、就業，並且幫助受害者一步步往安穩又平價的住房目標邁進。事實上，我們的高風險小組與超過二十五家地方性機構合作，至今已多次在危急時刻協助安置過許多家庭。[2]

我無法反駁這封信的論點。因此，我必須說，這兩種現實令人不安地並存：庇護所的存在有其必要且確實拯救了生命，但這也是一個糟糕的解決方法。

鄧恩也不得不承認，有時庇護所是必要的。她向我描述了一個正在發生的案例，法院強制那名當事人配戴電子腳鐐以監控他的一舉一動。結果，他在緩刑期間並未依規定前來配戴腳鐐，因此得以逍遙法外；因此對受害者而言，庇護所是最安全的選項。即使受害者只在庇護所待一、兩個晚上，也能從中獲得幫助，讓自己的情緒穩定下來。但是，鄧恩也形容庇護所就像女性監獄，定有嚴格的規範與宵禁，她還提到，受害者的子女被迫離開熟悉的家庭環境與朋友，有可能會受到創傷。即便在條件絕佳的庇護所，如同我在麻州參訪的那一間，也一樣是讓受害者與其他受創的人們生活在同一個屋簷下。好幾個家庭分住一間大臥室是常有的事。

鄧恩說，就其他犯罪案件而言，不論是尋求改變的動力或放棄公民自由的決定，都取決於受害者本身。「庇護所的確拯救了受暴女性的生命，但我認為如果把這當作問題的答案，在本質上似乎不公平。」

＊＊＊

這些日子以來，相關單位嘗試讓受害者與社群維持緊密聯繫並走出庇護所，建立一種安全網。其中一個方式稱為中繼住宅。中繼住宅與庇護所的不同之處在於居住期間更長，而且受害者大多擁有更多自主權。現今許多城市都建有中繼住宅，因此為了一探這些住所的真面目、以及瞭解其與庇護所的差異，我在某天下午約了佩格·哈克斯洛（Peg Hacksylo）見面。她是華盛頓特區安全住房地方聯盟（District Alliance for Safe Housing）的前任執行長，也是在全國廣受好評的中繼住宅計畫的創辦人。

我在夏季的某日下午前往參訪。那棟建築的大門沒有任何招牌或指示牌。四周設有圍籬，而側邊的庭院裡蓋有一座小型兒童遊樂場。她事前有叮嚀我必須按門鈴才能進入。只見門口架有一部監視攝影機，建築所坐落的這個街區周圍的主要地點也都設有監視器。階梯走道的兩側還築有普通人不可能翻越的高聳鐵柵。

這棟住宅位於華盛頓特區其中一個老舊社區，毗鄰一些中產階級社區，因此在當地（美國物價第五高的城市），平價的住宅比其他地方更難尋。就我寫作本書的當下，那裡一房公寓的租金平均一個月超過兩千兩百元美金。[3]這是美國各個城市都在對抗的問題，不過在舊金山、紐約、波士頓、華盛頓特區、芝加哥與洛杉磯等地，平價住宅正急遽消失。

「照以往的經驗來看，如果這些城市的家暴受害者向政府機構求助或尋求庇護，表示自己因為受到家暴的關係而無家可歸，對方會說，『你應該去找家暴庇護所；我們沒有處理這種事件。』」哈克斯洛透露，「家暴庇護體系的規模小到不行，能力也非常有限……因此受害者往往都會先住進庇護所，入住期間結束後又去找家庭收容機構表示，『我需要找地方住。』然後對方會問，『你現在住庇護所嗎？』受害者回『是』，而對方會說，『這樣的話，你不算是無家可歸。』」

哈克斯洛表示，為了符合這樣的規定，家暴庇護計畫的做法是將受害者趕出安置計畫，好讓他們能夠合法聲明自己目前無家可歸、需要住所。

這讓許多家暴受害者陷入居無定所與遭受虐待的無限輪迴。即便是今日，根據華盛頓特區反家暴協會（Coalition Against Domestic Violence）專案小組提出的報告，當地有三分之一的女性遊民因為家暴而無家可歸。

＊＊＊

哈克斯洛的辦公室有著紫色牆面與紅色的天花板。身穿橄欖綠亞麻緊身衣的她在裡面看起來像是飄浮在空中似的。她綁了辮子頭，打了一條色彩繽紛的髮帶。二〇〇六年時她曾告訴我，華盛頓特區只有兩家庇護所，一共有四十八個床位，只限婦女與兒童入住（禁止男性）。同時，警察局一年接到三萬一千多通家暴報案電話（華盛頓特區直到一九九一年才將家庭暴力列入犯罪行為）。[4]當地兩所主要家暴防治機構——露絲之家（House of Ruth）與姐妹的家（My Sister's Place）——一年協助一千七百名受害者。家暴庇護的需求與服務之間存在難以跨越的巨大鴻溝。

當時，哈克斯洛辭去了姐妹的家副會長一職，並接下防止婦女受暴辦公室（Office of Violence Against Women，OVW）的工作。在家暴防治聯盟的說服下，華盛頓特區的市議會認為當地對庇護所需求龐大，於是撥了一百萬美金給任何願意興建額外安置住宅的組織。如果說經費是任何非營利組織面臨最大挑戰，那這無疑是千載難逢的機會；等於有一個現成的銀行帳戶可供任何人來解決一個明顯而巨大的社會需求。現在，需求有了，資金也到位了。

然而，沒有任何人申請這項經費。

這是相當罕見的情況，眼前擺著一大堆資金，卻沒有任何人申請。

在華盛頓特區家暴社群中熟門熟路的哈克斯洛受命找出原因。她成立了一系列的焦點團體，花了四個月的時間釐清問題。結果發現，原因居然只是現有的家暴防治機構每天都忙不過來，有待協助的個案多得驚人，以致沒有人有餘力實行如此大規模的全新計畫。倒不一定是這些機構缺乏遠見，而是他們不論在個別與集體層面上都欠缺人力。因此，哈克斯洛向防止婦女受暴辦公室的上司提出，「這是我的熱情、我嚮往的事業。如果你不介意，我會成立一個非營利組織，自己來做這件是。」

現在想起來，哈克斯洛笑說，「那真的是成立非營利組織一種非常落伍的方式。」但在六個月內，她召集了董事會、提交組織成立的申請文件、拉贊助商、撰寫提案書，並找到了房屋物件。她告訴我，她沒有宗教信仰，但這麼多事情在如此短的時間內到位，讓她覺得這是「上天的暗示」。

二〇〇七年七月，哈克斯洛新成立的家暴防治機構DASH簽下了房屋契約，地點就是我在二〇一七年夏天與她見面的那棟建築。他們稱之為基石住房計畫

（Cornerstone Housing Program）。他們花了三年多的時間翻修房屋、雇請人員與擬定安置計畫，之後便開始收容家暴倖存者及其子女。在此同時，哈克斯洛進一步調查更多焦點團體，結果印證了她早已知道的事實：許多受害者最後不是在安置庇護制度中度過餘生，就是因為沒有地方可住而回到虐待者身邊。根據不同的研究指出，有二五%至八〇%無家可歸的女性曾遭到家暴，而且情況越來越糟。在警方有權發出滋擾傳訊通知的城市裡，家暴事件最終演變成受虐婦女被趕出家裡的主要原因。馬修・德斯蒙德（Matthew Desmond）在《掃地出門》（*Evicted*）中描述了在密爾瓦基市（Milwaukee），家暴滋擾案件的數量超越了所有其他形式的滋擾傳喚（例如妨害治安或吸毒），而在收到這些傳訊的房東之中，有八三%的人不是驅趕房客、就是威脅要趕走他們，這意味著遇到這種情形的受虐者不僅下次不敢再報警，也往往因為遭到驅逐而受到二次迫害。之後，德斯蒙德講述當地的警察局長面臨家暴殺人案發生率升高的沉重壓力，他寫道：「警察局的規定對受暴女性而言等於魔鬼的交易：要麼忍氣吞聲，要麼報警然後被趕出家門。」[5]

基石住房計畫開張後，哈克斯洛驚訝地發現，DASH接到來自其他家暴防治中心或社福機構的電話，跟來此尋找住處的受虐婦女一樣多。他們打來表示，「這裡有一名〔家暴〕受害者，我不太確定該如何處理。」哈克斯洛逐漸意識到，這些團體很少互相交流與合作。「最後的結果是，受害者遭到遺忘。」她表示，許多受害者發現自己處於無止盡循環的人間煉獄。

哈克斯洛忙著推動基石住房計畫之際，也開始尋找可作為中繼住宅的零星場址；這些基本上是DASH與房東協商，讓對方同意將物件出租給計畫援助對象居住。在華盛頓特區房價高得嚇人的住房市場上，這些零散的房子有源源不斷的需求，而DASH必須不斷往城市外圍推進，尋找受害者負擔得起的住宅與願意合作的房東。如今，雖然美國各地的中繼住宅致力為受害者提供了一條通往穩定生活的道路，但據哈克斯洛指出，住房與都市發展局（Housing and Urban Development Agency，HUD）正慢慢退出這塊領域，聲稱這麼做的成本遠大於好處。HUD正朝所謂「迅速重新居住」的方向努力，讓家暴受害者在四到六個月內搬進與搬出獲得政府補貼的住所。

哈克斯洛表示，對多數受害者而言，這樣的期限太趕了。他們通常背有巨額債務、信用遭到虐待成性的伴侶所損害，或是長期失業。有些人希望完成學業或職業訓練。在DASH的制度下，他們不需負擔兩年的房租，有時還可申請延長六個月，而展延期結束後，DASH還可協助安排兩年的租金補貼。哈克斯洛指出，即便是如此，對一些人來說時間還是不夠。我想起蜜雪兒・孟森・莫澤，還有她對於生活的遠見。她求學、事先安排好一切好買下父親的房子，並暗中建立自己的信用，然後試圖找一份護理工作。倘若只有四到六個月，她有辦法做這麼多事嗎？

哈克斯洛受到的挫折顯而易見，但她知道，她面對的是現實世界，不是理想中的世界。她會盡一切可能來推動這項計畫。如今，她正致力根據DASH的成果來發展可在全國實行的一套模式（名為NASH——全國安全住房聯盟）。她告訴我，她在二〇一三年開始推動一項全新的試辦計畫，而那徹底改變了她對於在家暴中倖存的想法。該計畫名為倖存者復原基金（Survivor Resilience Fund），即協助家暴受害者重新站起來的經費。她對我說，「傳統觀念認為，如果受害者希望擺脫暴力，就必須離開家庭、與施暴者斷絕聯繫並展開新生活，而這一般表示，他們需要住進庇護所，然後尋求其他可享租金補貼的長期住所，尋找新工作，替孩子注冊新的學校，徹底整頓好他們的生活。」這正是桃樂絲・朱恩塔－科特這樣的受害者所面臨的情況。然而，哈克斯洛透過這項試辦計畫發現，許多倖存者有能力保有住處，但面臨短期的財務危機。一些人存款不足，無法支付押金與第一個月的租金；一些人沒辦法裝修房子；還有一些人身上扛了暴力伴侶欠下的卡債。不論是哪一種情況，倖存者復原基金都可以幫助他們度過初期龐大的財務壓力與留在熟悉的社區。

「對我來說，」哈克斯洛表示，「這完全顛覆了以往的觀念，因為我這輩子都在從事家暴庇護與中繼住房計畫。」她說，他們提供的資金基本上都能避免受害者因為家暴而流離失所。然而，復原基金計畫讓她瞭解到，傳統觀念未必都是正確的，其實有些受害者不願意離開原本居住的地方，許多人甚至不想與施暴的伴侶斷絕往來。他們希望確保自己的安全，但也希望孩子們可以在完整的家庭中成長，因此這項基金為他們提供了在原本社區重新找到住處的機會，在許多情況下也能將刑事司法體制排除在外。「當受害者有謀生管道，」哈克斯洛提到，「必定能有更大的優勢去爭取人身安全與正義。」

在我們結束參訪之前，哈克斯洛帶我概略參觀了基石住房計畫。這棟住宅於二〇一〇年開幕，如今已有四十三處套房與一房一廳的住所；她指出，DASH替受害者負擔兩年的租金，這段期間足以讓他們重整財務狀況、繳清債務甚至累積存款，解決其他所有需求（如藥物濫用），以及為子女辦理注冊就學。其中一間住宅有一個小型健身房與一台電視，另外還有兩個公用的兒童遊戲區，一個供幼兒使用、另一個供年紀較長的兒童使用，再加上戶外的遊樂場。具有兒童創傷輔導專長的志工一週前來探訪兩次，另外也有兩位從科科倫藝術設計學院（Corcoran School of the Arts and Design）畢業的學生為這裡的兒童進行非營利藝術治療。孩子們的畫作裱了框，以各種零件掛放在地下室的牆面上，哈克斯洛說，他們會定期舉辦社區藝術展覽，由孩子們講解自己的創作。住宅軍鋪有硬木地板，翻新的廚房設備齊全，還有大片窗戶可俯瞰社區，在這個悶熱的盛夏午後，流洩而入的日光照亮了整個空間。

基石住房計畫提供了立即性的援助：住宅本身並不美麗，但是讓住客擁有自主性。哈克斯洛表示，這就像人們在大學畢業後租的第一間公寓，但這裡看起來並不像庇護所，不是所有設施都是共用、每一處生活細節都得與其他人協調。家庭可以保有隱私；

住在這裡的六十多名兒童大多甚至不知道自己正在家暴處遇計畫之中。這些住宅是希望的視覺象徵，代表著受害者及其子女可望迎接沒有暴力的未來。我們也可以從另一個角度來思考這件事：一個人掌握了生活的主權，就越有能力創造美好的未來。

防患未然

我正在紐伯里波特市區的一間會議室，裡面擺有淡綠色的家具，中間是一張長橢圓形的會議桌。凱莉．鄧恩坐在我左邊的主位，她穿黑色襯衫與平底鞋，頂著一頭金髮。她面前有一疊裝在厚紙文件夾裡的檔案。懷爾警探身穿卡其短褲與跑鞋，對面坐著霍伊．亞當斯（Howie Adams），一名紐伯里波特的警佐。懷爾剛休假回來，抓住夏天的尾巴曬了一身棕褐色。會議室外面就是梅里馬克河（Merrimack River）與大西洋匯流之處，一艘艘白色帆船在蔚藍的海面搖曳生姿，好一幅新英格蘭的夏日景色。船身標有載客賞鯨與遊覽普拉姆島（Plum Island）的廣告文字。紐伯里波特過去是一個破敗、屬於藍領階級的工業小鎮，如今居民生活水準提高，精品店、有機餐廳與地方畫廊一家接著一家開。負責處理緩刑與假釋的司法單位、梅里馬克警察局、家暴處遇計畫及當地醫院都派了代表前來開會。會議由鄧恩與她的同事凱特．強森（Kate Johnson）主持。

我來紐伯里波特的目的是瞭解溝通在理論上如何促進一個體制，但我也想看看，高風險小組究竟是如何現場制定策略以拯救受害者脫離險境。我同意不揭露鄧恩經手案例的當事人，也不提及任何受到《健康保險可攜性及責任法案》保密限制的醫護人員。如果其中有某項細節屬於公開紀錄，譬如警方報告，我就會寫進書裡，否則我能提到的任何案件的特定細節，都是曾在多起案件中出現過的；舉例來說，有一個案子是虐待者威脅要折斷唱片並以此來割斷妻子的喉嚨。這個細節看似非常具體，足以辨別當事人是哪一對夫婦，但其實鄧恩經常在案件中看到這種情況（不過隨著串流媒體的出現，這應該會越來越少見……這麼說可能有點荒謬，但或許也是事實。Spotify真的可以救人一命）。我們約定好藉此維護被害人的安全，同時，我也能親自瞭解他們的運作方式。

案件大多由鄧恩的團隊或某個警察局提交，而高風險小組投票決定將哪些案件列入追蹤名單（有些案件會持續數年）。其中約有一成會被列為高風險案件。他們會審視每一起案件的變動因素，譬如懷孕、受害者離開施暴者的意圖、施暴者緩刑或假釋期滿、違反禁制令的狀況、失業或煽動性的臉書貼文等，並且透過坎貝爾的風險指標來評估案件的歷史紀錄與加害者的行為模式。前一天我在鄧恩辦公室時，她拿了一疊當事人姓名經過修改的警方報告給我，以便我瞭解她每天的工作內容。我坐在危機中心一個空房間裡的舒適沙發上，同一時間走廊傳來白噪音機嗡嗡的運轉聲（讓當事人與中心人員面談時能保有隱私）。這讓我想起瑜珈工作室的柔和光線與平靜，那與我在閱讀報告時感到的驚懼形成了鮮明對比：

「我不知道自己是怎麼倒在廚房地上的，但下一刻我看到〔X〕壓在我身上，兩隻手勒住我的脖子。」「〔X〕曾威脅要殺死我、把我的屍體放進冰櫃，然後拖到船上，把我丟進海裡餵魚。他還說，他可以殺了我之後再把屍體丟到化糞池。」「〔X〕抓著她，一次又一次地用暖氣管燙她的身體。」「〔X〕說要……將她開腸剖肚，然後像鹿皮一樣掛起來，讓血滴乾。」「如果我決定帶別的女人回家，你就得照我說的那樣對她。我是你的主人，你是我的奴隸。如果你不聽話、惹我生氣，我就殺了你。」「〔X〕不斷威脅要殺死她，包括在車裡折斷她買的唱片……在她開車時威脅要用它們割斷她的脖子。」「〔X〕用來福槍挾持她……聲稱要在一公里外的地方『安排好一切』，然後『帶她出去走走』。」

不久前，我跟一位當事人談過，虐待她的人——她的前夫——被高風險小組強制戴上定位追蹤器（她受到麻塞諸塞州地址保密計畫〔Commonwealth of Massachusetts Address Confidentiality Program〕的保護長達一年多的時間）。她告訴我，「他不怕失去任何東西。」這讓我想到詹姆斯．鮑德溫（James Baldwin）的著作《下一次將是烈火》（*The Fire Next Time*）。「不論在任何社會，最危險的生物是一無所有的人。」

我參加會議的那天，鄧恩與強森有十四起案件要討論。他們首先遇到的一個問題是病歷隱私。這起案件的當事人遭到前夫扼喉而嚴重窒息。她聯絡危機中心、取得禁制令，並且被列入高風險的觀察名單，而她的前夫獲判緩刑。但在上個星期，前夫打電話給她，威脅要自殺。她叫了救護車，將前夫送到醫院。之後，他因為違反緩刑規定而入獄，目前關押中。高風險小組必須擬定策略來應對他出獄後可能發生的情況。有可能強制將他轉送精神病院嗎？他在醫院裡的行為舉止是否有顯露任何跡象？醫院代表莫伊．洛德（Moe Lord）在開會期間不太發言，儘管那名加害者入院時，她很有可能就在現場，並且在之前的高風險評估會議中認出了他的名字；基於《健康保險可攜性及責任法案》的規定，她幾乎什麼都不能說。她向鄧恩表示，她不能透露他在醫院做了什麼事。她說，她看到被送來醫院的人戴有電子腳鐐，通常都知道他們可能是獲判緩刑的虐待者。她也看過傷勢不尋常的女性，但除非病人主動找她討論情況，否則她連向警方通報嫌犯違反禁制令都不行。雖然如此，她還是來了，因為瞭解這些案件之後，未來如果在急診室遇到已知的受害者，她便能嘗試介入。到了那時，她至少能夠向鄧恩的機構提供資訊，建議如何實際幫助受害者。

「對於那些即將出院的虐待者，醫院有任何的處理機制嗎？譬如通知警方？」鄧恩問。

「如果我們知道實際的情況，而且當事人也允許我們透露的話。」洛德回答。

「所以，他可以直接離開那裡？」鄧恩指的是醫院。這種情況非常危險。他違反了禁制令，而受害者報了案，這麼一來情況可能會惡化，並激使他採取更暴力的行動。

洛德點點頭。

鄧恩的表情滿是挫敗與惶恐。她瞥了一眼桌上的檔案，專注地皺起了眉頭。她給我的印象一向是異常冷靜，即使面對壓力仍能沉著應對。

與會的一位緩刑官表示，受害者在報警之後有去找他，而懷爾警探原來也認識那位虐待者。他透露了其他被害人對於這名虐待者的一些指控（我不便在書中透露）。懷爾在紐伯里波特住了一輩子。附近每一個小鎮的家家戶戶他似乎都認識，哪個家庭多年來麻煩不斷、濫用藥物，或是哪家的兒子娶了兩條街以外的一戶人家的女兒等事情，他都一清二楚，而現在他看到那些孩子長大後生下的子女也開始惹麻煩。他經常用「笨蛋」這個詞來形容他們。

鄧恩終於開口說道：「我認為泰瑞索夫（Tarasoff）警告是個例外。」她的意思是，精神治療專業人士發現個案有行兇企圖時，必須警告受害者。有時這簡稱為「警告義務」。

洛德想了一下，點頭說，「如果我知情，我就會說。」換言之，如果她知道她曾接觸過的虐待者在出院後可能會危及受害者的生命安全，她就會通知警方。「我認為我們想出了一個暫時的解決方法。」鄧恩對洛德說，「如果之後我們遇到一個更危險的案件，而你從緩刑官那兒得知虐待者只有逮捕令在案，的確什麼都不能做。〔但〕如果你聽到的消息不太一樣……像是他威脅要殺死受害者，你就必須發出警告。」

洛德認同這種可能性。

高風險小組針對每一起案件制定協同計畫。有時，警方會開車多繞受害者的住家幾趟或額外探訪幾次。他們會注意停在房子外的車輛，還有屋內的燈光有無異常。我記得有一位警官在監視某戶人家的時候，看見二樓窗戶透出一道光線。於是他按門鈴，問被害人一切是否還好，結果發現是她的小孩開了閣樓的燈。那名警官開車離開後，又繞了回來——虐待者經常暗中觀察，警察一離開後就去找受害者。但是，這個地區的警察定期跟高風險小組開會，非常清楚加害人的這種伎倆。因此，那名警官繞過街區，過了兩分鐘又回來時，看到虐待者剛從車裡出來。

一些虐待者戴有定位追蹤器，或者受法院限制不得進入某些地區（通常是整座城鎮）。高風險小組會將受害者安置在中繼住宅、協助聘請律師或提供防身訓練。他們會更換受害者的住家門鎖，或為受害者及其子女申辦新的手機門號。「如果你在乎受害者的長期健康，只有確保他們不被殺害是不夠的。」鄧恩表示，「如果加害人坐牢了，被害者可能沒有人身安全的問題，但她可能會因為失去支柱而生活崩潰。你必須幫助受害者恢復到遭受家暴之前的狀態。」

鄧恩認為這一點非常重要。受害者通常都有自己的問題，譬如藥物成癮、貧窮與失業等等。鄧恩希望做的不是改善受害者的所有生活面向，而是幫助他們脫離危險、轉換到一個環境，讓他們在那裡能夠設法解決更多系統性問題（如失業或藥物成癮），也許還有在情緒、生理與心理上有更多餘裕去面對其他問題。

「家暴防治問題的重點是，」鄧恩說，「在情況惡化之前就著手處理。」家暴更讓人感到棘手的是，理想情況下你希望阻止虐待行為越演越烈，但若要這麼做，就必須以遠比過去嚴肅的態度來看待親密伴侶暴力案件中的輕微罪行。舊金山的塔里・拉米雷茲與克萊兒・喬伊絲・田龐柯的案子就是一例。在這種案件中，一些極端的暴力行為都獲判輕罪，加害者令人意外地只受到輕微處罰。我記得法院只判拉米雷茲坐牢六個月。就連綁架女友、把對方打到口吐白沫與昏厥的唐特・路易斯，也只判了四年徒刑。許多像拉米雷茲這樣的加害者會直接從輕罪升級到殺人。司法制度面臨的挑戰則是，該以什麼罪名來指控加害者，以及法院在多大程度上能夠且將會做出回應以試圖阻止這樣的暴力行為。

對高風險小組而言，最有效的工具之一是麻州一項名為58A的保釋法規，又稱危險性聽證會。標準的保釋聽證會旨在評估被告潛逃的可能性，而如果被告經個人或社區認定具有一定的威脅性，即使他／她沒有任何前科，地方檢察官仍可依照58A法規，要求法庭在審判之前持續以輕罪名義關押犯罪人而無須給予保釋。假使當初有援引這項法規，就能防止威廉・科特獲釋並挽救桃樂絲一命，但那個年代的家暴案件很少這麼做，當時鄧恩還不知道這項法規，而她們也還未從各家機構蒐集到科特的完整資訊。在麻州，法院可拘留罪犯一百八十天。「很多暴力案件都發生在傳訊與處置之間的空窗期。」鄧恩指出，「我們拘留犯罪人，好讓受害者的活動範圍不必受到限制。」少數幾州制定明確的危險性法規，如今鄧恩也在防治訓練中鼓勵倡議人士搜尋所在地區是否有類似的保釋法規。許多反家暴人士根本不知道有這個方法。即便他們真的去找了，想必也一無所獲。二〇一八年四月，賓州成為美國除了麻州之外唯一一個通過這項法規的地區，允許法官在判決時將家暴犯的危險性也納入考量。[1]

58A屬於預防性拘留的保釋法規類別，而鄧恩在全國各地的訓練課程中表示，她從未遇過其他反家暴人士援引這類法規。事實上，大多數的倡議人士都問她，如何促成他們所屬的地區通過這樣的法規。致力與社區合作推動有效保釋的倡議團體審前司法學會（Pretrial Justice Institute）的執行長雪芮斯・凡諾・伯汀（Cherise Fanno Burdeen）強調，「很多州都設有預防性拘留法規，但並未充分利用。那些司法體制採用一向無效的暫時性方案，這表示每天都有危險人物出獄，而且無人監管。」

預防性拘留法規源自名為《一九八四年保釋改革法案》（the Bail Reform Act of 1984）的聯邦法律，允許法官在開審前依據犯罪人對另一個人或社區造成一定威脅的可能性，來維持他或她的拘留狀態。危險性的評估牽涉了犯罪性質、犯行證據及犯罪活動史等因素；很多時候，這類法規會用於幫派犯罪或吸毒案件，不過近年來，麻州家暴案件援引預防性拘留法規的情況顯著增加。

雖然沒有人追蹤危險性聽證會舉行的頻率有多高（不論在麻州或全國各地），但各州預防性拘留法規的實行細節與依據都有些微差異。無論如何，它們都有一個共同點，那就是關於是否執行預防性拘留法規的爭議。哈佛刑事司法學院（Harvard Criminal Justice Institute）院長小羅納德·蘇利文（Ronald S. Sullivan Jr.）表示，「美國憲法一般傾向不懲罰預期的行為，而是懲罰證實已發生的行為，但這裡說的是，我們因為認定罪犯有危險性而將他們關押在監獄裡。」然而，《公平》組織的律師顧問維多莉亞·克里斯蒂安森（Viktoria Kristiansson）強調危險性聽證會的重要性，主張這可「自動為法官提供不同背景以分析犯案的證據」。

在審判之前將虐待者拘留在獄中的做法，確實可幫助受害者免於尋求庇護；這讓他們有時間尋覓其他住所、存錢、尋求諮詢甚至找工作。「我們知道，逮捕本身就是一種保護，」鄧恩對我說，「在試圖打破不斷惡化的暴力循環。」預防性拘留的實行，讓受害者在審判前，也就是危險程度再次增加的期間，能夠重新振作、恢復正常生活。鄧恩指出，這對他們能否成功擺脫暴力至關重要。在鄧恩接觸過的加害者受電子腳鐐監控的案例中，沒有任何一個人再犯，而且在她的轄區，有近六成的人因為危險性聽證會而在審判前持續拘留。雖然沒有人追蹤在高風險小組成立之前，有多少案件引用58A的規定，但鄧恩個人表示，在桃樂絲的案件之前，「三年內出現了大約五起。現在一個月就有兩起」。

***

那天討論的最後一起案件有關一名移民女性與虐待她的伴侶。被告因為攻擊與毆打而入獄（這有損他的移民資格），但這對伴侶育有一名幼兒，他目前與被告的家人一起住在國外。那一家人收到了威脅，如果不撤回對被告的指控，那位年輕媽媽可能再也見不到她的孩子，而如果被告在她接回孩子之前就遭到驅逐出境，她一樣也永遠都見不到孩子。這意味著，她只要出庭作證就有可能失去孩子，事實上也完全不能站在檢察官那一邊。這經常是許多受害者與檢察官會遇到的無解難題。雖然還沒發生，但高風險小組相當肯定她會撤銷指控。亞當斯警官在逮捕當晚的宣誓書裡描述了這對情侶的交往史，其中大部分內容我無權在此敘述，我只能透露，被告曾完全阻絕受害者與外界的聯繫，不准她打電話給除了他之外的任何人，而且他還在屋裡架設監視器監控她的行動。

懷爾建議修改起訴書的一個部分，額外增加幾項指控，他說，如此「將讓地方檢察官有事可做。如果你可以就一個事件提出八、九項指控，比較有可能成功，這樣受害者不必出庭作證，而被告也將針對一些提出辯駁。」這裡懷爾提到了幾個不同的要素。第一個是對虐待者提出越多指控越好，這樣就有機會與對方進行某種認罪協商，甚至擴及到這起暴力事件以外的行為。是否有可能控告他吸毒？他在家裡是否藏有非法武器或槍械？這麼做，對於控告的一方也比較有利，至少有一些指控或許得以進入審判階段。懷爾提到的另一個要素是證據起訴，意指根據「證據」起訴，而不是「證人」。檢察官可向法庭提供充分的證據，好讓證人不必在虐待她的被告面前出庭作證。這種證據包含照片、宣誓書、證詞、過往紀錄或報警時的錄音。

史黛西．田尼與蜜雪兒的家人如果找到了那條蛇，假使當初有透過這種方式，無論有沒有蜜雪兒的證詞，都可以起訴洛基．莫澤。他們還可以提出宣誓書，指明洛基利用祖父的槍威脅他們所有人的時間點，或者，如果他們知情的話，也能指明他有多少次跟蹤蜜雪兒上下學或綁架孩子們作為人質。假使他們能夠以危險性為由讓洛基在審判前持續受到羈押，他們就會知道他不斷找到了工作又失業、戒了毒品卻又忍不住走回頭路。假使在二〇〇一年，有高風險小組向他們提供這些資訊並幫助他們跨越不同行政體制、全面瞭解情況，他們就能揭開所有真相、採取行動，也許還能做得更多。

對於家暴案件的證據起訴早在蜜雪兒撤銷控告時便已存在。明尼蘇達州德盧斯的反家暴人士、也是權力控制輪理論的發明人艾倫．彭斯，在八〇年代時就已提倡這種做法，但直到聖地牙哥時任檢察官凱西．格溫注意到她的努力，開始促使轄區內一起又一起的這類案件進入審判程序，家暴案件的證據起訴制度才開始成形。格溫前往德盧斯與彭斯會面，瞭解她的主張，返回聖地牙哥時，他的第一起證據起訴家暴案件正好開審，被告是現任法官喬．戴維斯（Joe Davis）。戴維斯的女友撤回指控，然後便銷聲匿跡。然而，格溫還是提出了控訴。

在地方媒體與電視台的矚目下，他輸掉了這場官司。

那是一場可恥的敗仗。由於這起案件的被告是一名法官，因此審判的全程備受當地民眾關注，而格溫向我表示，他「在法庭上出盡洋相……我不知道自己在幹嘛」。

戴維斯一案判決結束後，當時聖地牙哥的市檢察官約翰．威特（John Witt）對格恩說，他們兩個人、還有全辦公室的人員，接下來會有一陣子很難熬，但他對格溫的努力有信心。「他要我勇敢踏出去，找出打贏這些官司的方法。」格溫說。

格溫開始在所有家暴案件中要求警方提供當事人報案時的錄音檔案，在戴維斯的案件之前，他從來不曾這麼做。他還要求警方拍下所有畫面，包括犯罪現場、受害者，甚至是加害人在警車後座抓狂的狀況。任何一絲證據他都不放過。他開始逐一督促當地警局，要求警察們蒐集更多證據。曾有一名警官向他表示這整個任務都是狗屁，他認為格溫絕對不會起訴這些案件，之後格溫建立了一套通訊回報系統，讓警察知道他們負責的案件是如何解決的。

格溫透過證據起訴一連促成二十一起案件進入審理程序，它們全是家暴輕罪，都沒有受害者出庭作證。

結果，他贏了十七起案件。

等到一九九四年《防止婦女受暴法案》通過時，格溫已對全國各地多位檢察官進行了以證據為基礎來起訴家暴案件的訓練（特別說這些案件「以證據為基礎」有些不妥，因為所有的審判嚴格說來都以物證為憑）。他堅信，倘若我們能在沒有受害者配合的情況下起訴殺人犯，就能起訴施暴者。一九九六年，格溫獲選為聖地牙哥市檢察官，他兌現了競選承諾，將辦公室的一成資源用於推動家暴部門的建立。如今，各地轄區檢察官都來找他進行訓練。格溫表示，他們的工作成效大幅改善，八〇年代只有不到五％的家暴犯遭到起訴，到了九〇年代，一些轄區起訴了八〇％的家暴事件。[2]

之後在二〇〇四年，克勞福特（Crawford）案件出現了。

在克勞福特訴華盛頓（Crawford v. Washington）一案中，最高法官判定，審判過程中須對證人進行交互詰問，除非檢方無法提出證人（如證人生病或死亡）。法院表示，被告在憲法上有權利面對原告，並且，未出庭作證的證人所提供的證詞均視為傳聞，而傳聞是不被承認的。[3]這意味著，如果受害者因為過於害怕而未出庭，但健康狀況良好，那麼檢察官就不能將他們的陳述作為證詞來指控被告。

克勞福特案件過後，各州法院仍然多少可以自由決定採信哪些證據，但一般而言，這起案件對美國各地以證據起訴家暴案件的運動影響深遠。這些年來，如果證人不願配合出庭報案（有多達七成的家暴案都是如此），[4]法院通常不會採信受害者的供詞。「證據起訴所遇到的阻礙不是物證，」格溫指出，「也不是贏得案件的可行性，而是文化規範與價值。而這種觀念的核心暗藏了驚人的仇女情結。」

＊＊＊

紐伯里波特的家暴處遇模式所遭受的其中一項批評是，這很難在資源稀缺、家暴事件層出不窮的繁忙都市實行。曾任艾姆斯伯里警長的馬克・蓋格農（Mark Gagnon）對此不以為然，他表示，「越大型的社區會有越多資源。這是有可能成功的，只是程度不同而已。」鄧恩承認擴大規模並不容易，但也指明重點在於將地方劃分為易於管理的轄區。麻州的都市地區——如佛明罕（Framingham）、林恩（Lynn）與劍橋——都受過鄧恩、懷爾與發展已久的高風險小組的訓練。佛明罕反抗暴力之聲（Framingham's Voices Against Violence）前執行長與當地高風險小組組長瑪莉・賈納基斯（Mary Gianakis）表示，「我認為這項模型有一個好處是，它不只改變了受害者的處境，也改變了**每個人**的處境。它改變了家暴防治巨輪的每一個輪輻……我認為，這對加害者傳達了一個明確的訊息，那就是作為一個群體，我們不會忍受這種暴力……這個訊息很重要，因為它改變了我們的文化。」

今日，凱莉・鄧恩與羅伯特・懷爾在全國已訓練了成千上萬名人員。從加州到路易斯安那州、從佛羅里達州到伊利諾州，都有相關人士來洽詢訓練課程。最先展開研究的人是坎貝爾，但將理論付諸實踐的人是杜布斯與鄧恩。坎貝爾向我表示，「我的研究啟發了他們，如今是他們的作為啟發了我。」美國前副總統約瑟夫・拜登於二〇一〇年十月公開支持艾姆斯伯里計畫，並在白宮舉辦的反家暴覺醒月（Domestic Violence Awareness Month）活動上表彰蘇珊・杜布斯。他在會中表示，「我們需要以新的作為來取代舊習，並且將這樣的成功複製到每個地方。」

對鄧恩而言，家暴防治實踐的成功示範了，如何以相對低廉的成本，透過協調合作、資訊共享與全面警覺來處理一個看似棘手的問題。「以桃樂絲的案件而言，我們就像在失火的當下尋找火災警報器。」鄧恩表示，「這是不對的，我們需要有一套到位的系統。」在二〇〇五年高風險小組成立之前，光是艾姆斯伯里鎮每年平均就發生一起家暴殺人案。自從小組正式運作後，杜布斯與鄧恩從未遇過任何一起殺人案。對鄧恩而言，同樣重要的一點是，他們必須協助安置在庇護所的受害者不到一〇％；在二〇〇五年之前，這個比例超過九〇％。對杜布斯而言，建立一個讓受害者得到保護而非遭到驅逐的模型，是顯而易見的要務。「說來令人憤慨，」她告訴我，「我們所做的事情成本很低。我們的花費遠比調查與起訴謀殺案、還有讓罪犯坐牢所需的成本還便宜。」

二〇一二年末，位於華盛頓特區的司法部防止婦女受暴中心設立五十萬美元專款，以供複製高風險評估計畫及位於馬里蘭的家暴致死評估計畫。起初，他們考慮在十二個地點複製這些計畫，包括佛蒙特州的拉特蘭（Rutland）、紐約州的布魯克林與佛羅里達州的邁阿密。最後，只有一個測試地點獲得防止婦女受暴中心的認可，那就是俄亥俄州的克里夫蘭。[5]

在俄亥俄州，從二〇一六年七月一日到二〇一七年六月三十日，共發生了一百一十五起家暴殺人案。[6]光是二〇一六年，當地就發生了七萬多起家暴事件（一半以上的受害者提出控告）。[7]任職凱霍加郡受害者見證服務中心（Cuyahoga County Victim Witness Service Center）——克里夫蘭高風險小組的兩個先導組織之一，另一個是家庭暴力與兒童倡議中心（Domestic Violence and Child Advocacy Center）——的提姆・畢萊恩（Tim Boehnlein）表示，「很多人的生活深受家庭暴力所苦，受害的家庭不計其數。」

克里夫蘭市警局將當地分為五個轄區；中間三個轄區設有家暴警察，但第一個或第五個轄區（分別位於該市最東部與最西部）都沒有能力處理每天數量龐大的家暴事件報案電話。因此，這座城市自二〇一六年十月開始便在這些地區進行高風險評估的試驗。

有天下午，鄧恩結束克里夫蘭的訓練課程回到家後，撥了通電話給我，她說，「有一個人你得見見。不要多問，去就對了。」

令人窒息的家庭暴力

我在一間光線昏暗、瀰漫著菸味的公寓，裡面擺了一大張深褐色的彈性沙發，有個光著腳丫子左搖右擺地走路的幼童正嚎啕大哭。他——我把他叫作喬伊（Joey）——有著一頭散亂的捲髮，走著走著撞倒了一張金屬製的餐椅。另一個男孩把椅子扶起來，但幼童又把椅子撞倒了，踩在椅背上跳了好幾下。廚房裡的電視正開著，桌上放有一碗泡了牛奶的麥片。我對面坐著一名青少年，皮膚蒼白，不發一語。我叫他馬克（Mark），他對患有自閉症的弟弟大吵大鬧的舉動已習以為常。他還有其他兄弟姐妹也罹患特殊疾病。那個幼童朝客廳走去，跑到媽媽的腳邊，拿起她放在旁邊茶几上的一張名片。「喬伊，」坐在他媽媽旁邊的警探說，「喬伊，不要拿走那張名片。」

瑪蒂娜．拉泰薩（Martina Latessa）警探說話有一種常見的都市口音，聽起來像紐約布朗克斯（Bronx）區等美國東岸老舊社區的居民會有的那種腔調。不過，她從來沒有住過克里夫蘭（Cleveland）以外的地方，也就是我們此刻所在的地區。喬伊忽略瑪蒂娜說的話；沒有人知道他聽不聽得懂。瑪蒂娜笑著對他說，「唷！喬伊，你有聽到嗎？不要拿那張卡片。」喬伊拿著卡片，蹦蹦跳跳地跑回廚房。他在廚房裡用力地跳上跳下，跌坐在地板上，然後一溜煙地就不見人影。喬伊跑去別的房間時，拉泰薩警探的表情又嚴肅了起來，轉頭對那位母親說，「你的案子會到我這兒來的原因是，我不是家暴單位，也不是第五區〔這間房子所在的區域〕的管轄單位，而是兇殺案防治單位，我們是一個專案小組。」那幾個字響亮地迴盪在空氣中。

兇殺案。

防治。

單位。

現在，那個女人正專心聽她說話。她叫葛蕾絲（Grace）。她拉長寬鬆的毛衣袖子包住手掌，在沙發上縮成一團。她全神貫注地看著瑪蒂娜。馬克坐在瑪蒂娜的另一邊，兩隻手夾在雙腳的膝蓋中間不停搓揉，眼睛直盯著媽媽的臉。他臉色蒼白，毫無血色。

「如果上面要我來處理你的案子，」瑪蒂娜說，「那表示你被殺害的風險很高，你知道嗎？你明白嗎？」

眼淚順著葛蕾絲的臉頰滑落。

「你聽到了嗎？」

她點頭。

廚房傳來喬伊的尖叫聲，震耳欲聾，讓人神經緊繃。我們坐在柔軟的沙發上，感覺得出彈簧因為坐久了而失去彈力，不遠處的架子上擺了一個籠子，裡面有一隻天竺鼠身體不停抽動。

「我需要你配合，這樣我才能做好分內的工作，」瑪蒂娜對她說，「才能保護你和你的孩子，好嗎？」

葛蕾絲用衣袖擦乾鼻子上的淚水，點了點頭。她綁著馬尾。某個孩子把喬伊帶到後臥室，尖叫聲變得沒那麼刺耳了，讓人暫時鬆了一口氣。但沒多久他又跑出來，弄倒椅子並在椅背上跳來跳去。

「往後的路會很艱難。」瑪蒂娜說。她似乎一點都沒有受到喬伊的舉動所影響，也彷彿完全聽不見他的尖叫聲。「這個難題不會自己消失。你必須拿回生活的主控權，從今天就開始，好嗎？」

葛蕾絲不停點頭。

突然間，瑪蒂娜轉頭問馬克，「那是你的寵物？」

我有點會意不過來，後來才知道她指的是那隻神經兮兮的天竺鼠。

「對啊。」馬克低聲回道，語氣中有幾分遲疑。

「你最好對牠好一點。」她一邊對馬克咧嘴笑，一邊拿筆指著那隻天竺鼠。我過了一會兒才明白，她語氣上的轉變會如此自然，是因為她仔細觀察了整間屋子。前一刻，她才剛讓一個小男孩知道他的母親瀕臨生命危險，而他的母親正在啜泣。對一個孩子來說，應該沒有比看見大人——應該要能夠控制自己、應該要能解決任何事情——崩潰大哭更可怕的事了。瑪蒂娜具有解讀環境的天賦，非常擅於將情緒拿捏得恰到好處。她在幫他放鬆心情。假如有人當著你未成年兒子的面前告訴你，你將是這座城市下一個被殺害的人，那麼瑪蒂娜的舉動可以幫助你停下腳步、重新打起精神。

「你最好常常餵牠吃東西和喝水。」瑪蒂娜用極為標準的「警察逗弄小孩」的語氣說道。馬克露出了笑容。他抱起雙腳，下巴靠在膝蓋上，畏怯又害羞地看著她。

接著，她轉身拿出一張大頭照問葛蕾絲：「這是他嗎？」

＊＊＊

若想知道瑪蒂娜在工作上有多麼得心應手，從她辦公桌上的一個動物公仔或許可窺知一二。從正面看，那個公仔身體長得像青蛙，從背面看又像隻變色龍，顏色五彩繽紛，讓人看半天都想不出它是什麼東西。那不像自然界的生物。從不同角度看它都像不同的東西，整體看來彷彿自成一格。它的外貌看來無害、逗趣，還有一點滑稽。

在瑪蒂娜的天地裡，事物的象徵其實近在咫尺。

她是克里夫蘭專門處理高風險家暴案件的兩名警探之一。儘管頭銜冗長，但你可以用高風險家暴案警探來稱呼她。這個職位在家暴案件層出不窮的都市地區前所未見。她與同事格雷格・威廉斯（Greg Williams）很有可能是全國唯二的高風險家暴案警探。（許多地方都有專門處理家暴案件的警探或警官，但我還沒遇過專責大城市高風險案件的人員。凱莉・鄧恩無法確定瑪蒂娜與格雷格是唯一的特例，但她從未遇過其他高風險案件的警探。）因此，這個職位也可謂獨一無二。

瑪蒂娜在工作上如魚得水，應該是我在家暴案件中遇過成效最出色的警察了。我向她提到這一點時，她嘴上雖說「少來了！」臉上的紅暈卻騙不了人。（她帶我認識所屬的局處時如此介紹我，「這位是瑞秋・我討厭克里夫蘭警察・斯奈德」。後來，我發現反制她最好的方法是叫她匹茲堡鋼人隊〔Pittsburgh Steelers〕的球迷。）瑪蒂娜擁有變色龍般的特質，這點從她在葛蕾絲家的情況就可看出——她在那裡才待沒多久，就能與葛蕾絲溝通她身處的極端危險，跟馬克開玩笑、讓他覺得這天跟其他日子沒有兩樣，還有逗弄喬伊、叫他小心一點。包含我在內的多數人遇到自閉症的幼兒時，可能會直接忽略對方，或者請別人幫忙看顧一下。然而，瑪蒂娜直接跟他對話。她透過這個細微的動作讓葛蕾絲明白，「我知道你的生活有多複雜，但我不會卻步」。後來，她跟我說，她一走進那間屋子，就知道喬伊有自閉症。

坦白說，瑪蒂娜以女性身分從事這項工作，對我而言極具意義，儘管她的主管夏莫德・溫柏利（Shamode Wimberly）並不同意這種看法。他認為，如果有人可以把工作做好，性別一點也不重要。而瑪蒂娜的能力強到工作量是一般人的三倍。但就我看來，身為女性的她從事接觸對象大多為女性的這份工作，意義非凡。她願意到當事人或當事人親友的家中與對方面談，而不是強迫他們經歷各個局處、法院與危機中心組成的迷宮般的程序。她能以輕鬆的態度與當事人對談，花時間認真瞭解對方的生活。她也是唯一一個專門處理這種案件的人員，對受害者而言是一項極其寶貴的資源。

瑪蒂娜在克里夫蘭西部長大，家裡有一對父母與十三個孩子。她表示自己的姪子和姪女加起來大約有四十個。我第一次見到她時，她說自己從小住的房子緊鄰阿里爾・卡斯楚（Ariel Castro）的後院，那裡就是這位性侵與綁架犯囚禁蜜雪兒・奈特（Michelle Knight）、亞曼達・貝瑞（Amanda Berry）與吉娜・德吉瑟斯（Gina DeJesus）長達十年的地方。這起事件曝光後，大家都難以置信。那棟房子門窗緊閉，一支箭都射不進去。那座社區就像一座小鎮，每個人都認識那些女孩的家人或朋友。那些年裡，關於她們失蹤的傳聞傳遍了左鄰右舍。

我們開車經過瑪蒂娜長大的地方，那是一棟兩層樓的戰後建築，有著木板外牆與人字形屋頂。這是一部深藍色的臥底警車，配有V8引擎、豪華座椅、高彈力彈簧，前面還有一台不時會發出警察呼叫代碼的收音機。她的捲髮綁成一綹緊如奧運體操選手的馬尾。她放慢車速，指向對街原本是卡斯楚家的那塊區域。那棟房子在案件曝光後就遭到拆除了。瑪蒂娜在克里夫蘭的警察局待了十八年，二〇一三年那三名受害者被發現時，她已經當上警探。

瑪蒂娜還小的時候，隔壁鄰居遭到謀殺。那個人叫尼克（Nick），常常吃鴿子肉並把骨頭丟到她們家後院。她想不起他姓什麼。後來發現，殺人兇手是瑪蒂娜姐姐的男友與他的朋友們。（她告訴我，「他們坐了二十五年的牢，如今已出獄。」）那件事把她嚇得魂飛魄散。街上擠滿了警察與急救人員，驗屍官也來了。突然間，他們全都離開了，而她開始哭泣。她看著窗戶數著房子：尼克家是這個街區的第一棟房子，她家是第二棟。她覺得下一個遭殃的會是她們家，殺了尼克的人明天就會來把她和其他家人全都殺掉。一名兇殺案警探看到她哭，走過來跟她一起坐在門廊。他向她保證，他會常常過來，確保她的安全。她表示，就在那天的那一刻，她下定決心她不只要當警察，還要當一名兇殺案警探。

這是她三十年來的夢想。這聽來有點矯情，而身為記者的我寫出這一點似乎更顯得刻意。不過，我在屢次回到克里夫蘭與瑪蒂娜．拉泰薩談話的過程中，逐漸發現鄰居的謀殺案確實對她造成深刻影響。這些年來她試圖調查這起案件，想查出那位兇殺案警探的名字，但八〇年代的兇殺案文件作業與現在截然不同，採用的是未經電腦化的系統，因此她始終一無所獲。有時她在局裡碰上特警人員、街頭警察或新進人員，總會聊起鄰居家的兇殺案。有一天，她帶我到兇案組，走進門對整個部門的人說，「有我的位子了嗎？這位是瑞秋．我討厭克里夫蘭警察．斯奈德。」她在開玩笑，但也表現出她有多想調到兇案組。有一位警探打來問她有沒有找到她總是掛在嘴上的那起案件的檔案。她說沒有，但不久後的某一天，她會在地下室裡找到那份手寫的舊檔案。有天早上她出庭之前，遇到了以前求學時的一位導師。他現在退休了，在法院擔任保全。她問他覺得她調到兇案組的機會有多大、是否認為她能夠獲得下一個職位。「為什麼你想去那裡工作？」他問。「那裡沒有案子可破。當事人都死了。」他告訴我，他有一件T恤寫著，**你的死期到了，我就有事做了**。（幾個月後，我跟聖地牙哥一位退休警官聊起這句標語，他說，「是啊，我想每個警察局都有一件那樣的T恤。」）

座位就在瑪蒂娜對面的反家暴人士琳恩．內斯比特（Lynn Nesbitt）表示，他們無法想像瑪蒂娜離開這裡。瑪蒂娜本身似乎也很掙扎自己的去留。她不會這麼說，但我在想，她很清楚自己擁有獨特的才能。受到別人讚美時，她會臉紅並開玩笑帶過（她總愛說「你這油嘴滑舌的騙子」或「不要鬼扯了」）。在以男性為主的職場裡，她一向是表現出色的女性之一，而如今，這或許是她執法生涯裡第一次發揮了身為女性的優勢。她引導受害者敞開心胸的方式是我在男性警員身上從未看過的。即便是她所屬單位的一些優秀警探，也很難像她那樣勸服受害者配合調查。一些數據顯示，在某些轄區，家暴受害者配合調查的比例只有二〇％。此外，全國各地也有許多警察仍然認為，如果受害者不願配合，寫報告就一點意義也沒有，如此一來，更別說要檢察官對加害人提出控訴了。

瑪蒂娜從小就讀天主教學校，每天穿整齊校服上下學，遵守嚴謹校規，是個品行良好的女孩。但是，她居住的社區破舊髒亂，而且治安極差。她常在放學回家的路上看到用過的針頭，只隱約知道那是什麼，但不知道用途為何。其他孩子會問她想不想抽大麻、喝酒、試吃某種藥物，而她總是斷然拒絕，因為，她在九歲時，已將長大當一位兇殺案警探的志向深植在腦海裡，從未遺忘過跟自己的這個約定。她始終讓自己保持零前科的紀錄。她雖然住在貧民窟，但不屬於貧民窟。她的父母會吵架，但從來沒有動手動腳過。她說，父親在家都穿短褲，他們吵架時，母親會故意把他要穿的短褲藏起來。

在瑪蒂娜十或十一歲那年的某天下午，她在親戚家看到女性長輩的丈夫回家後便開始打她。那一幕讓她嚇壞了。她跑出屋子到街上的付費電話亭，打給哥哥並跟他說發生了什麼事。「那時我根本沒想到要報警。」她對我說。之後哥哥來帶她回家，但那時女性長輩的丈夫已經走了，那位親戚對瑪蒂娜說自己沒事、這沒什麼大不了，要她忘了這件事。

除了警察的工作之外，運動是影響瑪蒂娜的人生最重要的一個因素。在高三時，她替一位朋友背了黑鍋（她打死不透露是什麼事情），因此被踢出籃球校隊。當時，她傷心欲絕，因為籃球從國中時期開始就一直是她最愛的運動。在家裡十三個孩子之中，她可說是最具天賦的運動員，天生就擅長運動，從壘球到高爾夫球都難不倒她，但當時她最愛的是籃球。過了一段時間，她從朋友那兒聽說，克里夫蘭公立育樂活動中心有一個地方聯盟。憑著過人的運動天分，她高三一整年都跟著聯盟到城市各地打球，而對於她這樣一個出身天主教學校、備受保護的女孩而言，這段期間有如累積人生歷練的速成班。突然間，她跟從小見過無數次卻始終陌生的鄰居們變成了朋友。她與當地名為科齊奧爾（Koziols）、都是女生的一戶人家結為好友，她們全都跟她一樣熱愛運動，其中一個女生瑪莉安・科齊奧爾（Maryanne Koziol）找她到庫德爾康樂中心（Cudell Recreation）教小孩打球。之後有一天，一個名叫塔米爾・萊斯（Tamir Rice）的小男孩在那裡遭人殺害。

「科齊奧爾家的姐妹們讓我變得堅強。」瑪蒂娜說。她指導六到七歲的孩子打少年籃球聯賽，並開辦夏日樂樂棒球（T-Ball）課程。之後，她也指導少女與青少年打球，不論是壘球或排球，只要有地方需要她，她就去。她遇過遭到虐待、父母吸毒或待在寄養家庭的兒童，也遇過受困在無情的貧窮與暴力中的孩子。那時，她生平第一次聽到黑話，也曾看見毒販賊頭賊腦地在社區閒晃，慫恿居民吸毒。「與科齊奧爾一家相處的日子讓我做好了從事警察工作的準備。」她說，「見鬼了。如果沒有她們教給我的堅強與韌性，我永遠、永遠都做不到。」

其中一個女孩蘇・科齊奧爾（Sue Koziol）踢女子腰旗美式足球（flag football），她鼓勵瑪蒂娜也去試試。結果，她毫不費力地成為了隊員，在接下來的十年裡跟著球隊到全國各地出賽，贏了十一座冠軍。後來，全國女子足球聯盟（National Women's Football Alliance）的克里夫蘭聯合隊（Cleveland Fusion）招募她加入。她們打的是橄欖球。我第一次上網搜尋她的資料時，找到一篇文章描述她在聯合隊的職業生涯，才知道原來有女子橄欖球聯盟這種東西（如今她已從聯盟退休，但仍在執教）。她從職業運動聯賽——不是業餘比賽或在自家後院隨便玩玩的運動，而是正式球隊——中學到的經驗，成了她在警察工作中不可或缺的技能。

「想打球，你就得接受訓練。」她說。此刻我們在她的辦公室，那裡擺了尼克森時代會有的那種工業灰色調的書桌與附有輪子的棕色辦公椅。我們談話時，她往後靠在椅背上，而我坐在搖晃不穩、有輪子的椅子上，侷促地夾在她與同事威廉的桌子中間。威廉坐在她後面，他有次在我面前將眼球凸出來又縮回去，證明他做得到。瑪蒂娜說，「你得學著接受別人的建議與批評。閉上嘴巴，讓別人教你。」

這是她與家暴倖存者溝通的方法之一。瑪蒂娜不認為受害者軟弱或無能。她不會追問他們為什麼選擇留下或決定跟對方結婚生子。她讓他們認清自己與孩子們的處境，但最重要的是，她願意傾聽。「這些家暴受害者從來沒有發聲的空間。他們在家裡不能表達意見。虐待者要他們閉嘴、不要囉嗦。」她說，「所以在我跟他們深談的過程中，你可以看到他們掙扎著說出悲慘的經歷，就跟葛蕾絲一樣，你可以看到她有多難過、多痛苦，但有時卸下肩頭重擔是件好事。我試著讓他們擁有那種機會。」

她面前的書桌上擺著那隻既像變色龍、又像青蛙的蜥蜴公仔，還有一疊正處於不同調查階段的案件檔案。他們辦公室裡的米色電話是骨董級的物品，可追溯至《笑警巴麥》（*Barney Miller*）那個年代。（稍早時候她告訴我，「我們請來電者在線上稍候，但無法將他們轉接給任何人。他們都覺得我們瘋了。」）她有一位同事帶了一些鷹嘴豆泥來辦公室，那種食物對她來說太過講究。她偏愛激浪（Mountain Dew）汽水與麥片，但每次我跟她一起工作時，我們中途只會吃一餐，還有只會在我餓到頭昏眼花的時候進食。「如果要我說一個優秀的調查人員必須具備什麼特質，我會說是耐心。」她如此透露。接著她又說——應該是為了我著想——「我要罵髒話了；這會是你第一次聽到我口出穢言〔這其實已經是第五十次了〕……但有時候，警察和警探真的需要閉上該死的嘴巴，好好聽別人說話。」

她桌子旁邊的牆上有前美國總統卡爾文·柯立芝（Calvin Coolidge）的一句名言：**別指望把強者拉下來，就能讓弱者變強**。旁邊貼有一張海報，上面的人是美國職籃克里夫蘭騎士隊（Cleveland Cavaliers）的一位球星，但頭部經過修片軟體換成了瑪蒂娜的臉。瑪蒂娜是克里夫蘭騎士隊的忠實球迷，她會跟任何污辱球隊的人拼命。這張海報是她的一位警探同事ＴＪ製作的，他幫辦公室的每個人都做了類似的海報。TJ曾讓我看他在二〇一六年經手過的案件檔案。他帶我到另一間辦公室，拉出檔案櫃的一個抽屜，接著又拉出第二個，然後走回辦公室，指向會議桌底下一個又一個的箱子。在高風險家暴案警探上線的第一年，他們逐一檢視了一千六百起案件的危險性，其中約有半數被視為高風險案件。在這個小組成立之前，他們估計一個月大約會有三十起高風險案件，而實際上在剛上線的第一個月，也就是二〇一六年十月，他們篩選出了八十起以上，結果令人吃驚。[1] 如今，每個月平均約有五十起高風險案件。克里夫蘭的暴力事件範圍甚廣，有幫派鬥毆、吸毒，也有兇殺案，但最嚴重的非家庭暴力莫屬。

子彈上膛

在葛蕾絲家，瑪蒂娜拿出那張大頭照。反家暴人士琳恩・內斯比特正坐在瑪蒂娜旁邊。葛蕾絲說那是她的男友沒錯——我稱他為拜倫（Byron）。她在面前的那張紙上簽了名，瑪蒂娜撰寫這起案件的報告時將會需要這份文件。

「我光看到他就覺得想吐。」葛蕾絲說。

「好，」瑪蒂娜說完便將那張照片放進大腿上的剪貼板裡，「你不必再看到他了。」她拿出一份空白的報告，忽視喬伊不斷發出的尖叫聲、電視的聲音，還有葛蕾絲的眼淚，請她敘述經歷了什麼事情。

「我要從頭說起，還是只說……」葛蕾絲問。

「從頭說起。」瑪蒂娜說。

＊＊＊

瑪蒂娜以鉅細靡遺的報告聞名。在家暴領域中，警方報告是在這個看似永無止盡且難以捉摸的制度中的第一步，但至關重要。如果報告不夠完整，檢方可能就無法起訴加害人，如此便會讓一個表現出許多危急致命徵兆的虐待者輕易逃過法律的制裁，例如洛基．莫澤。瑪蒂娜說，她在許多訓練課程中一直試圖讓巡警們明白，寧可過於仔細，也不要資訊不完整。我在各地遇過的檢察官也都表示，警方報告的完整性是他們辦案最關鍵的一個要素。

這點或許也是我最常聽到的抱怨，像是警方報告不夠具體、資訊模糊、寫得亂七八糟、細節不足。這導致檢察官辦案時證據薄弱，或者經常無案可辦。以扼喉防治訓練學院為例，他們發現，警察會低估事件的嚴重性是因為沒有受過適當訓練，不知如何辨別無法一眼就看出的扼喉後遺症，譬如記憶喪失、聲音沙啞、小便失禁或眼睛的鞏膜紅腫。[1]這種報告使檢察官未能獲得充分證據以起訴加害者。

我在想，倘若當初有某個像瑪蒂娜這樣的人員去莫澤家訪查（不是請蜜雪兒到辦公室來，而是她親自前往拜訪），見到那兩個孩子、瞭解洛基對她的控制，並說服蜜雪兒相信司法體制將能保護她，整件事是否就會不一樣。瑪蒂娜曾告訴我，親自到當事人的家裡看看他們居住的環境很重要。「我可以要求葛蕾絲一整天都留在警局，但我希望讓她待在她覺得自在的地方。」她說，「這能讓我瞭解他們是誰、還有那裡發生的一切……我總說，『如果我的屁股沒有離開這張椅子，沒有親自到當事人的家裡去蒐集採證，我就不配當警探了。』我需要眼見為憑。」

***

葛蕾絲開始向瑪蒂娜述說她的故事。她與拜倫同居多年。[2]他們生了小孩，並一起扶養她跟前任伴侶所生的孩子。五天前，拜倫下班後醉醺醺地回家，衝進大門問他的槍在哪。「在床底。」她告訴他。他出去外面從車上卸下一些工作裝備，因此她從床底下拿出那把槍，走到外面交給他。拜倫看到她時，開始胡鬧作勢要開車撞她。她無法確定拜倫是認真的，還是在開玩笑。他看起來非常興奮，讓人難以判別，葛蕾絲則是半夢半醒。於是，她「舉起槍」，而她說，這個動作「讓他情緒失控」。瑪蒂娜問她舉起槍是指向拜倫嗎？葛蕾絲說，「不，是對著我自己。」

「然後發生什麼事？」

葛蕾絲說，「他開始作勢要把我殺了，所以我跑回屋裡，把槍放回床底。」拜倫跟在她後面，不斷問槍在哪裡。

這時，門鈴響了。情況變得更混亂，拜倫也更惱火了。當時是半夜約兩點。那陣子會有人來按門鈴後就跑走，他們沒有應門。但葛蕾絲說，拜倫最近一直說她背著他跟別的男人在一起，說她的情人半夜來按門鈴，證明他猜得沒錯。葛蕾絲不知道那是誰，他們也都沒有開門，但過去幾個星期來，這已經發生了好幾次。

瑪蒂娜問葛蕾絲是否知道按門鈴的人是誰。

「不知道。」

拜倫又把槍從床底下拿了出來。那時葛蕾絲醒了，而且提高警覺。喬伊睡在沙發上。「他把槍往後拉。」葛蕾絲手比著裝填子彈的動作。她不知道正確的術語是什麼。

「那叫『上膛』，」瑪蒂娜說，「他在裝子彈。」

葛蕾絲點點頭。她的兒子馬克正握緊夾在膝蓋間的雙手，直盯著地板看。喬伊依然叫個不停，在他扳得倒的各種家具上跳來跳去。

「然後他把我壓在床上，」葛蕾絲接著說，「拿槍指著我的太陽穴。」她一邊說，一邊抽咽，努力克制不要哭出來，並用毛衣的寬鬆袖口擦去臉頰上的淚水。「我可以感覺到槍頭在動。不知道，我不知道怎麼說。」

「就像你按壓自動筆蓋的聲音，對嗎？」瑪蒂娜拿手上的筆示範。

葛蕾絲點頭。「他說，『我知道你在背著我亂搞。全世界只有我一直守候著你，而你竟然背著我亂搞。』……他一直說我們會變成今晚的頭條新聞。」

瑪蒂娜不時打斷她以釐清重點，包括他拿槍指著哪邊的太陽穴？這個情況維持了多久？當時孩子們人在哪裡？門鈴響了多久？拜倫說了什麼？她又說了什麼？

葛蕾絲繼續說。拜倫嘴裡不停念著他們會上新聞、他是唯一在乎她的人，她有聽到他說話，但不知道他在說什麼，因為拜倫拿槍抵著她的太陽穴，而她聽到扣板機的喀拉聲，只能動也不動地緊閉雙眼，向上天祈禱。

「祈禱什麼？」瑪蒂娜問。

「我在腦中跟孩子們道別、說我愛他們，因為我想他一定會殺了我。」她又哭了起來，琳恩遞給她一張面紙。馬克也在抽泣，但他跟母親一樣試著壓抑情緒，我看到他的胸口微微起伏。他就像個小大人，站在青少年與成人世界的交界，在渴望拯救母親與需要她的保護之間不斷掙扎。

寫到這裡，我必須強調，遺忘過去是多麼容易，真正理解有多麼重要。危險評估可以估測當事人遇害的風險，像是對變數無窮的人生的一種數學運算。瑪蒂娜提出問題，這是探究細節的一個動作，許多相關人員如警察、倡議人士甚至檢察官都沒想到要這麼做。他們訊問事實、要求當事人模擬事發情況，但他們不在乎當事人在那當下的想法或感受。然而，瑪蒂娜從葛蕾絲的答案裡瞭解到的，不只是拜倫的危險性與罔顧他人生命的態度，也看出了葛蕾絲的脆弱。她以為自己會死掉。有時候，這與人們總說被害者不知道自己有危險的看法出現了落差：不是他們不知道，而是他們不知道自己知道。這是一種認知失調。接下來，瑪蒂娜將強調葛蕾絲心裡知道、但可能並未完全意識到的事情：她可以相信自己對於危險性的判斷。她跟蜜雪兒、還有桃樂絲都一樣。

葛蕾絲表示，即使拜倫不是真的有意要殺她，但他喝醉了，槍又上了膛，難保他不會手滑不小心扣下板機。

「他有聽到你在祈禱嗎？」瑪蒂娜問。

「沒有。」葛蕾絲搖頭說。瑪蒂娜讓她冷靜一下。她請那個將喬伊帶到後臥室的男孩把他帶到客廳來。接著，葛蕾絲說，拜倫拉著她的頭髮把她拖下床，摑她巴掌或揍她。她不記得了。她只記得他揮拳或甩她巴掌三次。她的眼睛瘀青，但現在消腫了。她將近一個星期無法報警，因為拜倫沒去工作，把她關在家裡。她就像潔．谷艾爾所說的被動人質。在那之後，拜倫不必動手就能讓她乖乖聽話。他已經馴服了葛蕾絲。

那一週她都跟拜倫在一起，順從他的指示、聽他說話，假裝一切沒事，假裝自己沒事，假裝前幾天發生的事情沒什麼。有很長一段時間，對拜倫的愛讓她願意忍受他的暴力行為，但是這次，事情發生的隔天，拜倫第一次買花送她，這讓她驚恐不已。她花了整整五天的時間讓拜倫相信，她還愛著他、願意原諒他（或許她也想再繼續相信他，再給他一次機會）。她表面上裝作還愛著拜倫，以保全自己與孩子們的性命。等到一有機會，也就是拜倫離家去上班時，她就立刻帶著孩子逃到城鎮的另一邊。而這就發生在昨天。她逃走後立刻報警，而警方派了員警前去訊問，結果今天早上那份報告就出現在瑪蒂娜的辦公桌上，因為警方將葛蕾絲評為高風險個案，因此我們大家才會來到這裡。葛蕾絲離家還不到一天，不知道接下來可以繼續過生活，還是死期即將到來。

葛蕾絲說，拜倫甩了她巴掌後，她倒在地上，假裝昏了過去。接著，她像是隨口提起般地對瑪蒂娜與琳恩·內斯比特說，幾年前她腦部受傷。現在她痊癒了大半，但她擔心拜倫的重擊會讓之前的傷勢惡化，導致她意外身亡。當她倒在地上假裝昏厥，拜倫一眼就看穿了。他從腋下把她架起來，推她去撞牆，說道，「你想裝死是嗎？好，如果你想裝死，我現在就斃了你。」

這時，喬伊突然衝了過來，爬到母親的小腿上，一把拿走瑪蒂娜的名片。

「喬伊，」瑪蒂娜說，「喬伊，不要拿走那張名片！」她雖然大聲說，但對他露出微笑；她打開剪貼板，又拿出一張名片遞給葛蕾絲。

後來瑪蒂娜告訴我，真正顯露葛蕾絲處境危險的，是她假裝昏厥的舉動。「在我看來，那完全顯示出她的錯誤認知。」瑪蒂娜說，「假裝自己昏倒？」大規模槍擊案的倖存者在事後往往描述，自己是裝死才逃過一劫。舉個例子，德州薩瑟蘭泉教堂的槍擊案中，名為羅珊·索利斯（Rosanne Solis）的受害者向媒體表示：「我裝死才活了下來。」[3]在奧蘭多脈動酒吧一案中，一位名為馬可斯·戈登（Marcus Godden）的年輕人說他「倒在地上。我聽見槍聲，假裝自己死掉」。不論在奧勒岡（Oregon）、托巴哥（Tobago）、密西西比、挪威還是英格蘭，槍擊案的受害者都表示：「我裝死。」[4]對於親密伴侶暴力案件的被害人而言，這是下意識的求生反應。他們一次、一次又一次地裝死。

葛蕾絲說完後，瑪蒂娜從頭詳細複述了一遍，跟她確認每一處細節。「我希望如實記錄你說的話。」她說道。他打第一下巴掌，是在拿槍指著你之前還之後？他先把你推到床上，還是抓你去撞牆？他是甩你耳光還是揍你？後來發生什麼事？他有逼你發誓不會報警，否則就帶走喬伊嗎？好，好，好，瑪蒂娜一邊聽葛蕾絲說，一邊快速寫下筆記。

葛蕾絲再次提到隔天拜倫買花送他的事。那真的讓她嚇壞了，因為之前他從來沒有送過花給她。他沒有道歉，但他買花給她。這讓我想起瑪蒂娜辦公室裡的一張海報，那上頭寫了：他打她一百五十次，她只收到花一次。粉色與白色交錯的花朵放在一個小盒子上。拜倫對她說，要是她敢報警而害他被抓，他就會摺祖魯幫（the Zulus）的人去找她。他告訴她，他們欠他人情。

「蠢蛋。」瑪蒂娜指的是拜倫。她對祖魯幫瞭若指掌。「他們主要是一種社交團體，不像冷血重罪犯（Heartless Felons）一樣是幫派。以警方的角度來看，我不擔心祖魯幫，但難保他們不會有人蠢到做出傻事。」

葛蕾絲點了點頭，但看起來不太相信瑪蒂娜的話。內斯比特問她是否有到醫院做檢查（她說沒有）。喬伊一下子跑到客廳，一下子又跑到廚房和臥室，像隻蜥蜴一樣。瑪蒂娜好意提醒馬克，「要不要帶他回房間待一下？」

他們離開客廳後，瑪蒂娜隨即坐到沙發邊，向葛蕾絲說，「對你來說，現在是最危險的時候，所以我們趕緊過來找你，好快點發出逮捕令。」即使今天是週日，警方仍可即時發出逮捕令。瑪蒂娜寫下她的手機號碼，那其實是她第二支手機號碼，專門用來聯絡她面談過的受害者。她對葛蕾絲說，不管白天或晚上，任何時候都可以打給她。之後幾天，我跟著瑪蒂娜拜訪了另外幾名受害者，而她對每一個人都說，不管白天或晚上，一週七天、一天二十四小時都可以打給我。「再來我們要將拜倫逮捕到案，」瑪蒂娜對葛蕾絲說，「現在你跟我是同一陣營。不過，保護令不能防刀，也不能防彈，所以你如果看到他的人，就得報警。你必須通知我。你想哭的時候可以打給我，想回家也可以跟我說，都沒有關係。縱使你愛他，但是當你有這種衝動的時候，一定要打給我。」

葛蕾絲點點頭，既害怕又如釋重負地哭了出來。她發誓這次不會回頭了。她發誓。喬伊從房間跑了過來，頭不停地轉來轉去。「喬伊！怎麼啦？」瑪蒂娜的語氣像是見到久違的姪子似的。馬克一個箭步抓住弟弟，把他帶走。整個過程不到幾秒鐘，有如喜劇般的節奏，一搭一唱配合得恰到好處。

內斯比特開始對葛蕾絲進行危險評估，提出一連串的問題。他是否有勒你的脖子？在你懷孕時打你？他有槍嗎？他有濫用藥物嗎？他是完全沒有工作，還是有在打工？家裡有不是他親生的小孩嗎？他有威脅要殺死你嗎？有威脅要自殺嗎？有威脅要傷害孩子們嗎？他曾避免因為家暴而遭到逮捕嗎？你們同居之後，你曾經離開他嗎？他有沒有讓你窒息過？他是否控制了你所有或大部分的日常活動？他是否經常醋勁大發？你認為他有能力殺害你嗎？

有，有，有，葛蕾絲對每個問題的答案都是肯定的。每回答一題，她的情緒就越激動；她的臉開始扭曲，頻頻拭去掉個不停的眼淚，我想她一定是想到自己一再心軟回頭的那些日子、她後悔做出的那些決定，還有她沒能報警的那些時刻。我可以想像她想到孩子們的臉孔、想像拜倫憤怒又可怕的表情、納悶自己怎麼會走到這個地步。沒有一個家暴受害者——不論男女、成人或小孩——想過，他們會最後會陷入這種境地。不論我們在接到案件後想像受害者是什麼樣的人，那些想像都存在一個普遍的事實：我們沒有想像過自己。

如果我們曾經想像家庭暴力是什麼樣子的話，浮現腦海的畫面可能會是一記拳頭。我們想像與情人約會時，對方突然來了一拳，然後我們會掉頭就走。但真實情況並非如此，現實生活中的家暴會隨時間慢慢演變。一開始，伴侶不喜歡你化的妝，或者會建議你的衣著，他可能會說，這是為了你的安全著想。幾個月過後，他也許講話比以前大聲，也許會丟叉子、摔椅子或砸盤子（這種舉動尤其值得注意，盤子有可能砸到牆上裂成碎片，結果割傷你的臉。最高法院認定這個行為是「蓄意」虐待）。[5]之後，過了數週與數個月兩人互動時好時壞的日子，你可能會聽到，他知道其他男人在看你，他看見其他男人在打量你。你或許會覺得這是讚美，但之後他開始要求你多花些時間在家裡陪他。他可能會說，這麼做是為了保護你的安全。他開始干涉你的交友，也許你有朋友總說他的不是，而他知道她不喜歡他，於是在你發現之前，那位朋友已經從你的生活圈裡消失了。接著又過了幾年，他丟了工作、回到家時總是大發雷霆，把你推到牆上。你知道那不是他，不是真正的他。你跟他在一起有一段時間了，你知道任何人失業都會心情不好。而他也道歉了，對吧？他看起來真的有心改過。到了下個月，他開始甩你耳光、反手將你推撞到牆上、失控地用力砸盤子。這些控制或虐待的舉動往往不會一次全都出現，像拳頭一樣又快又清楚可辨。它們會像無色無味的氡一般，在不知不覺中緩慢滲透你的生活。

對受害男性而言（約占全美家暴受害者一五％到四〇％，各項研究得出的數據不一），[6]這樣的恥辱更為深刻。男性很少尋求庇護，很少報案。我們的文化灌輸給女性的觀念是，應該要維護家庭的完整，不計一切代價找到一個你愛、而對方也愛你的伴侶；對於男性則是，如果你受到家暴，那是因為你太軟弱、不是真正的男子漢。這種文化向男性傳達了一個訊息，那就是，受到外在的威脅或感覺到內在的痛苦時，可以使用暴力，但是不該流淚。這種文化限制了被害人與加害人，也限制了受虐者與虐待者。

同性伴侶也沒有好到哪裡去。他們同樣很少向警方或家暴防治中心通報受害的狀況，儘管與異性戀者相比，LGBTQ 族群遭遇家暴的比率更高，而跨性別者與雙性戀者的家暴發生率更是所有族群之最。[7]

葛蕾絲在危險評估得到的分數跟他們一樣高。一些受害者需要別人告訴他們那些結果代表什麼意義、目前面臨哪些危險。但她不同。我可以從她流淚、搖頭的舉動看出，她清楚知道那些答案意味著什麼。「我是怎麼了？」她像在嘆氣般地輕聲說。「為什麼我會同情拜倫？為什麼說到他的時候，我覺得很遺憾？」

「你還愛他沒關係，」內斯比特伸手拍拍葛蕾絲的腿。「但現在我們介入了，就必須讓你和你的孩子得到需要的幫助。」她說了一個可能真實、也可能是杜撰的故事。之前他們組上有一位警探患有乳糖不耐症，想也知道，他最愛的食物是冰淇淋。他愛死了冰淇淋，但每次他吃完，肚子都會不舒服，偶爾好運的話就沒事，但機率小得可以。他不會因此就不想吃冰淇淋。只是他知道，如果吃了，就會拉肚子。葛蕾絲聽完就懂了。

「這會是你遇過最困難的問題，」瑪蒂娜說，「但也會是你做過最勇敢的事情。」我以為接下來她會幫葛蕾絲加油打氣，帶著關愛與指責地說服她離開拜倫，但她提到了孩子還有他們目睹暴力的事情，強調葛蕾絲有責任教育他們。「我們讓孩子所處的環境，將對他們的成長造成深刻影響。這麼一來，這些男孩可能也會對別人使用暴力。」

葛蕾絲擦乾眼淚。「我知道，我知道。」

但瑪蒂娜沒那麼輕易就放過她。她接著說，「你現在這麼做，會讓他們知道，暴力是不被允許的，你懂嗎？」

葛蕾絲點點頭。

之後，我問瑪蒂娜是否認為葛蕾絲真能鐵了心離開拜倫，她點頭。她覺得有時她看得出受害者做好了準備，準備好擺脫暴力的陰影，展開新的生活。關於家暴的文獻指出，受害者平均要經過七次的嘗試，才能真正離開施暴者。[8]不過，這麼說不完全正確，因為受害者在一開始會先抽離感情，過了幾年才會真的搬離原本的家、與伴侶斷絕聯絡。就葛蕾絲而言，顯然不論她對拜倫存有什麼樣的恐懼、不論與他分開有多痛苦，此刻一想到孩子有可能將在沒有她的情況下長大，她便做出了決定。拜倫破壞了她生活的平衡。

然而，在這種承諾上，瑪蒂娜不願冒險。她看過受害者回到伴侶身邊太多次了。因此當葛蕾絲說完故事、而她將寫好的筆記放進活頁簿後，她轉身對葛蕾絲說，「我要跟你說我姐姐的經歷。這是真實故事，你可以去查證。」

真正的自由

瑪蒂娜有一個姐姐名叫布蘭蒂（Brandi）。布蘭蒂住在俄亥俄州的沃倫（Warren），離克里夫蘭有數小時車程。她們一直不常聯絡，但二〇〇五年的某個夏日，布蘭蒂的女兒布雷夏（Bresha）出現在瑪蒂娜的家門前。布雷夏跟阿姨說了爸爸多年來虐待她們母女的事情。那些故事殘酷又駭人。他逼迫布蘭蒂、布雷夏及其他孩子與她們的家人完全斷絕聯絡；瑪蒂娜判別出這是家暴者孤立受害者的手段。她也知道他們的一些情況。幾年前，布蘭蒂遭到痛毆後癲癇發作並中風，被送進了醫院。她的病情非常不樂觀，家屬甚至請了牧師來醫院為她做臨終祈禱。瑪蒂娜到醫院探望布蘭蒂。「她左半身完全麻木，」瑪蒂娜說，「那女孩甚至不記得我有到醫院看她。」

那件事之後，布蘭蒂離開丈夫半年，與孩子們一起待在娘家。但之後她還是回去了，而瑪蒂娜一向與她們家很少來往，直到那天布雷夏出現在她家門前，而且不願回家。布雷夏求瑪蒂娜讓她留下來，她說，如果她回去，爸爸就會殺了她們。瑪蒂娜聯絡社福機構，並且報了警。她尋求了所有相關人士的支援。

布蘭蒂的丈夫打斷她的肋骨與手指，把她揍到眼睛瘀青。[1]布蘭蒂說，他有次打斷她的鼻子，而她一直沒有去看醫生。丈夫強納森（Jonathan）控制了他們的金錢、社交生活與工作（他們是同事）。她沒有自己的車，也從來沒有屬於自己的銀行帳戶。布蘭蒂受到極其嚴重的虐待，以致失去了獨立思考的能力，不知道如何做決定，也不知道如何保護孩子們的安全。瑪蒂娜表示，這是她見過情況最糟的家暴案例。

過了一年，布雷夏再度逃家。「現在她比較大了，她跑來我家。」瑪蒂娜對葛蕾絲說，「我注意到她手上有割痕。那時她十四歲。」

布雷夏有自殺傾向，需要住院治療。她告訴每個人，她寧願死也不要回家跟爸爸一起住。「七月二十八日，」瑪蒂娜說，「她拿了她爸爸的槍，趁他睡覺時開槍殺了他。」

那天，瑪蒂娜起了個大早，放家裡養的幾隻小狗出去跑跑（山米〔Sammy〕、巴爾克利〔Barkley〕和波斯可〔Bosco〕），查看手機時發現有好幾封簡訊和未接來電。當時是清晨五點三十六分。這是寫過多次警方報告的人會記得的那種細節。她知道出事了，但她不想知道究竟是什麼事。她們家還沒從她的一個外甥意外藥物過量而死的噩耗走出來；發生意外的當下，他曾打給瑪蒂娜，在語音訊息裡只聽到他突然沒了聲音。原來，他吃了一些劣質藥物後覺得不舒服，吐到一半噎住而昏了過去。瑪蒂娜受到沉重打擊。她與外甥感情很好，而他死後留下了三個年幼的孩子。瑪蒂娜家族裡的每個人遇到問題時，似乎都會向她求助。

她叫狗兒回來時，看到姐姐的車開進她家車道。這表示發生了非常嚴重的事情，嚴重到她感覺恐懼重重捶了她的胃部一記。她的姐姐帶來一個壞消息。布雷夏拿槍射死了她的父親。

瑪蒂娜記得自己當時震驚到往後踉蹌了幾步，幾乎快昏倒。她得知消息的數分鐘後，手機響了。是布雷夏打來的。她知道布雷夏在現場說的任何話都將成為呈堂證供，於是告訴她，「什麼都不要說，一個字都不要說。也不要提到我的名字。在我到那裡之前，保持沉默。」

瑪蒂娜開車上高速公路直奔沃倫。她趕到警局時，布雷夏殺死父親的消息已登上新聞。這起案件隨即傳遍了俄亥俄州各地，並在當天結束前成為各大新聞的頭條，從《紐約時報》到英國《每日郵報》（*Daily Mail*）都是。最後，連《時人》（*People*）及《赫芬頓郵報》（*Huffington Post*）都有報導。

＊＊＊

這個故事過於震撼，猶如煙霧般在葛蕾絲家的客廳縈繞不散。葛蕾絲的目光一直沒有離開過瑪蒂娜雀斑滿布的臉孔。終於，瑪蒂娜打破了沉默。「你的孩子目睹了這一切……所以我說這會影響你的孩子們，你必須離開那裡……你必須讓他們待在一個安全的環境。如果你做不到，我就會插手。」

葛蕾絲承諾會這麼做。「我忍受他的暴力很多年了。我受夠了。」她透露自己會留下來，有部分原因是她對庇護所有恐懼，而且沒有其他地方可去。她現在住一位前男友的家；她的朋友住在樓上。

「不要因為金錢或食物的問題而回去。」瑪蒂娜說道，並向她保證他們可以幫助她。

「假如你打給我、跟我說你改變心意了——我想你可能會——我會說服你走出來，但你要知道，我也會做我分內的工作。我會聯絡兒福機構。」

葛蕾絲第一次露出了笑容。她告訴瑪蒂娜，她完全、百分之百肯定，這次她不會回頭。

* * *

我與瑪蒂娜的談話有一半時間都圍繞在她的外甥與姐姐的故事。這對她而言就像鄰居的殺人案一樣無所不在，宛如空氣般分分秒秒都瀰漫四周。她告訴我，檢察官想將布雷夏當作成年人一樣起訴，但瑪蒂娜很清楚，假使這成真，布雷夏的生命就結束了。她對我說，「這樣一來，她就會是另一個困在體制內的黑人女孩。」她向布蘭蒂保證，她會盡一切可能、動用所有權力來幫布雷夏脫罪，但布蘭蒂必須聽從她的指示。布蘭蒂成立了一個名為「資助我」（GoFundMe）的網站，替外甥女籌措律師費。她也向所有認識的媒體記者解釋整件事的來龍去脈。在社群媒體上，「立刻釋放布雷夏」（#FreeBreshaNow）的主題標籤不只象徵司法制度與執法體系內的種族不公，也號召了「黑人的命也是命」（Black Lives Matter）的人權運動。示威活動在克里夫蘭法院前持續了數個月，這個運動甚至擴散到美國各大城市。

強納森的姐姐塔莉瑪・勞倫斯（Talema Lawrence）接受《維斯新聞》（*Vice News*）節目採訪時指稱，布雷夏趁她的爸爸熟睡時殺了他，被害人毫無防備，因此她是謀殺犯。但是，強納森的家人也表示，布雷夏需要接受心理諮商，設法解決「她的問題」及面對她所做的事。他們堅稱家庭暴力與這起謀殺案「一點關係也沒有」，因為她並不是在激烈爭吵的過程中殺了他。對反家暴人士而言，受虐者趁施暴者在睡夢中殺了對方的情節屢見不鮮。睡覺是施暴者無法反擊的少數時刻，也是受虐婦女終於能鼓起勇氣抵抗、甚至殺死對方的時候（也有一些人在受虐的當下出於自衛而殺了施暴者）。今日在全國各地，有無數的女性在牢裡痛苦度日，因為法院不採信她們以家暴史作為殺害施暴者理由的辯駁。

強納森的暴行鐵證如山。二〇一一年，布蘭蒂遭到痛毆而住院後，獲法院核發保護令。她提到，強納森威脅她如果試圖離開，就要殺了她和孩子，還有他多年來毆打、禁錮與控制她的行為。她說，強納森高度懷疑她有出軌，所以如果半夜她想上廁所，必須叫醒他、徵求他的許可。拿到保護令後，她帶著三個孩子搬到父母在俄亥俄州帕爾瑪（Parma）的房子。那六個月是瑪蒂娜與布蘭蒂密切聯絡的唯一一段日子。

最後，強納森說服布蘭蒂相信，一切將會不同。結果，布蘭蒂撤銷了保護令。瑪蒂娜記得布蘭蒂回去時，她們的母親哭得很傷心。「我們才剛得知他對她做了這些可怕的事……我對母親說，『媽，她還會這樣來來回回十幾次。』」瑪蒂娜說，「她們會不斷回頭。」

瑪蒂娜知道，她無法阻止姐姐回到強納森身邊。布蘭蒂住的地方不是瑪蒂娜的轄區，否則她就能為她建立安全網，而當地的警局也沒有家暴部門或專責人員（他們的法院倒是有一位家暴處遇人員）。[2] 瑪蒂娜尋求沃倫警方的協助，向他們表明身分，並告知姐姐的姓名及家暴狀況。對方承諾會盡力而為，會增加訪查的頻率。瑪蒂娜對他們的承諾沒有信心，但也認為在布蘭蒂下定決心離開之前，她沒有其他幫得上忙的地方。我接觸過的每一個家暴防治專家都認為這是關鍵的一步：受害者必須下定決心不再忍氣吞聲。「因此，往後那幾年，我們只能請警方不時過去訪查。」瑪蒂娜說，「他們當著強納森的面訊問她。她什麼也沒說。」

這是終生遭受暴力對待的長期後果：大腦迴路會重組，以生存為唯一目的。在不斷受到攻擊的狀態下，大腦會持續發出危險訊號；提高皮質醇、腎上腺素及其他壓力荷爾蒙的濃度，導致各種生理與心理的健康問題。解離是常見的問題之一，但長期遭受家暴的被害人也可能出現各種慢性疾病，從情緒到生理上都是。他們可能會有長期的認知失調、記憶力減退或睡眠障礙，也可能會注意力無法集中或暴躁易怒。一些研究人員認為許多生理病痛與懸而未解的創傷有關聯，包括纖維肌痛症及嚴重消化不良。在《心靈的傷，身體會記住》（*The Body Keeps the Score*）書中，作者貝塞爾．范德寇（Bessel van der Kolk）寫道，「大腦最重要的任務是確保我們的生存，即便在最悲慘的情況下……恐懼會增加依附的需求，即使慰藉的來源也是恐懼的來源。」范德寇認為，雖然近幾年士兵的創傷後壓力症候群得到最多關注，但飽受創傷（包含家暴）所苦的被害人「可說是國民福祉最大的威脅」。[3]

瑪蒂娜表示，家暴情況不同於警方接到的任何報案電話。對於其他情況，警察接到報案、逮捕罪犯、撰寫報告，之後大概就沒他們的事了。「在其他情況下，你在巡邏車上只是收到指示要前往解決某個人的夢魘。」她說，「但家暴不一樣……我處理的案件雖然比較少，但它們涉及的層面遠比其他案件多。」瑪蒂娜經常遇到兩名受害者是同一個名字的情況。這些案件牽涉了受害者的複雜情緒，往往伴隨著藥物成癮與經濟方面的問題；瑪蒂娜在提出建議或與檢察官面談時，都必須顧及這些因素。有時候，阻礙來自於受害者本身。有天我與瑪蒂娜訪視一位十八歲的少女。她在危險評估中得到七分。（克里夫蘭的評估小組因應轄區的情況調整了原本坎貝爾設計的二十個問題，因此他們的評估量表共有十一題。）七分不算高，但瑪蒂娜知道，必須趁受害者還年輕的時候解決暴力問題。多年來倡議人士不斷警告，暴力的循環經常始於一個人年輕的時候——即青少年時期，甚至是青春期。而這名少女向警探表示，她不想起訴加害者。即使無法說服她改變心意，瑪蒂娜仍希望與這個女孩當面談談。事實上，她最主要的目的不是勸說她控告加害者。她的出發點很簡單，她希望至少有一個大人告訴這個女孩，虐待是不正常的事情。

那名少女還在讀高中，與母親同住。我們去找她的時候，她男友的弟弟也在。稍早那個女孩留了一通語音訊息給瑪蒂娜要她少管閒事，還罵她髒話。不管怎樣，瑪蒂娜仍然回電表示，即使她不願起訴加害者，她還是會去找她。

我們抵達她家不久後，瑪蒂娜對她說，「如果你男友傷了你，我會很心痛，好嗎？」

「好吧。」那個女孩說。她脖子上有一道很深的傷口，她說那是她在學校跟女同學打架留下的。

「你怕他嗎？」瑪蒂娜問。

「不怕。」那個女孩回答。「只有幾次我們吵架的時候。但那很正常，我跟我爸也有這樣過。」

瑪蒂娜停下手中的筆，注視著那個女孩。「那**不**正常。我不准你那麼說。」她說道，「那不是正常的事情。你聽好，如果你害怕，沒有關係。你應該要害怕，因為你還小。這是我的名片，如果那個男人敢再碰你一下，你就打給我。」

那個女孩男友的弟弟在另一個房間裡來回踱步。接著，瑪蒂娜過去對他說，「你看看你哥。你們到底有什麼問題？」

「不是**我們**。」他回答，「我自己也有一些問題。」

「但他有病，不是嗎？」她說。她很有可能對他翻了白眼。

「大家都有病。」他說，「要解決問題就得這樣。」

那名少女的母親在浴室裡，正準備出門工作。我們站在餐桌旁，緊鄰的客廳一件家具也沒有。「不能靠打人來解決問題。」瑪蒂娜過去對他說，「你說是嗎？」

「是，」他回道，「隨便你怎麼說。」

當然，他的語氣聽來一點也不認同瑪蒂娜。

＊＊＊

最終，或許是礙於輿論壓力，法院將瑪蒂娜的外甥女視為兒童。她被關進少年拘留所一年，於二〇一八年二月獲釋。如果她維持良好行為，等到她滿二十一歲時，這次的前科就會從紀錄中抹除。但是對於瑪蒂娜而言，故事尚未完結。「她前面的十四年遭到父親虐待，之後的兩年在監禁中度過……所以她活到現在還沒有**真正地自由**過。」她說。她平均一個星期跟外甥女連絡一次。同時，她的姐姐布蘭蒂正慢慢學習靠自己的力量過生活。瑪蒂娜教她一些基本的財務管理技能，而她買了一台車，這樣就能自己開車去距離數小時車程的拘留所探望女兒。瑪蒂娜始終掛念著確保布雷夏長大後不會成為虐待關係的受害者。關於這一點，只有時間能夠證明。

透過布蘭蒂與布雷夏的經歷，瑪蒂娜洞悉了家暴這項犯罪行為所牽涉的特定情緒與心理變化。這是不同於一般人的有利角度。瑪蒂娜不只是以警察身分坐在那裡告訴一個公民該怎麼做，假裝一切很簡單，假裝這些問題與她無關。她試圖從每一個可能的角度——不論公眾、私人、專業或個人——來解決這個問題。她上法庭親自見證這一切。她每天都看到不同的人發生布蘭蒂一家遭遇的問題。不只是罪行與懲罰，還有暴力造成的可怕與巨大代價——受害者是否與如何重建生活、說服子女選擇跟自己不一樣的道路。她見證了世代以來人們在情緒與生理上受到驚嚇時會有的表現。

＊＊＊

在我們離開葛蕾絲家之前，瑪蒂娜花了幾分鐘制定安全計畫。她們討論每件事的時程、葛蕾絲的工作，還有她能改變上班的路線或者經過有安全出入口的地方，以免拜倫可以輕易跟蹤她。她叫馬克回到客廳來，並對他說，如果在上學或放學時看到拜倫，必須盡快跑到最近的屋子裡報警。「看到他就快點跑走。跑去隨便一間房子、開門直接進去，報警，大聲呼救，或是隨便跳上一台車，不管什麼方法都可以。馬克，我不是故意要嚇你，但我不希望看到的是，他抓住你，然後利用你來威脅你的母親。這樣的話，我們麻煩就大了。」

喬伊咚的一聲從廚房跳到客廳的地板上。「喬伊？」瑪蒂娜滿臉笑容地說，「怎麼啦？」

喬伊沒有理她。他跳到母親身上。

「他會殺了你。」瑪蒂娜對葛蕾絲說。「我鄭重告訴你，這是最關鍵的時刻。你得知道，他的世界完蛋了，對吧？你是他的出氣筒，是他手上那把槍的目標。」

葛蕾絲拿面紙擦擦喬伊的臉頰。瑪蒂娜的坦白絲毫沒有嚇到馬克。他很清楚繼父有暴力傾向。

葛蕾絲沒有車，因此瑪蒂娜給她一張可以搭到法院的公車票卡。瑪蒂娜要葛蕾絲將報警的電話號碼存入快速鍵，並提醒她，她正在邁向自由、重拾正常生活的道路上。「不要再回頭看不好的事情，要看好的事情。」她說，「你報了警，同意與我面談。你允許我照相採證，也拿到了保護令。我們也正在申請逮捕令。」我們要離開時，葛蕾絲笑著對瑪蒂娜承諾她會做到。喬伊又回到廚房，在椅背上蹦蹦跳跳。

瑪蒂娜走到大門前的時候，轉身問葛蕾絲關於她報案後第一批來處理的警察。「他們有好好對你嗎？」

「噢，」葛蕾絲說，「他們人很好。」

「那就好。」瑪蒂娜說。她對每個客戶都這麼問。警察人好不好？他們是否有善盡職責？態度禮貌嗎？沒有人要求她問這些問題，但她都會這麼做。她很清楚克里夫蘭的警察是出了名地貪腐成性，而且在辦案時會考量種族因素。塔米爾．萊斯遇害一案讓警方的影響力成為全國焦點，程度更甚於近年來發生的其他案件。後來，瑪蒂娜對我說，「報警抓某個人是最困難的事。大家的日子都不好過，但對我來說，瞭解民眾怎麼看待警察，這點很重要。警察也應該要知道民眾的感受。」

「你現在感覺如何？」瑪蒂娜問葛蕾絲。

「我能感覺到一切。」葛蕾絲回答，「我感覺到快樂、悲傷和恐懼。」

當拜倫去到法官面前，他將被戴上電子腳鐐，並且面臨多項指控，包含惡意攻擊、危害兒童、綁架及恐嚇。

當天稍晚，瑪蒂娜吃過披薩、用完餐後，接到葛蕾絲打來的電話。拜倫偷了她的信用卡，刷了一堆帳單。瑪蒂娜給了她一連串指示：打給信用卡公司掛失並申請一張新的卡片，保留所有紀錄。瑪蒂娜說她會把這件事寫進報告裡。這種事也許已超出她的職責範圍，但她還是會處理。她掛上電話之前對葛蕾絲說，「我接到你的案子時，覺得問題很棘手，但我試著當一位要是回到過去、可以幫助我姐解決問題的警探。」

一年多過去了，一個冬日午後，我與瑪蒂娜通電話聊聊近況。葛蕾絲堅持了數個月，比瑪蒂娜料想的還要久得多。但後來，一如她預期，葛蕾絲撤回了保護令。拜倫逃過了牢獄之災，獲判緩刑。至於葛蕾絲呢？瑪蒂娜最近一次聽到的消息是，她重新接受了拜倫。在我們結束通話之前，瑪蒂娜做了最後一次的預測：「她一定會再出事。」

幽影

我在法院外面尋找某人跟我說不會上鎖的一扇門，與此同時，華盛頓特區寂靜無聲。當時是週六晚上十點多，離聖誕節還有兩個星期。天空一如預期地飄起雪來，而在華盛頓特區每到冬季會有的融雪慣例下，地面上灑滿厚厚一層鹽巴，此刻在我腳下嘎吱作響，那聲音響亮地迴盪在一片死寂的市區中。白天我在這裡待了很久，看到人潮熙來攘往，有律師、居民，也經常有原本要去國家藝廊（National Gallery of Art）、卻在賓州大道（Pennsylvania Avenue）與第四街（Fourth Street）的路口轉錯彎的觀光客。應該沒有什麼比週末半夜走在大城市的一棟政府機關大樓外面更令人毛骨悚然的事了。而且，我遍尋不著那扇不會上鎖的門。

我繞了法院占據的街區一圈，又轉頭往回走。這棟建築以質地平滑的印第安那石灰岩建成，裡面隱約可見數座廣場，並設計了多片狹長的窗戶。終於，我看見值班的警衛在正門後方，由於天色已暗，加上門框遮蔽，我看不清楚他的身影。

「你第一次經過時我就看到你了。」他嘲弄地說。他說他是「爆米花小販」，專門賣點心給此時此刻必須來此地的倒楣鬼吃。不過，我確實聞到了一絲爆米花的香味。

「等一下。」他拿起電話撥給樓上的辦公室。

＊＊＊

華盛頓特區是一個奇特的居住地。它的盛名與狹小的面積形成顯著對比（約一百一十平方公里，比波士頓小了三倍，儘管兩座城市均有約七十萬名人口）。來自其他地區的人們（多為紐約與洛杉磯的居民）總說這裡一成不變與無趣，也有人（其他多數地區的居民）說這裡充滿了貪腐、道德淪喪的敗類。我向來都跟別人說，這裡跟洛杉磯很像——另一個與外人保持單一而不可動搖之關係的城市。但現實是，在這兩個城市中，你可以打造一個全然獨立於那種關係之外的生活。有次我女兒前往校外教學地點的途中被攔了下來以讓路給總統車隊，除此之外，幾乎沒有什麼事會每天提醒我，我生活的地方是首善之都。對我而言，這座城市最歷久彌新的特色是，它經常保有絕對的分裂：一個國家的政府可能與所在都市的居住環境有所關連，也可能毫無關係。今日就是一個例子，我們的政府由保守派多數所組成，市民則是這個國家裡最崇尚政治自由的一群。[1]地方政府的政策極為進步，有一位擔任公職的朋友曾開玩笑地說，這裡其實是一個社會主義的城市。

就我看來，這意味著華盛頓特區是從宏觀角度看國家政策、從微觀角度看普羅大眾最理想的地方。在這個蕞爾的都市區，出現在任何城市的問題——平價住宅稀缺、治安不良、貧窮、暴力猖獗、中產階級化等——互相爭奪極度有限的資源，針對這樣的情形，華盛頓特區整合了美國近年來的許多創新計畫。華盛頓特區跟全國各地越來越多的城鎮一樣，開始採行協調與溝通的哲學（正如艾倫・彭斯、凱莉・鄧恩、潔・谷艾爾與其他倡議人士所支持的），並嘗試將這套哲學移植到城市各地的家暴防治實踐中。這正是為什麼我要在這個寒冬夜晚跑到這座令人不寒而慄的法院，來一探這項舉措的關鍵——名為緊急響應專線的系統。

爆米花小販對我比出拇指朝上的手勢、掛上電話，並指引我電梯的方向。電梯到了五樓後門開起的那一瞬間，我立刻迷失在一條條相互對稱且一模一樣的走道之中。我迷路的時間顯然有點長，因為我聽到轉角有一個孤單的聲音喊道，「哈囉？」那是一名女性，我後來得知，她在這裡待了將近十個小時，等會兒就要離開。「不用擔心。」她告訴我，「每個人都會迷路。」

華盛頓反家暴組織DC Safe負責經營緊急響應專線，一天二十四小時，全年無休。她們總共有三十名倡議人士，而除了負責接聽緊急響應專線的人員之外，還有另外兩名倡議人士在總部隨時待命。他們協助申請的保護令都屬於民事保護令。不同於高風險評估小組或大型社區的協調反應計畫，DC Safe聚焦於極短期的處置（通常只有數天），幫助受害者找到安置處，讓他或她能在深思熟慮後做出長遠的明智決定。起初，他們會找來在這座城市八個行政區之一負責家暴事發現場的警察，瞭解案件細節。之後，倡議人士為受害者設計了一個即時方案，大多時候會在加害者遭到逮捕後，立刻請受害者回來一同討論這項計畫。這意味著，緊急響應專線有如一個有無數輪輻的輪圈。倡議人士可以查看警察的辦案紀錄以瞭解是否加害者是否已有保護令、逮捕令或其他未決犯行在案，但他們也幫透過無數種細瑣卻重大的方式幫助受害者。他們與市內的各行各業締結合作關係、建立聯繫並簽訂合約，庇護所當然是其中之一，另外也包含鎖匠、雜貨店、受害者扶助機構、旅館與律師。在接到警察的電話後，倡議人士可以為逃家的受害者安排住進庇護所幾晚，提供尿布與奶粉等育嬰用品，將她轉給當地醫院的刑事鑑識護士進行家暴驗傷，或者在虐待者控制了受害者所有財務的情況下，給她一張採買日用品的禮品卡或幫忙負擔交通費。倡議人士會一路陪伴受害者走過申請保護令、尋找過渡或長期住所及取得免費法律扶助的過程。

然而，DC Safe也有倡議人士負責盡可能隨同警方瞭解案件情況。他們會與警察一同處理報案事件，並且可以立刻滿足受害者的需求。許多司法單位越來越常在警察部門增設家暴案專責人員（紐約市五個行政區的目標是在二〇一九年之前讓每個轄區都完成設置），而像克里夫蘭等一些地區已實行數年。DC Safe的獨特之處在於，它希望一套標準流程，讓倡議人士不只加入華盛頓特區的各個警察部門，也實際參與警察的辦案過程。最終，他們希望看到的是，每一次警察輪班巡邏時都有一位倡議人士隨車，但目前尚有人力不足的問題。我隨車巡邏東北區的那天晚上，另一台警車也有一位倡議人士（負責的行政區不同），但我們巡邏的路線從未交錯。

與伊莉莎白・歐茲（Elizabeth Olds）共同創辦DC Safe的娜塔莉亞・奧特羅（Natalia Otero）表示，處於危機的當下，受害者無法做出明智的決定，而為了確保自己的安全，他們通常需要這麼做。受害者與虐待者會來到家暴防治機構，無疑是透過警方與危機中心的轉介，但有些也會經由急診室、學校行政人員、同事或牧師的牽線。因此，奧特羅的挑戰是，如何幫助受害者擺脫羈絆，好讓他們做出更理智的決定。從警方的報告中往往可以看到受害者逃跑時什麼也沒帶，連鞋子、大衣或身分證都沒有。我在聖地牙哥採訪過一名女性，她曾有一個週末被囚禁在家；後來，她終於等到與男友一起開車出門去便利商店的機會，當男友把車開上自家車道時，她立刻打開車門，衝到正駛出隔壁車道的鄰居車上。她沒有帶錢，沒有帶身分證，也沒有手機。當時，她一心只想著逃走。她沒有想過要去哪裡或怎麼去，甚至也沒有想到要跟誰聯絡。她腦中只有兩個字：逃走。受害者會把注意力都放在微不足道的問題上，因為他們在混亂與恐懼的時刻往往難以思考最重要的問題。奧特羅透露，當受害者經過一、兩天或一週的冷靜與沉澱，基本需求都獲得滿足後，最大的差別是「他們的能力水準」。他們的狀態有所好轉，能夠放眼未來、做出明智的決定。

我與奧特羅在潘恩區（Penn Quarter）離法院只有幾分鐘路程的一間餐廳交談。由於DC Safe擁有許多合作機構、面臨眾多的資金需求，並且正推動許多計畫與方案，因此她一刻不得閒。她說，她很早就聽聞高風險小組、危險評估與坎貝爾的建樹。她在家暴防治領域打滾多年，但她原本是學商的。從喬治城大學取得商學學位後，她會投身家暴防治，與其說是為瞭解決社會問題，不如說是迎接一項商業挑戰、開發藍海市場。華盛頓特區每年有三萬通家暴緊急報案電話，但當局卻無法分類或處理這些案件。她指出，「我們需要一個中央清算所、一個組織，來作為城市各地許多緊急應變人員的入口點。」而她希望這個單位設置在法院裡，因為在這裡可以取得犯罪紀錄，還有檢察官與法官的資源。她在二〇一一年開始推行緊急響應專線，而DC Safe目前一年服務超過八千名個案。

***

我期待，這一切將會帶來不同，將能整合DC Safe計畫、高風險評估小組、倡議人士與警方的合作及虐待者處遇計畫等社群緊急響應措施。我期待，我們越來越能夠與受害者一同合作、介入施暴者的處遇計畫，而且能夠辨別家庭暴力破壞家庭與社群的各種方式。我也期待，這是對全國行動的一項號召。然而在我寫作的同時，我仍不禁想起自己在這詭異的大半夜坐在這座法院裡，而不到六個街區外的地方就是美國國會大廈（United States Capitol），議員在幾週前的九月末能重新通過二〇一八年的《防止婦女受暴法案》。他們為這個法案撥了三個月的臨時預算，而不同於法案推出時獲得兩大黨支持的情況，這次共和黨無人投下贊成票。[2]就在今天，我的電子郵件與臉書貼文都跳出了暴力政策中心（Violence Policy Center）發布新報告的訊息，其表示，女性遭親密伴侶謀殺的案件從二〇一四年以來增加了一一%。[3]我注意到，這份報告只涵蓋單一事件，並未包含大規模槍擊、滅門血案或任何其他殺人案。在這份報告發布的隔天，我們的現任總統在白宮草坪上針對最高法院大法官提名人備受爭議的聽證會（譯注：大法官提名人布雷特・卡瓦諾〔Brett Kavanaugh〕被指多年前涉嫌性侵，參議院司法委員會爲此召開聽證會）表示，「對於美國的年輕人來說，這是一個非常可怕的時刻，你可能會被指控一些你沒有犯下的罪行。」他發言的這天是十月二日，而白宮的反家暴覺醒月活動將在兩天後開幕。

除此之外，還有其他令人沮喪的徵兆。克里夫蘭傳出一起轟動當地的案件，當事人是有家暴前科的前任法官蘭斯・梅森（Lance Mason），他殺了前妻，備受學生愛戴的一名教師艾伊莎・弗雷澤（Aisha Fraser）。案發地點是謝克海茨（Shaker Heights），不在瑪蒂娜的轄區內。但是，這讓我開始思考，我們能指望任何人在多大程度上改變現況？之後，二〇一八年十一月十九日星期一，芝加哥慈愛醫院（Mercy Hospital）發生大規模槍擊事件，而幾乎所有媒體報導都未提到這起案件肇因於家庭暴力。醫院有三人喪命，但兇手的目標是他的前未婚妻，塔瑪拉・歐尼爾（Tamara O'Neal）醫師。《赫芬頓郵報》記者梅莉莎・傑爾森（Melissa Jeltsen）所下的標題最貼切——「幾乎快被遺忘的謀殺案主角：塔瑪拉・歐尼爾」。[4]

還有其他事情也令我憂心，尤其是那些無形的標記。讓人不安的仇女情結正在悄悄滲透今日看似完全支持女性平權的領域，譬如國會、白宮——以及曾說過「抓她們下體」這種話的現任總統——與最高法院。潔・谷艾爾就美國當前的政治情勢所說的一句話，比我願意承認地還常縈繞在我心頭：「我們正以可憎的速度往後退。」

槍枝暴力也有其他讓人擔憂的問題。儘管聯邦法令賦予各州及司法單位褫奪家暴犯（包含跟蹤者）持有槍枝的權力，但仍有大量證據顯示，我們在這方面也是退步的。二〇一〇到二〇一六年間，美國製造的槍枝數量增加了將近一倍，從五百五十萬增加至一千零九十萬把，而這些槍枝有絕大多數都留在美國境內。[5]在人均持槍數量最高的州，家暴殺人案的發生率也最高，而這絕對不是巧合，包含南卡羅來納、田納西、內華達、路易斯安那、阿拉斯加、阿肯色、蒙大拿與密蘇里州。[6]在二〇〇七出版的《他們為什麼殺人》（*Why Do They Kill*）書中，大衛・亞當斯進行了一項研究，他問十四名因親密伴侶殺人案而入獄的罪犯，假如當初沒有槍，是否還會殺人。經常有人主張，如果一個人有心要殺人，他一定會想辦法做到。然而，在受訪的十四名罪犯中，有十一個人表示，假如當初他們無法取得槍枝，就不會殺人了。[7]在二〇一八年十月發表的一項研究中，學者艾波・齊奧理調查了那些規定任何人只要有禁制令在案、就不得持有槍枝的州屬，發現在這些地區，親密伴侶殺人案的發生率下降了一二％，但全國只有十五州立有這項規定。[8]同樣地，齊奧理發現，在限制更廣泛的加州，任何犯下暴力輕罪的人都必須放棄持有槍枝的權利（包括終生伴侶與約會伴侶在內，加州表示這項規定填補了「男朋友漏洞」），而當地家暴殺人案的發生率驚人地減少了二三%。[9]美國**每個月**有五十名女性遭到親密伴侶射殺；此外還有無數名女性在槍枝的威脅下逆來順受（還有那些遭到伴侶以其他方式殺害的受虐者，像是刺殺、勒斃、在行進間推下車或毒殺）。說到槍枝暴力，美國是世界上對女性而言最危險的已開發國家。[10]這個問題與黨派偏見無關，不論是自由主義或保守派當道，一樣都存在，雖然我知道很多人都這麼認為；對我而言，這是道義上的問題。

為什麼在美國，槍比人民還重要？

除了蒙大拿致死評估會議上那名退休護士說的話之外，我想不出任何結論。**禁用該死的槍枝。**

＊＊＊

儘管如此，我相信這個社會還有希望。我周遭的男性朋友、同事、兄弟與朋友們的先生，都是我們的盟友。他們關心女性的權益，能夠理解我與許多女性的不安全感，而且在怯懦的仇女情結逐漸滲透美國、甚至世界其他地方的同時，毫不掩飾地拒絕受其影響。我在許多非異性戀的朋友、女性、弱勢族群及我的大學學生身上都看到了覺醒的意識。他們擁有的知識比我們在二十年前學到的事情還多。

還有許多徵兆都讓人充滿希望。市場上出現了好幾款手機應用程式可在緊急時刻幫助家暴倖存者、拯救處境岌岌可危的青少年與大學生、安排庇護所的住宿，或者協助相關人士找出適當的介入方式。事實上，許多倡議人士與坎貝爾都參與了一些方案的制定過程。[11]在高風險評估小組成形之際，聖地牙哥前市檢察官凱西・格溫創辦了轉型家庭正義中心。這些中心盡可能將不同的合作夥伴集中在一個地點，從倡議、諮詢、法律服務到執法單位都有，如此一來，受害者就不需要一再講述自己的經歷。他們也為個案設立了單一接案中心，服務內容包含協助聲請保護令、轉介兒福機構、提供工作訓練或調閱警方報告。布希政府（Bush Administration）十分賞識這項計畫的創新理念，於是核撥了兩千萬美元的經費加以推動，而今日，全美及另外二十五個國家已設有一百三十多所中心。[12]

近年來，格溫致力推動希望營（Camp Hope），這是為那些在暴力家庭中成長的兒童舉辦的夏令營，在全國設有數個據點，宗旨是打破暴力的循環。

坎貝爾的研究至今仍有助於家暴防治的大幅進展。馬里蘭前任警官戴夫・薩金特在全國備受讚譽的計畫即源自於坎貝爾的危險評估理論，他將評估指標精簡為三個主要問題，可供警察在現場迅速判別個案處境的危險性：第一，他／她是否曾拿武器攻擊你或威脅你？第二，他／她是否曾威脅要殺死你或孩子？第三，你是否認為他／她會試圖殺害你？[13]如果被害人對這三個問題的答案都是肯定的，警方就會再提出八個問題，而負責辦案的員警也會向地方家暴熱線通報，請他們與現場的受害者聯繫。時機非常重要；薩金特很清楚，家暴殺人案經常是緊張局面突然間惡化所致。「我不是有意要她死」的這種陳述充斥了地方媒體的報導、警方報告與檢方起訴檔案。薩金特將自己設計的這套模式稱為致死性評估方案，有時也稱作馬里蘭模式，目前在超過三十個州及華盛頓特區為緊急應變人員所採用。[14]

其他跡象也顯示，我們處理這類暴力行為的方式，在社會與文化層面上有了深刻的結構性轉變。舉例來說，現今美國設有兩百多個專門審理刑事家暴案件的法庭（紐約州與加州為開路先鋒）。有越來越多法庭承認家庭暴力背後的特殊心理因素（例如受害者為何撤銷控告或不願出庭），以及法院與檢察官辦公室增設反家暴倡議人士的實用性。[15]不過，這些法院之中，仍有四成以上通常不會要求被告參加家暴者處遇課程。

在將家暴視為公共衛生危機的這方面，我們無疑取得了重大進展。光就《防止婦女受暴法案》，即經常被譽為降低一九九三年（之前法案尚未通過）至二〇一二年間家暴案發生率達六四%的功臣。[16]儘管如此，白宮防止婦女受暴處前顧問琳恩・蘿森塔警告，大家不應過度聚焦於這項成功。她表示，「在今日，一名十九歲少女在家裡遭到伴侶又打又踹的可能性，並不比我們剛開始推動防治計畫的時期來得低。」如今，超過四十個州將跟蹤視為重罪，[17]更有四十五個州將扼喉視為重罪。[18]避免讓受害者住進庇護所，而是盡可能幫助他們留在原本社區的安置方式，正逐漸興起。

蘿森塔剛結束巡迴美國各地高中、名為「青年榜樣」（Youth Leads）的傾聽之旅，而某天中午，她與我共進午餐，聊到這個活動讓她大開眼界。她說，這趟傾聽之旅的目的是探究怎麼做才是解決青少年約會暴力的最佳方式。疾病管制與預防中心於二〇一七年公布的一份報告指出，有超過八百萬名少女在十八歲之前經歷過強暴或親密伴侶暴力；至於青少年方面，人數約是女性的一半。[19]青少年約會暴力的專家表示，應該從六、七年級的時候就教導孩子如何解決約會暴力的問題。蘿森塔告訴我，在為高中生舉辦的訓練課程中，年輕人——尤其是男性——對於家庭暴力與性暴力的看法令她大受鼓舞。「這些年輕男性看待彼此與對待女性的方式截然不同。」她指的是跟上一代的男性相比。「他們本身有許多疑問……他們不會輕易讓其他同性做出這種行為〔性暴力〕。」

我們在當地一間名為（Busboys and Poets）的餐廳吃飯，那裡的老闆安迪．沙洛爾（Andy Shallal）是這座充滿了高調社運人士的城市裡最引人注目的社運人士之一。蘿森塔背後的電視牆正播著她前上司歐巴馬在南非演說的畫面。那時，蘿森塔說了一件令人驚訝的事情，在她提起之前，我一直沒有想到那點。「某種程度上，男性是女性主義運動最大的受益者。」她說，「看看〔今日〕那些與子女關係不同以往的男人。

他們會參加學校活動，會花時間跟小孩說話。在我居住的社區，那些爸爸們總是帶孩子去托嬰中心或學校。看看這些年輕爸爸有多麼盡責。現況並不完美，女人們在許多方面依然承受著重擔，但男人們有了轉變。」

事後看來，對大眾社會影響深遠的家庭暴力曾經被視為私人問題，實在令人不解。家庭暴力不是獨立的問題。它在不知不覺中擴散，蔓延到我們的社會所面臨的諸多問題，包含教育、醫療保健、貧窮、藥物成癮、心理健康、大規模槍擊案、遊民與失業。家暴涉及的層面及其廣泛，不論未來我們想出何種解決方案，都必須考慮到這一點。若想解決遊民問題，就必須正視家暴造成許多家庭流離失所的事實。除非我們認知家暴極有可能是這種問題的根源，否則便無法消弭教育資源不平等或貧窮的問題。我想到《防止婦女受暴法案》相較於其他政府開支，獲得的預算有多麼緊縮，也想起蘿森塔提過解決方法就是「到處投資」。她指的不是投入無窮無盡的資源，而是透過那些處遇計畫來瞭解，家暴以各種複雜方式引發其他許多問題。

蘿森塔表示，「『#MeToo』運動是進步的徵兆，這並非憑空出現。事實上，現今的生活轉變，讓她想起了辛普森殺妻案的判決，當時，家庭暴力的議題突然間引起全國各地的熱烈討論。那些對話帶來了實質、具有開創性且重大的改變，其中許多變革本書都有提到。「『#MeToo』運動是多年來奠定基礎的成果。隨著大眾高度關注，突然間所有條件都到位，就有了這項運動。」她說。

大衛．亞當斯也看到了當前獨一無二的機會。最近他跟我聊到現在的局勢，「情況令人沮喪，但我認為受到激勵的年輕人……以及越來越多的民眾——尤其是女性與弱勢族群——都開始採取行動了」。

透過記者工作，我猛然驚覺，這種看似渺小的改變，到最後經常攸關生死，而且影響了決定的好壞。不論是幫受害者準備育兒的尿布與生活費，讓他們在危急情況下仍能顧好孩子與維持生活；幫忙聲請薄薄一張保護令而不是給他們一疊不知所云的文件；將開庭時間定在下午而不是一大清早、讓他們多一點時間做心理準備；主動訪視受害者而不是等待受害者找上門；或是在爭執中往後退一步而不是咄咄逼人，種種舉動都可能帶來全然不同的結果。如果要將家暴領域的轉變歸因於一個關鍵，我會說是溝通。這當然包含了官僚體系間的溝通，但也涵蓋了不同政治意識型態、處遇計畫、相關人士、制度與領域之間的交流。我到美國各地採訪所見識到的許多改變，歸根究底都可說是這個動作的功勞。高風險小組、家庭正義中心、青年課程、家暴處遇計畫與法治舉措、致死性評估小組、警方的辦案作業程序及其他方案等，都受惠於這項完全免費的資源：溝通。

＊＊＊

我造訪華盛頓特區的緊急響應專線辦公室的那天晚上，值勤的是一個名叫娜歐蜜

（Naomi）的女人。[20]她跟許多同事一樣，一週有四天值十小時的夜班。如同全國各地的許多反家暴專業人士，娜歐蜜生平第一次目睹暴力行為，是在自己的家中。她從小與母親多次進出庇護所。長大後，她開始到之前她與母親待過的一間庇護所當志工。那裡的一些倡議人士對她還有印象。

這天晚上，她坐在DC Safe總部的辦公隔間裡。一面牆的架子上擺滿了書籍，有《下一次她將逃難一死》（*Next Time She'll Be Dead*）、《為了活下來，只好愛你》（*Loving to Survive*）及《愛會傷人》（*When Love Hurts*）等等。今晚她接到的第一通電話來自一名警官，他在一位女士的家裡，她的孫子吸毒，回到家後情緒失控，拿起一張餐椅用力砸地板直到壞掉為止。她的孫子不是第一次這樣了。那名警官向娜歐蜜通報這兩名當事人的出生年月日、連絡電話與姓名，簡略敘述了事發經過。娜歐蜜將這些資料輸進資料庫。她（或其他值勤人員）會在電腦系統內標示任何高風險案件，以便隔天的值班人員追蹤更新。不到幾分鐘，娜歐蜜便結束與那名警官的對話（如果情況不嚴重，警察會等到勤務結束時再通報）。過了幾分鐘，娜歐蜜致電那位女士——我將她稱為厄瑪（Irma）——並自我介紹。「我來電是想問您有沒有打算聲請保護令？」娜歐蜜問。

厄瑪說，她六個月前曾試圖聲請遠離令，但法院表示，除非她的孫子有真的做出暴力行為，否則她不符合資格。「我希望他能接受治療。」厄瑪說，「可以的話，我希望以他的行為為由，把他趕出去。我不知道你們都是怎麼做的。」

娜歐蜜表示，由於情況看來有逐漸惡化的趨勢，因此這次厄瑪應開能取得保護令，而DC Safe會協助她處理。她週一早上必須來辦公室一趟。華盛頓特區設有兩個專責家暴案件的法庭，每年都會指派法官輪流審理。

「我曾經試著給他機會，想找出他暴怒失控的原因。」厄瑪說。

「看來這個方法沒有用。」娜歐蜜說。

「對，沒有用。我得採取進一步的行動。」

「保護令有一部分的規定是，他必須離開那棟房子。」娜歐蜜告訴她，「你也可以要求他接受針對戒毒或戒酒的諮詢或一般諮詢。法官會准許，並訂立條款。」娜歐蜜向她說明週一見面的地點與單位資訊，並請她帶著書本與點心，以免需要等上幾個小時。「如果你有意願提供起訴方面的協助，聯邦檢察官辦公室會聯絡你。你需要保持手機暢通，記得開啟鈴聲。他們只會打一次電話，不會留語音訊息或簡訊等。他們會在早上八點到十二點之間聯絡你。」

華盛頓特區的保護令特例允許虐待者與被害人保持聯絡、共同扶養子女，在一些案件中甚至可以繼續生活在一個屋簷下。這項保護令稱為HATS，全名是禁止騷擾、攻擊、威脅或跟蹤（no harassing, assaulting, threatening, or stalking）。虐待者雖然受到保護令的限制，但依然可以與受害者同住。這種保護令的缺點顯而易見，但在華盛頓特區這樣一個城市，平價住宅可說是所有社福機構面臨的最大挑戰，[21]因此如娜歐蜜所說的，這種規定有助於「受害者劃清界線，讓施暴者知道他／她是來真的。這有警告的作用。」受害者通常都不希望施暴者離開家庭。他們需要經濟與親子教養上的支援。「我們遇到的個案往往會說，『我們有小孩，我們共同負擔家裡的開銷。我不能把他趕出去。』這增加了他們〔聲請保護令〕的意願。」

隨著時間過去，電話不斷湧入，多數案件就跟那對祖孫的情況一樣暴力程度輕微。電話鈴聲響遍各個空蕩的隔間，那聲音像是被東西悶住似的。半夜的緊急響應專線辦公室一片寂靜，出乎我意料之外。我原以為會看到眾多人員忙著接聽電話的嘈雜景象，但實際上只有這位女性、這支電話、這個隔間在運作。娜歐蜜身穿一件紅色的高領毛衣，襯托了她的一對碧綠眼睛；電腦旁的桌上擺著幾本教科書。如果晚上電話不多，她會利用時間複習白天上課的內容。她的目標是成為一位心理醫師。

她接到一通電話，是一位目前待在庇護所的個案打來的。那間庇護所有開暖氣，但溫度設成了五十九度，而沒有人搆得到上了鎖的溫控器。另一通電話來自一名有保護令在身的女子，她的前男友偷了她租來的車子的鑰匙，現在不知去向。鑰匙圈上有她家的鑰匙，而且是她唯一的一組。娜歐蜜安排鎖匠晚些時候過去幫她換鎖，然後請維修工人前往庇護所處理溫控器的問題。[22]

接近清晨時，一名警官從華盛頓特區較為富裕的西北部行政區之一打來。一名女性遭到伴侶勒脖，但沒有大礙、情況穩定。他通報案情時用了「窒息」這個詞。那對情侶不久前分手，兩人發生了爭執。目前加害人已遭到逮捕。那名警官說，他建議被害人去醫院驗傷（華盛頓醫療中心〔Washington Hospital Center〕有一位刑事鑑識護士可以協助），但那名女性說不需要。娜歐蜜問了一些關於她的問題，像是她有哪些舉動？是否記得事發經過？警官表示，窒息的過程僅維持了幾秒，當事人也有喝酒，但他沒有發現任何蓄意扼喉的跡象。她的聲音沒有沙啞。完全沒有線索。

之後，娜歐蜜致電另一位當晚也在值勤的倡議人士，討論是否應該主動介入此案，要求那名女子驗傷。幾分鐘過後，他們決定這個狀況致命性不高，加上施暴者已遭逮捕，目前她應該沒有危險。那名女子向警察承諾，她會在週一早上到法院聲請保護令。

這些案件牽涉的暴行相當輕微，令人意外地平淡無奇。警察們打來，像在對調度人員說話一樣冷靜地與娜歐蜜對話。一通電話結束後，又接著下一通，處理下一個案件。緊急響應專線只是辦案程序的一部分。換言之，不同的體制與文化之間，在也沒有藩籬需要突破。這一切已成為標準流程。這樣稀鬆平常的態度或許是這項計畫最成功的地方。

我花了好多年的時間研究高風險案件，研究那些犯下滅門血案的男性，瞭解致死性評估小組如何受理那些對當事人而言為時已晚的案件，探究當事人家屬、倡議人士與執法人員如何幫助蜜雪兒、桃樂絲及其他上千名不幸喪命的被害者。事實上，我花太多時間關注這些黑暗面，以致幾乎完全忘了今晚與娜歐蜜在此的意義。很久以前凱莉・鄧恩曾經告訴我這一點，而我有很長一段時間都未能真正想通。對於家庭暴力，我們的最佳介入時機，是在事情尚未惡化之前的輕罪階段。從長遠角度看來，娜歐蜜接到這些來自警察與個案的一通通電話，象徵著家暴防治成效不可思議的進展。

娜歐蜜提早回家，她帶了一支可攜式電話以便繼續接聽電話直到值班結束。回家的路上，她得抵抗寒冷刺骨的風雪。華盛頓特區為許多事情都做了萬全準備，譬如恐怖攻擊、政治僵局、政府停擺等等，但不包含冬雪。現在將近半夜三點，我走出法院，外頭一樣空蕩死寂，鹽塊依然在我的踩踏下嘎吱作響。我等待夜班的Lyft司機到來時忽然領悟，娜歐蜜象徵了家暴防治的進步，不是因為她的工作，而是因為她的背景；沒錯，她本身是家暴的倖存者，但她是一個憑著一己之力找出方法打破暴力循環的倖存者。她受過傷，如今試圖幫助受傷的人們從暴力中痊癒。現在，體制為她留了一個位置，如同吉米那樣。也許，有天唐特也能找到屬於自己的位置，就如同維多利亞，也就是數年前我在聖布魯諾監獄認識、在丹尼連鎖餐廳差點遭到親生父親殺害的那位女性。我在家暴領域中遇到的人們幾乎都有過虐待、受害、施暴或目睹暴力的經驗。漢米希・辛克萊爾與大衛・亞當斯都有一個虐待成性的父親；蘇珊・杜布斯曾在一個冬日夜晚遭到兩名男子強暴；賈桂林・坎貝爾後悔自己沒有持續追蹤安妮的情況；瑪蒂娜．拉泰薩從姐姐布蘭蒂的遭遇得到了慘痛教訓；吉米與唐特試圖以自身經歷啟發那些有同樣傷痛的囚犯。在他們每個人背後，都有另一個人的陰影，都有一起悲劇。但是，如今他們也在為暴力循環的終止貢獻心力，希望能改變未來。

這讓我想起了一個故事。幾年前的一天晚上，我與鄧恩一起坐在她的辦公室裡。那是夏天，晚餐時間已過許久。鄧恩跟我談到工作時總是就事論事。我在訓練課程中看過她一再播放桃樂絲遇害那天晚上的報案音檔，而她一向關注這起案件凸顯的重點，也就是如果根據坎貝爾的研究理論來描繪桃樂絲一案的演變，就能徹裡釐清事情的全貌。逐一對照細節，就能看到所有危險的跡象與情況惡化的徵兆，此外也能發現在極端暴力中極為常見的其他因素。他們的一見鍾情、桃樂絲的青澀、威廉的病態嫉妒心，這些跡象也可以對應到蜜雪兒與洛基的情況。鄧恩在訓練課程中從未表現出情緒波動。她謹慎且冷靜，完美呈現了她一度要從事的律師應該具備的形象。

這天晚上，她給我看了她與桃樂絲見面的那天寫的一張粉色便條，她一直把這張紙帶在身邊：**非常致命的案件**。之前我從杜布斯那兒得知這張紙條，也在地方新聞讀到過。我想親眼看看。我沒有告訴鄧恩，但桃樂絲的死也一直在我腦中盤旋不去。幾年前我為《紐約客》撰寫關於她的文章時，曾帶著三明治、開著租來的車到桃樂絲位於格林街（Green Street）的住家，坐在車上吃午餐。我不知道當時自己在做什麼。案發後人事已非，但整條街恬靜宜人。有時，我確定我聞到了海洋的氣息。草地上有一座褪了色的摩天輪，看起來像道具一樣。這是我在採訪與調查之間可以靜下來沉思的時間。或許桃樂絲也成了我生命中的幽影。記者報導新聞時，敘述倖存者的經歷，採訪相關的倡議人士與決策者，這些人都活得好好的。但是在家暴領域中，我想對許多我們這種記者而言，深入交談的對象往往是死者。

我坐在鄧恩的辦公室問她，如果桃樂絲起死回生並出現在辦公室，她會對她說什麼。

鄧恩開口正要回答，接著又停住了，彷彿身體突然撞到一堵隱形的牆似的。她冷不防地從書桌前跑到一排文件櫃後面。我聽到她急促呼吸與頻頻抽泣的聲音。「從來沒有人這麼問我。」她說。

我不發一語。

鄧恩回到書桌前，擦乾眼淚。然後她看著我輕聲說，「我會跟她說，我很抱歉。」

作者的話

在我寫作與記敘《親密關係暴力》的最後幾個月裡，我的繼母住進了安寧病房。她在二〇一五年夏天確診大腸直腸癌，於二〇一七年九月去世。大約在她過世的三週前，我坐在她與我父親同住的家裡的病床旁，聽她訴說她在第一段婚姻與兒時成長的家庭中遭受虐待的經歷（虐待她的並不是在丈夫離開人世後獨自扶養她的母親）。她與我的父親結縭三十八年；那時我研究美國的家暴問題已有八年之久。我得知她的家暴經歷時震驚不已。

多年來，我們一直不算親近，但後來，我們找到了拉近彼此距離的方法。為什麼她從來都不跟我說？有好多問題我真希望能有機會問她，但她明智地等到最後才跟我說，讓我來不及這麼做。她不想談這件事，平心而論，她透露這件事的時候，我對家暴的認識遠比多數人還要深入。即使有些回憶她不願分享，我也能想像那是什麼。她知道自己死期將至，因此不希望回想人生中的任何黑暗篇章。她只想著不忍心留我父親獨自一人，想著我們失去她會有多傷痛，想著自己無法看著孫子與孫女們長大的遺憾。

如果一個我認識三十八年的人能夠隱瞞自己的受虐經歷這麼久，那麼這對於今日我們看待身邊的虐待行為以及它所帶來的恥辱，又有什麼啟示？她過世時，我與父親站在廚房裡啜泣。那是我第二次看到父親為了罹患癌症而早逝的妻子傷心流淚，但是這次，我已經成年，而且遠比以往瞭解繼母經歷了什麼、還有父親將會經歷些什麼。那天與之後的幾個星期，他每次因為自己「不夠堅強」而崩潰痛哭，都會向我道歉。這個男人才剛失去了罹癌的第二任妻子，但他不認為自己有權利在別人面前哭泣。為什麼會這樣？我跟他說，在我眼裡，眼淚會讓他變成一個更堅強的男人、丈夫與父親，因為他不怕展現身為人類會有的情緒。我希望我可以將這個觀念灌輸給所有的男性。

基於這些原因、還有我與繼母及父親相處的時刻，我決定將本書獻給我的繼母。我很慶幸能夠告訴她，她還在人世時，我已經在為家暴防治盡一份心力了。

後記

我朋友住在芝加哥，她家客廳看出去的視野絕美，讓人嘆為觀止。那棟房子可眺望北塘自然保護區（North Pond Nature Sanctuary），那是一座有著十五公頃大的池塘、野生動物棲地與自然步道的保護區，吸引了兩百多種鳥類與遷徙性動物，包括遊隼與大角鴞。望向窗外，我看見成群的綠頭鴨與加拿大雁在池塘裡怡然自得。不論哪個季節，我每次造訪，都會跟她到池塘邊散步，我們一起找出躲在水草叢裡的烏龜，或是看著花栗鼠在木屑鋪成的小徑上蹦蹦跳跳，偶爾還會看到蒼鷺撲上山胡桃樹的細長樹梢。北塘自然保護區再過去是湖岸大道（Lake Shore Drive），然後是有著金色細沙的富樂敦大道海灘（Fullerton Avenue Beach）、以及密西根湖（Lake Michigan）。長約四百八十公里、寬約一百六十公里的密西根湖，遼闊得有如一片海洋。我每次想起好友米雪兒，想到她某日早晨接到一通電話後頓時失去的一切，腦中就會浮現那片景色，如今，我一天會想到她好幾次。她失去了自己的家與城市，失去了習慣的生活、穩定的事業和那幅風景。她還失去了弟弟與弟媳。

米雪兒的弟弟傑森（Jason）為美國國務院（State Department）效力，他的妻子蘿拉（Lola）任職於商業部（Department of Commerce），兩人身負重任，經常到國外出差。我與他們不像跟米雪兒那樣熟稔；畢竟我和她有二十年的交情。我們的友誼大部分都建立在一邊散步、一邊進行精神與心靈的深度對談之上。我們探究，追求有意義的生活是為了什麼？該如何在一個存在邪惡的世界中保持開放的心胸並且去愛人？我仰慕她的智慧，她是一名自雇治療師，在芝加哥有源源不絕的客戶，而我發現，她是唯一能跟我聊上數小時的人。

她有兩個鍾愛的姪女，也就是傑森與蘿拉的女兒，她們放暑假時會到芝加哥跟她一起住，有時甚至會待上一個多月，跟著又酷又有趣的姑姑一起參加市區的夏令營。那些日子裡，米雪兒有時會帶她們到我們共同好友的家裡聚會，大人們聊天喝酒，小孩們玩在一起。當時，我們都住在芝加哥，在研究所畢業後認識彼此，久了變得越來越熟。但後來，我們一個個搬離了芝加哥。我是第一個搬走的人。我去了柬埔寨，之後定居華盛頓特區。到了最後，我們這群人幾乎都搬到了華盛頓特區，安（Ann）與麥克（Mike）、唐（Don）與索利克（Soleak）都是，只剩下米雪兒與另外一、兩個朋友。我們從結婚、生子、搬家到換工作，一路以來都保持聯絡，彼此的小孩就像表親一樣感情深厚。米雪兒不時會來華盛頓特區探望我們，而我們總說所有時髦的芝加哥人都搬來這裡了，勸她快點過來。有時我試圖舉幾個原因說服她，像是華盛頓特區的居民比芝加哥人更需要治療！華盛頓特區可說跟紐約的郊區沒兩樣！而且我們大家都住華盛頓特區！

傑森與妻子蘿拉旅居世界各地後，在華盛頓特區落腳，而且就住在我當時的先生所住的社區。他們的大女兒跟我女兒讀同一所學校，兩個女孩漸漸結為好友，完全不知道彼此的父母其實有這麼一層特殊關係。有次女兒跟我聊到這位新朋友，過了幾個星期，我終於拼湊起所有線索而發現了這件事，我告訴她，「你們很久以前就認識了。」我還說，米雪兒是她新朋友的姑姑。在我們這群朋友的孩子眼裡，米雪兒就像一個慈愛的姑姑。世界可真小！某次傑森的女兒到我家過夜一晚，隔天早上他來接女兒時，我對他說，「你不會相信的。你姐是我最要好的一個朋友。」他聽到後露出了笑容。你就是那位瑞秋！他說。米雪兒的瑞秋！這下子，我們非叫米雪兒搬來不可了。老天冥冥之中自有安排啊！

二〇一七年，傑森與蘿拉的婚姻關係出了問題。我不知道究竟是什麼問題。具體來說，除了米雪兒與女兒的同學的這些巧合之外，我不算是他們兩人的朋友。他們談離婚時，米雪兒一度拜託我幫忙傳話給蘿拉（當時我也剛離婚）。米雪兒介紹我們認識。我與蘿拉出去小酌了幾次。談話間，我可以清楚察覺到她的憤怒，我知道那種怒氣。那傳達的訊息是：「我受夠了。我必須離開，我要離開這裡。」蘿拉才剛開始經歷離婚的繁雜手續，會有很長一段時間哪兒都去不了。我才剛脫離那片苦海。她向我坦承了一些事，而她與傑森之間確實有些問題跟我的處境極為類似（不願離婚的先生與事業心強的太太）。雖然我感同身受，但我並不想讓自己陷入尷尬的處境，畢竟我是她試圖離開的男人的姐姐的好友。如果我插手，事情會變得很複雜。因此，我試著保持距離，只在安排女孩們的遊戲約會與借宿活動、或是偶爾更新孩子在學校的情況時，才跟他們聯絡。米雪兒來探望時會住在我家，而她的兩個姪女也會來過夜，我們會在晚上開睡衣派對、一起看電影，早上一起悠閒地吃煎餅。

***

二〇一九年六月七日，我剛下飛機就收到米雪兒滿是驚慌的語音訊息。那時我正在進行這本書的巡迴講座，很多讀者在簽書時滔滔不絕地與我分享他們的故事；我的心情是又愛又怕。一名女性讀者說，她的女兒幾個月前遭人殺害。另一個人淚眼婆娑地問我能不能讓她的孩子們起死回生。此刻，我站在華盛頓特區機場的空橋上等著領取行李，另一邊又聽到米雪兒說她弟弟家出事了，說她不知道發生什麼事，問我能否打給她，她有急事。訊息還沒聽完，我就打給她了。她很快接了起來，悶悶的嗚咽聲聽來既熟悉又陌生，她彷彿變了一個人。「傑森家出事了。」她說。

我問發生什麼事。

「蘿拉受傷了，或是傑森自殘了。我不知道。」米雪兒說話斷斷續續，焦急地上氣不接下氣，每句話都重複說兩次。她一直試著打傑森與蘿拉的手機，但他們都沒接電話。幾分鐘前，她接到傑森打來說，他和蘿拉「對不起女孩們，」——他們的兩個女兒——「請好好照顧她們。」他要米雪兒盡快趕來華盛頓特區，然後就掛了電話。米雪兒從剛才就一直聯絡不上他。米雪兒人在芝加哥歐海爾機場（Chicago O'Hare International Airport），正設法買下一個航班的機票。

＊＊＊

我跑下空橋，一路狂奔。我打給前夫（他住在離傑森與蘿拉家幾個街區的地方），請他過去看看他們的狀況。他抵達時，特警隊已經在那兒了。我的前夫保羅（Paul）讓我與特警隊的隊長通話，我提供米雪兒的聯絡資訊、女孩們的姓名與就讀的學校名稱，他一一記下。我從機場趕到時，那棟房子已成了犯罪現場並拉起封鎖線，傑森或蘿拉被送上了救護車載往醫院（我們一直不知道那是誰）。他們的女兒還在學校，我們緊急討論起後續的安排，包括如何接她們放學、先帶她們去哪裡及待多久。必須由米雪兒來告訴她們，但要告訴她們什麼事？慌亂中我想起他們有養狗。還好，有一位鄰居幫他們遛狗。那天晚上是我女兒與他們的大女兒五年級的結業典禮；孩子們為此練習了好幾個星期。我們要等到典禮結束後再告訴她們嗎？還是讓孩子們缺席結業典禮？我打給校長。傑森與蘿拉的女兒們已經被保母與蘿拉的一位朋友接走了。米雪兒在那天下午飛抵華盛頓特區，一下飛機便直接去找她們。

其他人陸陸續續到我家來。先是我的前夫與女兒，然後是從芝加哥移居特區的那群朋友，之後米雪兒、她的母親與從事兒童創傷治療的表妹，還有一些朋友也來了。我們聚在一起，思緒在緊張的氣氛下清晰得很；我們都知道眼前面臨的是巨大的創傷。我們必須做些什麼，卻又感到無能為力。不時有警探進到我家的辦公室訊問米雪兒與她的母親。某人想到替大家叫外送食物，我忘記是誰了，可能是我吧。離家好幾週的我心裡突然有一股清掃家裡的衝動，即使家裡都是人，但我仍想在這片混亂中建立某種秩序。

前一天晚上在克里夫蘭的簽書會上，我將高風險家暴案警探瑪蒂娜·拉泰薩介紹給讀者們認識。從這一刻起，兩週前才剛飛到華盛頓特區參加新書發表會的米雪兒，走進了許多女性（幾乎都是女性）在簽書會中向我訴說的故事。這是一個關於人生、家庭與群體關係破裂的故事。事發後，我們大家立刻意識到其中的諷刺之處，但誰都不敢提起，至少一開始是如此。巡迴過程中的某次簽書會，有一個人當著兩百名讀者的面前對我說，她不能回家，不能離開那裡，因為她害怕自己會被人殺害。她問我該怎麼做。她的人生正面臨迫在眼前的危機。我向那名讀者伸出援手，幫她聯絡當地的反家暴組織，並鼓勵現場的讀者找她談談。此刻，那些故事、那些驚懼與創傷，一股腦地傾注到我的家、還有我——或者更準確來說是——我的女兒、我的摯友與另外兩個無辜女孩的生活。她們的生活將永遠改變。直到如今，我依然無法用言語來形容這一切。

我們不會知道那段時間裡究竟發生了什麼事，之後過了幾個星期，我們才拼湊出事情的全貌。那天下午，我們得知蘿拉不治的消息；到了傍晚，傑森也撒手人寰。事後回想，米雪兒說：「我弟弟先是奪走了妻子的生命，然後自我了結。」對她而言，這樣的陳述至關重要，因為這道出了她弟弟的絕望與痛苦，同時也承認了他所做所為的可怕。蘿拉的家人與朋友肯定不會這麼說，而我相信，每個人都有權利找尋適當的語言來描述這件事。大家的心中都充滿了傷痛。

米雪兒在六月七日那天走出了她自己的人生，再也沒有回家過。你可以試著想像那是什麼樣的感覺。在我寫作的此刻，她即將脫手在芝加哥擁有的那棟公寓，揮別那片宜人的自然景色。那一整個夏天，她靠著六月得知消息的那天匆匆帶上的一個後背包度日，當時我們都還不清楚究竟發生了什麼事。她穿上對她而言尺寸過大的衣服，寄住我家客房，借穿我的鞋子。當然，她原本預計只待個幾天，結果，轉眼間風雲變色，世界將她徹底帶到了另一個地方。不只是換了一個環境，還有了全新的生活，如今作為單親家長，她必須在這個地方重新開始，去熟悉她還在適應的官僚體系，而在可預見的未來，她也將如此。她必須重新建立自己的事業。如果說她在這一切之中可以得到救贖，那個救贖會是，我們——她永遠的後盾——都在這裡支持著她。我們知道、也承認，那兩個女孩是何其幸運能夠擁有她，能與她們熟悉與深愛的姑姑一起在這個熟悉與鍾愛的社區繼續生活。但是，遺憾依然在。

遺憾依然在。

＊＊＊

沒錯，這是發生在我們身邊的家暴兇殺案，但這也是一股洪流，沖垮了那些收拾殘局的人們的生活，重創了當事人的家人、好友、同事、鄰居及整個社區。在二〇一九年六月七日之前，我報導的都是別人家的暴力事件，而我後來才意識到，這其實是上天的眷顧。我們得知傑森與蘿拉的事情後，我第一個想到莎莉・賈斯塔德與莎拉・莫澤。她們都聽說了這件事（我不知道她們從何得知），也都透過電子郵件致意，讓我感動得痛哭流涕。從賈桂琳・坎貝爾到凱莉・鄧恩等朋友及專家，在我身邊眾多了不起的人士之中，我最希望能找莎莉與莎拉聊聊。她們一定能夠體會我的感受。後來，我真的這麼做了，而那些談話逐漸治癒了我心中的某個傷口。「你和你朋友所遇到的困惑、悲傷、憤怒與痛苦，我再清楚不過了。」莎拉在信中寫道，「我為你、你的朋友與那兩個無辜的女孩感到心碎。」我實在無法用言語表示我有多感謝她。

如今，米雪兒住在我家附近，她的身分從有趣的姑姑轉變為單親媽媽。那年夏天，我們一起承受無以名狀的悲傷。有時我會靜靜看著她——我有提到她美若天仙嗎？她身材高瘦、舉止優雅，有著一頭烏黑秀髮，全身散發著嫻靜氣質。我好想擁抱她，告訴她我不敢相信，不敢相信這一切。從律師到社區的其他家長，每個人看到她，都訝異她能夠如此淡然地看待一切、度過艱辛無比的困境，而她給人的感覺，就像一滴水珠從葉子上流下來那樣毫不費力。她將全副心力投入在負責監護的兩個姪女身上，那股力量是如此平和、堅定而不可動搖。她一如以往地深愛她們，將她們照顧得無微不至，視如己出。

「家庭暴力不是私人問題，而是急需解決的公共健康問題。」如今，數年前我為本書的序言所寫下的文字，彷彿有了形體、有了溫度。家庭暴力關係到每一個生命的這個訊息，變得日益急迫且關鍵。在本書出版的前幾週，美國公布了最新數據，家暴殺人案的發生率自二〇一五年後不斷增加，從二〇一七年以來上升了三十三個百分點。[1]

其他國家的家暴殺人案發生率也節節上升。在加拿大，家庭暴力與約會暴力事件在過去十年來逐漸減少，但如今似乎「突然激增」；一名來自卡加利警察局（Calgary Police）的警官向當地記者透露，他們正面臨一場「瘟疫」；[2]在婦女遭到暴力對待已成為國家危機的南非，每三小時就有一名女性遇害，據估這個數字比西歐國家高出了五倍。[3]我寫作的此刻，法國各地正舉行一系列研討會，警方、政府官員與反家暴組織齊聚一堂，研擬如何扭轉日益嚴重的女性遇害趨勢；根據《紐約時報》，二〇一九年法國發生的家暴殺人案比以往更早達到一百件，報導稱之為「可怕的指標」。[4]

在二〇一一至二〇一八年間，土耳其境內女性遇害的案件增加至將近四倍。[5]聯合國估計，俄國每年有一萬兩千名女性遭到殺害。[6]在數據難以證實且想必受到了低估的巴西，女性遇害的比例自二〇一八年來增加了四%。[7]在西班牙，家暴與性暴力情況猖獗，以致二〇一九年九月二十日那天晚上，國內有兩百五十個市鎮的社運人士走上街頭，要求當局提高關注並採取更積極的行動；他們將這些示威活動稱為「女性主義者的緊急狀態」。[8]這種情況也見於中國，儘管當局在二〇一六年通過反家暴法一舉廣受讚譽，但當地女性聲請對虐待者的禁制令很少獲准。[9]近十年來，匈牙利、波蘭與克羅埃西亞的保守派政府取消了對女性主義倡議組織的資助，更在性別平等政策的條款上不斷開倒車。[10]全球各地有超過十億名女性苦無反制家暴的法律保護。[11]

《以愛為名的暴力》述說的故事發生在美國，但不論是哪一個國家，親密伴侶恐怖行為與家暴兇殺案都以相同的模式日益惡化。激進的暴力行為、性別化的角色規範、高壓強迫的舉動、受害者的心路歷程，還有——或許更重要的是——風險指標，都一再出現在世界各地的家暴案件中。我希望這本書可以在國際上開啟一段深遠而全面的討論。我希望大家能負起責任，增進家暴防治的知識與合作、促進體制政策與改變文化敘事，並且制定未來的努力方向。事實上，我的任務是讓這本書顯得不合時宜。一本書能做的不過是如此，而我也承認，我在書中開啟的某些對話需要在其他迫切的討論下才能繼續開展；就我看來，最重要的或許是大規模監禁與早期療育議題的對策。

我不認為這個問題可以透過監禁來解決。如我在書中所指，普遍而言，罪犯出獄後的暴力傾向並不比入獄時來得**輕微**。我相信，任何關於家暴及其後果的規範性討論，都必須與監獄改革的計畫相互協調，像是如何以更新、更健全的方式實行修復式正義。最近我在想：我們設置了家暴受害者通報專線與酒癮戒治專線，但怎麼就沒有虐待者諮詢專線？為什麼沒有人資助那些從家暴處遇課程結業的學生？假使當初唐特有得到這樣的幫助，他的人生會有什麼改變？

我也認為，我們需要透過青年計畫更妥善地解決家庭暴力的源頭。美國各地有專為家暴受害的兒童開設的夏令營，但這些舉措全都在家暴之後才出現。一些學校具有處遇措施，但這些責任不能全推給那些資源不足、教師負荷過重的學校。體制的改變不能只是一時的。如果大眾媒體將跟蹤這種行為渲染成浪漫之舉，年輕人又如何能瞭解何謂病態的嫉妒呢？舉例來說，我實在無法理解，《暮光之城》（*Twilight*）系列電影怎麼會將男人半夜潛入房間靜靜凝視一個女人熟睡的行為，描繪成浪漫癡情的舉動。

我寫作本書的部分任務是打開一扇窗，讓大家認識家庭暴力的現狀，而不是我們希望、以為或渴望看到的面貌。我不希望這本書給人一種指示或規範的感覺，一部分的原因是，我作為記者的職責是描述故事，而不是在描述的同時修改故事。然而，完成寫作後，我認為我們應該嘗試每一個想法，對每一件事都開誠布公，因為家暴的問題牽涉的層面是如此廣泛，而生命是如此脆弱，我們無法承受更多的失去，我們禁不起時間的浪費、當然還有寶貴生命的隕落。

本書獲得的熱烈迴響出乎我意料之外，但也激勵了我繼續探討這項議題、在不斷發展的討論中揭露更多發生在我們生活周遭的故事。本書將在不久後於各國推出譯作，而美國從東岸到西岸的各個地區也將本書列為社區、執法單位、法官及倡議人士等的必讀書籍。對我而言，本書的目標很簡單，就是將家庭暴力的面貌呈現在大眾眼前。我希望這本再根本不過的著作，多少可以擾亂現狀。而我相信大家肯定都同意，這個現狀長久以來都嚴重忽視了這項議題的重要性。雖然我很開心能收到許多專業人士的回饋，但這本書的對象並不是專家。我的目的是，為受害者與加害者及前線的倡議人士賦予話語權，讓他們有機會公開自身處境。不過我想，最主要的對象，仍舊是那些對家庭暴力一無所知、卻懷抱許多成見的人，不論是質疑受害者的女性，或是認為女性活該遭受家暴的男性，甚或是遭到社會漠視的非異性戀青年，以及像我這樣迷信錯誤偏見卻毫無自覺的人。我想，我寫這本書，是為了獻給過去那個無知的自己。

作者撰於二〇一九年十月

鳴謝

不論報導文學的作品必須具備哪些元素，其中最重要的或許就是時間了。當你敘述別人的故事，而那個故事正好又是他們人生中最悲慘的經歷，便需要投入極其大量的時間。為此，我歸欠洛基・莫澤與蜜雪兒・孟森的家屬甚多，由衷感謝他們的時間、信任與信念。如果我說，有時我沒有跟著他們一起難過、哭泣，那就是在說謊了。我非常感激莎莉・賈斯塔德、保羅・孟森、莎拉・莫澤與戈登・莫澤、艾莉莎・孟森與梅蘭妮・孟森。我也想謝謝那些多年來一再付出時間幫助我的人們：吉米・艾斯賓諾薩、唐特・路易斯、漢米希・辛克萊爾、大衛・亞當斯、尼爾・韋斯代爾、潔・谷艾爾、桑妮・施瓦茨、雷吉・丹尼爾斯、里歐・布魯恩、魯絲・摩根（Ruth Morgan）、佩格・哈克斯洛、娜塔莉亞・奧特羅、瑪蒂娜・拉泰薩、賈桂林・坎貝爾、李・強森（Lee Johnson）、蘇珊・杜布斯、凱莉・鄧恩、羅伯特・懷爾、凱西・格溫、蓋兒・斯特拉克、希薇亞・維拉、瓊安・巴斯康、詹姆斯・吉利根、瓊安・麥克拉肯（Joan McCracken）、蓋瑞・葛瑞森、威廉・基德、盧・約翰斯、莫琳・科提斯（Maureen Curtis）與琳恩・蘿森塔。感謝妮基・艾琳森（Nikki Allinson）再三檢查我的數學運算。我想特別感謝馬修・戴爾，雖然本書還未完成他就離開人世了，但他為家暴受害者付出的心力，在本書的篇頁裡萌生了新芽。

我想謝謝華盛頓特區藝術與人文委員會、美利堅大學藝術與科學學院（College of Arts and Sciences），尤其是哥倫比亞大學新聞學院（Columbia School of Journalism）與哈佛大學尼曼基金會（Neiman Foundation），多虧了你們的協助，我才能拿到魯卡斯進步獎。你們讓看似不可能的事情成為了可能。

家人與朋友的緊密連結一向是我的堅強後盾，我想感謝安・麥斯維爾（Ann Maxwell）、大衛・科里（David Corey）、安德烈・杜布斯三世、方丹・杜布斯（Fontaine Dubus）、大衛・凱普林吉（David Keplinger）、史黛芬妮・葛蘭特（Stephanie Grant）、丹尼爾・伊凡斯（Danielle Evans）、唐納德・拉特利奇（Donald Rutledge）、索利克・辛姆（Soleak Sim）、蘭斯・李（Lance Lee）、柴克・費雪（Zac Fisher）、利森・斯托姆伯格（Lisen Stromberg）、泰德・康諾佛、瑪夏・格森（Masha Gessen）、凱特・伍德森姆（Kate Woodsome）、伊莉莎白・弗洛克（Elizabeth Flock）、茱莉・吉布森（Julie Gibson）、雅絲敏娜・庫勞佐維奇（Yasmina Kulauzovic）、米雪兒・瑞夫（Michelle Rieff）、塔普・喬登伍德（Tap Jordan-wood）、蜜雅・喬登伍德（Mia Jordan-wood）、莉莎・伊芙斯（Lisa Eaves）、伊莉莎白・貝克爾（Elizabeth Becker）、珍・布朵夫（Jen Budoff）、湯姆・海涅曼

（Tom Heineman）、莎拉・波洛克（Sarah Pollock）、凱瑟琳・安・羅蘭茲（Katherine Ann Rowlands）、艾莉森・布勞爾（Alison Brower）、瑪莉安娜・里昂（Marianne Leone）、克里斯・庫柏（Chris Cooper）、理查・斯奈德（Richard Snyder）及約書亞・斯奈德（Joshua Snyder）。

布魯姆斯伯里（Bloomsbury）的工作團隊是我有幸遇過合作最愉快也最富有創意的同事，感謝莎拉・莫丘里歐（Sara Mercurio）、珍娜・德頓（Jenna Dutton）、妮可・賈維斯（Nicole Jarvis）、范倫提娜・萊斯（Valentina Rice）、瑪莉・庫爾曼（Marie Coolman）、法蘭克・邦巴羅（Frank Bumbalo）、卡緹雅・梅茲波夫斯卡亞（Katya Mezhibovskaya）、辛蒂・羅（Cindy Loh）與埃利斯・列文（Ellis Levine）。他們讓我明白，在他們的工作中，作者的聲音永遠都是最重要的。我特別感謝我的編輯凱莉・加內特（Callie Garnett）與安頓・穆勒（Anton Mueller），他們的智慧與通情達理成就了本書的每一頁。

在美利堅大學，我很幸運能有一群默默啟發我的同事們支持我在理智與創意方面的努力。在此向彼得・斯達爾（Peter Starr）、大衛・派克（David Pike）、凱特・威爾森（Kate Wilson）、派蒂・帕克（Patty Park）、凱爾・達根（Kyle Dargan）、多倫・柏金斯—瓦爾狄茲（Dolen PerkinsValdez）、理查・麥肯（Richard McCann）與德斯皮娜・卡考達吉（Despina Kakoudaki）致上萬分的謝意。我也要感謝《紐約客》的編輯們艾倫・伯迪克（Alan Burdick）、卡拉・布盧曼克蘭茲（Carla Blumenkranz）、桃樂絲・威肯登（Dorothy Wickenden）與蘿瑞塔・查爾頓（Lauretta Charlton），謝謝你們在我根本不確定有任何人能塑造出我需要挖掘內心來交流的外在世界時，願意耐心地引導我。

老實說，如果沒有研究助理莫莉・麥金尼斯（Molly McGinnis）勤奮不懈的幫助，這本書就不會是現在的樣子了。她總是問我：「今天我應該當個從旁協助的研究人員，還是對你發號施令的編輯？」各位要好好記住莫莉這個名字，未來她肯定是一個了不起的人物。

給蘇珊・拉莫（Susan Ramer），這二十三年來我何其有幸能有你這個經紀人。這些日子道出了一個事實，如果不是為了你，我就不會寫這本書了。感謝你相信我的文字，還有不斷鼓勵我盡力而為。我寫下的每一頁文字其實都藏有你的痕跡。

最後，我要對女兒雅茲（Jazz）說：你是我在這個世界上最深愛與最在乎的人。

注釋

序言

1. 正式名稱為柬埔寨法院特別法庭（Extraordinary Chambers in the Courts of Cambodia），不應與荷蘭海牙的國際犯罪法庭（International Criminal Court）混淆。非正式對話一般會將柬埔寨的法庭簡稱為戰爭犯罪法庭。
2. https://www.unodc.org/unodc/en/press/releases/2018/November/home-the-most-dangerous-place-for-women-with-majority-of-female-homicide-victims-worldwide-killed-by-partners-or-family-unodc-study -says.html.
3. https://www.un.org/press/en/1999/19990308.sgsm6919.html.
4. https://www.bbc.com/news/world-46292919. 另見 https://www.unodc.org/unodc/en/press/releases/2018/November/home-the-most-dangerous-place-for-women-with-majority-of-female-homicide-victims-worldwide-killed-by-partners-or-family-unodc-study-says.html
5. 同上，聯合國毒品和犯罪問題辦公室。
6. https://www.bjs.gov/content/pub/pdf/ipv01.pdf.

7. 出自與賈桂林・坎貝爾的電郵往來。
8. 「……八百萬個工作天……」https://ncadv.org/statistics
9. Sun, Jing et al., "Mothers' Adverse Childhood Experiences and Their Young Children's Development," *American Journal of Preventive Medicine* 53, no. 6 (December 2017): 882—91.
10. https://everytown.org/press/women-and-children-in-the-crosshairs-new-analysis-of-mass-shootings-in-america-reveals-54-percent-involved-domestic-violence-and-25-percent-of-fatalities-were-children.
11. https://www.politifact.com/texas/statements/2017/dec/02/eddie-rodriguez/domestic-violence-not-confirmed-precursor-mass-sho.
12. https://www.cbsnews.com/news/sutherland-springs-texas-church-gunman-devin-kelley-wife-speaks-out.
13. https://www.thestate.com/news/local/article25681333.html。另見 https://www.dailymail.co.uk/news/article-3131858/Charleston-killer-Dylann-Roof-grew-fractured-home-violent-father-beat-stepmother-hired-private-detective-follow-split-claims-court-papers.html.
14. 不包含受害者賠償的預算。https://www.justice.gov/jmd/page/file/968291/download.
15. https://www.whitehouse.gov/wp-content/uploads/2018/02/budget -fy2019.pdf.

16. https://money.cnn.com/2018/07/16/technology/amazon-stock-prime -day-jeff-bezos-net-worth/index.html. 我的數學實在太爛，還得打電話跟女兒五年級的數學老師確認換算出來的比例是否正確。感謝你，艾琳森（Allinson）女士！

17. https://jwa.org/encyclopedia/article/wifebeating-in-jewish-tradition.

18. 同上。

19. Elizabeth Pleck, *Domestic Tyranny: The Making of American Social Policy against Family Violence from Colonial Times to the Present* (Champaign, IL: University of Illinois Press, 2004).

20. History of Domestic Violence: A Timeline of the Battered Women's Move-ment. Minnesota Center Against Violence and Abuse; Safety Network: California's Domestic Violence Resource. Sept. 1998 (copyright 1999). 另見Mantel, Barbara, "Domestic Violence: Are Federal Programs Helping to Curb Abuse?" *CQ Researcher* 23, no. 41 (November 15, 2013): 981—1004. http://library.cqpress.com/cqresearcher/cqresrre2013111503. And: Pleck, *Domestic Tyranny*, 17, 21—22.

21. Davis, Jackie. "Domestic Abuse." Criminal Justice Institute. White paper. https://www.cji.edu/site/assets/files/1921/domestic_abuse_report.pdf.

22. https://www.theclever.com/15-countries-where-domestic-violence-is -legal.

23. https://themoscowtimes.com/articles/nine-months-on-russian-women-grapple-with-new-domestic-violence-laws-59686.
24. https://www.justice.gov/eoir/page/file/1070866/download.
25. https://www.womenshealth.gov/relationships-and-safety/get-help/laws-violence-against-women.
26. http://victimsofcrime.org/our-programs/stalking-resource-center/stalking-information.
27. http://victimsofcrime.org/docs/src/analyzing-stalking-statute.pdf ?sfvrsn=2. 在英國，傳統上只將跟蹤看作「騷擾」，但每年有十二萬名女性報案表示自己遭人跟蹤，而專家宣稱此數據只有四分之一屬實。然而，不同於美國，英國政府於二〇一二年通過立法，得以將跟蹤視作犯罪行為起訴，而截至二〇一五年，起訴率增加了五成。
28. https://www.thehotline.org/about-the-hotline/history-domestic-violence-advocates.
29. https://lethalityassessmentprogramdotorg.files.wordpress.com/2016/09/development-of-the-lap1.pdf.
30. http://library.cqpress.com/cqresearcher/document.php?id=cqresrre 2013111503#NOTE[21]. 由於辛普森一案的審判早於全國家暴防治專線的設立（更別說是網路了），因此這些電話號碼並非自全國追蹤而來，而是從一個個區域追蹤而來，庇護所與防治專線回報的錄音通話。

31. http://articles.latimes.com/1992-10-03/news/mn-266_1_domestic -violence.

32. https://www.cnn.com/2018/02/09/politics/rob-porter-trump-response /index.html 及 https://www.nytimes.com/2018/02/08/opinion/trump-porter-abuse-women.html.

形影不離的姐妹

1. 歷史學者對這個故事多所質疑，他們認為，倘若真有克羅族戰士自殺，也會是在黃石河的另一邊，而不是這裡。http://billingsgazette.com/news/local/sacrifice-cliff-the-legend-and-the-rock/article_fc527e19 -8e68-52fe-8ffc-d0ff1ecb3fea.html

爸爸每次都能活下來

1. 在馬里蘭州，跟蹤一向是輕罪。在蒙大拿，初犯一般會判輕罪，但當地在二〇〇三年立法得以重罪起訴這項犯行。https://leg.mt.gov/bills/mca/45/5/45-5-220.htm. 另見 https://leg.mt.gov/bills/mca/45/2/45-2-101.htm. 雖然跟蹤在五十州均屬犯罪行為，但只有十幾個州允許得以重罪起訴初犯。https://www.speakcdn.com/assets/2497/domestic_violence_and_stalking_ncadv.pdf. 另見 https://ncadv.org/statistics. 目前有四十多州允許以重罪起訴跟蹤行為，但只有十三州允許被害人控告跟蹤者。http://victimsofcrime.org/our-programs/stalking-resource-center/stalking-laws/federal-stalking -laws#61a.

2. https://well.blogs.nytimes.com/2016/07/11/with-coercive-control-the-abuse-is-psychological.
3. Stark, Evan, PhD, MSW, "Re-presenting Battered Women: Coercive Control and the Defense of Liberty." Prepared for *Violence Against Women: Complex Realities and New Issues in a Changing World* (Les Presses de l'Université du Québec: 2012), http://www.stopvaw.org/uploads/evan_stark_article_final_100812.pdf.
4. https://www.gov.uk/government/news/coercive-or-controlling-behaviour-now-a-crime

一隻熊正朝你撲來

1. 關於蜜雪兒在那天晚上寫下的內容，有部分資訊來自當地報紙一篇題為〈那個絕望的夜晚〉（That Black Night）的報導，記者為〈比靈斯新聞報〉（*Billings Gazette*）的艾德・凱米克（Ed Kemmick），刊於二〇〇二年十一月二十三日。莎莉也提供了蜜雪兒的原始手稿。
2. http://leg.mt.gov/bills/mca/45/5/45-5-206.htm.
3. 凱莉・鄧恩親自接受訪談。麻州紐伯里波特，二〇一一年七月。

你愛的人將置你於死地

1. 坎貝爾計算的是遭到槍枝以外的器械所殺害的女性人數；暴力政策中心於二〇一八年九月公布的報告指出，美國每個月有五十名女性遇害，但這只包含遭到槍殺的人數。
2. Klein, Andrew. “Practical Implications of Current Domestic Violence Research. Part 1: Law Enforcement.” *NCJRS*. Unpublished. April 2008, 9. https://www.ncjrs.gov/pdffiles1/nij/grants/222319.pdf.
3. http://www.opdv.ny.gov/public_awareness/bulletins/winter2014/victimsprison.html. State of New York, Department of Correctional Services, “Female homicide commitments: 1986 vs. 2005” (July 2007).
4. 拉蒂娜・雷在宣判前承認了一項十一年刑期的罪行。紀錄片《私密暴力》（*Private Violence*）講述了她的故事。
5. 二〇一三年我寫作本書之時，殺人案位居第二，只小幅落後愛滋病。
6. 「……六〇%……」。出自與希薇亞・維拉醫師的訪談。另見Glass, Nancy et al., “Non-Fatal Strangulation Is an Important Risk Factor for Homicide of Women,” *Journal of Emergency Medicine* 35, no. 3 (October 2007): 330.
7. Strack, Gael B. and Casey Gwinn. “On the Edge of Homicide,” 2 (“gendered crime”).
8. Strack, Gael B. and George E. McClane. “Violence: Recognition, Manage-ment, and

Prevention." Interviews with Gael Strack, Geri Greenspan, Jackie Campbell, Silvia Vella, Casey Gwinn.

9. 另見Strack and Gwinn, "On The Edge of Homicide."

10. Strack, Gael B., George McClane, and Dean Hawley. "A Review of 300 Attempted Strangulation Cases Part 1: Criminal Legal Issues."

11. 「施暴者動手殺害伴侶之前的最後一項虐待行為」。斯特拉克將這稱為「暴力的連續體」。

12. 與希薇亞・維拉的訪談。

13. 與北亞利桑那大學家庭暴力研究所所長尼爾・韋斯代爾的電郵往來。

14. 出自與蓋兒・斯特拉克的訪談。狄恩・霍利（Dean Hawley）向我說明自律神經系統的運作機制，他只做了背景介紹。（「這些案件都以輕罪起訴……」）見Strack et al. "A Review of 300 Attempted Strangulation Cases."

15. http://www.strangulationtraininginstitute.com/about-us.

16. 最高法院判決的背景由麥特・奧斯特里德（Matt Osterrieder）提供。202.502.4653. 另見：

- 關於扼喉量刑準則，見此連結第五十三頁：http://www.ussc.gov/sites/default/files/pdf/guidelines-manual/2014/CHAPTER_2_A-C.pdf.

- 美國最高法院量刑基準表（家暴自第十四級起）：http://www.ussc.gov/sites/default/files/pdf/guidelines-manual/2014/2014sentencing_table.pdf.
- 「承擔責任……」被告若認罪，可減兩分，見此連結第三百七十一頁：http://www.ussc.gov/sites/default/files/pdf/guidelines-manual/2014/GLMFull.pdf.

17. http://myemail.constantcontact.com/E-news-from-the-Training-Institute-on-Strangulation-Prevention.html?soid=1100449105154&aid=2vdIhX bn5lM.
18. 見 http://www.azcentral.com/story/news/local/phoenix/2015/03/02/county-attorney-strangulation-protocol/24001897.
19. 備注：此份資料指明從一四％到六〇％，但丹．林孔（Dan Rincon）警官表示，如今已增加至七五％。因此，較新的數據與已發布的研究結果之間存在落差（如第二頁：http://www.ndvfri.org/newsletters/FALL-2012-NDVFRI-Newsletter.pdf），但林孔在訓練課程中都採用七五％這個數據——由馬里科帕縣檢察官辦公室（Maricopa County Attorney's Office）提供。
20. 扼喉防治訓練學院，二〇一七年九月電子報：http://myemail.constantcontact.com/E-news-from-the-Training-Institute-on-Strangulation-Prevention.html?soid=110044910515 4&aid=2vdIhXb n5lM.
21. 另見 David, Alice, “Violence-Related Mild Traumatic Brain Injury inWomen: Identifying a

Triad of Postinjury Disorders," *Journal of Trauma Nurses* 21, no.6 (November 2014): 306

22. 出自與作者的電郵往來。

23. 關於診斷與治療受阻的背景，大多由狄恩・霍利提供。蓋兒・斯特拉克也予以證實。蓋利・格林斯潘（Geri Greenspan）也談到了法律上的阻礙。

體制、意外與事件

1. https://www.ndvfri.org/review-teams.
2. http://www.leg.mt.gov/content/Committees/Interim/2015-2016/Law-and-Justice/Meetings/Sept-2015/Exhibits/dale-presentation-domestic-violence-review-september-2015.pdf.
3. https://www.hopkinsmedicine.org/news/media/releases/study_suggests_medical_errors_now_third_leading_cause_of_death_in_the_us.

贖罪

1. 這段引述編修自漢米希・辛克萊爾與愛德華・剛道夫於二〇一四年四月在電話上的談話。為瞭解釋他的理念與課程，辛克萊爾透過私人通信將此提供給我。剛道夫著有《施暴者處遇計畫的未來》（Boston, MA: North-eastern University Press, 2012）。
2. https://www.theatlantic.com/politics/archive/2018/02/porter/552806

3.特此強調，我有舉手，但在好幾百個喧鬧躁動的孩子之中，我這個大人不一定會被看見。在此同時，我的女兒整個人縮在椅子上，祈禱著我不會做出什麼丟臉的事來。當然，如果我被點到了，所說的話肯定讓她覺得無地自容。

4.這不應與名聲敗壞的神經語言程式學替代醫療相混淆。醫界一度錯誤地推崇這項方法可治療從癌症、帕金森氏症到常見的感冒等的許多疾病。

目睹魚缸裡的暴力

1.她的姓名已經過修改。我不知道維多莉亞父親的身分，也並未確認那天她在監獄裡的陳述（我的重點是瞭解修復式正義如何運作）。

2.監獄裡禁止錄音。

3.施瓦茨的回憶錄《來自野獸工廠的夢想》（*Dreams from the Monster Factory*）描述了關於阻止暴力計畫成立的許多細節。

4.Lee, Bandy and James Gilligan, "The Resolve to Stop the Violence Project: Transforming an In-House Culture of Violence Through a Jail-Based Programme." *Journal of Public Health* 27, no. 2, (June 2005): 149—55.

5.同上，143—48.

6.艾莉莎・里克爾（Alissa Riker）是聖布魯諾監獄課程的現任負責人。我們在二〇一八年春天透過電話討論計畫移植受阻的背景。

7. Lee and Gilligan, "The Resolve to Stop the Violence Project," 143—48.

8. Peterson, Cora et al., "Lifetime Economic Burden of Intimate Partner Violence Among U.S. Adults," *American Journal of Preventive Medicine* 55, no. 4 (October 2018): 433—44.

9. National Center for Injury Prevention and Control. *Costs of Intimate Partner Violence Against Women in the United States*. Centers for Disease Control and Prevention (Atlanta, GA: 2003).

10. 出自市府副檢察官艾咪・艾克曼（Amy S. Ackerman）的報告。〈家庭暴力調查—二〇〇一年十二月〉。原文連結：https://sfgov.org/dosw/domestic-violence-investigation-december-2001.

11. Harlow, Caroline Wolf. "Prior Abuse Reported by Inmates and Probationers." Bureau of Justice Statistics (April1999). https://www.bjs.gov/content/pub/pdf/parip.pdf.

致命危險俱樂部

1. 她的姓名已經過修改。

2. 二〇一八年十月，漢米希・辛克萊爾不再於葛萊德社區中心（Glide Community Center）教授《活下來的男人》課程，因為緩刑部門規定，緩刑犯——即仍處於緩刑期間的罪犯，儘管他們已順利完成《活下來的男人》課程與引導人訓練——不得查看其他緩刑犯的檔案。辛克萊爾將在其他監獄授課，但不隸屬於舊金山緩刑部門。這並不影響艾斯賓諾薩與「社區工作」的同事在聖布魯諾監獄或附屬辦公室授課。

處於社會頂端的家暴者

1. 雖然自亞當斯撰寫這篇論文後的幾年來，這個情況已略為改善，但女性依然肩負著養育子女與處理家務的大部分責任，以及今日所謂持家的「隱形工作」。見 http://www.pewsocialtrends.org/2015/11/04/raising-kids-and-running-a-household-how-working-parents-share-the-load. 另見 http://www.marketwatch.com/story/this-is-how-much-more-unpaid-work-wome-do-than-men-2017-03-07.
2. 此數據由大衛・亞當斯提供
3. Gondolf, *The Future of Batterer Programs*, 237.
4. ttps://www.sun-sentinel.com/sports/bal-ray-rice-completes-pretrial-intervention-in-domestic-violence-case-in-new-jersey-charges-being-dismi-20150521-story.html
5. https://www.washingtonpost.com/opinions/im-done-helping-the-nfl-pay-lip-service-to-domestic-violence-prevention/2018/06/05/1b470bec-6448-11e8-99d2-0d678ec08c2f_story.

html?utm_term=.5313d65 ee95b.

6. Eckhardt, C., R. Samper, and C. Murphy, "Anger Disturbances Among Perpetrators of Intimate Partner Violence: Clinical Characteristics and Outcomes of Court-Mandated Treatment." *Journal of Interpersonal Violence* 23, no. 11 (November 2008): 1600－17.

7. Pence, Ellen, "Duluth Model," Domestic Abuse Intervention Programs, Duluth, MN. http://www.theduluthmodel.org.

陰魂不散的心魔

1. 許多滅門血案或家暴兇殺案的罪犯都宣稱自己「聽到一些聲音」，試圖以「以精神失常為由訴請無罪」。這種方式幾乎從未奏效。陪審團有正當理由質疑這種辯詞，而且精神失常的證明門檻非常高。

2. 從這兩件登上新聞頭條的事實甚至可看出種族的議題如何主導媒體焦點。中產階級的白人男性殺害同為中產階級的白人妻子與子女的事件令人震驚不已。倘若被害人換成黑人女性與兒童，案件就不會登上新聞頭版了。然而，有鑑於滅門血案的兇手大多是白人男性，我們很難實際對比這種差異。

3. 我對其中的一些畫面持保留態度，一部分是因為屍袋一般用於戰場，而歐漢隆並未實際參與那些特殊作戰行動，另一部分是因為這些畫面是戰爭的隱喻，很少有人從中挖掘情感經驗。

超級英雄的膝蓋

1. Jolin, A., W. Feyerherm, R. Fountain, and S. Friedman, “Beyond Arrest: The Portland, Oregon Domestic Violence Experiment, Final Report,” Washington, D.C.: U.S. Department of Justice, 95-IJ-CX-0054, National Institute of Justice, NCJ 179968 (1998); Lyon, E., “Special Session Domestic Violence Courts: Enhanced Advocacy and Interventions, Final Report Summary,” Washington, D.C.: U.S. Department of Justice, 98-WE-VX-0031, National Institute of Justice, NCJ 197860 (2002); Lyons, E., Impact Evaluation of Special Sessions Domestic Violence: Enhanced Advocacy and Interventions. Washington, D.C.: U.S. Depart-ment of Justice, 2000-WE-VX-0014, National Institute of Justice, NCJ 210362 (2005).

2. 理查・伊馮（Richard Ivone）警長。https://www.nj.com/news/index.ssf/2011/03/as_commander_of_swat_team_pisc.html.

3. 同上。http://www.womenandpolicing.com/violencefs.asp.

4. 警方家庭暴力資料表。國家婦女與治安中心。http://womenandpolicing.com/violencefs.asp.

5. www.nytimes.com/projects/2013/police-domestic-abuse/index.html. 另見 www.fdle.state.fl.us/FSAC/Crime-Data/DV.aspx

6. Townsend, M., D. Hunt, S. Kuck, and C. Baxter, “Law Enforcement Response to Domestic Violence Calls for Service.” U.S. Department of Justice, 99-C-008, National Institute of Justice, NCJ 215915 (2006).

7. Meyer, Shannon and Randall H. Carroll, “When Officers Die: Under-standing Deadly Domestic Violence Calls for Service,” *Police Chief* 78 (May 2011).

8. Blair, J. Pete, M. Hunter Martindale, and Terry Nichols, “Active Shooter Events from 2000—2012.” Law Enforcement Bulletin; FBI. Jan. 7, 2014. https://www.leb.fbi.gov/articles/featured-articles/active-shooter-events -from-2000-to-2012. See also: J. P. Blair, T. Nichols, and J. R. Curnutt, *Active Shooter Events and Response* (Boca Raton, FL: CRC Press, 2013).

9.《美麗佳人》（*Marie Claire*）委託進行的未發表研究，由哈佛大學傷害控制研究中心（Injury Control Research Center）進行，並將資料分享給作者。

10. 見 Campbell, Jacquelyn et al., “Risk Factors for Femicide in Abusive Rela-tionships: Results from a Multisite Case Control Study.” *American Journal of Public Health* 93, no. 7 (July 2003).

11. https://www.nytimes.com/2017/11/06/us/politics/domestic-abuse-guns-texas-air-force.html.
12. https://www.everytownresearch.org/navigator/states.html?dataset=domestic_violence#q-gunmath_mcdv_surrender. 這些州包括：夏威夷州、加利福尼亞州、內華達州、科羅拉多州、路易斯安那州、田納西州、明尼蘇達州、愛荷華州、伊利諾州、馬里蘭州、賓夕法尼亞州、紐澤西州、麻塞諸塞州、康乃狄克州、羅德島州、紐約州與哥倫比亞特區。
13. 一些州已制定法令來解決「男朋友漏洞」的問題，但目前沒有相關的聯邦法規。
14. https://www.americanprogress.org/issues/guns-crime/reports/2018/03/22/448298/disarm-domestic-abusers/
另見 https://www.americanprogress.org/issues/guns-crime/reports/2014/06/18/91998/women -under-the-gun.
15. 見齊奧理發表於《傷害預防期刊》（*Journal of Injury Prevention*）的研究。
16. 見維多（Vigdor）發表於《評估審查》（*Evaluation Review*）的研究。另見："When Men Murder Women: An Analysis of 2013 Homicide Data" from the Violence Policy Center (September 2015).
17. 與泰瑞莎．加維的訪談。
18. 根據齊奧理指出，一年有三萬三千起。

19. 與艾波・齊奧理的訪談。

20. Adams, David, "Statement before the Joint Committee on Public Safety and Homeland Security." Sept. 13, 2013. www.emergedv.com/legislative-testimony-by-david-adams.html.

21. 見谷艾爾的訪談紀錄。

22. 在我隨同警察值勤的一些轄區，當局只允許一般民眾這麼做，而不對「媒體」開放，我的家鄉華盛頓特區也是如此。唯有在不公開值勤警官的身分的條件下，他們才允許我隨行。

居家庇護

1. 全國家暴防治專線的資料庫統計為五千家，但這個數字包含庇護所與家暴防治機構。

2. 這位讀者是莉莎・梅德尼克（Risa Mednick），麻州劍橋過渡之家（Transition House）的執行董事。https://www.newyorker.com/magazine/2013/08/05/mail-12

3. https://www.dc.curbed.com/2016/6/23/12013024/apartment-rent-wash ington-dc.

4. https://www.mpdc.dc.gov/node/217782.

5. Desmond, Matthew. Evicted (New York: Broadway Books, 2016), 191—92.

防患未然

1. https://www.governor.pa.gov/governor-wolf-signs-tiernes-law-providing-protections-victims-domestic-violence.
2. Fagan, Jeffrey. "The Criminalization of Domestic Violence: Promises and Limits." Presentation at the 1995 conference on criminal justice research and evaluation. January1996. www.ncjrs.gov/pdffiles/crimdom.pdf.
3. http://www.federalevidence.com/pdf/2007/13-SCt/Crawford_v._Washington.pdf.
4. Henderson, Brady and Tyson Stanek, *Domestic Violence: from the Crime Scene to the Courtroom*, Oklahoma Coalition Against Domestic Violence & Sexual Assault, 2008.
5. 布魯克林成立了專屬的高風險評估小組，但並未受到防止婦女受暴辦公室的資助，也不允許我採訪小組任何一位成員。
6. http://www.dispatch.com/news/20171004/115-deaths-in-year-paint-grim-picture-of-domestic-violence-in-ohio
7. 見Domestic Violence Report from the Ohio Attorney General http://www.ohioattorneygeneral.gov/Law-Enforcement/Services-for-Law-Enforcement/Domestic-Violence-Reports/Domestic-Violence-Reports-2016/2016-Domestic-Violence-Incidents-by-County-and-Age

令人窒息的家庭暴力

1.「第一年……八十起以上」https://www.cleveland.com/metro/index.ssf/2017/12/cleveland_team_tackles_high_risk _domestic_violence_cases_to_improve_safety_reduce_deaths.html.

子彈上膛

1. https://www.ncbi.nlm.nih.gov/pubmed/11604294.
2. 為保護拜倫、葛蕾斯與孩子們的身分隱私，我刻意保留了一些細節。
3. https://www.nbcnews.com/storyline/texas-church-shooting/shooting-survivor-could-see-texas-gunman-s-shoes-she-hid-n818231.
4. https://www.independent.co.uk/news/world/americas/orlando-attack-survivor-reveals-how-he-played-dead-among-bodies-to-escape-nightclub-killer-a7080196.html.
5. https://www.newyorker.com/news/news-desk/the-court-slams-the-door-on-domestic-abusers-owning-guns.
6. http://www.saveservices.org/2012/02/cdc-study-more-men-than-women-victims-of-partner-abuse/; https://www.reuters.com/article/us-usa-gays-violence/data-shows-

domestic-violence-rape-an-issue-for-gays-idUSBRE90O11W20130125.http://web.csulb.edu/~mfiebert /assault.htm.

7. 關於LGBTQ伴侶或跨性別族群發生的肢體攻擊、強暴或跟蹤事件的數據分析，請見 https://www.ncadv.org/blog/posts/domestic-violence-and-the-lgbtq-community.

8. http://www.thehotline.org/2013/06/10/50-obstacles-to-leaving-1-10.

真正的自由

1. https://www.cleveland.com/metro/index.ssf/2017/05/bresha_meadows_cousin_says.html

2. 截至二〇一六年，俄亥俄州沃倫鎮的居民不到四萬人。(https://www.census.gov/quickfacts/fact/table/warrencityohio/PST045217#PST045217). 提供另一項數據供對照，在羅伯特・懷爾擔任專屬家暴案警探的麻州艾姆斯伯里，人口只有一萬六千人，不到前者的一半。(https://factfinder.census.gov/faces/tableservices/jsf/pages/productview.xhtml?src=cf) according to the latest U.S. Census figures for each town, respectively.

3. Van der Kolk, Bessel. *The Body Keeps the Score* (New York: Penguin, 2014), 46, 61, 135, and 350.

幽影

1. 從來沒有共和黨員在華盛頓特區贏過選舉。在二〇一六年的總統大選，希拉蕊・柯林頓在華盛頓特區獲得了九一%的選票，在舊金山——另一個自由派堡壘——則獲得了八四%的支持。https://www.nytimes.com/elections /results/president.
2. https://www.congress.gov/bill/115th-congress/house-bill/6545/cosponsors. 一九九四年通過的法案得到了十五位共和黨員的支持 https://www.congress.gov/bill/103rd-congress/senate-bill/11/cosponsors.
3. http://vpc.org/studies/wmmw2018.pdf.
4. https://www.huffingtonpost.com/entry/tamara-oneal-chicago-shooting-domestic-violence_us_5bf576a6e4b0771fb6b4ceef.
5. https://www.npr.org/2016/01/05/462017461/guns-in-america-by-the -numbers.
6. Diez, Carolina et al., "State Intimate Partner Violence-Related Firearms Laws and Intimate Partner Homicide Rates in the United States, 1991 — 2015," *Annals of Internal Medicine 167*, no. 8 (October 2017): 536 —43. http://annals.org/aim/fullarticle/2654047/state-intimate-partner-violence-related-firearm-laws-intimate-partner-homicide 另見 http://annals.org/data/Journals/AIM/936539/M162849ff4_Appendix_Figure_Status_of_state_IPV-related_restraining_order_firearm_relinquishment.jpeg.

7. https://www.emergedv.com/legislative-testimony-by-david-adams.html.

8. https://everytownresearch.org/guns-domestic-violence/#foot_note_ 加利福尼亞州、科羅拉多州、康乃狄克州、夏威夷州、愛荷華州、伊利諾州、麻塞諸塞州、馬里蘭州、明尼蘇達州、北卡羅萊納州、新罕布夏州、紐約州、田納西州、華盛頓州與威斯康辛州。

9. Zeoli, April M. et al., "Analysis of the Strength of Legal Firearms Restric-tions for Perpetrators of Domestic Violence and their Impact on Intimate Partner Homicide," *American Journal of Epidemiology* (October 2018). 備注：齊奧里的研究提到了「限制更廣泛」這一點，意指任何遭判暴力輕罪的人，而不只限於家庭暴力。作為州法，這涵蓋了更大部分的犯罪行為，因此，即使某人未因家暴輕罪而遭定罪，但只要被判定任何暴力輕罪，都不得持有槍械。

10. https://everytownresearch.org/guns-domestic-violence/#foot_note_12.

11. 關於更全面的智慧型手機應用程式概要，請見終結家庭暴力全國網路（National Network to End Domestic Violence）：https://www.techsafety.org/appsafetycenter.

12. 家庭正義中心的批評者主張，要複製這類的機構成本太高，在鄉村地區也不切實際，而且經常對飽受官僚行政手續所苦的受害者造成困擾。此外，家庭正義中心沒有可效仿的全國性模式；但那些創辦人認為，有興趣成立家庭正義中心的人士應該因應所屬的區域自由調整。同樣地，許多家庭正義中心並非由危機中心營運，因此不會將受害者的心聲與需求擺在第一位。這項數據出自作者與凱西・格溫於二〇一八年十月的私人通信。

13. https://mnadv.org/_mnadvWeb/wp-content/uploads/2017/07/Train-the-Trainer-PowerPoint.ppt.pdf.

14. 致死性評估計畫：https://lethalityassessmentprogram.org/what-we-do/training-and-technical-assistance.

15. Labriola, Melissa et al., “A National Portrait of Domestic Violence Courts.” U.S. Department of Justice. Center for Court Innovation. February 2010. https://www.ncjrs.gov/pdffiles1/nij/grants/229659.pdf.

16. Rosenthal, Lynn, “The Violence Against Women Act, 23 Years Later,” Sept. 13, 2017. https://medium.com/@bidenfoundation/https-medium-com-bidenfoundation-vawa-23-years-later-4a7c1866a834.

17. 資料由作者與 AEquitas.com 技術支援的研究助理共同彙整。

18. 資料由扼喉防治訓練學院彙整。

19. Smith, Sharon G. et al., “The National Intimate Partner and Sexual Violence Survey.” 2010—2012 State Report. National Center for Injury Prevention and Control, Division of

Violence Prevention. Centers for Disease Control. Atlanta, GA. April 2017. https://www.cdc.gov/violenceprevention/pdf/NISVS-StateReportBook.pdf.

20. 待命的倡議人員不希望使用真實姓名，以免遭到虐待者報復。

21. 過去十年來，華盛頓特區已有數千戶平價住宅消失，還有一萬三千七百戶所領的補助於二〇二〇年到期。在二〇一七年末，這座城市設立了一千萬美元的基金以緩解近年來平價住宅大幅減少所造成的衝擊。https://www.washingtonpost.com/local/dc-establishes-10-million-fund-to-preserve-disappearing-affordable-housing/2017/11/26/242893ea-cbb7-11e7-aa96-54417592cf72_story.html?utm_term=.9e85c5cf2eda.

22. 那名女性必須證明鑰匙是她的或出示當初簽訂的租車契約。

後記

1. https://www.nytimes.com/2019/04/12/us/domestic-violence-victims.html 另見 https://news.northeastern.edu/2019/04/08/domestic-violence-homicides-appear-be-on-the-rise-a-northeastern-university-study-suggests-that-guns-are-the-reason/
2. https://www.macleans.ca/news/canada/we-are-the-dead/
3. https://www.france24.com/en/video/20190903-south-africa-staggering-domestic-violence-

levels-pose-challenge

4. https://www.nytimes.com/2019/09/03/world/europe/france-domestic-violence.html

5. https://www.nytimes.com/2019/12/04/us/domestic-violence-international.html?searchResultPosition=2

6. https://www.pri.org/stories/2017-03-10/least-12000-people-killed-domestic-violence-every-year-russias-not-even-sure

7. https://www.wilsoncenter.org/blog-post/femicide-hits-all-time-high-brazil

8. https://www.theguardian.com/world/2019/sep/20/mass-protests-in-spain-after-19-women-murdered-by-partners

9. https://www.nytimes.com/2019/12/04/us/domestic-violence-international.html?searchResultPosition=2

10. https://www.researchgate.net/publication/327657292_Towards_a_Conceptual_Framework_for_Struggles_over_Democracy_in_Backsliding_States_Gender_Equality_Policy_in_Central_Eastern_Europe

11. https://www.nytimes.com/2019/12/04/us/domestic-violence-international.html?searchResultPosition=2

附錄

台灣家庭暴力防治資源

本書作者瑞秋·路易斯·斯奈德引用賈桂林·坎貝爾提出的「家暴高風險因素」，包括施虐者有藥物濫用、持有槍枝、嫉妒成性、死亡威脅、勒脖、性侵、酗酒、控制日常作息，還有威脅孩子、毀壞財物、令伴侶與親朋好友斷絕來往、在伴侶懷孕期間以自殺作為威脅、暴力對待和跟蹤伴侶等行為，經濟上處於長期失業的狀態，以及受害者在一年內曾試圖離開等等。多重因素的組合，都可能讓親密伴侶之間的關係生變，使暴力相向的情形更趨嚴重，進而走向不可挽回的致命境地。

閱讀這本《以愛為名的暴力》的你，如果在任何時間及地點，發覺伴侶，或是親朋好友有這些行為跡象，還是自己或周遭的人正遭遇家庭暴力、性侵害、性騷擾等不當對待，渴望獲得即時且有效的幫助時，在台灣有以下資源可以提供協助：

網路線上通報

單位	內容	網址	QR Code
113 線上諮詢	113 保護專線提供的 24 小時線上諮詢服務	https://ecare.mohw.gov.tw/WebChattingCtrl?func=getChattingBoardByClient	
社會安全網—關懷 e 起來	線上通報及諮詢有關家庭暴力、性侵害及兒少保護事項	https://ecare.mohw.gov.tw/#	

電話專線諮詢

專線名稱	內容	電話	服務時段
保護專線	由社工提供諮詢、通報、轉介等專業服務	113	24 小時
家庭暴力相對人輔導男性關懷專線	專門提供男性傾訴及法律諮詢、轉介服務	0800-013-999	每日上午 9 點至晚間 11 點

家暴防治中心通訊表（2021年3月4日最新版本）

單位	電話	地址	網址	QR Code
衛生福利部保護服務司	（02）8590-6666	11558臺北市南港區忠孝東路6段488號	https://dep.mohw.gov.tw/dops/mp-105.html	
臺北市家庭暴力暨性侵害防治中心	（02）2361-5295分機226	10042臺北市中正區延平南路123號5、6、7樓	https://www.dvsa.gov.taipei/	
新北市政府家庭暴力暨性侵害防治中心	（02）8965-3359分機2303、2306、2309	22054新北市板橋區中正路10號3樓	http://www.dvp.ntpc.gov.tw/	
臺中市家庭暴力及性侵害防治中心	（04）2228-9111分機38800	420臺中市豐原區陽明街36號3樓	http://www.dvc.taichung.gov.tw/	

臺南市政府家庭暴力暨性侵害防治中心	（06）298-8995	708台南市安平區永華路二段6號6樓	https://dvsa.tainan.gov.tw/	
高雄市政府社會局家庭暴力及性侵害防治中心	（07）535-5920	802高雄市苓雅區民權一路85號10樓	http://safesex.kcg.gov.tw/	
桃園市政府家庭暴力暨性侵害防治中心	（03）332-2111	33053桃園市縣府路51號6樓	http://dvpc.tycg.gov.tw/	
新竹市家庭暴力暨性侵害防治中心	（03）535-2386	300新竹市中央路241號4、5、8樓	http://society.hccg.gov.tw/	
新竹縣家庭暴力暨性侵害防治中心	（03）551-8101分機3165、3167、3153、3147	302新竹縣竹北市光明六路10號	http://social.hsinchu.gov.tw/	

苗栗縣家庭暴力暨性侵害防治中心	（037）322-150	３６０苗栗縣苗栗市府前路1號	http://www.miaoli.gov.tw/social_affairs/	
彰化縣家庭暴力暨性侵害防治中心	（04）726-4150	５００彰化縣彰化市中興路１００號	http://social.chcg.gov.tw/00home/index1.asp	
雲林縣家庭暴力暨性侵害防治中心	（05）552-2560	６４０雲林縣斗六市雲林路二段５１５號	https://social.yunlin.gov.tw/	
嘉義市家庭暴力暨性侵害防治中心	（05）225-4321分機121 （05）225-3850	６００嘉義市東區中山路１９９號	http://www.chiayi.gov.tw/web/social/	
嘉義縣家庭暴力及性侵害防治中心	（05）362-0900分機3303	６１２嘉義縣太保市祥和二路東段１號	https://sabcc.cyhg.gov.tw/cp.aspx?n=57447CA593BE782F	

屏東縣家庭暴力暨性侵害防治中心	（08）732-0415	900屏東市自由路527號	http://www.pthg.gov.tw/planjdp/Default.aspx
基隆市家庭暴力暨性侵害防治中心	（02）2420-1122分機2205	202基隆市中正區義一路1號	http://social.klcg.gov.tw/
宜蘭縣政府家庭暴力暨性侵害防治中心	（03）932-8822分機278	260宜蘭縣宜蘭市同慶街95號	http://sntroot.e-land.gov.tw/index.aspx
花蓮縣家庭暴力及性侵害防治中心	（03）824-6846	970花蓮縣花蓮市府前路17號	https://sa.hl.gov.tw/List_sp/07af0db0d8b149ccb7f2f3f09b56f978
臺東縣家庭暴力及性侵害防治中心	（089）320-172分機54	950台東市桂林北路201號3樓	http://taisoc.taitung.gov.tw/WebSite/Page/

南投縣家庭暴力暨性侵害防治中心	（049）2209290	540南投市南崗二路85號	http://www.nantou.gov.tw/big5/download.asp?dptid=376480000AU130000&cid=1583	
澎湖縣家庭暴力暨性侵害防治中心	（06）927-4400分機531、532、355	880澎湖縣馬公市治平路32號	http://www.penghu.gov.tw/society/	
金門縣家庭暴力暨性侵害防治中心	（082）324-648、323-019、373-291	893金門縣金城鎮民權路173號	http://www.kinmen.gov.tw/Layout/sub_F/index.aspx?frame=25	
連江縣家庭暴力暨性侵害防治中心	（0836）22095	209連江縣南竿鄉復興村216號	http://www.matsuhb.gov.tw/	

相關倡議與服務組織

單位	電話	地址	網址	QR Code
現代婦女基金會	（02）2391-7133	台北市中正區羅斯福路一段7號7樓之一B室	https://www.38.org.tw/index.asp	
婦女救援基金會	（02）2555-8595	臺北市大同區寧夏路18號3樓	https://www.twrf.org.tw/	
勵馨社會福利事業基金會	（02）8911-8595	新北市新店區順安街2-1號1樓	https://www.goh.org.tw/tc/index.asp	
台灣防暴聯盟	（02）2567-3434	台北市中山區中山北路二段27巷11號9樓	http://www.tcav.org.tw/index.asp	

※參考資料：家暴防治—衛生福利部 https://www.mohw.gov.tw/cp-190-231-1.html

愛為名的暴力：親密關係下被隱藏的傷痕
初版名《親密關係暴力：以愛為名的虐待與傷害》）
Visible Bruises：What We Don’ t Know about Domestic Violence Can Kill Us

者❖ 瑞秋．路易斯．斯奈德（Rachel Louise Snyder）
者❖ 張馨方
術設計❖ 兒日設計
頁排版❖ 極翔企業有限公司
編 輯❖ 郭寶秀
任編輯❖ 郭楷嘉
銷業務❖ 力宏勳

業群總經理❖ 謝至平
行 人❖ 何飛鵬

版❖ 馬可孛羅文化
台北市南港區昆陽街16號4樓
電話：(886)2-25000888
行❖ 英屬蓋曼群島商家庭傳媒股份有限公司城邦分公司
台北市南港區昆陽街16號8樓
客服服務專線：(886)2-25007718；25007719
24小時傳真專線：(886)2-25001990；25001991
服務時間：週一至週五9:00～12:00；13:00～17:00
劃撥帳號：19863813 戶名：書虫股份有限公司
讀者服務信箱：service@readingclub.com.tw
港發行所❖ 城邦（香港）出版集團有限公司
香港九龍九龍城土瓜灣道86號順聯工業大廈6樓A室
電話：(852)25086231 傳真：(852)25789337
E-mail：hkcite@biznetvigator.com
新發行所❖ 城邦（馬新）出版集團【Cite (M) Sdn. Bhd.(458372U)】
41, Jalan Radin Anum, Bandar Baru Seri Petaling,
57000 Kuala Lumpur, Malaysia
電話：(603)90563833 傳真：(603)90576622
Email：services@cite.my
出印刷❖ 中原造像股份有限公司
版一刷 2021年6月
版一刷 2024年11月
本書定價❖ 500元
子書定價❖ 350元

邦讀書花園
w.cite.com.tw

3N：978-626-7520-22-2（平裝）
SBN：9786267520208

國家圖書館出版品預行編目資料

以愛為名的暴力：親密關係下被隱藏的傷痕 / 瑞秋 . 路易斯 . 斯奈德 (Rachel Louise Snyder) 作；張馨方翻譯 . -- 二版 . -- 臺北市：馬可孛羅文化出版：英屬蓋曼群島商家庭傳媒股份有限公司城邦分公司發行 , 2024.11
面； 公分
譯自：No visible bruises : what we don't know about domestic violence can kill us
ISBN 978-626-7520-22-2(平裝)

1.CST: 家庭暴力 2.CST: 家庭關係

544.18 113013577